Die Funktion des Begriffs *Unglücksfall* bei der unterlassenen Hilfeleistung unter Berücksichtigung spezieller inhaltlicher Problemfelder

Europäische Hochschulschriften
Publications Universitaires Européennes
European University Studies

Reihe II
Rechtswissenschaft

Série II Series II
Droit
Law

Bd./Vol. 4404

PETER LANG
Frankfurt am Main · Berlin · Bern · Bruxelles · New York · Oxford · Wien

Martin Schmitz

Die Funktion des Begriffs *Unglücksfall* bei der unterlassenen Hilfeleistung unter Berücksichtigung spezieller inhaltlicher Problemfelder

Ein Beitrag zum personalen Verhaltensunrecht und zum Erfolgssachverhalt des § 323c StGB

PETER LANG
Europäischer Verlag der Wissenschaften

Bibliografische Information Der Deutschen Bibliothek
Die Deutsche Bibliothek verzeichnet diese Publikation in der Deutschen Nationalbibliografie; detaillierte bibliografische Daten sind im Internet über <http://dnb.ddb.de> abrufbar.

Zugl.: Marburg, Univ., Diss., 2005

D 19
ISSN 0531-7312
ISBN 3-631-55447-8

www.peterlang.de

Meiner Familie

Vorwort

Die vorliegende Abhandlung hat der juristischen Fakultät der Philipps-Universität zu Marburg im Wintersemester 2005/2006 als Dissertation vorgelegen.

Besonderen Dank schulde ich meinem verehrten Lehrer und Doktorvater Herrn Professor Dr. Georg Freund, der meine Arbeit betreut und ganz wesentlich gefördert hat. Ich danke ihm ganz besonders für die zahlreichen Diskussionen und Gespräche während der Erstellung meiner Arbeit, für die er immer Zeit fand. Ferner möchte ich Herrn Prof. Dr. Winrich Langer für die Erstellung des Zweitgutachtens recht herzlich danken.

Weiterhin gilt mein besonderer Dank meinen Eltern, welche mir durch ihre Fürsprache und ihre Zuwendungen eine unbeschwerte Erstellung der Arbeit ermöglichten. Ich bedanke mich ferner in besonderem Maße bei meiner Frau, welche in der Zeit der Erstellung der Arbeit trotz eigener Examensvorbereitungen immer ein offenes Ohr für meine Anliegen hatte und mir stets den Rücken gestärkt hat. Durch die vielen Gespräche und Diskussionen hat sie diese Arbeit sicherlich in nicht unerheblicher Weise mitgeprägt. Meinen Schwiegereltern danke ich vor allem für die Ratschläge aus akademischer – wenn auch nicht juristischer – Sicht. Gerade in Bezug auf die in der Arbeit enthaltenen Suizidproblematiken war eine Betrachtung aus medizinischer Sicht sehr hilfreich.

Schließlich bin ich den Verantwortlichen des Peter Lang Verlags für die Aufnahme meiner Dissertation in die Reihe „Rechtswissenschaft“ der „Europäischen Hochschulschriften“ sehr verpflichtet.

Grevenbroich, im März 2006

Martin Schmitz

Inhaltsverzeichnis

I. Einleitung und Problemstellung

Mit dem Straftatbestand der unterlassenen Hilfeleistung hat der deutsche Gesetzgeber versucht, eine moralische Solidaritätspflicht zu einer strafbewehrten Rechtspflicht zu konkretisieren. Das Besondere an dieser Vorschrift ist, dass die Hilfspflicht des § 323c StGB, im Gegensatz zum Unterlassen der „begehungsgleichen" Unterlassungsdelikte, keine Sonderverantwortlichkeit (sog. Garantenverantwortlichkeit) voraussetzt. Grundsätzlich wird jedermann von der strafbewehrten Hilfspflicht erfasst, der mit einer in § 323c StGB genannten Notsituationen konfrontiert wird.

Nicht wenige Bürger werden schon einmal einer solchen Notsituation gegenüber gestanden haben und froh gewesen sein, dass sich bereits qualifiziertes Hilfspersonal effektiv um die Versorgung des Opfers kümmerte, so dass eine eigene Hilfeleistung überflüssig war. Einem völlig fremden Menschen zu helfen und dabei eigene Unannehmlichkeiten in Kauf nehmen zu müssen – und sei es auch nur ein Zeitverlust oder die mögliche Beschmutzung der eigenen Kleidung –, liegt leider nicht in der Natur eines jeden Menschen. Dies zeigen nicht zuletzt immer wieder die Massen an Schaulustigen, die in Notsituationen lieber ihrer Neugier frönen, anstatt dem Opfer Hilfe zukommen zu lassen. Nicht selten kommt es sogar vor, dass hilfswillige Personen bzw. Rettungskräfte durch das Phänomen des „Katastrophen-Tourismus" bei ihren Rettungsbemühungen behindert werden.

Mit der Statuierung einer allgemeinen Hilfspflicht ergänzt der Staat seine eigenen Hilfsmöglichkeiten, um seiner (heute verfassungsrechtlich verankerten) Schutzfunktion gegenüber dem Bürger gerecht zu werden. § 323c StGB sieht zur Absicherung dieser allgemeinen Hilfspflicht eine Strafbewehrung vor. Besonders gut lässt sich diese Wurzel am Wortlaut des § 360 I Nr. 10 RStGB von 1871 erkennen. Die Vorläufervorschrift des heutigen § 323c StGB verlangte vom Normadressaten unter Strafandrohung (nur) dann eine Hilfeleistung, wenn dieser durch staatliche Stellen zu einer solchen aufgefordert wurde:

> *„...wer bei Unglücksfällen oder gemeiner Gefahr oder Noth von der Polizeibehörde oder deren Stellvertretern zur Hülfe aufgefordert, keine Folge leistet, obgleich er der Aufforderung ohne erhebliche eigene Gefahr genügen konnte..."*

Eine solche staatliche Aufforderung ist heute allerdings nicht mehr erforderlich:

> *„Wer bei Unglücksfällen oder gemeiner Gefahr oder Not nicht Hilfe leistet, obwohl dies erforderlich und ihm den Umständen nach zuzumuten, insbesondere ohne erhebliche eigene Gefahr und ohne Verletzung anderer wichtiger Pflichten möglich ist, wird mit Freiheitsstrafe bis zu einem Jahr oder mit Geldstrafe bestraft."*

Ausgangspunkt für die strafbewehrte Hilfeleistungspflicht sind die in § 323c StGB genannten Notsituationen – der „Unglücksfall“, die „gemeine Gefahr“ und die „gemeine Not“. Dass sich das Attribut „gemeine“ nicht nur auf die Gefahr, sondern auch auf die Not bezieht, ist seit langem anerkannt.[1] Während es sich bei den Merkmalen der „Gemeingefahr“ und der „gemeinen Not“ – ungeachtet gewisser Konkretisierungsprobleme – um einigermaßen klare Begriffe handelt, ist sowohl der Inhalt als auch die Funktion des Merkmals „Unglücksfall“ in Literatur und Rechtsprechung höchst umstritten. Eine klare Leitlinie, die den Normadressaten ohne weiteres zu erkennen gibt, in welchen Situationen eine Hilfeleistung von ihm in strafbewehrter Form gefordert wird, ist nach dem gegenwärtigen Stand der Diskussion zu Inhalt und Funktion des Merkmals „Unglücksfall“ nicht vorhanden.

Vergleichsweise unproblematisch ist – jedenfalls im Regelfall – nur das Standardbeispiel, das den meisten Personen bei dem Begriff „Unglücksfall“ spontan in den Sinn kommt: Man wird Zeuge eines Autounfalls, bei dem sich der Fahrer des verunglückten Fahrzeugs so schwer verletzt, dass er dringend ärztlicher Hilfe bedarf. Dass Verkehrsunfälle einen „Unglücksfall“ im Sinne des § 323c StGB darstellen, ist offenkundig. Solche eindeutig als „Unglücksfall“ einzuordnenden Geschehnisse sind aber nicht die einzigen Notsituationen, mit denen mögliche Normadressaten in der Realität konfrontiert werden können. Was ist z.B., wenn der Betreffende nicht Zeuge eines Verkehrsunfalls, sondern Zeuge eines Suizids wird? Wird er hier in strafbewehrter Form zu einer Hilfeleistung verpflichtet? Wie stellt sich die Situation dar, wenn der Suizidversuch nicht die Funktion eines Hilfeschreis hat, sondern reiflicher Überlegung des freiverantwortlich handelnden Suizidenten entsprang? Ist dies ein „Unglücksfall“ im Sinne des § 323c StGB? Bin ich als „Jedermann“ nach der zugrundeliegenden Verhaltensnorm zur Hilfe verpflichtet? Sowohl Teile der Literatur als auch die Rechtsprechung sind sich über die Bewertung einer solchen Situation uneins.[2] Und wie sieht es – um einen weiteren Streitpunkt zu nennen – mit Gefährdungen von bloßen Sachwerten aus? Muss ich auch dann unter Strafdrohung Hilfe leisten, wenn gar keine Personenschäden zu befürchten sind? Auch dies wird in der Literatur[3] immer noch unterschiedlich beurteilt. Weitere inhaltliche Einzelprobleme ließen sich aufzählen.[4]

---

[1] LK-StGB, *Spendel,* § 323c Rn. 70 mit weiteren Nachweisen.

[2] Im Gegensatz zum BGH (siehe nur BGHSt 6, 147 (147 ff.)), der auch den freiverantwortlichen Willen des Suizidenten für unbeachtlich hält, lehnt die Mehrheit des Schrifttums (siehe nur LK-StGB, *Spendel,* § 323c Rn. 50 ff. mit weiteren Nachweisen) im Falle eines freiverantwortlichen Suizids eine „Unglücksfall“ kategorisch ab.

[3] Siehe nur die vollständig gegensätzlichen Ansichten von *Heil,* Folgen der unterlassenen Hilfeleistung, S. 61 ff. und *Pawlik,* GA 1995, S. 360 (366). Während *Heil* die bloßen Sachgefährdungen komplett aus dem Schutzbereich des § 323c StGB ausklammern will, lässt *Pawlik*

Bereits in grundsätzlicher Hinsicht umstritten ist bei alledem freilich die Perspektivenfrage, die das in seiner funktionalen Bedeutung nicht hinreichend erfasste Merkmal des „Unglücksfalls" aufwirft.[5] Die einzelnen Auffassungen reichen diesbezüglich von einer maßgeblichen ex ante-Betrachtung bis hin zur Perspektive ex post. Auffällig ist hierbei, dass häufig recht oberflächlich für die eine und gegen die andere Perspektive argumentiert wird, ohne differenzierend auf die möglicherweise unterschiedlichen Bedeutungen des „Unglücksfalls" bezüglich der strafbewehrten Verhaltensnorm und der Sanktionsnorm einzugehen. Will man zum richtigen Ergebnis gelangen, so kommt man um eine genaue Untersuchung der beiden unterschiedlichen Normebenen und der Bedeutung des Merkmals „Unglücksfall" für die jeweilige Normebene nicht herum. Wie ist zum Beispiel der Fall zu beurteilen, in dem der Normadressat in einem Pkw eine Person entdeckt, die über dem Steuer zusammengesunken ist? Muss er in einem solchen Fall grundsätzlich von einem „Unglücksfall" ausgehen oder darf er den Geschehensort verlassen, ohne sich des Zustands der zusammengesunkenen Person zu vergewissern? Wie stellt sich der Fall dar, wenn der Normadressat den Geschehensort verlässt, obwohl er einen medizinischen Notfall nicht ausschließen kann, tatsächlich jedoch keine Notsituation vorlag, da die Person lediglich vor Übermüdung eingeschlafen war? Ist der ursprünglich entstandene Eindruck einer Notsituation aufgrund der nachträglichen Erkenntnis, dass die Person im Fahrzeug ein bloßes „Nickerchen" gehalten hat, unschädlich? Oder ist vielleicht doch von den erkennbaren Umständen im Zeitpunkt der Entdeckung des Zusammengesunkenen auszugehen? Dann stellt sich jedoch die berechtigte Frage, ob § 323c StGB auch materielle Versuchsfälle erfasst.

Solange diese Grundsatzfragen nicht abschließend geklärt sind, ist es nicht möglich, dem Normadressaten eine Richtschnur für richtiges Verhalten an die Hand zu geben. Ohne Richtschnur besteht jedoch die Gefahr, dass die strafbewehrte Hilfspflicht des § 323c StGB ihrer ergänzenden Schutzfunktion nicht gerecht werden kann, da mögliche Normadressaten keine geeigneten Vorgaben haben, an denen sie ihr Verhalten ausrichten können. Daher gilt es, konkrete Richtlinien zur Verhaltenssteuerung der Normadressaten zu schaffen und die genaue Reichweite der strafbewehrten Hilfspflicht einerseits sowie der Sanktionsnorm des § 323c StGB andererseits herauszuarbeiten.

---

jegliche Sachgefahr zur Begründung eines „Unglücksfalls" ausreichen. Ebenso BGHSt 2, 150 (150 f.); 3, 65 (66); 6, 147 (152).

4 So z.B., ob Krankheiten einen „Unglücksfall" im Sinne des § 323c StGB darstellen oder ob die Formulierung „bei Unglücksfällen" eine örtliche Nähebeziehung des Hilfspflichtigen zum Unglücksort voraussetzt. Diese inhaltlichen Problemfelder werden zum Teil im Zuge der Arbeit näher behandelt werden. Das Hauptaugenmerk wird jedoch auf dem im Anschluss dargestellten Problembereich der Funktion des Merkmals „Unglücksfall" liegen.

5 Siehe dazu vorläufig nur die Streitdarstellung bei LK-StGB, *Spendel*, § 323c Rn. 35 mit weiteren Nachweisen.

II. Allgemeine Grundlagen und Überblick über die gesetzliche Regelung des § 323c StGB

1. Allgemeine Betrachtung der Vorschrift der unterlassenen Hilfeleistung

Es gehört heute anerkanntermaßen zu den – auch verfassungsrechtlich verankerten – Aufgaben des Staates, im Rahmen der Daseinsvorsorge seine Bürger vor Rechtsgutbeeinträchtigungen und Rechtsgutsgefährdungen zu schützen. Dabei spielt es unter Opferschutzgesichtspunkten keine Rolle, ob die Gefahren von dritter Hand – z.B. durch einen rechtswidrigen Angriff einer Person – oder von Naturereignissen – z.B. Unfällen oder Katastrophen – ausgehen. Der Erfüllung der staatlichen Rechtsgüterschutzaufgabe dient auch die Statuierung einer strafbewehrten Hilfspflicht. Da es den staatlichen Organen nicht möglich ist, zu jeder Zeit an jedem Ort gleichzeitig vertreten zu sein, ist Hilfe in Notfällen durch die staatlichen Organe allein nicht zu gewährleisten. Es ist weder organisatorisch noch finanziell durchführbar, jedem Bürger seinen eigenen Polizeibeamten zum Schutz vor alltäglichen Gefahren zur Seite zu stellen. Dieses „Manko" wird durch die Normierung der strafbewehrten Hilfspflichten des § 323c StGB ausgeglichen, indem die staatlichen Hilfsmöglichkeiten durch die Verpflichtung hilfsfähiger Personen ergänzt werden, um der verfassungsrechtlichen Schutzaufgabe zu entsprechen.

§ 323c StGB statuiert eine strafbewehrte Hilfspflicht gegenüber jedermann, der mit einer der genannten Notsituationen konfrontiert wird, dem Hilfsbedürftigen die erforderliche und zumutbare Hilfe zukommen zu lassen. Es handelt sich hierbei um ein sog. „nichtbegehungsgleiches" Unterlassen.[6] Somit unterscheidet sich § 323c StGB grundlegend von der Mehrheit der übrigen strafrechtlichen Vorschriften des StGB. Im Gegensatz zu den „nichtbegehungsgleichen" Unterlassungsdelikten setzen sowohl die Begehungsdelikte als auch die „begehungsgleichen" Unterlassungsdelikte den Verstoß gegen eine doppelt fundierte Verhaltensnorm voraus: Die Verhaltensnorm muss durch legitime Belange des Rechtsgüterschutzes (den spezifischen Nutzen der Verhaltensnorm) und zusätzlich durch die Sonderverantwortlichkeit des Normadressaten für das Vermeiden der Schädigungsmöglichkeit legitimiert sein. Die den Sanktionsnormen der Begehungsdelikte und der „begehungsgleichen" Unterlassungsdelikte zugrundeliegenden Verhaltensnormen stützen sich neben dem Schutz bestimmter Rechtsgüter auf eine besondere Verantwortlichkeit des Täters für den Erhalt der Rechtgüter des Opfers. Wer – um ein triviales Beispiel zu nennen – mit einem Messer auf eine andere Person einsticht, ist selbstverständlich für die Rechtsgutsbeeinträchtigung, die das Opfer erleidet, sei es eine Beeinträchtigung der körper-

---

6 Zur problematischen Terminologie der unechten und echten Unterlassungsdelikte vgl. *Freund*, AT, § 6 Rn. 12.

lichen Unversehrtheit oder auch der Lebensverlust, im Gegensatz zu anderen Personen, die das nur verhindern könnten, *besonders* verantwortlich. – Eine solche besondere Verantwortlichkeit kann sich außer aus einem schädigenden Verhalten (wie in dem eben genannten trivialen Beispiel) auch aus einer engen Lebensbeziehung oder aus der speziellen Zuständigkeit für eine bestimmte Gefahrenquelle ergeben. So trägt im erstgenannten Fall – je nach der konkreten Ausgestaltung des Verhältnisses – der Verlobte für die Abwendung schädigender Ereignisse von seiner Lebenspartnerin eine besondere Verantwortung. Kraft einer entsprechend qualifizierten Rechtspflicht ist auch der Hundehalter verpflichtet, andere Personen vor Rechtsgutsbeeinträchtigungen durch seinen Hund zu bewahren. Mit anderen Worten liegt den „begehungsgleichen" Unterlassungsdelikten und den Begehungsdelikten eine „doppelt fundierte" Verhaltensnorm – zum einen legitimiert durch den Rechtsgüterschutz, zum anderen durch die Sonderverantwortlichkeit des Täters – zugrunde.[7]

Und hierin besteht gerade der Unterschied zur Vorschrift der unterlassenen Hilfeleistung. Im Gegensatz zu den „begehungsgleichen" Unterlassungsdelikten und den Begehungsdelikten erfordert § 323c StGB keine Sonderverantwortlichkeit des Hilfsfähigen für die Rechtsgüter des Hilfsbedürftigen. Die Vorschrift erfasst vielmehr auch den „quivis ex populo" – den x-beliebigen Jedermann –, der dem Hilfsbedürftigen in Notsituationen die erforderliche und zumutbare Hilfe nicht zukommen lässt. Vereinfacht gesagt: Der Staat gebietet dem Normunterworfenen, dem „in Not Geratenen" zu helfen. Leistet der Normunterworfene trotz des staatlichen Gebots keine Hilfe, obwohl die Hilfeleistung ihm möglich, erforderlich und zumutbar ist, so verstößt er gegen die § 323c StGB zugrundeliegende Verhaltensnorm und wird entsprechend bestraft. Dies ist unabhängig davon, ob der Normunterworfene eine besondere Beschützerstellung gegenüber dem Hilfsbedürftigen innehatte, ob er die Notsituation des Hilfebedürftigen verschuldet hat oder ob ihm der Hilfebedürftige völlig fremd ist und er nur zufällig mit der Notsituation konfrontiert wird. § 323c StGB liegt somit der Verstoß gegen eine „einfach fundierte" Verhaltensnorm zugrunde. Es genügt der Verstoß gegen eine Verhaltensnorm, die sich zu ihrer Legitimation (nur) auf Rechtsgüterschutzaspekte zu stützen vermag.[8]

Zur Klarstellung: Das Vorhandensein einer Sonderverantwortlichkeit kann natürlich weitere Möglichkeiten der Sanktionierung eröffnen – zum Beispiel eines Totschlags durch Unterlassen, wenn das Opfer aufgrund der fehlenden Hilfe verstirbt – und lässt gegebenenfalls eine Bestrafung nach § 323c StGB hinter die Strafbarkeit wegen eines „begehungsgleichen" Unterlassungsdelikts zurücktre-

---

[7] In diesem Sinne auch *Freund*, AT, § 2 Rn. 16 ff., der von einem Verhaltensnormmodell auf „zwei Säulen" spricht.

[8] Näher zur Unterscheidung einfach fundierter und doppelt fundierter Verhaltensnormen siehe *Freund*, AT, § 2 Rn. 10 ff.; *ders.*, Erfolgsdelikt und Unterlassen, S. 54 ff., 68 ff.

ten. Für den tatbestandlichen Erfassungsbereich des § 323c StGB ist die Sonderverantwortlichkeit jedoch unerheblich.

2. Geschütztes Rechtsgut der unterlassenen Hilfeleistung

Geschütztes Rechtsgut des § 323c StGB – genauer: Rechtsgut der von § 323c StGB implizierten Verhaltensnorm – sind die gefährdeten Individualrechtsgüter des Hilfsbedürftigen.[9] Dies ergibt sich bereits aus der oben angesprochenen Schutzfunktion des Staates gegenüber seinen Bürgern. Wenn nämlich die staatlichen Institutionen in der Pflicht stehen, Schädigungen vom einzelnen abzuhalten und ihm in Gefahrsituationen Hilfe zukommen zu lassen, und § 323c StGB als Ergänzung der staatlichen Schutzfunktion dient, dann sachlich aus ein und demselben Grund: Es geht um den Schutz der Individualrechtsgüter vor möglichen Schädigungen.

Die oben aufgezeigte, im Regelfall fehlende Sonderverantwortlichkeit des Täters veranlasst vor allem *Harzer*[10], die Legitimation der § 323c StGB zugehörigen Verhaltensnorm nicht in der Rechtsgüterschutzaufgabe zu erblicken. Ein Gebot der Hilfeleistung ließe sich nicht über die Aspekte der mitmenschlichen Solidarität und des Rechtsgüterschutzes begründen[11], sondern ergebe sich vielmehr aus einem zwischen dem Hilfsbedürftigem und dem Hilfsfähigem bestehenden Rechtsverhältnis[12]. Auf die Kritik *Harzers* an der Legitimation einer Hilfeleistungspflicht soll und kann an dieser Stelle nicht im einzelnen eingegangen werden. Dies hat bereits *Heil*[13] getan und überzeugend nachgewiesen, dass eine Legitimation des Hilfeleistungsgebots des § 323c StGB über den Rechtsgüterschutzgedanken sehr wohl möglich und auch durchaus nötig ist. Eine kurze

---

9 Vgl. statt vieler: *Freund*, AT, § 6 Rn. 35; *Lackner/Kühl*, § 323c Rn. 1; *Tröndle/Fischer*, § 323c Rn. 1; *Schönke/Schröder, Cramer/Sternberg-Lieben*, § 323c Rn. 1; OLG Düsseldorf, NJW 1992, S. 2370 (2371); alle mit weiteren Nachweisen. Ebenso *Kahlo*, Handlungsform, S. 325 sowie MüKo, Band 4, *Freund*, § 323c Rn. 2 ff. Beachte allerdings auch *Pawlik*, GA 1995, S. 360 (366), der von einer sozialen Stabilisierung ausgeht. Ebenfalls a.A. sind *Vermander*, Unfallsituation, S. 20 ff. und *Otto*, Gutachten zum 56. DJT, S. D1 (D 76), nach deren Auffassung die „mitmenschliche Solidarität" geschützt wird. Ganz anders *Welzel*, Strafrecht, S. 470, der im Schutzgut der Vorschrift der unterlassenen Hilfeleistung die „öffentliche Sicherheit" erblickt.

10 *Harzer*, Die tatbestandsmäßige Situation der unterlassenen Hilfeleistung gemäss § 323c StGB – Ein Beitrag zu einer Theorie des besonderen Teils des Strafrechts.

11 *Harzer*, Unterlassene Hilfeleistung, S. 194: „... *denn die Konstruktion von Gefährdungsabwendungspflichten als Quasi-Garantenstellungen und Präventiv-Verpflichtungen bedeutete eine allgemeine Verpflichtung zu Handlungen jeder Art. Ja, dies bedeute praktisch eine gegenseitige Überwachung der Bürger und Bürgerinnen untereinander mit der Folge des völligen Verlustes selbständigen Lebens.*"

12 *Harzer*, Unterlassene Hilfeleistung, S. 108, 187 ff.

13 *Heil*, Folgen der unterlassenen Hilfeleistung, S. 51 ff.

ergänzende Stellungnahme zu einem neuralgischen Punkt der Konzeption von *Harzer* sei jedoch hier vorgenommen. *Harzer* kommt zu dem Ergebnis, dass § 323c StGB einer Neuformulierung bedürfe und dass nur derjenige hilfspflichtig sein könne, der als einzige örtlich und zeitlich anwesende Person auf den hilfsbedürftigen Menschen trifft. Die Anwesenheit weiterer Personen soll die Auslösung einer (strafbewehrten) Hilfeleistungspflicht verhindern.[14] Ein solches Konzept ist entschieden abzulehnen. Es kann für die rechtliche Angemessenheit einer (strafbewehrten) Hilfspflicht und für das verwirklichte Unrecht bei einem entsprechenden Verhaltensnormverstoß keinen Unterschied machen, ob eine einzelne Person die Hilfe verweigert oder ob gegebenenfalls mehrere hilfsfähige Personen eine ihnen in zumutbarer Weise mögliche und auch erforderliche Hilfe unterlassen. Wer allein Zeuge eines „Unglücksfalls" wird und die erforderliche und auch zumutbare Hilfeleistung unterlässt, verwirklicht nicht mehr und nicht weniger Unrecht als derjenige, der in Gesellschaft einer weiteren Person sich ebenso verhält. Da nur Ungleiches ungleich, Gleiches dagegen gleich zu behandeln ist, verdient das Konzept *Harzers* keine Zustimmung und ist abzulehnen.[15]

Für *Pawlik*[16] besteht die Schutzfunktion der strafbewehrten Hilfspflicht des § 323c StGB in der „sozialen Stabilisierung". Um seiner Schutzfunktion gerecht werden zu können, nehme der Staat in Notsituationen den Bürger als „Verwaltungshelfer" in Anspruch. Aus dieser Inanspruchnahme des Bürgers entstehe lediglich der Eindruck, dass Solidarität eingefordert werde.[17] Die Bedrohung der Individualrechtsgüter des Einzelnen sei lediglich der Anlass, der die Hilfeleistungspflicht des § 323c StGB auslöse. Zweck dieser Pflicht sei jedoch nicht der Individualrechtgüterschutz, sondern vielmehr die Einlösung staatlicherseits übernommener Schutzpflichten – mit anderen Worten die „soziale Stabilisierung".[18] *Pawlik* verkennt bei seinen Überlegungen, dass es zur Funktion sämtlicher Strafrechtsnormen gehört, eine sozial stabilisierende Wirkung zu entfalten. Die Sanktionstatbestände des StGB schützen letztendlich die Geltungskraft der rechtlichen Verhaltensnormen, auf welche die strafrechtlichen Vorschriften des StGB Bezug nehmen.[19] So bezieht sich z.B. § 323c StGB auf ein Gebot der Hilfeleistung, § 212 I StGB wiederum auf das Verbot „Du sollst nicht töten". Wird gegen eine solche deliktsspezifische Verhaltensnorm verstoßen, so wird auf den

---

14 *Harzer*, Unterlassene Hilfeleistung, S. 298.

15 Ebenfalls mit ablehnender Haltung: MüKo, Band 4, *Freund*, § 323c Rn. 6 mit Fn. 16; *Otto*, JZ 1999, S. 668 (668). Vgl. auch *Schönke/Schröder*, *Cramer/Sternberg-Lieben*, § 323c Rn. 1, welcher eine solche Restriktion für höchst zweifelhaft hält. Siehe ferner *Danwitz*, Justizielle Verarbeitung, S. 74 ff.

16 *Pawlik*, GA 1995, S. 360 (366).

17 *Pawlik*, GA 1995, S. 360 (364).

18 *Pawlik*, GA 1995, S. 360 (365 f.).

19 Vertiefend vgl. unten III. 1. c. cc. (4) (a).

Normverstoß mit einer staatlichen Sanktionierung missbilligend reagiert, um den Normunterworfenen die fortdauernde Geltungskraft der speziellen Verhaltensnorm vor Augen zu führen und so der Gefahr eines Normgeltungsschadens entgegenzuwirken. Damit kommt § 323c StGB aber nicht mehr und nicht weniger die Funktion einer sozialen Stabilisierung zu als den anderen Sanktionsnormen des StGB. Es ist allgemein anerkannt, dass die strafbewehrte (deliktsspezifische) Verhaltensnorm des § 212 StGB das Leben des einzelnen schützt. § 212 StGB als Sanktionsnorm schützt mittelbar dasselbe Rechtsgut, indem sie unmittelbar die bedrohte Geltungskraft des Tötungsverbots als Verhaltensnorm schützt. Insofern kommt § 212 StGB selbstverständlich eine sozial stabilisierende Wirkung zu. Es würde aber niemand ernsthaft vertreten wollen, dass die Verhaltensnorm des § 212 StGB aus diesem Grunde nicht das Individualrechtsgut „Leben" schützt. Es stellt sich somit auch bei der Sanktionierung der unterlassenen Hilfeleistung trotz ihrer sozial stabilisierenden Wirkung weiterhin die Frage nach dem konkret geschützten Rechtsgut der übertretenen Verhaltensnorm. Das Unvermögen des Staates, nicht in jeder Notsituation dem Hilfsbedürftigen beistehen zu können, schafft lediglich das Bedürfnis zur Inpflichtnahme des Bürgers. Rechtfertigen lässt sich diese Inpflichtnahme, mit der auch immer ein Eingriff in die allgemeine Handlungsfreiheit des Hilfsfähigen verbunden ist, letztendlich jedoch nur durch den Vorrang des Schutzes der konkret bedrohten Rechtsgüter des Hilfsbedürftigen.[20]

Auch andere Konzepte, die im geschützten Rechtsgut die „mitmenschliche oder humanitäre Solidarität" erblicken wollen, wie von *Otto*[21], *Maurach*[22] und auch einschränkend von *Vermander*[23] vertreten, vermögen nicht zu überzeugen.

Otto meint, bei der Statuierung einer Hilfeleistungspflicht greife die Rechtsordnung auf das Minimum der Solidarität der Mitglieder der Gesellschaft zurück, welches ein soziales Miteinander erst ermögliche. Geschütztes Rechtsgut sei daher die mitmenschliche Solidarität, auf die der Einzelne oder die Allgemeinheit in bestimmten Situationen vertraue.[24] Dies erscheint jedoch bedenklich: Wenn der Strafgrund der unterlassenen Hilfeleistung in einem Verstoß gegen die mitmenschliche Solidarität zu sehen sein soll, losgelöst von der Beeinträchtigung der Individualrechtsgüter des einzelnen, so würde dies zu einer

---

20 So bereits zutreffend hervorgehoben von: MüKo, Band 4, *Freund*, § 323c Rn. 5; SK-StGB, Band II, *Rudolphi*, § 323c Rn. 1a.

21 *Otto*, Grundkurs II, § 67 Rn. 1 mit weiteren Nachweisen; *ders.*, Gutachten zum 56. DJT, S. D1 (D76 f.).

22 *Maurach*, JR 1956, S. 348 (349), der eine Hilfeleistung bereits für erforderlich hält, wenn sie ein Gebot der „humanitären Solidarität" darstellt. Die Beschränkung der „Erforderlichkeit" auf die Abwehr möglicher weiterer Schäden von den Individualrechtsgütern des in Not Geratenen hält *Maurach* für zu eng.

23 *Vermander*, Unfallsituation, S. 18 ff.

24 *Otto*, Grundkurs II, § 67 Rn. 1; *ders.*, Gutachten zum 56. DJT, S. D 1 (D 77).

Sanktionierung führen, ohne dass ein Verstoß gegen eine in rechtlicher Hinsicht zureichend legitimierte Verhaltensnorm vorläge. Denn bei Ausblendung der bedrohten Individualrechtsgüter ist die Verhaltensnorm ohne einen sie tragenden Legitimationsgrund.

Vermander ist ebenfalls der Ansicht, dass die Vorschrift der unterlassenen Hilfeleistung die humanitäre Solidarität innerhalb der Rechtsgemeinschaft schütze. Allerdings beschränkt er diesen Schutzbereich auf Fälle, in denen durch den Schutz der humanitären Solidarität auch dem Schutz der personalen Rechtsgüter des Lebens, der körperlichen Unversehrtheit, der sexuellen Integrität und der Bewegungsfreiheit unmittelbar gedient wird.[25] Die Aufgabe des Strafrechts bestehe vornehmlich in der Gewährleistung eines erträglichen Zusammenlebens der Mitglieder der Rechtsgemeinschaft. Diese Zielsetzung sei von der Ausübung der humanitären Solidarität vollständig umfasst, so dass es aus diesem Grunde auch gerechtfertigt sei, die mitmenschliche Solidarität als ein von der Strafrechtsordnung geschütztes Gut anzuerkennen.[26] Da es bei der Vorschrift der unterlassenen Hilfeleistung aber auch konkret um die Gefahrenabwehr und nicht bloß um schlichte Gefälligkeiten im Alltagsleben gehe, könne die humanitäre Solidarität nicht alleiniges Rechtsgut sein. Ihre Anerkennung gründe sich letztendlich nur darauf, dass sie dem Schutz bestimmter, von der Rechtsordnung für wertvoll erachteter Interessen – mit anderen Worten den Individualrechtsgütern – diene.[27] Die gegenüber *Otto* geäußerten Bedenken greifen gegenüber *Vermander* aufgrund seiner Einschränkung nicht. Allerdings vermag auch seine Konzeption letztlich nicht zu überzeugen. Hinter dem überindividuellen Rechtsgut der „humanitären Solidarität" verbirgt sich nämlich nichts anderes als die konkret bedrohten Rechtsgüter der Hilfsbedürftigen. Nur aufgrund ihrer Bedrohung – gerade die nachträgliche Einschränkung *Vermanders* macht dies deutlich – soll die „Solidarleistung" in Form der Hilfeleistung erbracht werden.[28] Es besteht somit weder ein Bedürfnis noch ein zwingender Grund, die mitmenschliche Solidarität als, wenn auch nur eingeschränktes, zusätzliches Schutzgut der strafbewehrten Hilfeleistungspflicht des § 323c StGB aufzufassen. Vielmehr geht das Schutzgut der „humanitären Solidarität" vollständig im Schutz der Individualrechtsgüter auf.

---

[25] *Vermander*, Unfallsituation, S. 27.

[26] *Vermander*, Unfallsituation, S. 21.

[27] *Vermander*, Unfallsituation, S. 21 f.

[28] In diesem Sinne: SK-StGB, Band II, *Rudolphi*, § 323c Rn. 1. Ebenso *Haubrich*, Unterlassene Hilfeleistung, S. 243, der in der humanitären Solidarität lediglich den Grund zur Schaffung der Vorschrift der unterlassenen Hilfeleistung erblickt. Kritisch auch *Heil*, Folgen der unterlassenen Hilfeleistung, S. 40 ff. Vgl. ebenfalls *Schöne*, Erfolgsabwendungen, S. 48: *„Die angeführten Versuche, dem § 330c StGB ein eigenes, transpersonales Rechtsgut zu unterlegen, führen letztlich zum Schutz einzelner Güter zurück, ...".*

Welzel erblickt in dem von § 323c StGB unmittelbar geschützten Rechtsgut die „öffentliche Sicherheit“, wohingegen der einzelne durch die Vorschrift der unterlassenen Hilfeleistung nur mittelbar geschützt werden solle.[29] Gegenüber einer solchen Ansicht bestehen aber ebenfalls erhebliche Bedenken. § 323c StGB enthält anerkanntermaßen ein strafbewehrtes Gebot der Hilfeleistung – oder anders ausgedrückt: ein Nothilfegebot. Oberflächlich betrachtet stellt die Vorschrift der unterlassenen Hilfeleistung eine Umkehrung der Nothilfe- und Notstandshilfevorschriften dar. Im Falle des § 323c StGB gebietet die Norm dem Normunterworfenen, in bestimmten Situationen eine Hilfeleistung vorzunehmen. Die Vorschriften der §§ 32, 34 StGB hingegen „erlauben“ dem Normunterworfenen, in bestimmten Situationen durch eine Hilfeleistung in Rechtsgüter einer anderen Person einzugreifen, indem sie ein grundsätzlich rechtlich missbilligtes Verhalten des Nothelfers für gerechtfertigt erklären. In der einen Waagschale befindet sich somit die strafbewehrte Pflicht zur Nothilfe (§ 323c StGB), in der anderen Waagschale die Befugnis zur selbigen (§§ 32, 34 StGB). Um ein ausgeglichenes Verhältnis zu bewahren, kann aber die strafbewehrte Nothilfepflicht nicht mehr verlangen, als die Befugnis zur selbigen gestatten würde. Dies führt zu dem Schluss, dass es sich bei den von § 323c StGB geschützten Gütern nur um nothilfe- und notstandsfähige Güter im Sinne der §§ 32, 34 StGB handeln kann. Die „öffentliche Sicherheit“ beinhaltet allerdings neben Individualrechtsgütern auch Kollektivrechtsgüter, wie z.B. den Schutz des Staates und seiner Einrichtungen. Die mangelnden Nothilfe- bzw. Notstandsfähigkeit dieser Kollektivrechtsgüter kann bereits als Indiz – wenn auch mit recht geringer Bedeutung – dafür herangezogen werden, dass es sich beim Schutzgut des § 323c StGB um die Individualrechtsgüter des in Not Geratenen handelt.[30] Sachlich geht es aber auch hier wiederum nur um die Frage nach den für die Einschränkung der Handlungsfreiheit bzw. Unterlassungsfreiheit tauglichen Legitimationsgründen. Versteht man den Begriff der „öffentlichen Sicherheit“ in polizeirechtlicher Hinsicht, so umfasst die „öffentliche Sicherheit“ neben dem Schutz der Individualrechtsgüter des einzelnen, die Unverletzlichkeit der Rechtsordnung – vereinfacht gesagt das geschriebene Recht – sowie den Schutz des Staates und seiner Einrichtungen.[31] Hierbei gilt es jedoch zu beachten, dass der Schutz des geschriebenen Rechts sowie der „Staatsschutz“ unmöglich dem einzelnen unter Androhung einer Kriminalstrafe aufgebürdet werden können. Sie stellen für das strafbewehrte Hilfeleistungsgebot des § 323c StGB keine tauglichen Legitimationsgründe dar. Vielmehr ist der Staat

---

29 *Welzel,* NJW 1953, S. 327 (328 Fn. 2); *ders.,* Strafrecht, S. 470.

30 Vgl. *Haubrich,* Unterlassene Hilfeleistung, S. 247 f., der dem Ganzen jedoch eine mehr als nur indizielle Bedeutung einräumt.

31 *Lisken/Denninger,* Handbuch des Polizeirechts, *Denninger,* E Rn. 6 ff.; *Pieroth/Schlink/Kniesel,* Polizei- und Ordnungsrecht, § 8 Rn. 3 ff.; *Schenke,* Polizei- und Ordnungsrecht, Rn. 53 ff.

für diese Aufgaben selbst verantwortlich. Dies ergibt sich aus der Einrichtung der Rechtsperson des Staates sowie seiner einzelnen Institutionen, wie z.B. der Polizei.[32] Wenn der Schutz des geschriebenen Rechts und der Schutz des Staates und seiner Einrichtungen auszuscheiden haben, verbleibt vom Grundbegriff der „öffentlichen Sicherheit" wiederum lediglich der Schutz der Individualrechtsgüter des einzelnen, denen *Welzel* doch eigentlich nur einen mittelbaren Schutz zugestehen wollte.

Die verschiedenen Versuche, dem strafbewehrten Hilfeleistungsgebot des § 323c StGB einen überindividuellen Schutzzweck zuzuweisen, erweisen sich bei genauer Betrachtung als verfehlt. Denn letztlich verbirgt sich hinter ihnen – wie gerade gesehen – nichts anderes als das tatsächlich vorhandene Interesse, die konkret bedrohten Individualrechtsgüter des in Not Geratenen vor Schaden zu bewahren.[33]

Es gilt somit festzuhalten: Geschütztes Rechtsgut der Verhaltensnorm, auf die § 323c StGB Bezug nimmt, sind und bleiben die Individualrechtsgüter des in Not Geratenen. § 323c StGB ist insoweit die Rechtsquelle der strafbewehrten Hilfspflicht. Die Sanktionsnorm des § 323c StGB schützt als Rechtsgut unmittelbar die Geltungskraft der strafbewehrten Hilfspflicht als Verhaltensnorm. In mittelbarer Weise dient § 323c StGB damit selbstverständlich demselben Rechtsgut wie die von ihm unmittelbar geschützte (Geltungskraft der) Verhaltensnorm.

3. Überblick über die gesetzlichen Merkmale der unterlassenen Hilfeleistung

Grundvoraussetzung der unterlassenen Hilfeleistung als Straftat ist eine die Hilfspflicht auslösende „Notsituation". Der Gesetzgeber vermeidet freilich diese Generalklausel. Vielmehr hat er durch die Aufzählung drei unterschiedlicher „Gefahrenlagen" versucht, den Tatbestand zu konkretisieren:

„Wer bei Unglücksfällen, gemeiner Gefahr oder Not..."

Zwingende Voraussetzung ist somit zu aller erst, dass in dem sich darstellenden Lebenssachverhalt ein „Unglücksfall", eine „gemeine Gefahr" oder „gemeine Not" zu erblicken ist. Liegt eines dieser drei Merkmale vor, so ist die Hilfeleistung auf ihre „Erforderlichkeit" und ihre „Zumutbarkeit" hin zu überprüfen.

---

32 Vgl. *Kahlo*, Handlungsform, S. 321 f.

33 MüKo, Band 4, *Freund*, § 323c Rn. 4.

a. Versuch einer allgemeinen Umschreibung des Merkmals „Unglücksfall“

Eine allgemeine Umschreibung des Merkmals „Unglücksfall“ will bereits nicht so recht gelingen. Als zu unterschiedlich erweisen sich die einzelnen Standpunkte bzgl. der inhaltlichen und funktionalen Anforderungen, die an den „Unglücksfall“ zu stellen sind. Wie oben gerade festgestellt schützt die strafbewehrte Hilfeleistungspflicht die Individualrechtsgüter des in Not Geratenen. Das dogmatische Problem einer Definition scheint vor allem auf die Frage des Umfangs der von § 323c StGB mittelbar geschützten Individualrechtsgüter zurückzuführen zu sein. Die Rechtsprechung sowie Teile der Literatur sehen in einem „Unglücksfall“ ein plötzlich eintretendes Ereignis, das erhebliche Gefahren für Personen oder Sachen hervorruft oder hervorzurufen droht.[34] Andere hingegen wollen den „Unglücksfall“ auf äußere Ereignisse beschränkt wissen, so dass vom Hilfsbedürftigen gewollte und selbst verursachte Notsituationen grundsätzlich ausscheiden sollen.[35] Ferner wird auch die Auffassung vertreten, dass der „Unglücksfall“ nur Gefahren für personale Rechtsgüter wie z.B. Leben und körperliche Unversehrtheit umfasse, so dass als „Unglücksfall“ nur ein plötzliches Ereignis anzusehen sei, das erhebliche Gefahren für Personen mit sich bringe oder zu bringen drohe.[36] Ohne bereits an dieser Stelle weitere inhaltliche Festlegungen zu treffen, weder in Bezug auf den Schutz des Eigentums des in Not Geratenen noch bzgl. der Erfassung auch innerer Ereignisse, ist unter einem „Unglücksfall“ jedenfalls ein (plötzlich) eintretendes Ereignis zu verstehen, das erhebliche Gefahren für Individualrechtsgüter der in Not geratenen Person mit sich bringt.

b. Die „gemeine Gefahr“

Die „gemeine Gefahr“ gehört zu den weniger problematischen Merkmalen der unterlassenen Hilfeleistung. Unter einer „gemeinen Gefahr“ ist nach einhelliger Meinung[37] eine konkrete Gefährdung einer unbestimmten Zahl von Menschen oder bedeutender bzw. hochwertiger Sachwerte sowie eine konkrete Gefährdung für Güter der Allgemeinheit zu verstehen. Als Beispiele sind Naturkatastrophen wie Brände oder Überschwemmungen anzuführen. Aber auch Ereignisse in kleineren Dimensionen können durchaus eine „Gemeingefahr“ begründen. So ist

---

[34] In diesem Sinne etwa: BGHSt 3, S. 65 (66); 6, S. 147 (152). Ebenso *Lackner/Kühl*, § 323c Rn. 2; *Tröndle/Fischer*, § 323c Rn. 2a; beide mit weiteren Nachweisen.

[35] So z.B. BGHSt 2, S. 150 (150 f.).

[36] In diesem Sinne: *Schönke/Schröder, Cramer/Sternberg-Lieben*, § 323c Rn. 5; ebenso *Otto*, Grundkurs II, § 67 Rn. 4 mit weiteren Nachweisen.

[37] *Lackner/Kühl*, § 323c Rn. 3; *Tröndle/Fischer*, § 243 Rn. 21; *Schönke/Schröder, Cramer/Sternberg-Lieben*, StGB, § 323c Rn. 8; LK-StGB, *Spendel*, § 323c Rn. 58 ff; SK-StGB, Band II, *Rudolphi*, § 323c Rn. 10.

auch der tödlich verunglückte Radfahrer, der mitsamt seinem Fahrrad auf der Straße liegt, eine „Gemeingefahr" für nachfolgende Verkehrsteilnehmer.[38]

c. Die „gemeine Not"

Die „gemeine Not" beinhaltet eine die Allgemeinheit betreffende Notlage.[39] Problematisch erscheint die Abgrenzung der „gemeinen Not" von der „gemeinen Gefahr", da beim Vorliegen einer Notlage für ein Allgemeingut oder eine Vielzahl von Objekten ebenfalls eine „Gemeingefahr" einschlägig ist. *Schroeder* und *Maiwald* halten das Vorliegen einer „gemeinen Not" ohne gleichzeitiges Vorliegen einer „gemeinen Gefahr" für kaum denkbar.[40] *Spendel* sieht in der „gemeinen Not" hingegen einen Zustand, welcher der „Gemeingefahr" im Regelfall vorgeschaltet ist.[41] *Cramer* und *Sternberg-Lieben* wollen dieses Problem lösen, indem sie für die „gemeine Not" im Vergleich zur „Gemeingefahr" einen längerfristigeren Entstehungsprozess fordern.[42] Ob solch vage Abgrenzungskriterien allein ausreichen, um die „gemeine Not" von der „Gemeingefahr" abzugrenzen, erscheint eher zweifelhaft. Vielmehr lassen sich die Unterschiede beider Begriffskategorien genauer verdeutlichen, wenn man sich mit der eigentlichen Wortbedeutung des Merkmals „Not" auseinandersetzt. Unter einer „Not" versteht man nach allgemeinem Sprachgebrauch eine besonders schlimme Lage, in der jemand dringend Hilfe benötigt, bzw. einen Mangel an lebenswichtigen Dingen.[43] Eine „Notlage" ist eine aufgrund äußerer Umstände eingetretene schwierige Situation, in der sich jemand befindet.[44] Die eigentliche Wortbedeutung zeigt somit einen Zustand der Bedrängnis auf, der jedoch noch nicht die konkrete Gefährdung einer „Gemeingefahr" erreicht haben muss. Vielmehr scheint es ausreichend zu sein, wenn sich eine solche Gefahr in baldiger Zukunft abzeichnet, sollte nicht unverzüglich Hilfe geleistet werden. Die „gemeine Not" stellt augenscheinlich einen Zustand dar, der zu einer „Gemeingefahr" immensen Ausmaßes werden kann. Aufgrund dessen kann man mit *Spendel* davon ausgehen, dass dieser Zustand der „Gemeingefahr" im Regelfall vorgelagert ist. Als Beispiel ließe sich hier ein Ausfall der Trinkwasserversorgung anführen. Folglich kann entgegen der Ansicht *Schroeders* und *Maiwalds* eine „gemeine Not" auch ohne gleichzeitige Verwirklichung einer „Gemeingefahr" vorliegen. Im Ergebnis liegen *Cramer* und *Sternberg-Lieben* somit sicherlich richtig, dass eine

38 BGHSt 1, S. 266 (269).

39 *Lackner/Kühl*, § 323c Rn. 3; *Tröndle/Fischer*, § 323c Rn. 3c; *Schönke/Schröder, Cramer/Sternberg-Lieben*, StGB, § 323c Rn. 8.

40 *Maurach/Schroeder/Maiwald*, BT II, § 55 Rn. 17.

41 LK-StGB, *Spendel*, § 323c Rn. 78.

42 *Schönke/Schröder, Cramer/Sternberg-Lieben*, StGB, § 323c Rn. 8.

43 *Duden*, Band 6, S. 2755.

44 *Duden*, Band 6, S. 2758.

„gemeine Notsituation" im Gegensatz zur „Gemeingefahr" auch ein schleichender Prozess sein kann. Als alleiniges Merkmal zur Abgrenzung ist dies jedoch nicht ausreichend.

d. Die „Erforderlichkeit" der Hilfeleistung

Bzgl. der zu leistenden Hilfe enthält die Vorschrift der unterlassenen Hilfeleistung zwei Einschränkungen. Der Hilfsfähige ist im Falle eines „Unglücksfalls", einer „gemeinen Gefahr" oder „gemeinen Not" grundsätzlich zu einer Hilfeleistung verpflichtet. Die Hilfeleistungspflicht gebietet dem Normunterworfenen jedoch lediglich Handlungen, die zur Schadensabwehr „erforderlich" und ihm auch „zumutbar" sind. Unter „Hilfe" ist jedes Mittel zu verstehen, das geeignet ist, den bevorstehenden Schaden abzuwenden. Im Gegenzug kann dann aber eine Hilfeleistung auch nur erforderlich sein, wenn dem Opfer weitere Schäden drohen.[45]

Das Merkmal der „Erforderlichkeit" der Hilfeleistung dient somit der Einschränkung des Hilfeleistungsgebots auf Handlungen, deren Zweck in der Abwendung weiterer Schäden vom Hilfsbedürftigen besteht. Anders wäre das strafbewehrte Gebot der Hilfeleistung des § 323c StGB nicht zu legitimieren. Denn mit dem Gebot der Hilfeleistung ist immer ein Eingriff in die allgemeine Handlungsfreiheit des zur Hilfe Verpflichteten verbunden, der sich nur über den berechtigten Nutzen für die Belange des Rechtsgüterschutzes rechtfertigen lässt. In diesem Sinne ist nur eine Verhaltensnorm legitimierbar, die auf die Vermeidung genau der schadensträchtigen Verläufe abzielt, um derentwillen das Gebot von Rechts wegen nur Bestand haben kann.[46] Schutzgut der durch Auslegung ermittelbaren Verhaltensnorm des § 323c StGB sind die Individualrechtsgüter des in Not Geratenen. Das Hilfeleistungsgebot hat folglich die Funktion der Abwehr möglicher (weiterer) Beeinträchtigungen der Individualrechtsgüter des Hilfsbedürftigen. Dieser mögliche Schadenseintritt ist der schadensträchtige Verlauf, der durch das Hilfeleistungsgebot vermieden werden soll. Würde man den Inhalt des Hilfeleistungsgebots weiter fassen wollen, indem man dem Normunterworfenen auch nicht erforderliche Handlungen gebietet, so würde das Hilfeleistungsgebot nicht mehr dem legitimen Nutzen der Normeinhaltung dienen und wäre folglich auch nicht zu rechtfertigen.[47] Dementsprechend ist Hilfe

---

45 Vgl. statt vieler: LK-StGB, *Spendel*, § 323c Rn. 82, 84; *Schönke/Schröder, Cramer/Sternberg-Lieben*, § 323c Rn. 11 ff; SK-StGB, Band II, *Rudolphi*, § 323c Rn. 14.

46 *Freund*, Erfolgsdelikt und Unterlassen, S. 74.

47 In diesem Sinne: *Freund*, Erfolgsdelikt und Unterlassen, S. 74.

nicht erforderlich, wenn das Opfer sich erkennbar ohne weiteres selbst helfen kann oder von dritter Seite bereits ausreichend Hilfe geleistet wird.[48]

Ähnlich wie schon bei dem Merkmal „Unglückfall" ist auch bei der anzustellenden Prüfung der „Erforderlichkeit" die maßgebliche Betrachtungsperspektive umstritten.[49] Aufgrund der engen Verknüpfung mit dem Merkmal „Unglücksfall" soll die Klärung dieser Problematik bei der Bestimmung der maßgeblichen Betrachtungsperspektive des Merkmals „Unglücksfall" vorgenommen werden. Festhalten können wir jedoch schon an dieser Stelle, dass eine Hilfeleistung grundsätzlich dann als erforderlich anzusehen ist, wenn die Gefahr weiterer Schädigungen besteht.

e. Die „Zumutbarkeit" der Hilfeleistung

Ob die „Zumutbarkeit" der Hilfeleistung tatsächlich zu den Tatbestandsmerkmalen des § 323c StGB zu zählen ist[50] oder ob ihr vielmehr im Falle der Unzumutbarkeit eine rechtfertigende oder sogar nur entschuldigende Bedeutung zukommt[51], ist umstritten. Ohne eine umfassende Klärung der systematischen Einordnung durchführen zu wollen, lässt sich zur Voraussetzung der „Zumutbarkeit" zumindest soviel sagen: Das Merkmal der „Zumutbarkeit" verhindert eine Sanktionierung desjenigen, der zwar eine erforderliche Hilfeleistung nicht erbracht hat, jedoch durch die Hilfeleistung in rechtlich unangemessener Weise belastet worden wäre.[52] Dem Wortlaut des § 323c StGB lassen sich zwei Gründe für eine mögliche Unzumutbarkeit der Hilfeleistung entnehmen. Dementsprechend ist eine Hilfeleistung insbesondere unzumutbar, wenn mit der Hilfeleistungshandlung eine erhebliche eigene Gefahr verbunden ist oder eine Hilfeleistung ohne die Verletzung anderer wichtiger Pflichten unmöglich ist. Bei die-

---

48 Vgl. statt vieler: LK-StGB, *Spendel*, § 323c Rn. 88 f.; MüKo, Band 4, *Freund*, § 323c Rn. 82; NK-StGB, Band 5, *Seelmann*, § 323c Rn. 34; *Schönke/Schröder, Cramer/Sternberg-Lieben*, § 323c Rn. 16.

49 Für eine ex ante-Betrachtung sprechen sich unter anderem aus: *Kindhäuser*, LPK-StGB, § 323c Rn. 13; *Lackner/Kühl*, § 323c Rn. 5; NK-StGB, Band 5, *Seelmann*, § 323c Rn. 33; LK-StGB, *Spendel*, § 323c Rn. 81; *Schönke/Schröder, Cramer/Sternberg-Lieben*, § 323c Rn. 2. Andere wiederum halten eine ex post-Betrachtung für maßgeblich: *Frellesen*, StV 1987, S. 22 (23); *Schönke/Schröder, Cramer*, 25. Auflage, § 323c Rn. 2.

50 *Freund*, AT, § 6 Fn. 28; *Geilen*, Jura 1983, S. 78 (145 f.); *Joecks*, § 323c Rn. 22; *Lackner/Kühl*, § 323c Rn. 7; *Kindhäuser*, LPK-StGB, § 323c Rn. 15; MüKo, Band 4, *Freund*, § 323c Rn. 90; NK-StGB, Band 5, *Seelmann*, § 323c Rn. 41; *ders.*, JuS 1985, S. 281 (285 f.); *Pawlik*, GA 1995, S. 360 (372); *Tröndle/Fischer*, § 323c Rn. 9.

51 LK-StGB, *Spendel*, § 323c Rn. 118, 159; SK-StGB, Band II, *Rudolphi*, § 323c Rn. 24.

52 Dazu, dass es im Grunde um die Prüfung der rechtlichen Angemessenheit der Belastung des zur Hilfe Aufgerufenen geht vgl. *Geilen*, Jura 1983, S. 78 (147); MüKo, Band 4, *Freund*, § 323c Rn. 91; NK-StGB, Band 5, *Seelmann*, § 323c Rn. 40; SK-StGB, Band II, *Rudolphi*, § 323c Rn. 25 f.; *Schönke/Schröder, Cramer/Sternberg-Lieben*, § 323c Rn. 20.

ser Aufzählung handelt es sich, wie durch das Wort „insbesondere" verdeutlicht wird, allerdings um keine abschließende Aufzählung.

Um über die rechtliche Angemessenheit der Belastung des zur Hilfe Aufgerufenen zu entscheiden, ist eine Güter- und Interessenabwägung durchzuführen. Hierbei müssen unter anderem sowohl die dem in Not Geratenen drohenden Schädigungen, ihre Intensität und Wahrscheinlichkeit, die möglichen Rettungsaussichten, als auch die eine Rettungshandlung mit sich bringenden Gefahren für den Helfer sowie deren Intensität und Wahrscheinlichkeit wie auch andere kollidierende Interessen gegeneinander abgewogen werden.[53] Als Leitregel zur Ermittlung der Belastungsgrenze kann hierbei gelten: Je größer die dem in Not Geratenen drohende Gefahr und je höherangig das bedrohte Rechtsgut ist, desto mehr darf dem zur Hilfe Aufgerufenen an Belastungen zugemutet werden.[54]

Von einigen Autoren wird in Bezug auf die vorzunehmende Güter- und Interessenabwägung eine Brücke zur Abwägung innerhalb der Prüfung des § 34 StGB geschlagen.[55] Dieser Brückenschlag ist auch durchaus statthaft. Denn aufgrund der Verpflichtung eines Jedermann – auch des unbeteiligten Dritten – zu einer Hilfeleistung und der regelmäßig fehlenden Verantwortung des zur Hilfe Aufgerufenen für das Entstehen der Notsituation kann dem Helfenden nicht jedwede Rettungshandlung aufgebürdet werden.[56] Eine Verpflichtung zur Hilfeleistung ist zumindest für solche Fälle nicht legitimierbar, in der die Gefahr für den Helfenden die bestehende Gefahr für das Opfer übersteigt. Aber auch in Fällen, in denen die Gefährdung des Opfers mit der Gefahr für den Helfenden identisch ist, kann eine Hilfspflicht nicht legitimiert werden. Denn dies würde nichts anderes bedeuten, als einen personellen Austausch der in Gefahr befindlichen Personen vorzunehmen.[57] Ein bloßer Austausch der gefährdeten Personen ergibt jedoch in einem Verhaltensnormkonzept, welches auf Rechtsgüterschutz angelegt ist, keinen Sinn. Insofern wird man auch für die „Zumutbarkeit" der Hilfeleistung ähnlich wie in § 34 StGB fordern müssen, dass das bedrohte Interesse des in Not Geratenen das Interesse des zur Hilfe Aufgerufenen wesentlich überwiegt.[58] Geringere Anforderungen führen hingegen zu

---

[53] *Geilen*, Jura 1983, S. 78 (146); *Lackner/Kühl*, § 323c Rn. 7; *Kindhäuser*, LPK-StGB, § 323c Rn. 16; NK-StGB, Band 5, *Seelmann*, § 323c Rn. 47; *Schönke/Schröder, Cramer/Sternberg-Lieben*, § 323c Rn. 20.

[54] *Joecks*, § 323c Rn. 24; MüKo, Band 4, *Freund*, § 323c Rn. 93; SK-StGB, Band II, *Rudolphi*, § 323c Rn. 25; *Schönke/Schröder, Cramer/Sternberg-Lieben*, § 323c Rn. 22.

[55] Vgl. MüKo, Band 4, *Freund*, § 323c Rn. 93; ebenso *Pawlik*, GA 1995, S. 360 (372) und *Seelmann*, JuS 1995, S. 281 (285 f.).

[56] Dazu, dass es sich bei der von § 323c StGB implizierten Verhaltensnorm nur um eine einfachfundierte Norm handelt vgl. unten III. 1. c. cc. (3). Zur Atypizität des § 323c StGB siehe auch *Seelmann*, JuS 1995, S. 281 (285).

[57] So bereits zutreffend hervorgehoben von: MüKo, Band 4, *Freund*, § 323c Rn. 94.

[58] MüKo, Band 4, *Freund*, § 323c Rn. 95; NK-StGB, Band 5, *Seelmann*, § 323c Rn. 48; *ders.*, JuS 1995, S. 281 (286).

einer unangemessenen Belastung des zur Hilfe Verpflichteten. Es geht in der Frage der „Zumutbarkeit" letztlich um die positive Begründung einer rechtlichen Verhaltensnorm – dem strafbewehrten Hilfeleistungsgebot – gegenüber dem in die Hilfspflicht zu Nehmenden.[59] Meist handelt es sich bei dem in die Hilfspflicht zu Nehmenden um einen völlig Unbeteiligten. Denn die strafbewehrte Hilfspflicht des § 323c StGB ist eine „einfach-fundierte" Verhaltensnorm, welche sich an den „quivis ex popolu" richtet und allein über den Gedanken des Rechtsgüterschutzes legitimierbar ist. Einer Sonderverantwortlichkeit des in die Hilfspflicht zu Nehmenden für die Belange des in Not Geratenen bedarf es im Gegensatz zu den „begehungsgleichen" Unterlassungsdelikten nicht. Die fehlende Sonderverantwortlichkeit des in die Hilfspflicht zu Nehmenden für die Notsituation muss dementsprechend auch bei der Bestimmung der Belastungsgrenze berücksichtig werden. Aus diesem Grund ist auch nicht jedes überwiegende Interesse des in Not Geratenen gegenüber den Interessen des zur Hilfe Aufgerufenen zur Begründung der strafbewehrten Hilfspflicht ausreichend.[60] Vielmehr bedarf es schon eines wesentlichen Überwiegens, um eine Hilfspflicht zu begründen. Denn die rechtlich erzwingbare Solidarität kennt durchaus Grenzen. Ähnlich wie im Falle des Aggressivnotstands steht hierhinter die durchaus angemessene Wertung, dass jeder die Gefahren, die seinen Gütern und Interessen drohen, grundsätzlich hinzunehmen hat und nicht ohne weiteres anderen überbürden darf.[61] Vor allem, wenn der potentielle Helfer sich selbst einer Lebensgefahr oder einer schweren Gesundheitsschädigung aussetzen würde, wenn er dem Opfer helfend beistehen sollte, kann von Rechts wegen eine Hilfeleistung nicht verlangt werden.[62] Eine solche Verhaltensnorm ließe sich nicht legitimieren.

Halten wir also fest: Von der „Zumutbarkeit" der Hilfeleistung kann ausgegangen werden, wenn das zu schützende Gut oder Interesse (auf Seiten des Opfers) das gefährdete Gut oder Interesse des Helfenden wesentlich überwiegt.

---

59 MüKo, Band 4, *Freund*, § 323c Rn. 92.

60 Dazu, dass ein im Vergleich zur Eigengefahr lediglich geringer Nutzen für den Rechtsgüterschutz nicht ausreicht siehe auch MüKo, Band 4, *Freund*, § 323c Rn. 95. Die obigen Ausführungen gelten jedoch nur für den Fall, dass der potentielle Helfer nicht auch aufgrund bestimmter Sonderpflichten (Sonderverantwortlichkeit) für die Abwendung möglicher Schädigungen des in Not Geratenen besonders verantwortlich ist. Dem zustimmend *Seelmann*, JuS 1995, S. 281 (286).

61 Vgl. zur Interessenabwägung im Falle des Aggressivnotstands und zum Erfordernis des wesentlichen Überwiegens *Freund*, AT, § 3 Rn. 66.

62 MüKo, Band 4, *Freund*, § 323c Rn. 95.

III. Funktion des Merkmals „Unglücksfall“

1. Die richtige Perspektive zur Bestimmung des Merkmals „Unglücksfall“

Bevor die exakten inhaltlichen Anforderungen des „Unglücksfalls“ bestimmt werden können, stellt sich die Frage, aus welcher Betrachtungsperspektive über das Vorliegen eines „Unglücksfalls“ zu urteilen ist. Dabei ist durchaus in Erwägung zu ziehen, dass – je nach spezieller Funktion – mehrere Perspektiven von Bedeutung sind.[63] Erst wenn die sich insoweit stellenden Fragen geklärt sind, lohnt es sich, die (weiteren) inhaltlichen Konturen des Merkmals „Unglücksfall“ abzustecken. Wie sich noch zeigen wird, spielt die Beurteilungsperspektive auch für spezielle inhaltliche Problemfelder des Merkmals „Unglücksfall“ eine entscheidende Rolle.[64]

Die maßgebliche Betrachtungsperspektive für die Bestimmung eines „Unglücksfalls“ ist im Schrifttum und in der Rechtsprechung höchst umstritten. Dies gilt sowohl in zeitlicher als auch in „persönlicher“ Hinsicht: Kommt es etwa auf eine ex ante- oder eine ex post-Betrachtung an? Ist die Sicht des „Allwissenden“ – also des Laplaceschen Weltgeistes –, die Sichtweise eines – freilich konkretisierungsbedürftigen – objektiven Beobachters maßgeblich, oder kommt es auf die Sachlage an, die sich dem konkret Betroffenen darbietet? Ist gar dessen (rein) subjektive Sicht maßgeblich? Wie wirken sich individuell vermeidbare (auf Fahrlässigkeit beruhende) subjektive Fehleinschätzungen aus?

Ebenso mannigfaltig wie die einzelnen theoretischen Betrachtungsmöglichkeiten sind auch die in Literatur und Rechtsprechung vertretenen Ansichten zur Perspektivenfrage. Freilich wird man häufig Fallkonstellationen begegnen, in denen der Streit keine praktischen Auswirkungen hat, weil alle Perspektiven zum selben Resultat führen: Wenn z.B. tatsächlich auch noch ex post gesehen ein „Unglücksfall“ vorlag und der Täter aus der Perspektive ex ante die Situation entsprechend auffassen musste und auch entsprechend aufgefasst hat, kann man nach allen Auffassungen nur zur Annahme eines „Unglücksfalls“ gelangen. Auswirkungen hat der Streit jedoch, wenn sich aus der Sicht ex ante ein „Unglücksfall“ förmlich aufdrängt, ex post betrachtet allerdings nicht mehr als solcher erscheint. Zur Verdeutlichung soll ein kurzer Sachverhalt dienen:

A ist auf dem Weg nach Hause. In einem Fahrzeug sieht er den über dem Lenkrad zusammengesunkenen B. A geht davon aus, dass es möglich wäre, dass B einen Herzanfall erlitten hat und dringend ärztlicher Hilfe bedarf. Diese Einschätzung des A entspricht durchaus einer verständigen Würdigung der Sachlage, die sich ihm darbietet. Trotzdem zieht er es vor, seinen Nachhauseweg fortzusetzen, um pünktlich zur Sportschau zuhause zu sein. Im Nachhinein stellt sich

---

63 Vgl. zur möglichen Doppelfunktion und ihrer Bedeutung für die Perspektivenfrage III. 1. f.

64 Vgl. diesbezüglich die späteren Ausführungen in Bezug auf die Erfassung auch freiverantwortlicher Suizidversuche unter IV. 2.

freilich heraus, dass B keinen Herzanfall erlitten hat, sondern lediglich vor Übermüdung eingeschlafen ist.

Für die angemessene rechtliche Beurteilung des skizzierten Falles ist die Bestimmung der richtigen Betrachtungsperspektive von entscheidender Wichtigkeit. Denn je nachdem, aus welcher Sicht zu urteilen ist, entscheidet sich, ob grundsätzlich eine (strafbewehrte) Hilfeleistungspflicht begründet wird oder nicht.

a. Stand der Diskussion

aa. „Unglücksfall" ex post; „Erforderlichkeit" ex ante

Nach dem wohl überwiegenden Teil des Schrifttums[65] sowie einem Teil der Rechtsprechung[66] bestehe für die einzelnen Merkmale der Vorschrift der unterlassenen Hilfeleistung keine einheitliche Betrachtungsperspektive. Vielmehr sei für den „Unglücksfall" eine ex post-Perspektive maßgeblich, wohingegen die „Erforderlichkeit" aus der Perspektive ex ante zu bestimmen sei.[67] *Seelmann* zufolge würde bereits der Wortlaut der Vorschrift der unterlassenen Hilfeleistung für eine Betrachtung aus der Perspektive ex post sprechen. Durch die Präposition „bei" würde deutlich, dass ein „Unglücksfall" nur angenommen werden könne, wenn dieser auch tatsächlich vorliege.[68] Bei der von *Seelmann* bevorzugten ex post-Betrachtung des Merkmals „Unglücksfall" bestehe auch nicht – wie manche Kritiker meinen – die Gefahr, dass bei der Feststellung des „Unglücksfalls" vom Normunterworfenen mehr verlangt werde als er zu erkennen in der Lage sei. Denn seine Wissensdefizite würden bei der Entscheidung über den Vorsatz angemessen berücksichtigt.[69] Eine ex ante-Betrachtung hätte demgegenüber zur Folge, dass man materiell gesehen einen Versuch in den Bereich der Vollendungsstrafbarkeit der unterlassenen Hilfeleistung mit aufnehmen würde, dessen formelle Strafbarkeit jedoch gerade nicht vorgesehen sei. Denn gleich, ob man eine subjektive oder eine objektive ex ante-Sichtweise bevorzuge, würde man zumindest bei „vernünftigen" Irrtümern über das tatsächliche Vorliegen eines „Unglücksfalls" zu einer Strafbarkeit gemäß § 323c StGB und somit zu

---

65 *Haubrich*, Unterlassene Hilfeleistung, S. 283, 418 ff.; *Lackner/Kühl*, § 323c Rn. 2, 5; *Otto*, Grundkurs II, § 67 Rn. 7, 11; *Rengier*, BT II, § 42 Rn. 2, 7; NK-StGB, Band 5, *Seelmann*, § 323c Rn. 21, 33; *ders.*, JuS 1995, S. 281 (284 f.); wohl auch *Arzt/Weber*, BT, § 39 Rn. 5, 17.

66 AG Tiergarten, NStZ 1991, S. 236 (237).

67 AG Tiergarten, NStZ 1991, S. 236 (237); *Haubrich*, Unterlassene Hilfeleistung, S. 283, 418 ff.; *Lackner/Kühl*, § 323c Rn. 2, 5; *Otto*, Grundkurs II, § 67 Rn. 7, 11; *Rengier*, BT II, § 42 Rn. 2, 7; *Seelmann*, JuS 1995, S. 281 (284 f.).

68 *Seelmann*, JuS 1995, S. 281 (284).

69 NK-StGB, Band 5, *Seelmann*, § 323c Rn. 20; *ders.*, JuS 1995, S. 281 (284).

einer Bestrafung wegen eines (untauglichen) Versuchs gelangen.[70] Wolle man die Versuchsstrafbarkeit tatsächlich in den Vollendungstatbestand mit einbeziehen, so käme man nicht umhin, § 323c StGB als „Unternehmensdelikt" zu betrachten. Da § 323c StGB jedoch den Begriff des „Unternehmens" nicht enthalte, würde von den Befürwortern der ex ante-Betrachtung der Versuch unternommen, § 323c StGB zu einem „materiellen (unechten) Unternehmenstatbestand" umzubilden. Dies stelle jedoch eine durch Art. 103 II GG verbotene Analogie zu § 11 I Nr. 6 StGB dar. Aus diesen Gründen habe eine ex ante-Betrachtung auszuscheiden.[71]

Im Gegenzug bedeute dies jedoch nicht, dass für die Betrachtung des Merkmals der „Erforderlichkeit" der Hilfeleistung das gleiche gelten müsse. Das Merkmal der „Erforderlichkeit" sei, anders als das Merkmal „Unglücksfall", ein offener und wertausfüllungsbedürftiger Begriff, der dem Entscheidenden eine eigene Bewertung abverlange, so dass die Festlegung auf eine ex ante-Beurteilung durchaus noch mit dem Wortlaut der Vorschrift vereinbar sei.[72] Das Abstellen auf eine ex post-Beurteilung in Bezug auf die „Erforderlichkeit" der Hilfeleistung hätte zudem zur Folge, dass § 323c StGB zu einem erfolgsbezogenen Unterlassungsdelikt, einem Verletzungsdelikt würde. Eine solche Erfolgsbezogenheit werde allerdings richtigerweise von der h.M. abgelehnt.[73] Aus diesem Grunde sei bei der Bestimmung der „Erforderlichkeit" der Hilfeleistung das ex ante Urteil eines verständigen Beobachters maßgeblich.[74]

Auch das *AG Tiergarten* befürchtet bzgl. der ex ante-Auslegung des Merkmals „Unglücksfall" eine unzulässige Umgehung der angenommenen bewussten kriminalpolitischen Wertentscheidung der Straflosigkeit des Versuchs der unterlassenen Hilfeleistung. Zudem könne nur eine ex post-Beurteilung gewährleisten, dass im Falle von Tatsachenzweifeln zugunsten des Angeklagten – „in dubio pro reo" – ein „Unglücksfall" ausgeschlossen sei. Würde man hingegen mit den Befürwortern der Betrachtungsperspektive ex ante von einem „Unglücksfall" trotz bestehender nachträglicher Tatsachenzweifel ausgehen, so solle dies einer Bestrafung des Versuchs in Form einer betätigten verwerflichen Gesinnung des Untätigen gleichkommen.[75] Es überschreite die Grenzen des Wortlauts der Vorschrift der unterlassenen Hilfeleistung, wenn man auch solche situativen Gegebenheiten als „Unglücksfall" erfasse, die zwar objektiv ex ante gefährlich erscheinen, bei denen sich im Nachhinein jedoch herausstellt, dass eine

---

[70] NK-StGB, Band 5, *Seelmann*, § 323c Rn. 19 f.; *ders.*, JuS 1995, S. 281 (284). Ebenfalls gegen die Erfassung der Versuchsstrafbarkeit etwa *Haubrich*, Unterlassene Hilfeleistung, S. 281 ff.

[71] NK-StGB, Band 5, *Seelmann*, § 323c Rn. 19; *ders.*, JuS 1995, S. 281 (284).

[72] NK-StGB, Band 5, *Seelmann*, § 323c Rn. 33; *ders.*, JuS 1995, S. 281 (285).

[73] NK-StGB, Band 5, *Seelmann*, § 323c Rn. 32; *ders.*, JuS 1995, S. 281 (285).

[74] NK-StGB, Band 5, *Seelmann*, § 323c Rn. 33; *ders.*, JuS 1995, S. 281 (285).

[75] AG Tiergarten, NStZ 1991, S. 236 (237).

Gefahr tatsächlich überhaupt nicht vorgelegen hat. Eine solche Sichtweise sei bereits aufgrund des strafrechtlichen Analogieverbots verwehrt.[76]

Die Prüfungspflicht der „Erforderlichkeit“ der Hilfeleistung sei im Gegensatz zur Auslegung des Merkmals „Unglücksfall“ verbrechenssystematisch auf einer zweiten Stufe angesiedelt. Sie setze die auf erster Stufe durchzuführende Feststellung eines wirklichen „Unglücksfalls“ bereits voraus. Aufgrund der Erreichung eines möglichst wirkungsvollen Rechtsgüterschutzes müsse der Hilfsfähige schon dann zu einer Hilfsleistung verpflichtet werden, wenn allein aus der Sicht ex ante die Möglichkeit einer Rettung bestehe.[77] Bzgl. des Schutzes des Lebens in Not geratener Personen sei es bei der Bestimmung der „Erforderlichkeit“ der Hilfe angemessen, die „Erforderlichkeit“ ex ante zu bestimmen. Nur so könne ein adäquater Lebensschutz betrieben werden. Wollte man stattdessen auf eine ex post-Perspektive abstellen, so würde der Lebensschutz förmlich leer laufen und die Wirksamkeit der Hilfeleistung würde um ein nicht vertretbares Maß reduziert.[78] Zur Erreichung eines effektiven Lebensschutzes sei es durchaus sachgerecht, Personen zu Hilfsmaßnahmen zu verpflichten, die sich aus der Position eines objektiven Beobachters im ex ante-Zeitpunkt als notwendig darstellen würden, auch wenn ex post die Hilfe nicht mehr als erforderlich erscheinen sollte. Denn der drohende Verlust des menschlichen Lebens wiege schwerer als die Gefahr, zu gegebenenfalls nutzlosen Hilfeleistungen verpflichtet worden zu sein.[79] Die Maßgeblichkeit der ex ante-Perspektive zur Bestimmung der „Erforderlichkeit“ der Hilfeleistung gelte indessen nicht nur im Falle des Lebensschutzes, sondern vielmehr auch im Falle der Gefahr für ein anderes von der strafbewehrten Hilfspflicht des § 323c StGB geschützten Rechtsguts.[80] Die so erreichte größere Effizienz des § 323c StGB rechtfertige auch die Inanspruchnahme des Betroffenen zu sich nachträglich als nutzlos erweisenden Hilfsmaßnahmen.[81]

Da in dem Ausgangsfall auch für einen verständigen objektiven Betrachter in der konkreten Situation des A die Möglichkeit eines medizinischen Notfalls bestand, kommen wir auf der Basis der skizzierten Auffassung zu dem doch etwas seltsamen Ergebnis, dass zwar an sich bei verständiger Würdigung eine Hilfeleistung erforderlich war, aufgrund der erst nachträglich (ex post) vorzunehmenden Bestimmung des „wirklichen Unglücksfalls" jedoch lediglich die tatsächliche Übermüdung des B Bedeutung erlangen würde, die indessen nicht als

---

76 *Haubrich,* Unterlassene Hilfeleistung, S. 283: *„Der Tatbestand des § 323c StGB umfasst nämlich nicht auch die sogenannte Anscheinsgefahr als einen die Nothilfepflicht auslösenden Bedürfnisfall."*

77 AG Tiergarten, NStZ 1991, S. 236 (237).

78 *Haubrich,* Unterlassene Hilfeleistung, S. 418.

79 *Haubrich,* Unterlassene Hilfeleistung, S. 419.

80 *Haubrich,* Unterlassene Hilfeleistung, S. 419 f.

81 *Haubrich,* Unterlassene Hilfeleistung, S. 420.

„Unglücksfall" im Sinne des § 323c StGB gewertet werden könnte. Dass im Zeitpunkt der Konfrontation des A mit der konkreten Situation die Möglichkeit einer tatsächlichen „Notsituation" im Sinne des § 323c StGB vorlag, würde nach dieser Auffassung für die Feststellung des Merkmals „Unglücksfall" keine Rolle spielen. A hätte sich nicht gemäß § 323c StGB wegen unterlassener Hilfeleistung schuldig gemacht. Genauer: Im Zeitpunkt seines Unterlassungsverhaltens hätte er schon gar nicht gegen eine strafbewehrte Hilfspflicht im Sinne des § 323c StGB verstoßen. Denn schon die strafbewehrte Verhaltensnorm soll von dem erst ex post festzustellenden „wirklichen Unglücksfall" abhängen.

bb. Die reine ex post- Betrachtung

Cramer ist der Ansicht, dass sämtliche Merkmale der Vorschrift der unterlassenen Hilfeleistung aus einer ex post-Perspektive zu bestimmen seien. Zu einer Verurteilung aufgrund einer vollendeten unterlassenen Hilfeleistung sei damit immer die Feststellung notwendig, dass die Handlung des Täters sich effektiv auf den Geschehensablauf ausgewirkt habe.[82] Angesichts der engen Verzahnung der Merkmale des „Unglücksfalls" und der „Erforderlichkeit" der Hilfeleistung erscheine es willkürlich, wenn man diesbezüglich unterschiedliche Betrachtungsperspektiven anwende.[83]

Zustimmung erhält *Cramer* von *Frellesen*. *Frellesen* ist ebenfalls der Auffassung, dass sämtliche Merkmale der Vorschrift der unterlassenen Hilfeleistung einer ex post-Betrachtung bedürfen.[84] Um die maßgebliche Betrachtungsperspektive feststellen zu können, vollzieht *Frellesen* einen „Brückenschlag" zu den „begehungsgleichen" Unterlassungsdelikten. Bei den Erfolgsabwendungspflichten der „begehungsgleichen" Unterlassungsdelikte sei nach einhelliger Ansicht eine ex post-Betrachtung maßgeblich. Im Zuge der „begehungsgleichen" Unterlassungsdelikte mache sich der Untätige nicht strafbar, wenn sich im Nachhinein herausstelle, dass der tatbestandliche Erfolg auch bei Vornahme einer Rettungshandlung eingetreten wäre. Denn in einem solchen Fall fehle es an der hypothetischen Kausalität zwischen der Unterlassung des Täters und dem späteren Erfolgseintritt.[85] Die von Teilen der Literatur und Rechtsprechung geforderte ex ante-Betrachtung sei nur schlüssig begründbar, wenn man den heutigen Strafgrund des § 323c StGB nach wie vor im Gesinnungsstrafrecht ansiedeln wolle. Hiervon sei der BGH in seiner Entscheidung über die Weitergeltung des § 330c StGB a.F. jedoch entscheidend abgerückt. Da heutzutage der Gedanke des Rechtsgüterschutzes im Vordergrund stehe, müsse eine Bestrafung auf-

82 *Schönke/Schröder, Cramer*, 25. Auflage, § 323c Rn. 2.
83 *Schönke/Schröder, Cramer*, 25. Auflage, § 323c Rn. 2a.
84 *Frellesen*, StV 1987, S. 22 (23).
85 *Frellesen*, StV 1987, S. 22 (22 f.).

grund einer Untätigkeit immer dann unterbleiben, wenn sich die Untätigkeit nicht auf die gefährdeten Rechtsgüter ausgewirkt habe.[86]

Dieser Auffassung zufolge läge im genannten Beispielsfall weder ein „Unglücksfall" im Sinne des § 323c StGB vor noch wäre die Hilfeleistung im Sinne der Vorschrift der unterlassenen Hilfeleistung erforderlich, da die nachträglich anzustellende Betrachtung einen medizinischen Notfall ausschließen würde. Die anfängliche Möglichkeit einer Notsituation im Sinne des § 323c StGB wäre nicht von Belang. A hätte sich nicht gemäß § 323c StGB der unterlassenen Hilfeleistung schuldig gemacht.

cc. Die innerhalb des Merkmals „Unglücksfall" differenzierende Ansicht

Wie bereits oben dargelegt, kann im Allgemeinen unter einem „Unglücksfall" ein (plötzlich) eintretendes Ereignis verstanden werden, das erhebliche Gefahren für Individualrechtsgüter des in Not Geratenen mit sich bringt.[87] Ein Teil des Schrifttums versucht nun, innerhalb des Merkmals „Unglücksfall" in Bezug auf die anzustellende Betrachtungsperspektive zu differenzieren. Die „Tatsachenbasis des Gefahrurteils" – mit anderen Worten das plötzlich eintretende Ereignis – bedürfe einer ex post-Betrachtung. Im Gegensatz hierzu seien die prognostischen Elemente des Merkmals „Unglücksfall" – die erheblichen Gefahren bzw. das Drohen derselbigen für die Individualrechtsgüter des in Not Geratenen – strikt ex ante zu betrachten.[88] Letzteres gelte auch für die Beurteilung des Merkmals der „Erforderlichkeit" der Hilfeleistung.[89] Eine solche Differenzierung ist nach *Cramer/Sternberg-Lieben* notwendig, wenn man der engen Verzahnung der Merkmale des „Unglücksfalls" und der „Erforderlichkeit" der Hilfeleistung gerecht werden wolle.[90]

Küper zufolge spricht die gesetzliche Straflosigkeit des Versuchs der unterlassenen Hilfeleistung ebenso für eine ex post-Betrachtung der „Tatsachenbasis des Gefahrurteils" wie auch die Tatsache, dass § 323c StGB eine moralische Solidaritätspflicht im Interesse des von einem „Unglücksfall" Betroffenen zu einer Rechtspflicht verstärke. Dies legitimiere die Begrenzung der Verhaltenspflicht

---

86 *Frellesen*, StV 1987, S. 22 (23). Zustimmend zumindest in Bezug auf die „Erforderlichkeit" der Hilfeleistung und somit aber wohl auch bzgl. der ex post-Betrachtung des Merkmals „Unglücksfall" *Schmidhäuser*, BT, 16/9. *Schmidhäuser* zufolge fordere man bei einer ex ante-Auslegung keine Hilfe, sondern lediglich eine leere Solidaritätsbezeugung, was zu einer Bestrafung der Betätigung der schlechten Gesinnung führe.

87 Siehe bereits oben II. 3. a.

88 LK-StGB, *Spendel*, § 323c Rn. 35; *Schönke/Schröder, Cramer/Sternberg-Lieben*, § 323c Rn. 2; *Küper*, BT, S. 290 f..

89 LK-StGB, *Spendel*, § 323c Rn. 35, 81; *Schönke/Schröder, Cramer/Sternberg-Lieben*, § 323c Rn. 2.

90 *Schönke/Schröder, Cramer/Sternberg-Lieben*, § 323c Rn. 2.

auf Fälle, in denen aufgrund eines wirklichen „Unglücksfalls“ ein echtes Schutzbedürfnis des Opfers bestünde.[91]

Die Vermutung liegt nahe, dass auch *Kindhäuser* ein ebensolches Konzept bevorzugt. Für die Beurteilung des Merkmals „Unglücksfall“ hält *Kindhäuser* eine „objektive ex post-Prognose“ für maßgeblich.[92] Diese Begrifflichkeit ist jedoch nicht ohne Widerspruch in sich. Nach allgemeinem Sprachgebrauch versteht man unter einer Prognose die Voraussage einer künftigen Entwicklung, künftiger Zustände oder eines voraussichtlichen Verlaufs.[93] Mit anderen Worten ist die Prognose ein Versuch, aus den Daten, die einem im Prognosezeitpunkt bekannt sind, auf Geschehnisse oder Veränderungen in der Zukunft zu schließen. Wenn *Kindhäuser* an Daten anknüpfen möchte, die erst im nachhinein – also ex post – bekannt werden können, dann handelt es sich nicht mehr um den Versuch einer Vorhersage zukünftiger Entwicklungen, sondern doch wohl eher um ein Abwarten bis zum Eintritt einer bestimmten Entwicklung. Etwas verständlicher werden *Kindhäusers* Ausführungen, wenn man nicht von einer strikten ex post-Betrachtung des „Unglücksfalls“ ausgeht, sondern die differenzierende Ansicht zu Grunde legt.[94] Ginge man davon aus, dass *Kindhäuser* lediglich bzgl. der „Tatsachenbasis des Gefahrurteils“ eine ex post-Sichtweise bevorzuge, hingegen bzgl. der „prognostischen Elemente“ eine ex ante-Perspektive für maßgeblich hielte, so könnte man bzgl. der Beurteilung der Gefahr weiterer Schädigungen wohl noch von einer Prognose sprechen. Bei dieser Deutung wären *Kindhäusers* Ausführungen zumindest ohne inneren Widerspruch. Dennoch sollte man die Verknüpfung der Begriffe „ex post“ und „Prognose“ besser vermeiden, wenn man nicht unnötig Verwirrung stiften möchte.

Für den Beispielsfall bedeutet dies: Aufgrund der strikten ex ante-Auslegung des Merkmals der „Erforderlichkeit" der Hilfeleistung wäre vorliegend eine Hilfeleistung als durchaus erforderlich anzusehen. Im Zeitpunkt der Konfrontation bestünde selbst aus der Sicht eines objektiven verständigen Betrachters die ernsthafte Gefahr eines (weiteren) Schadens. Bzgl. des Merkmals „Unglücksfall" müsste nun jedoch differenziert werden. Da die prognostischen Elemente – die Gefahr von (weiteren) Schädigungen – ebenso wie die „Erforderlichkeit" ex ante zu betrachten wären, wären diese zwangsläufig ebenfalls als gegeben anzunehmen. Anders würde es sich jedoch mit der sogenannten „Tatsachenbasis des Gefahrurteils" verhalten. Da insofern auch ex post bekannt gewordene Umstände Berücksichtigung finden würden, müsste man ein plötzlich eintretendes

---

91 *Küper*, BT, S. 291.

92 *Kindhäuser*, BT I, § 72 Rn. 9 ff.; *Kindhäuser*, LPK-StGB, Rn. 9 f.

93 *Duden*, Band 7, S. 3020.

94 Getragen wird dieser Gedanke durch den Verweis *Kindhäusers* auf *Spendel*, der ebenfalls eine differenzierende Ansicht bevorzugt. Verwirrend sind allerdings die weiteren Verweise auf *Lackner/Kühl* und *Seelmann*, die im Gegensatz zu *Spendel* eine strikte ex post-Betrachtung des „Unglücksfalls“ für maßgeblich halten.

Ereignis im Sinne des § 323c StGB aufgrund der bloßen Übermüdung des B verneinen. Auch nach dieser Auffassung wäre ein „Unglücksfall" somit abzulehnen, so dass eine Strafbarkeit des A gemäß § 323c StGB ausscheiden würde.

dd. Die reine ex ante-Betrachtung

Verschiedentlich wird die Auffassung vertreten, dass sowohl in Bezug auf das Merkmal „Unglücksfall" als auch bzgl. des Merkmals der „Erforderlichkeit" eine Betrachtung aus der Perspektive ex ante maßgeblich sei.[95] Entscheidend sei jeweils das Urteil eines verständigen Betrachters, das dieser ex ante fällen würde. Die Gegenansicht, die das Vorliegen eines „Unglücksfalls" von den ex post zu bestimmenden Umständen abhängig mache, verkenne, dass sowohl das Merkmal „Unglücksfall" als auch das Merkmal der „Erforderlichkeit" aufgrund ihrer engen Verzahnung nur einheitlich zu bestimmen seien.[96] Mit dem Erfordernis der bestehenden Gefahr für die Bejahung eines „Unglücksfalls" sei bereits eine notwendige Voraussetzung der „Erforderlichkeit" der Hilfeleistung selbst benannt. Dies zwinge dazu, sowohl die Gefahr weiterer Schäden als auch die Abwendung dieser Schäden gleich zu behandeln. Dies gelte aber nicht nur für die prognostischen Elemente des Merkmals „Unglücksfall", sondern sei auch für die „hic et nunc" gegebenen Umstände – mit anderen Worten für die „Tatsachenbasis des Gefahrurteils" – zwingend, da sich auch solche Umstände vielfach der menschlichen Erkenntnis entziehen würden und somit häufig ebenfalls nur durch Wahrscheinlichkeitsaussagen erreichbar seien.[97] Bestätigt würde das Erfordernis der ex ante-Auslegung ferner durch den Sinn und Zweck der strafrechtlichen Verhaltensvorschriften. Ziel sei es, das menschliche Verhalten möglichst eindeutig zu steuern, um einen optimalen Rechtsgüterschutz zu gewährleisten. Unnötige Freiheitsbeschränkungen seien dabei allerdings zu vermeiden. Um die Erreichbarkeit dieses Ziels gewährleisten zu können, müssten die strafrechtlichen Verhaltensvorschriften den objektiv gegebenen und nicht behebbaren Beschränkungen menschlicher Erkenntnis Rechnung tragen. Aus diesem Grunde seien die strafrechtlichen Ver- und Gebote so zu konzipieren, dass das verbotene bzw. gebotene Verhalten jeweils in der konkreten Situation, d.h. ex ante, jedenfalls für einen einsichtigen Menschen prinzipiell erkennbar sei.[98] Damit könne man auch der Ratio der Vorschrift der unterlassenen Hilfeleistung gerecht werden, die einen optimalen Rechtsgüterschutz bezwecke. Eine ex ante-Auslegung habe auch nicht zur Folge, dass der Versuch in Form einer betätigten

---

95 SK-StGB, Band II, *Rudolphi*, § 323c Rn. 5a, 13; *ders.*, NStZ 1991, S. 237 (239); *Zieschang*, Gefährdungsdelikte, S. 346. Zustimmend, allerdings ohne Anführung einer näheren Begründung: *Tröndle/Fischer*, § 323c Rn. 3, 4.

96 SK-StGB, Band II, *Rudolphi*, § 323c Rn. 5a; *ders.*, NStZ 1991, S. 237 (238).

97 *Rudolphi*, NStZ 1991, S. 237 (238).

98 SK-StGB, Band II, *Rudolphi*, § 323c Rn. 5b; *ders.*, NStZ 1991, S. 237 (238 f.).

verwerflichen Gesinnung bestraft werden würde. Vielmehr gehe es in den Fällen, in denen sich der „Unglücksfall" ex post nicht bestätige, durchaus um die Bestrafung eines objektiv gefährlichen Versuchs der unterlassenen Hilfeleistung.[99]

Zieschang zufolge ergeben sich die Gründe für eine ex ante-Auslegung der Voraussetzungen der Vorschrift der unterlassenen Hilfeleistung aus der Deliktsnatur des § 323c StGB. Bei der Vorschrift der unterlassenen Hilfeleistung stehe allein ein konkret gefährliches Verhalten in Rede. Konkret gefährlich sei das Verhalten nach der vom Täter zu beurteilenden Gesamtsituation im Hinblick auf die „Erforderlichkeit" der Hilfe gegenüber dem konkreten Unglücksopfer, so dass es sich bei der Vorschrift um ein konkretes Gefährlichkeitsdelikt (nicht zu verwechseln mit einem konkreten Gefährdungsdelikt) handeln solle.[100] Aus dieser Kategorisierung ergäben sich die an die unterlassene Hilfeleistung des § 323c StGB zu stellenden Voraussetzungen einer ex ante-Betrachtung.[101]

Eine strikte ex ante-Auslegung der Merkmale „Unglücksfall" und „Erforderlichkeit" der Hilfeleistung würde im Beispielsfall zu einer Bejahung beider Merkmale führen. Denn im Zeitpunkt der Konfrontation würde sich sowohl aus der „Betroffenenperspektive" als auch aus der Perspektive eines objektiv verständigen Betrachters eine „Notsituation" im Sinne des § 323c StGB und auch die Gefahr von (weiteren) Schädigungen (und auch die „Erforderlichkeit" der Hilfeleistung) ergeben. Unter der Voraussetzung, dass die Hilfe dem A zumutbar war, Vorsatz ebenso wie rechtswidriges und hinreichend schuldhaftes Verhalten anzunehmen ist, hat sich A gemäß § 323c StGB wegen unterlassener Hilfeleistung schuldig gemacht.

ee. Die höchstrichterliche Rechtsprechung

Der Rechtsprechung des BGH folgend ist zumindest für das Merkmal der „Erforderlichkeit" der Hilfeleistung eine Betrachtung aus der Perspektive ex ante vorzunehmen: Als Maßstab gelte die Beurteilung durch einen verständigen Beobachter in dem Augenblick, in dem sich die Notwendigkeit zu helfen herausstelle.[102] In Bezug auf die perspektivischen Anforderungen an das Merkmal „Unglücksfall" fehlt es bisher an einer ausdrücklichen Stellungnahme des BGH. Insofern ist man zur Ermittlung des möglichen Standpunkts auf gewisse Indizien und Vermutungen angewiesen. Wenn der BGH die Ansicht vertritt, dass der so-

---

99 *Rudolphi*, NStZ 1991, S. 237 (239).

100 *Zieschang*, Gefährdungsdelikte, S. 345 f.

101 *Zieschang*, Gefährdungsdelikte, S. 346.

102 BGHSt 14, S. 213 (216); BGHSt 17, S. 166 (172); BGH, VRS 12, S. 197 (198). In dieser Hinsicht ist wohl auch BGHSt 1, S. 266 (269) zu verstehen, soweit eine Hilfspflicht auch bestehen soll, wenn das Opfer nur noch kurze Zeit lebt; mit anderen Worten auch bei sofortiger Hilfe nicht mehr zu retten ist.

fortige Tod des Verunglückten zu einem Ausschluss der Hilfeleistung führen soll[103], so könnte dies für einen Maßstab ex post sprechen. Dies umso mehr, als der BGH in Fällen der nachträglichen Zweifel über den Todeszeitpunkt des Verunglückten zu einem eben solchen Ergebnis kommt.[104] Denn der Grundsatz „in dubio pro reo“ kann in einem solchen Fall nur zur Anwendung kommen, wenn man eine ex post-Betrachtung für maßgeblich hält. Im Zuge einer strikten ex ante-Betrachtung wären spätere Zweifel über den Todeszeitpunkt unerheblich, da es bei einem solchen Konzept auf derartige Sachverhaltsunsicherheiten materiellstrafrechtlich nicht ankommt.[105]

Eine ähnliche Ansicht scheint bereits das RG vertreten zu haben.[106] In dem dem RG vorliegenden Fall wurden zwei Radfahrerinnen vom Pkw des Angeklagten erfasst. Der Angeklagte setzte seine Fahrt fort, ohne sich um das Befinden der Unfallopfer zu kümmern. Das erste Opfer starb bereits durch den Aufprall. Zwar stellt das RG bzgl. des ersten Opfers einen Verstoß gegen die Hilfeleistungspflicht fest, die dem Angeklagten gegenüber der „Volksgemeinschaft“ und dem einzelnen „Volksgenossen“ oblag. Dieser Verstoß sei allerdings aufgrund des sofortigen Todes des Opfers strafrechtlich nicht relevant.[107] Da der Angeklagte seine Fahrt jedoch sofort fortgesetzt hat, konnte weder der Angeklagte noch ein verständiger Beobachter in der Position des Angeklagten ex ante vom sofortigen Tod des Opfers ausgehen. Zu einer Unanwendbarkeit der Vorschrift der unterlassenen Hilfeleistung konnte das RG folglich nur gelangen, wenn es eine ex post-Betrachtung des Merkmals für maßgeblich hielt, denn nur unter der Berücksichtigung der nachträglich zu erkennenden Daten war von einem sofortigen Tod des Opfers auszugehen. Ex ante bestand dagegen die Möglichkeit, dass es noch lebte und hilfsbedürftig war.

Nach alledem kann wohl davon ausgegangen werden, dass die höchstrichterliche Rechtsprechung des BGH und schon die des Reichsgerichts bzgl. der perspektivischen Betrachtung der Merkmale „Unglücksfall“ sowie der „Erforderlichkeit“ der Hilfeleistung die gleichen Maßstäbe anwendet, wie sie auch bei einem Großteil des Schrifttums zu finden sind.

Insofern gelangt die Rechtsprechung im Beispielsfall wohl zu einem mit dem mehrheitlichen Schrifttum identischen Ergebnis. Die Hilfeleistung an sich ist

---

103 BGHSt 1, S. 266 (269); BGHSt 14, S. 213 (216); BGH, VRS 13, S. 120 (125).

104 BGH, VRS 13, S. 120 (125).

105 Zur Verdeutlichung vgl. hierzu AG Tiergarten, NStZ 1991, S. 236 ff. mit der kritischen Anmerkung von *Rudolphi*. Auch in dem dem AG Tiergarten vorliegenden Fall konnte ex post nicht geklärt werden, ob das Opfer im Zeitpunkt der Benachrichtigung der beiden Angeschuldigten noch lebte oder bereits verstorben war. Im Gegenzug gelangt *Rudolphi* über eine ex ante-Auslegung des Merkmals „Unglücksfall“ in letzter Konsequenz trotz der ex post bestehenden Zweifel zu einer Bejahung des § 323c StGB.

106 Vgl. RGSt 71, S. 200 (200 ff.)

107 RGSt 71, S. 200 (202).

zwar erforderlich. Allerdings fehlt es bereits an einer die Hilfspflicht auslösenden Notsituation. Ein schon auf den ersten Blick merkwürdig anmutendes Ergebnis.

ff. Zusammenfassung

Der Diskussionsstand lässt sich wie folgt zusammenfassen: In Bezug auf das Merkmal der „Erforderlichkeit" wird neben einer ex post-Betrachtung[108] mehrheitlich eine Betrachtung aus der Perspektive ex ante[109] für maßgeblich gehalten. Diese habe aus der Sicht eines verständigen Beobachters zu erfolgen.[110] Weitaus vielschichtiger sind die Ansichten in Bezug auf die Beurteilung des Merkmals „Unglücksfall". Während Teile der Literatur eine ex ante-Sichtweise bevorzugen[111], wollen wiederum andere zur Ermittlung des „Unglücksfalls" auch erst nachträglich verfügbare Daten (ex post) berücksichtigen[112]. Gegenüber diesen völlig konträren Auffassungen versucht ein Teil des Schrifttums, einen vermittelnden Zwischenweg einzuschlagen, indem die Grundlage des Gefahrurteils einer ex post-Beurteilung unterzogen, das Gefahrurteil als solches hingegen ex ante bestimmt wird.[113]

b. Erste kritische Würdigung des Diskussionsstandes

Erste Anhaltspunkte für die korrekte Betrachtungsperspektive des Merkmals „Unglücksfall" ergeben sich aus den schon erwähnten Gemeinsamkeiten der Tatbestandsmerkmale des „Unglücksfalls" und der „Erforderlichkeit" der Hilfeleistung. Wie oben bereits dargelegt ist der „Unglücksfall" als ein (plötzlich)

---

108 *Schönke/Schröder, Cramer,* 25. Auflage, § 323c Rn. 2; *Frellesen,* StV 1987, S. 22 (23).

109 BGHSt 14, S. 213 (216); BGHSt 17, S. 166 (172); BGH, VRS 12, S. 197 (198); AG Tiergarten, NStZ 1991, S. 236 (237); NK-StGB, Band 5, *Seelmann,* § 323c Rn. 33; *ders.,* JuS 1995, S. 281 (285); *Lackner/Kühl,* § 323c Rn. 5; *Otto,* Grundkurs II, § 67 Rn. 11; *Rengier,* BT II, § 42 Rn. 7; LK-StGB, *Spendel,* § 323c Rn. 35, 81; *Schönke/Schröder, Cramer/Sternberg-Lieben,* § 323c Rn. 2; *Kindhäuser,* BT I, § 72 Rn. 14; SK-StGB, Band II, *Rudolphi,* § 323c Rn. 13; *ders.,* NStZ 1991, S. 237 (239); *Tröndle/Fischer,* § 323c Rn. 4; *Zieschang,* Gefährdungsdelikte, S. 346.

110 Vgl. statt vieler *Lackner/Kühl,* § 323c Rn. 5; NK-StGB, Band 5, *Seelmann,* § 323c Rn. 33; beide mit weiteren Nachweisen.

111 SK-StGB, Band II, *Rudolphi,* § 323c Rn. 5a; *ders.,* NStZ 1991, S. 237 (239); *Zieschang,* Gefährdungsdelikte, S. 346; *Tröndle/Fischer,* § 323c Rn. 3.

112 BGH, VRS 13, S. 120 (125); RGSt 71, S. 200 (200 ff.); AG Tiergarten, NStZ 1991, S. 236 (237); *Lackner/Kühl,* § 323c Rn. 2; *Otto,* Grundkurs II, § 67 Rn. 7; *Rengier,* BT II, § 42 Rn. 2; NK-StGB, Band 5, *Seelmann,* § 323c Rn. 21; *ders.,* JuS 1995, S. 281 (284 f.); *Arzt/Weber,* BT, § 39 Rn. 5; *Schönke/Schröder, Cramer,* 25. Auflage, § 323c Rn. 2; *Frellesen,* StV 1987, S. 22 (23); wohl auch *Schmidhäuser,* BT, 16/9.

113 LK-StGB, *Spendel,* § 323c Rn. 35; *Schönke/Schröder, Cramer/Sternberg-Lieben,* § 323c Rn. 2; *Küper,* BT, S. 290 f.; vermutlich auch *Kindhäuser,* BT I, § 72 Rn. 9 mit Fn. 15 f.

eintretendes Ereignis zu verstehen, das erhebliche Gefahren für Individualrechtsgüter der in Not geratenen Person mit sich bringt.[114] Der „Unglücksfall" erfordert somit die Gefahr eines (weiteren) Schadenseintritts. Dieses Erfordernis ist jedoch zugleich Element des Tatbestandsmerkmals der „Erforderlichkeit". Denn die Hilfeleistung ist dann als erforderlich zu betrachten, wenn dem Opfer weitere Schäden drohen.[115] Mithin enthält der „Unglücksfall" als Auslösemoment der Hilfspflicht schon die Voraussetzungen der „Erforderlichkeit". Zwischen beiden Tatbestandsmerkmalen besteht folglich eine untrennbare Verknüpfung. Aufgrund dieser engen Verknüpfung beider Merkmale ist es sachlich zwingend, die übereinstimmenden Voraussetzungen beider Merkmale auch einheitlich zu beurteilen.[116] Sicherlich lässt sich so noch keine Aussage darüber treffen, ob eine Auslegung ex ante oder ex post zu erfolgen hat. Eines wird jedoch klar: Die weit verbreitete Ansicht, dass der „Unglücksfall" ex post und die „Erforderlichkeit" der Hilfeleistung ex ante zu bestimmen sei[117], ist aufgrund der untrennbaren Verknüpfung beider Merkmale verfehlt.

Die Frage, ob die einzelnen Voraussetzungen des „Unglücksfalls" – tatsächliche wie prognostische – einheitlich geschlossen mit dem Merkmal der „Erforderlichkeit" der Hilfeleistung zu betrachten sind oder ob es ausreicht, nur den prognostischen Teil des Merkmals „Unglücksfall" und die „Erforderlichkeit" einheitlich zu betrachten, lässt sich hingegen auf der Basis der bisher angestellten Überlegungen noch nicht beantworten.

c. Die Struktur der Strafrechtsnormen

Um die Frage nach der „richtigen" Betrachtungsperspektive beantworten zu können, bedarf es zunächst der Rückbesinnung auf einige strafrechtliche Grundlagen. Nur auf dieser Basis ist es möglich, die Funktionen und Inhalte des Gesetzesbegriffs „Unglücksfall" bei der unterlassenen Hilfeleistung angemessen zu erfassen und in diesem Rahmen auch das Perspektivenproblem zu bewältigen. Nur auf diese Weise ist der Gefahr voreiliger Festlegungen und übereilter Schlussfolgerungen zu begegnen.

---

[114] Siehe oben II. 3. a.

[115] Siehe oben II. 3. d.

[116] So bereits *Rudolphi*, NStZ 1991, S. 237 (238); *Schönke/Schröder, Cramer/Sternberg-Lieben*, § 323c Rn. 2.

[117] AG Tiergarten, NStZ 1991, S. 236 (237); *Haubrich*, Unterlassene Hilfeleistung, S. 283, 418 ff.; *Lackner/Kühl*, § 323c Rn. 2, 5; *Otto*, Grundkurs II, § 67 Rn. 7, 11; *Rengier*, BT II, § 42 Rn. 2, 7; NK-StGB, Band 5, *Seelmann*, § 323c Rn. 21, 33; *ders.*, JuS 1995, S. 281 (284 f.); wohl auch *Arzt/Weber*, BT, § 39 Rn. 5, 17.

aa. Strafrecht als Teil des öffentlichen Rechts

Durch das Strafrecht greift der Staat in einzelne Grundrechte seiner Bürger ein. Die Verhängung einer Freiheitsstrafe begründet einen massiven Eingriff in die persönliche Freiheit des Bürgers. Ebenso verhält es sich mit der Verhängung einer Geldstrafe. Aber nicht nur die Verurteilung zu Strafe, sondern auch die durch das Strafrecht konstituierten strafbewehrten Verhaltensnormen – die strafbewehrten „Anweisungen“ an den Bürger, bestimmte Handlungen zu unterlassen sowie bestimmte Handlungen unter bestimmten Voraussetzungen vorzunehmen – haben einen Eingriff in die allgemeine Handlungsfreiheit (Art. 2 I GG) zur Folge. Solche Maßnahmen obliegen dem Staat kraft seiner staatlichen Hoheitsgewalt zur Erfüllung seiner Aufgaben. Insofern handelt es sich beim Strafrecht um einen Teil des öffentlichen Rechts mit der Folge, dass für diese strafrechtlichen Rechtseingriffe dieselben Legitimationsbedingungen gelten, die auch sonst bei staatlichen Rechtseingriffen ganz allgemein zu beachten sind.[118] Mit anderen Worten: Auch die strafrechtlichen Grundrechtseingriffe, wie sie das Strafgesetzbuch vorsieht, bedürfen einer verfassungsrechtlichen Rechtfertigung – einer Deckung durch die Schranken des jeweils betroffenen Grundrechts sowie einer Übereinstimmung mit den verfassungsrechtlichen Beschränkungen der Grundrechtseingriffe (Schranken-Schranken).

bb. Die Aufgabe des Strafrechts

Das Strafrecht hat die Aufgabe, das friedliche Zusammenleben der im Staatsverband zusammengeschlossenen Bürger zu gewährleisten und die Existenzwerte der Gemeinschaft zu schützen, indem es sozialschädliches Verhalten[119] verhindert. In diesem Zusammenhang unterfällt dem Strafrecht der präventive Rechtsgüterschutz. Die Rechtsgüter des einzelnen wie Leben, Leib, Freiheit, Eigentum usw. sollen vor Beeinträchtigungen durch Dritte bewahrt – also präventiv geschützt werden, um die öffentliche Sicherheit und Ordnung, das friedliche und gedeihliche Zusammenleben der einzelnen Bürger aufrecht erhalten zu können.[120] Aus diesem Grunde werden dem Bürger bestimmte Verhaltensweisen in

118 *Badura,* Staatsrecht, Kapitel A Rn. 6; *Freund,* AT, § 1 Rn. 1; *Guhra,* Versuch, S. 15; *Kremer-Bax,* Fahrlässigkeitstat, S. 23; *Maurer,* Staatsrecht I, § 1 Rn. 26, 28; *Münch,* Staatsrecht I, Rn. 31. Vgl. ferner zur Bedeutung des Verhältnismäßigkeitsgrundsatz und des Übermaßverbotes als „*übergreifende Leitregeln allen staatlichen Handelns*" BVerfGE 23, S. 127 (133 f.) mit weiteren Nachweisen.

119 Sozialschädlich im obigen Sinne sind Verhaltensweisen, die zu einer Rechtsgutsgefährdung oder gar einer Rechtsgutsverletzung führen. Zur fehlenden Befugnis des Strafrechts, rein moralwidriges Verhalten zu untersagen, vgl. u.a. *Günther,* JuS 1978, S. 8 (9) mit weiteren Nachweisen. Ebenso MüKo, Band 1, *Freund,* Vor §§ 13 ff. Rn. 47 sowie SK-StGB, Band I, *Rudolphi,* Vor § 1 Rn. 1.

120 Um nicht missverstanden zu werden: Durch das Strafrecht werden selbstverständlich auch Rechtsgüter der Allgemeinheit (Universalrechtsgüter) geschützt. Man denke hierbei nur

strafbewehrter Form untersagt – in Bezug auf die Unterlassungsstraftaten auch geboten –, um mögliche Rechtsgutsbeeinträchtigungen zu vermeiden. Der Erlass der Strafrechtsnormen dient somit dem Schutz und der Sicherung der verfassungsrechtlich garantierten Lebensbedingungen. Auf den Punkt gebracht bedeutet dies: Strafrecht ist präventives Rechtsgüterschutzrecht.[121]

cc. Der sekundäre Charakter des Strafrechts

Vergehen und Verbrechen widersprechen der Rechtsordnung. Sie wenden sich gegen die von der Gesellschaft für wichtig erachteten Verhaltensregeln und stellen deren Geltungskraft in Frage. Die für eine Reaktion auf Vergehen und Verbrechen maßgeblichen Vorschriften sind die Strafrechtsnormen des StGB.[122] Eine genauere Betrachtung dieser gesetzlichen Vorschriften ergibt jedoch, dass ein vom Täter begangenes Verbrechen – im Gegensatz zur vorherigen Erkenntnis des Verstoßes gegen die Rechtsordnung – den Strafrechtsvorschriften des StGB gar nicht zuwider läuft, sondern vielmehr mit der gesetzlichen Vorschrift übereinstimmt. Der Täter, der einen anderen Menschen vorsätzlich tötet, nimmt genau die Handlung vor, die in § 212 I StGB umschrieben ist, nämlich die vorsätzliche Tötung eines anderen Menschen. Ebenso der Dieb, der einem anderen die Geldbörse entwendet. Es handelt sich hierbei um die Wegnahme einer fremden beweglichen Sache, die vom Täter in der Absicht der rechtswidrigen Zueignung durchgeführt wird. Auch hier erfüllt der Täter peinlich genau die gesetzlichen Anforderungen der einschlägigen Strafvorschrift. Es stellt sich somit die Frage, wie der Täter gegen die Rechtsordnung verstoßen soll, wenn er doch dem Wortlaut der entsprechenden gesetzlichen Vorschrift gerade entspricht.[123] Die Straftatbestände des StGB können somit nicht mit den

---

an das friedliche Zusammenleben der Völker, welches durch §§ 80 f. StGB seinen Schutz erfährt oder auch an den Schutz der Rechtspflege gemäß §§ 153 ff. StGB. Mehrheitlich dienen die einzelnen Vorschriften jedoch dem Individualrechtsgüterschutz. Dazu, dass Rechtsgüter der Allgemeinheit letztlich auch dem Schutz von Individualrechtsgütern dienen vgl. MüKo, Band 1, *Freund,* Vor §§ 13 ff. Rn. 46.

121 *Günther,* Strafrechtswidrigkeit, S. 154. Ebenso MüKo, Band 1, *Freund,* Vor §§ 13 ff. Rn. 37 und *Rudolphi,* Schünemann (Hrsg.), Grundfragen, S. 69 (70 f.). Dazu, dass dieser Schutz durch das Strafrecht nur präventiv geleistet werden kann, siehe vor allem *Freund,* AT, § 1 Rn. 6; MüKo, Band 1, *Freund,* Vor §§ 13 ff. Rn. 63. Umfassend zur Aufgabe des Strafrechts vgl. SK-StGB, Band I, *Rudolphi,* Vor § 1 Rn. 1 f.

122 Das StGB stellt diesbezüglich jedoch keine abschließende Regelung dar. Neben den im StGB enthaltenen Straftaten existieren noch weitere Nebengesetze von strafrechtlicher Relevanz (BtMG, LMBG usw.).

123 Auf diesen vermeintlichen Widerspruch bereits hinweisend: *Gössel, FS-Bengl,* S. 23 (26). Darauf, das der Straftäter gegen das Strafgesetz als solches nicht verstößt, sondern es vielmehr erfüllt, weist auch *Freund* hin: *Freund,* AT, § 1 Rn. 26; *ders.,* GA 1999, S. 509 (509). Ebenso *Haffke,* Coimbra-Symposium, S. 89 (90).

Normen der Rechtsordnung gemeint sein, gegen die der Täter durch die Ausführung seines Verbrechens oder Vergehens verstößt. Der Normverstoß muss vielmehr in einem anderen Bereich der Rechtsordnung zu lokalisieren sein. Insofern ist für das richtige Verständnis die mit dem Namen *Binding*[124] verknüpfte Normentheorie[125] hilfreich. Um das Verbrechen angemessen erfassen zu können, bedarf es zunächst der Befassung mit den Verhaltensnormen und ihren Übertretungen.

Das Strafrecht dient mit seinen Sanktionen dem Schutz einzelner Rechtsgüter wie Leib, Leben, Freiheit, Eigentum usw. nur in einer mittelbaren Weise. Wenn Strafrecht zur Anwendung gelangt und Sanktionen ausgesprochen werden, sind die zu schützenden Rechtsgüter immer schon verletzt. Der Dieb, der gem. § 242 I StGB verurteilt wird, hat dem Eigentümer bereits die Sache entwendet. Ebenso verhält es sich mit dem Totschläger, der das Opfer bereits getötet haben muss, um wegen eines vollendeten Tötungsdeliktes bestraft zu werden. Das konkrete Rechtsgut ist durch die spätere Sanktionierung des Täters folglich nicht mehr vor Schaden zu bewahren. Weder wird das getötete Opfer durch die Verhängung und Vollstreckung der Kriminalstrafe wieder zum Leben erweckt, noch kann der zumindest vorübergehende Verlust der entwendeten Sache ungeschehen gemacht werden. Mit anderen Worten ist die Sanktionierung aufgrund ihres zu späten Ansetzens grundsätzlich nicht dazu geeignet, unmittelbaren Rechtsgüterschutz in Bezug auf eines der genannten Rechtsgüter zu gewährleisten.[126] Strafe ist immer nur als Reaktion auf ein bereits vorliegendes Fehlverhalten zu verstehen. Mithin kann der Staat allein durch die Sanktionierung rechtsgutsbeeinträchtigender Verhaltensweisen den Schutz elementarer Daseins- und Ent-

---

124 Vgl. *Binding*, Normen I, S. 7: „*Nun ist aber die richtige Erkenntnis der Rechtssätze, die der Verbrecher verletzt, präjudiziell für die wichtigsten Lehren des Strafrechts, ganz besonders für die Lehre vom Delikte und seiner Schuldseite. Jene Rechtssätze taufe ich Normen.*"; sowie *ders.*, Handbuch, S. 9 f.

125 Heutzutage als Normgeltungstheorie unter anderen vertreten von *Freund*, AT, § 1 Rn. 1 ff.; *ders.*, Erfolgsdelikt und Unterlassen; *Frisch*, Vorsatz und Risiko; *Jakobs*, AT. Ebenso *Guhra*, Das vorsätzliche tatbestandsmäßige Verhalten beim beendeten Versuch.

126 Dazu, dass im Zeitpunkt von Strafe „*das Kind immer schon in den Brunnen gefallen ist*" vgl. nur *Freund*, AT, § 1 Rn. 6 und MüKo, Band 1, *Freund*, Vor §§ 13 ff. Rn. 63. Zustimmend *Lesch*, Verbrechensbegriff, S. 170, der der Strafe in Bezug auf die geschehene Tat eine Macht- und Sprachlosigkeit konstatiert sowie S. 233. Ebenso *Appel*, wenn er feststellt, dass das Strafrecht für die Durchsetzung der Verhaltensanforderung – hierunter ist nichts anderes als der Schutz der einzelnen Rechtsgüter zu verstehen – ansatzbedingt zu spät kommt; *Appel*, Verfassung und Strafe, S. 439. Im Ergebnis auch *Mir Puig*, GS-Kaufmann, S. 253 (260), der den zur Bestrafung aus einem vollendeten Erfolgsdelikt notwendigen Erfolgseintritt zeitlich hinter die Motivationswirkung der Norm einordnet. Dies bedeutet nichts anderes, als dass es im Zeitpunkt der schädigenden Wirkung eines bestimmten Verhaltens für eine positive Verhaltensbeeinflussung des Normadressaten im Hinblick auf die Vermeidung von Schädigungsmöglichkeiten zu spät ist.

faltungsbedingungen, den Schutz des friedlichen gesellschaftlichen Zusammenlebens, nicht sicherstellen.

Jedoch gelingt es dem Strafrecht auf verblüffende Art und Weise, der ihm obliegenden Aufgabe des präventiven Rechtsgüterschutzes gerecht zu werden, indem es auf die dem Strafrecht vorgelagerten Gebote und Verbote – die sogenannten Verhaltensnormen – zurückgreift[127] und die Nichteinhaltung bestimmter Gebote und Verbote mit einer Strafandrohung versieht, die im Falle eines Verhaltensnormverstoßes – bei Erfüllung gewisser zusätzlicher Voraussetzungen – gegenüber dem Täter als strafrechtliche Reaktion umzusetzen ist.

Um das Konzept richtig zu erfassen, muss im Strafrecht zwischen zwei unterschiedlichen Arten von Normen unterschieden werden: Es gibt einerseits Verhaltensnormen und andererseits Sanktionsnormen.[128] [129] Beide Normtypen befinden sich auf unterschiedlichen Normebenen. Die Funktion beider Normtypen und ihr Zusammenspiel wird im Folgenden näher beleuchtet.

(1) Zweck und Funktion von Verhaltensnormen

Die Verhaltensnormen geben dem Normadressaten durch die Verpflichtung zur Vornahme oder Unterlassung bestimmter Verhaltensweisen ein Verhaltensreglement an die Hand, durch dessen Befolgung es im Rahmen des rechtlich Angemessenen möglich ist, Rechtsgutsbeeinträchtigungen und Rechtsgutverletzungen anderer Personen zu vermeiden. Den rechtlichen Ver- und Geboten der Verhaltensordnung unterliegt somit der auf die Zukunft ausgerichtete Schutz der Rechtsgüter wie Leben, Leib, Freiheit, Eigentum usw. durch die Verhaltensbe-

---

127 *Binding,* Handbuch, S. 162 ff.; *Freund,* AT, § 1 Rn. 5 ff.; *ders.,* Erfolgsdelikt und Unterlassen, S. 28 ff. mit Fn. 18, 51; *Frisch,* Verwaltungsakzessorietät, S. 9 ff.; *Gössel,* FS-Bruns, S. 43 (44 f.); *Schünemann,* Grund und Grenzen, S. 222 f.; *ders.,* JA 1975, S. 435 (438); *Stratenwerth/Kuhlen,* Straftat, § 7 Rn. 8. Vgl. ferner auch *Günther,* Strafrechtswidrigkeit, S. 155; *Renzikowski,* Restriktiver Täterbegriff, S. 54 f.

128 Dazu, dass eine solche Unterscheidung verfassungsrechtlich sogar zwingend notwendig ist vgl. *Kölbel,* GA 2002, S. 403 (405). Denn schließlich wird durch die Aufstellung von Verhaltensregeln und die Verhängung einer Kriminalstrafe bei Nichtbefolgung der Verhaltensregeln in unterschiedliche Grundrechte der Normunterworfenen eingegriffen. Zur Erforderlichkeit der unterschiedlichen Legitimation von Verhaltens- und Sanktionsnormen vgl. unten III. 1. c. cc. (2) und III. 1. c. cc. (4).

129 Aus Gründen der materiellen Legitimation des Strafeinsatzes durch den Gedanken der angemessenen Reaktion auf ein *rechtliches* Fehlverhalten zur Abwendung der Gefahr eines Normgeltungsschadens ist die Lehre abzulehnen, welche die Existenz von Verhaltensnormen als Rechtsnormen leugnet und den Einsatz von Strafe unmittelbar auf die in einer Sanktionsnorm erfasste Verletzung oder Gefährdung von Rechtsgütern wie etwa Leib, Leben oder Freiheit gründen möchte. – Zur Kritik an diesem „monistischen" Gegenkonzept, das nicht in der Lage ist, die Strafe von einer Steuer zu unterscheiden, s. etwa *Renzikowski,* in: Juristische Grundlagenforschung, ARSP-Beiheft 104, hrsg. v. Robert Alexy, 2005, S. 115, 116 ff.; vgl. auch *Heghmanns,* Dogmatik der Straftatbestände, S. 42 ff., jew. m.w.N.

einflussung der Normunterworfenen.[130] So wird beispielsweise mit dem Gebot „Du sollst nicht töten" versucht, auf das Verhalten der Normunterworfenen Einfluss zu nehmen und sie von bestimmten lebensgefährdenden Handlungen gegenüber anderen Personen abzuhalten. Durch diese Verhaltensanweisung wird das Leben anderer Personen unmittelbar geschützt. Den Verhaltensnormen kommt in Folge dessen eine verhaltensorientierende Wirkung zu – sie dienen als Richtschnur menschlichen Verhaltens, indem sie den Freiheitsraum festlegen, der den Normunterworfenen verbleibt.[131] Unmittelbares Rechtsgut der Verhaltensnormen sind somit die Rechtsgüter anderer Personen wie z.B. Leben, Leib, Freiheit, Eigentum usw., welche durch die rechtliche Missbilligung bestimmter schadensträchtiger Verhaltensweisen vor Beeinträchtigungen bewahrt werden sollen.

Trotz der rechtstheoretisch wichtigen Unterscheidung der Normtypen der Verhaltens- und der Sanktionsnorm können beide regelungstechnisch selbstverständlich miteinander verbunden sein. Aus einem Strafgesetz kann sich mittelbar auch die Normierung einer – freilich regelmäßig konkretisierungsbedürftigen – Verhaltensnorm ergeben. Und das Strafgesetz ist jedenfalls die Rechtsquelle der *strafbewehrten* Verhaltensnorm. So besagt z. B. § 223 I StGB dass derjenige, der einen anderen Menschen körperlich misshandelt oder an der Gesundheit schädigt, mit der in § 223 I StGB vorgesehenen Kriminalstrafe bedacht werden soll. Gemäß § 212 I StGB ist derjenige als Totschläger zu bestrafen, der einen Menschen tötet. Durch die Androhung einer Kriminalstrafe für bestimmte Verhaltensweisen wie z.B. eine Tötung oder eine Verletzung einer anderen Person gibt die Rechtsordnung zu erkennen, dass sie ein solches Verhalten als Unrecht grundsätzlich rechtlich missbilligt.[132] Hinter den einzelnen Vorschriften des

---

130 *Baumann/Weber/Mitsch*, AT, § 8 Rn. 7; *Freund*, AT, § 1 Rn. 6; *ders.*, GA 1995, S. 4 (7); *Guhra*, Versuch, S. 16; *Kindhäuser*, Gefährdung als Straftat, S. 13; MüKo, Band 1, *Freund*, Vor §§ 13 ff. Rn. 66; *Rudolphi*, GS-Kaufmann, S. 371 (377), *ders.*, Schünemann (Hrsg.), Grundfragen, S. 69 (69, 75). Vgl. ferner *Haffke*, Coimbra-Symposium, S. 89 (92).

131 Dazu, dass Verhaltensnormen verhaltensmotivierend wirken sollen: *Freund*, AT, § 2 Rn. 23; *ders.*, GA 1991, S. 387 (389); *Frisch*, Vorsatz und Risiko, S. 76; *Mir Puig*, FS-Jescheck, S. 337 (340, 342); *ders.*, GS-Kaufmann, S. 253 (253 f.); *ders.*, ZStW 108, S. 759 (781); *Münzberg*, Verhalten und Erfolg, S. 51; *Rudolphi*, NStZ 1991, S. 237 (238); *ders.*, GS-Kaufmann, S. 371 (377); *Stein*, Beteiligungsformenlehre, S. 67; *Walter*, Pflichten des Geschäftsherrn, S. 97 f.; *Zippelius*, Methodenlehre, S. 6; *ders.*, AcP 157, S. 390 (395): *„Die Willensbetätigungen sind das Zwischenglied, über das der Gesetzgeber reale Wirkungen im äußeren sozialen Dasein durch ein Gebot hervorbringen oder durch ein Verbot verhindern kann."* Ebenso *Guhra*, Versuch, S. 21: *„Wann ein Verhalten verboten ist, bestimmen die Verhaltensnormen. Diese sollen vorgeben, wie der einzelne sich zu verhalten hat."* Auch *Schünemann*, JA 1975, S. 435 (441) erblickt in den Verhaltensnormen eine das Verhalten leitende Direktive.

132 So ist auch die Feststellung des BVerfG zu verstehen, dass jede Strafnorm ein mit staatlicher Autorität versehenes Unwerturteil über die von der Strafnorm pönalisierte Handlungsweise enthält; BVerfGE 25, S. 269 (286); 27, S. 18 (29).

StGB stehen letztendlich einzelne Verbots- oder Gebotssätze. Durch die Feststellung, dass die Tötung eines anderen Menschen Unrecht verkörpert, wird dem Normadressaten in strafbewehrter Weise verboten, andere Menschen zu töten. Dies ist der Verbotssatz, den die in § 212 I StGB mittelbar enthaltene Verhaltensnorm ausdrückt und der verhaltensorientierend auf die Normunterworfenen einwirken soll.[133] Nur durch eine solche Verhaltensreglementierung ist es möglich, Rechtsgüter wie Leib, Leben, Freiheit, Eigentum usw. zukunftsgerichtet effektiv zu schützen.

Auch die Vorschrift der unterlassenen Hilfeleistung (§ 323c StGB) stellt bezüglich des oben Gesagten keine Ausnahme dar. § 323c StGB versieht das Unterlassen einer erforderlichen und zumutbaren Hilfeleistung in einer „Notsituation"[134] mit einer Sanktionsandrohung. Hierdurch wird erklärt, dass das „Nichthelfen" in einem dem § 323c StGB entsprechenden Fall von der Rechtsordnung negativ gewertet wird und somit Unrecht verkörpert. Daraus ergibt sich im Zuge einer Auslegung mittelbar das Gebot, anderen Menschen, die sich in einer Notsituation im Sinne des § 323c StGB befinden, die erforderliche und zumutbare Hilfe zukommen zu lassen. Dieses Gebot ist die hinter § 323c StGB stehende Verhaltensnorm, mit der die Individualrechtsgüter des in Not Geratenen geschützt werden sollen.[135]

Die Straftatbestände des StGB sind somit nicht nur Rechtsquelle der eigentlichen Sanktionsnorm[136], indem sie unter bestimmten Voraussetzungen die Verhängung einer Kriminalstrafe anordnen. Vielmehr dienen sie auch als Rechtsquelle der strafbewehrten Verhaltensnorm.[137] Das Strafgesetz versieht die – konkretisierungsbedürftige – Verhaltensnorm für den Fall der Übertretung mit einer Strafandrohung. Eine Übertretung der Verhaltensnorm hat damit – meis-

---

133 Zur Gewinnung der Verhaltensnorm durch Auslegung der Straftatbestände vgl. *Appel*, Verfassung und Strafe, S. 433; *Baumann/Weber/Mitsch*, AT, § 8 Rn. 8; *Finger*, Lehrbuch, S. 96; *Kindhäuser*, Gefährdung als Straftat, S. 29 mit Fn. 1; *Kölbel*, GA 2002, S. 403 (404); *Stein*, Beteiligungsformenlehre, S. 74; *Stratenwerth/Kuhlen*, Straftat, § 7 Rn. 8; *Vogel*, Norm und Pflicht, S. 28. Ebenso *Zippelius*, Methodenlehre, S. 3.

134 Um nicht fehlverstanden zu werden: Mit dem Begriff „Notsituation" sind vorliegend nur „Unglücksfälle", eine „gemeine Gefahr" oder eine „gemeine Not" im Sinne des § 323c StGB gemeint.

135 Das durch § 323c StGB die Individualrechtsgüter des in Not Geratenen geschützt werden, und nicht etwa die humanitäre Solidarität oder anderweitige Rechtsgüter, wurde bereits oben unter II. 2. festgestellt.

136 Zur Rechtsquelle der Sanktionsnorm vgl. *Freund*, Erfolgsdelikt und Unterlassen, S. 112 ff.; *Walter*, Pflichten des Geschäftsherrn, S. 102; *Zippelius*, Methodenlehre, S. 3. Ebenso *Mir Puig*, ZStW 95, S. 413 (424 Fn. 36a), wenn dieser Primärnorm und Sekundärnorm zum Inhalt der Strafnorm zählt. Zur Zugehörigkeit des Tatbestandes der Strafrechtsnormen des StGB zur Sanktionsnorm siehe *Frisch*, Vorsatz und Risiko, S. 60.

137 So bereits *Freund*, Erfolgsdelikt und Unterlassen, S. 119 f.; *Günther*, Strafrechtswidrigkeit, S. 155; *Mir Puig*, ZStW 95, S. 413 (424 Fn. 36a), *Walter*, Pflichten des Geschäftsherrn, S. 102; *Zippelius*, Methodenlehre, S. 3.

tens unter Berücksichtigung weiterer Sanktionsvoraussetzungen – die Verhängung der in der Sanktionsnorm vorgesehenen Kriminalstrafe zur Folge. Erste Voraussetzung für die Verhängung einer Sanktion muss somit zuallererst der Verstoß gegen eine Verhaltensnorm sein.[138] Ein Verhalten, das nicht gegen die rechtliche Verhaltensnormenordnung verstößt, kann durch das Strafrecht niemals mit einer Sanktionierung belegt werden, da dieses Verhalten jedenfalls von der allgemeinen Handlungsfreiheit gem. Art. 2 I GG gedeckt ist. Solange sich die Normunterworfenen an der Verhaltensnormenordnung orientieren und ihr nicht durch normwidriges Verhalten widersprechen, mit der Folge, dass die Normgeltung in Frage gestellt wird, gibt es für das Strafrecht keinen legitimen Anwendungsbereich.[139] Es gilt jedoch zu beachten, dass nur ein Verstoß gegen eine *rechtlich* legitimierte Verhaltensnorm – gegebenenfalls bei Hinzutreten weiterer Bedingungen – eine Sanktionierung auslösen kann. Fehlt es an einer rechtlichen Legitimation des Ver- oder Gebots, so muss auch ein Verstoß (der rechtlich gesehen keiner ist) folgenlos bleiben.[140] Kurzum: Jede Sanktionierung erfordert einen grundsätzlich rechtlich zu missbilligenden, deliktsspezifischen[141] Verhaltensnormverstoß.[142] Eine solche grundsätzliche rechtliche

---

138 *Freund*, AT, § 2 Rn. 8; *ders.*, Erfolgsdelikt und Unterlassen, S. 80, 125; *ders.*, GA 1995, S. 4 (6); *Frisch*, Verwaltungsakzessorietät, S. 9 f.; *ders.*, Vorsatz und Risiko, S. 59 f.; *Heghmanns*, Dogmatik der Straftatbestände, S. 56, 78, der die strafrechtliche Verhaltensnorm als notwendige Voraussetzung des Straftatbestandes ansieht und nur ein normwidriges Verhalten als tatbestandsmäßiges Verhalten kennzeichnet. Ferner *Kremer-Bax*, Fahrlässigkeitstat, S. 20, 22. Ebenso *Stein*, Beteiligungsformenlehre, S. 80, der als Voraussetzung einer Bestrafung eine Verhaltenspflichtverletzung fordert.

139 Vgl. nur *Freund*, Erfolgsdelikt und Unterlassen, S. 80. Dazu, dass für eine Sanktionierung erlaubter Verhaltensweisen nicht nur kein Grund besteht, sondern durch selbiges nur Schaden entsteht, vgl. *Kremer-Bax*, Fahrlässigkeitstat, S. 21. Ebenso *Schünemann*, Grund und Grenzen, S. 223, der von enormen Unzuträglichkeiten ausgeht, sollte das Strafrecht Handlungen pönalisieren, die von der Verhaltensnormenordnung gedeckt sind.

140 Zum Erfordernis der rechtlichen Legitimierung von Verhaltensnormen als Sanktionsvoraussetzung: *Freund*, AT, § 1 Rn. 11; *ders.*, Erfolgsdelikt und Unterlassen, S. 51 f., 125; *Kindhäuser*, GA 1989, S. 493 (494).

141 Deliktsspezifisch muss der Verhaltensnormverstoß sein, da nicht jeder Straftatbestand auf identische Verhaltensnormen Bezug nimmt, sondern sich ausdrücklich auf ein bestimmtes Fehlverhalten bezieht.

142 Vgl. *Freund*, AT, § 1 Rn. 6 ff.; § 2 Rn. 8; *ders.*, Erfolgsdelikt und Unterlassen, S. 51 f., 80, 125; *ders.*, GA 1995, S. 4 (6); *Frisch*, Verwaltungsakzessorietät, S. 9 f.; *ders.*, Vorsatz und Risiko, S. 59 f.; *Guhra*, Versuch, S. 20, 144 f.; *Kremer-Bax*, Fahrlässigkeitstat, S. 20, 22; MüKo, Band 1, *Freund*, Vor §§ 13 Rn. 115. Ebenso *Heghmanns*, Dogmatik der Straftatbestände, S. 78, der die strafrechtliche Verhaltensnorm als notwendige Voraussetzung des Straftatbestands ansieht. Dies bedeutet jedoch nicht, dass jeder Verhaltensnormverstoß notwendigerweise eine Sanktionierung nach sich ziehen muss. Dass der grundsätzlich rechtlich missbilligte, deliktsspezifische Verhaltensnormverstoß eine notwendige, aber nicht immer hinreiche Bedingung der Sanktionierung ist, wird noch gezeigt werden.

Missbilligung[143] setzt eine *rechtlich legitimierte* Verhaltensnorm voraus, gegen die überhaupt verstoßen werden kann.

(2) Legitimation von Verhaltensnormen

Das Erfordernis der rechtlichen Legitimation von Verhaltensnormen ergibt sich aus dem mit solchen Reglementierungen verbundenen Grundrechtseingriff. Wie bereits oben ausgeführt verlangen Verhaltensnormen vom Normunterworfenen, in bestimmten Situationen den Verhaltensanforderungen zu entsprechen. Dem Normunterworfenen wird rechtlich geboten, rechtsgutsgefährdende Handlungen zu unterlassen (vereinfacht ausgedrückt: „Töte keine anderen Personen", „Entwende kein fremdes Eigentum") und unter gewissen Voraussetzungen rechtsgutsfördernde Handlungen vorzunehmen („Leiste Menschen in „Notsituationen" die erforderliche und Dir zumutbare Hilfe").[144] Durch diese Verhaltensaufforderungen wird jedoch unweigerlich in das gemäß Art. 2 I GG verfassungsrechtlich garantierte Recht der allgemeinen Handlungsfreiheit[145] des Normunterworfenen eingegriffen.[146] Derjenige, der mit einem „Unglücksfall" im Sinne des § 323c StGB konfrontiert wird und in der Lage ist, Hilfe zu leisten, wird zur Hilfeleistung verpflichtet, auch wenn dies zur Folge hat, dass er eigene Interessen vernachlässigen muss. Dieser (vor-)strafrechtliche Grundrechtseingriff unterliegt den gleichen Legitimationsvoraussetzungen, denen staatliche Grundrechtseingriffe generell unterliegen. Insofern werden die Grundrechte bereits in ihrer Funktion als Abwehrrechte des Bürgers zum Schutze vor Eingriffen des Staates relevant. Die Grundrechte dienen jedenfalls in erster Linie – unabhängig von ihrer möglichen Funktion als Teilhaberechte – dazu, die Freiheitssphäre des einzelnen vor Eingriffen der öffentlichen Gewalt zu sichern, um ihm so eine freie

---

143 Es handelt sich lediglich um eine „grundsätzliche" rechtliche Missbilligung, da das Missbilligungsurteil noch unter dem Vorbehalt des Eingreifens von Rechtfertigungsgründen sowie der Bedingung des möglichen Schuldvorwurfs steht. Vgl. hierzu *Freund*, AT, § 2 Rn. 6. Ferner *Kremer-Bax*, Fahrlässigkeitstat, S. 20 Fn. 6 sowie MüKo, Band 1, *Freund*, Vor §§ 13 ff. Rn. 193.

144 Vertiefend zum Verständnis der strafbewehrten Verhaltensnormen als Ver- und Gebote zur Vermeidung von Schädigungsmöglichkeiten und zur Auseinandersetzung mit den kritischen Gegenstimmen der Vertreter der Erfolgsverursachungsverbote und Erfolgsabwendungsgebote siehe im Anschluss unten III. 1. d. aa.

145 Denkbar sind auch Eingriffe in andere Freiheitsrechte. So betrifft das Verbot der Beleidigung anderer Personen nicht nur die allgemeine Handlungsfreiheit des Normunterworfenen. Möglich erscheint vielmehr auch ein Eingriff in die verfassungsrechtlich gewährleistete Meinungsfreiheit, die schließlich nicht nur die Meinungsbildung, sondern auch die Meinungsäußerung umfasst, so dass die allgemeine Handlungsfreiheit hinter dem Eingriff in die Meinungsfreiheit subsidiär zurücktritt.

146 Vgl. *Appel*, Verfassung und Strafe, S. 490 f.; *Freund*, Erfolgsdelikt und Unterlassen, S. 52; *Guhra*, Versuch, S. 33; *Renzikowski*, Restriktiver Täterbegriff, S. 55.

aktive Mitwirkung und Mitgestaltung am gesellschaftlichen Zusammenleben zu ermöglichen.[147] Folglich muss das Mittel der Verhaltensreglementierung zur Erreichung des angestrebten Zwecks – dem Rechtsgüterschutz – geeignet, erforderlich und angemessen sein.[148] Verhaltensnormen sind deshalb nur legitimierbar, wenn ein gewichtiges Interesse an der Vornahme oder der Unterlassung bestimmter Verhaltensweisen besteht und dieses gewichtige Interesse höher einzustufen ist, als die allgemeine Handlungsfreiheit des Normunterworfenen. Vereinfacht ausgedrückt: Der Nutzen, den die Befolgung der konkreten Verhaltensnorm mit sich bringt, muss die Bedeutung der allgemeinen Handlungsfreiheit (gegebenenfalls auch der Wahrnehmung anderer Freiheitsgrundrechte) übersteigen.[149] Eine solche Vorrangentscheidung für den Rechtsgüterschutz und gegen die Handlungsfreiheit des potentiellen Normadressaten kann sich theoretisch auf zwei Arten von Legitimationsgesichtspunkten stützen.

(a) Nutzen der Normeinhaltung (Rechtsgüterschutzaspekt)

Zunächst kann sich ein überwiegendes Rechtgüterschutzinteresse aus dem reinen Nutzen ergeben, den die Befolgung der Verhaltensnorm mit sich bringt. Unter dem reinen Nutzen der Normeinhaltung ist nichts anderes zu verstehen als der Schutz, der durch die Einhaltung einer bestimmten Verhaltensnorm zu erzielen ist. Bildlich gesprochen wird dabei der Rechtsgüterschutzaspekt auf die eine, das betroffene Grundrecht des Normunterworfenen bzw. das Interesse an seiner uneingeschränkten Ausübung auf die andere Waagschale gelegt. Hierbei können die durch die Verhaltensanweisung erlangten Gewinne für den Rechtsgüterschutz den Einschränkungen des Normunterworfenen in seiner gemäß Art. 2 I GG verfassungsrechtlich garantierten allgemeinen Handlungsfreiheit (gegebenenfalls auch andere Grundrechtseingriffe) gegenübergestellt werden. So steht die mögliche Verhinderung von Tötungen anderer Menschen und der damit zu verbuchende Gewinn – die Verhinderung von Tötungshandlungen und entsprechenden Folgen – für das Rechtsgut Leben der Einschränkung des Normunterworfenen gegenüber, auf möglicherweise schadensträchtige Handlungen, die das Leben anderer Personen gefährden oder verletzen könnten, zu

---

[147] Dazu, dass Grundrechte in ihrer Hauptfunktion Abwehrrechte des Bürgers gegenüber staatlichen Eingriffen sind vgl. statt vieler BVerfGE 7, S. 198 (204 f.) und BGHZ 63, S. 196 (198).

[148] *Freund,* AT, § 1 Rn. 18 ff.; *ders.,* GA 1995, S. 4 (6) jeweils mit weiteren Nachweisen; *Guhra,* Versuch, S. 33 f. Ebenfalls MüKo, Band 1, *Freund,* Vor §§ 13 ff. Rn. 59 mit weiteren Nachweisen.

[149] Zur erforderlichen Interessenabwägung: *Freund,* AT, § 1 Rn. 17 ff.; *Frisch,* FS-*Stree* und *Wessels,* S. 69 (82 f.); *Guhra,* Versuch, S. 33 f.; MüKo, Band 1, *Freund,* Vor §§ 13 ff. Rn. 58 f., 137 ff.; *Renzikowski,* Restriktiver Täterbegriff, S. 55; *Stein,* Beteiligungsformenlehre, S. 68 ff.

verzichten. Mit anderen Worten stehen sich im Fall des Tötungsverbotes des § 212 I StGB das Leben des Opfers auf der einen und die allgemeine Handlungsfreiheit des Normunterworfenen auf der anderen Seite gegenüber. Nur wenn der Nutzen der Normbefolgung das Interesse des Normunterworfenen an der Ausübung seiner verfassungsrechtlich garantierten allgemeinen Handlungsfreiheit überwiegt, lässt sich die Verhaltensnorm legitimieren.[150] Bei alledem ist selbstverständlich vorausgesetzt, dass die zu legitimierende Verhaltensnorm überhaupt geeignet und – mangels milderer Mittel – zur Erzielung des Nutzens für die Belange des Rechtsgüterschutzes auch erforderlich ist.

(b) Sonderverantwortlichkeit

Die meisten Verhaltensnormen können sich neben dem Nutzen, den eine Befolgung einer konkreten Verhaltenorm mit sich bringt, auf einen weiteren Legitimationsgrund stützen, so dass die Verhaltensnorm auch, aber nicht nur, auf dem Rechtsgüterschutzaspekt basiert. Bei diesem zusätzlichen Legitimationsgrund handelt es sich um die Sonderverantwortlichkeit, aufgrund deren eine ganz bestimmte Person zum speziell prädestinierten Adressaten einer konkreten Verhaltensnorm wird. In einem solchen Fall handelt es sich im Gegensatz zu den Verhaltensnormen, welche sich nur auf den Rechtsgüterschutzaspekt stützen können, um eine doppelt-fundierte Verhaltensnorm. Doppelt fundiert deshalb, weil neben dem Rechtsgüterschutzaspekt die besondere Verantwortlichkeit des Normadressaten für die in Frage stehende Gefahrenvermeidung einen weiteren Legitimationsgrund bildet.[151] Da nicht jeden alles angeht, sind viele Verhaltensnormen ohne eine besondere Verantwortlichkeit, durch die eine bestimmte Person zum Normadressaten einer konkreten Verhaltensnorm wird, gar nicht zu legitimieren. Am deutlichsten ist dies am Beispiel der Unterlassungsdelikte zu erkennen. So kann nicht jedermann rechtlich verpflichtet werden, die Gefahren abzuwenden, die von den losen Dachziegeln eines Hauses ausgehen. Auch wenn der – etwa durch die Aufstellung eines Warnschildes – für die Belange des Güterschutzes zu erzielende Nutzen durch den Hauseigentümer und den Nachbarn gleichermaßen (leicht) zu erzielen wäre, ist doch nur der Hauseigentümer als für die Gefahrenquelle Sonderverantwortlicher (Garantenverantwortlicher[152]) rechtlich gehalten, entsprechend tätig zu werden. Aber auch in den Fällen der

---

[150] Umfassend zum spezifischen Nutzen der Normeinhaltung als Legitimationsgrund der Verhaltensnorm vgl. *Freund*, AT, § 2 Rn. 10 ff.; *ders.*, Erfolgsdelikt und Unterlassen, S. 93 ff.; MüKo, Band 1, *Freund*, Vor §§ 13 ff. Rn. 135 ff.

[151] Ausführlich zur Existenz doppelt-fundierter Verhaltensnormen vgl. *Freund*, AT, § 2 Rn. 16 ff.; *ders.*, Erfolgsdelikt und Unterlassen, S. 68 ff., 102 ff.; MüKo, Band 1, *Freund*, Vor §§ 13 ff. Rn. 153 ff.

[152] Dass der häufig verwendete Begriff der Garantenverantwortlichkeit der hier dargestellten Sonderverantwortlichkeit entspricht, wird bereits von *Freund*, AT, § 6 Rn. 14 betont.

Verhaltensnormen, die eine aktive Gefahrschaffung verbieten, wie beispielweise im Falle des Tötungsverbots des § 212 I StGB oder des Betrugsverbots im Sinne des § 263 I StGB, basieren die Verhaltensnormen nicht nur auf dem Legitimationsgrund des reinen Nutzens der Normbefolgung. Vielmehr ist auch der Täter, der auf einen anderen Menschen mit einem Revolver schießt, oder derjenige, der einen anderen Menschen über Tatsachen täuscht, um sich durch eine irrtumsbedingte Vermögensverfügung des Getäuschten rechtswidrig zu bereichern, in besonderer Weise dafür verantwortlich, dass solches nicht geschieht.

(3) Konkretisierung der von § 323c StGB in Bezug genommenen Verhaltensnormen

§ 323c StGB als Sanktionsnorm nimmt Bezug auf Verstöße gegen Verhaltensnormen, die dem Normunterworfenen auferlegen, im Falle eines „Unglücksfalls", einer „gemeinen Gefahr" oder „gemeinen Not", dem in Not Geratenen die erforderliche und zumutbare Hilfe zu gewähren. Legitimiert wird diese Verhaltensnorm durch den Nutzen der Normbefolgung, den Rechtsgüterschutzaspekt. Die von § 323c StGB in Bezug genommene deliktsspezifische Verhaltensnorm dient, wie wir oben bereits gesehen haben, ausschließlich dem Schutz der Individualrechtsgüter des in Not Geratenen. Diese Gefahr für die bedrohten Individualrechtsgüter des Betroffenen genießt jedenfalls dann Vorrang gegenüber dem Interesse des in die Pflicht zu Nehmenden an der Ausübung seiner gemäß Art. 2 I GG verfassungsrechtlich garantierten allgemeinen Handlungsfreiheit, wenn durch geringen Aufwand viel zu retten ist. Das Bedürfnis, tun und lassen zu können, was man will, hat dann hinter den Rechtsgüterschutzaspekt zurückzutreten.[153] Das von § 323c StGB in Bezug genommene Hilfeleistungsgebot bedarf keiner besonderen Verantwortlichkeit des Normadressaten als weiterem Legitimationsgrund. Die Verhaltensanweisungen sind vielmehr an „jedermann" gerichtet. Es handelt sich bei dem Hilfeleistungsgebot des § 323c StGB somit um eine bloß einfach-fundierte Verhaltensnorm, die sozusagen nur von einer Säule – dem Rechtsgüterschutzaspekt – getragen wird.[154] Im Gegensatz dazu werden von den „begehungsgleichen" Unterlassungsdelikten nur solche (qualifi-

---

153 Vorstellbar sind aber auch durchaus Konstellationen, in denen die allgemeine Handlungsfreiheit gegenüber dem Rechtsgüterschutzaspekt den Vorzug genießt. So kann beispielsweise für den Fall, dass ein Handelsreisender, welcher auf dem Weg zum Flughafen ist und zeitlich Gefahr läuft, sein Flugzeug zu verpassen und bei seiner Vorüberfahrt einen Jungen beobachtet, wie er im Vorgarten einer älteren Dame die liebevoll gepflegten Zierrosen zertritt, nicht zum Einschreiten gezwungen werden. Der eigentliche Nutzen der Normeinhaltung und die Einschränkung der allgemeinen Handlungsfreiheit, stünden in keinerlei Verhältnis. Sollte der Handelsreisende seine Fahrt fortsetzen, ohne der älteren Dame sein Hilfe zukommen zu lassen, so fehlt es vorliegend bereits an einem Verhaltensnormverstoß.

154 Übereinstimmend *Freund,* AT, § 6 Rn. 19; MüKo, Band 1, *Freund,* Vor §§ 13 ff. Rn. 158.

zierten) Verhaltensnormen in Bezug genommenen, die doppelt fundiert sind – also neben dem Nutzen der Normeinhaltung auch durch die Sonderverantwortlichkeit des Normadressaten legitimiert sind.

(4) Zweck und Funktion der Sanktionsnorm

Verhaltensnormen dienen unmittelbar dem Rechtsgüterschutz. Durch die verhaltensorientierende Wirkung werden den Normunterworfenen Verhaltensrichtlinien an die Hand gegeben, mit deren Hilfe Rechtsgutsverletzungen im Rahmen des Möglichen und Angemessenen vermieden werden können.

Dieser Zweck kann durch die in den Sanktionsnormen unmittelbar nur vorgesehene Bestrafung nach begangener Tat offenkundig nicht erreicht werden. Strafe setzt für einen unmittelbaren Schutz der Rechtsgüter Leib, Leben, Freiheit, Eigentum usw. immer zu spät an. Denn diese Rechtsgüter sind zum Zeitpunkt der Bestrafung durch den Verhaltensnormverstoß bzw. dessen Folgen bereits beeinträchtigt.[155] Die Strafe kann die durch die übertretenen Verhaltensnormen zu schützenden Güter nachträglich nicht mehr vor Schaden bewahren. Wenn Strafe nach begangener Tat dennoch ein Rechtsgut schützen soll, muss noch ein weiteres Gut existieren, das durch das Mittel der Strafe vor Schaden bewahrt werden kann. Gäbe es ein solches nicht, so wäre die Strafe nicht zu legitimieren. Schließlich stellt die Verhängung von Kriminalstrafe ihrerseits wieder gegenüber dem Betroffenen einen, zum Teil gravierenden, Grundrechtseingriff dar. Man denke z.B. nur an die Verhängung einer langjährigen Freiheitsstrafe. Solche Grundrechtseingriffe bedürfen selbstverständlich, ebenso wie die Grundrechtseingriffe der Verhaltensnormen, einer verfassungsrechtlichen Rechtfertigung. Die Strafe muss geeignet, erforderlich und angemessen sein, um ein bestimmtes Gut zu schützen.[156]

(a) Erhalt der Geltungskraft der Verhaltensnormen als Schutzfunktion der eigentlichen Sanktionsnorm

Das durch die Sanktionsnorm mit der Anordnung von Strafe nach begangener Tat geschützte Gut ist die Geltungskraft der übertretenen (deliktsspezifischen) Verhaltensnormen.[157] Sanktionsnormen dienen der Erhaltung der (uneinge-

---

[155] Dies wurde unter III. 1. c. cc. ja bereits festgestellt.

[156] Dazu, dass selbstverständlich auch die Kriminalstrafe als gravierender Grundrechtseingriff der gesonderten Legitimation bedarf, vgl. statt vieler *Freund*, AT, § 1 Rn. 1 mit weiteren Nachweisen. Ebenso *Kindhäuser*, Gefährdung als Straftat, S. 153. Zur Bestimmung der richtigen Rechtsfolge vgl. zudem *Freund*, GA 1999, S. 509 (509 ff.).

[157] Übereinstimmend: *Freund*, AT, § 1 Rn. 7 f. 10; *ders.*, Erfolgsdelikt und Unterlassen, S. 81 ff.; *ders.*, GA 1995, S. 4 (7 f.); *ders.*, GA 1999, S. 509 (534); *Frisch*, Schünemann (Hrsg.), Generalprävention, S. 125 (140); *ders.*, Tatbestandsmäßiges Verhalten, S. 112, 516;

schränkten) Geltungskraft der Verhaltensnormenordnung. Das Recht muss in den Fällen, in denen ein Subjekt die verhaltensorientierende Steuerungsleistung der Verhaltensnormen nicht beachtet oder diese gar missachtet, eine angemessene missbilligende Reaktion vornehmen, um die übertretene Verhaltensnorm vor einem Normgeltungsschaden zu bewahren. Denn die Nichtbefolgung einer Verhaltensnorm wirkt sich nicht nur auf den Normbrecher und auf das durch die übertretene Verhaltensnorm konkret geschützte Rechtsgut aus. Vielmehr besteht bei einem Verhaltensnormverstoß auch immer die Gefahr, dass er sich negativ auf die Rechtsgemeinschaft, auf das friedliche und gedeihliche Zusammenleben der Bürger, auswirkt. Jeder Normbruch droht, eine gewisse „Außenwirkung" zu entfalten. Denn mit dem Normbruch ist auch immer eine bestimmte Aussage verbunden: Der Normbrecher gibt durch sein Fehlverhalten zu erkennen, dass er sich an die rechtliche Normenordnung und die rechtlichen Wertmaßstäbe der Gemeinschaft nicht gebunden fühlt. Dieser ideelle Angriff auf die Normgeltung droht letztendlich, die Normgeltung zukünftig zu beeinträchtigen. Zwar gelten die rechtlichen Verhaltensmaximen unabhängig von der mangelnden Befolgung einzelner Normbrecher durchaus weiter[158], dies steht jedoch nicht zweifelsfrei für jedermann fest, wenn dem Normbrüchigen nicht durch eine staatliche Reaktion widersprochen wird.[159]

Ziel der dem Strafrecht vorgelagerten Verhaltensnormenordnung muss es sein, den Normadressaten vor Augen zu halten, dass es für jeden einzelnen nur von Vorteil sein kann, wenn sich jeder allgemeinen Regeln unterwirft, um so einen für alle vorteilhaften Zustand zu ermöglichen.[160] Wenn z.B. der einzelne merkt, dass es ihm zu seinem eigenen Vorteil gereicht, wenn er das Eigentum der anderen Rechtsgenossen achtet und von Verletzungen desselbigen absieht, weil im Gegenzug die anderen ebenfalls von Verletzungen seines Eigentums

---

Guhra, Versuch, S. 15 ff.; *Kindhäuser,* Gefährdung als Straftat, S. 30 ff., 132 ff.; *Kremer-Bax,* Fahrlässigkeitstat, S. 24; MüKo, Band 1, *Freund,* Vor §§ 13 ff. Rn. 62 ff.; *Rudolphi,* Schünemann (Hrsg.), Grundfragen, S. 69 (71); *Stein,* Beteiligungsformenlehre, S. 78; *Walter,* Pflichten des Geschäftsherrn, S. 92 mit Fn. 393; *Zipf,* FS-Bruns, S. 205 (212), im Sinne einer generalpräventiven Rechtsbewehrung; *Zippelius,* Methodenlehre, S. 6 f. In diesem Sinne ist auch *Jakobs* zu verstehen, wenn er die Sanktionierung als Feststellung der Unveränderlichkeit der Gesellschaft interpretiert. Denn die Gesellschaft wird durch die bestehenden und gültigen Rechtssätze geprägt, deren Geltungskraft zur Bestätigung der Unveränderlichkeit erhalten bleiben muss; vgl. *Jakobs,* Norm, Person, Gesellschaft, S. 106. Ferner *Kölbel,* der das Strafrecht als primärnormstabilisierendes Instrument bezeichnet; *Kölbel,* GA 2002, S. 403 (417).

158 Vgl. *Zippelius,* Methodenlehre, S. 6: *„Denn der Sinn eines Gebotes ist es nicht, zu beschreiben, was Menschen wirklich tun, sondern eine Forderung auszudrücken, die durch ein abweichendes Verhalten nicht widerlegbar ist."*

159 *Freund,* AT, § 1 Fn. 9; *ders.,* Erfolgsdelikt und Unterlassen, S. 89.

160 *Appel,* Verfassung und Strafe, S. 440 Fn. 50.

absehen, so wird er sich im Regelfall den allgemeinen Regeln unterwerfen.[161] Ein solches für alle vorteilhaftes Normenkonzept vermag den einzelnen jedoch nur zu überzeugen, wenn sich auch die große Mehrheit der Normunterworfenen an die Verhaltensrichtlinien hält. Muss der einzelne feststellen, dass sich andere nicht an die allgemeinen Regeln halten, um persönlich Vorteile auf Kosten anderer zu erlangen, so wird sein Vertrauen enttäuscht werden, und es besteht die Gefahr, dass er zukünftig die Verhaltensnormordnung ebenfalls nicht mehr anerkennen wird.[162]

Wenn die Normgeltung keinen zukünftigen Schaden nehmen soll, dann darf diese Negation des Norminhalts durch den Normbrecher nicht unwidersprochen bleiben. Um der Gefahr eines solchen Normgeltungsschadens entgegenzuwirken, sehen die Sanktionsnormen für bestimmte deliktsspezifische Verhaltensnormverstöße – gegebenenfalls unter Berücksichtigung weiterer Sanktionserfordernisse – eine Kriminalstrafe vor. Durch die Sanktionierung als Reaktion auf den Normbruch soll dem Täter und der Rechtsgemeinschaft verdeutlicht werden, dass die allgemeinen Regeln – die Verhaltensnormenordnung – nach wie vor Geltung entfalten und sich ein Verstoß weder für den aktuellen noch für den zukünftigen Normbrecher jemals auszahlen wird. Nur so kann letztlich gewährleistet werden, dass sich die Rechtsgemeinschaft trotz gelegentlicher Verstöße einzelner weiterhin den allgemein vorteilhaften Verhaltensregeln unterwirft und diese auch zukünftig als Verhaltensmaxime anerkennt. Die Strafe ist mithin als Widerspruch gegenüber der vom Normbrecher ausgelösten Desavouierung der Verhaltensnorm zur Abwendung eines möglichen Normgeltungsschadens zu verstehen und dient somit der Wiederherstellung des Rechtsfriedens.[163]

Wenn man also allgemein von der Rechtsgüterschutzaufgabe der Strafe spricht, so ist dies, wie oben gerade erläutert, zumindest ungenau. Denn der die Strafe anordnenden Sanktionsnorm kommt unmittelbar kein Rechtsgüterschutz im meist assoziierten Sinne zu. Den Rechtsgüterschutz, an den spontan gedacht wird, müssen vielmehr die Verhaltensnormen übernehmen, weil nur sie dazu effektiv in der Lage sind. Somit verbleibt für die Sanktionsnormen nur die Möglichkeit, Rechtsgüter der einzelnen mittelbar zu schützen, indem sie die Geltungskraft der die Rechtgüter unmittelbar schützenden Verhaltensnormen garan-

---

161 Zur Versinnbildlichung möge der Ausspruch dienen: *„Was Du nicht willst, dass man Dir tut, das füg auch keinem anderen zu."*

162 *Appel*, Verfassung und Strafe, S. 440 Fn. 50; *Kindhäuser*, Gefährdung als Straftat, S. 154 ff.

163 Dazu, dass durch den Verhaltensnormverstoß die Normgeltung in Frage gestellt wird und das Strafe somit als Widerspruch auf die Infragegestellung der Geltungskraft der übertretenen Verhaltensnorm zu verstehen ist vgl.: *Appel*, Verfassung und Strafe, S. 460; *Freund*, AT, § 1 Rn. 10; *ders.*, GA 1999, S. 509 (510); *Frisch*, Schünemann (Hrsg.), Generalprävention, S. 125 (140); *Guhra*, Versuch, S. 16 f.; *Kindhäuser*, Gefährdung als Straftat, S. 31; *Moos*, FS-Pallin, S. 283 (300); MüKo, Band 1, *Freund*, Vor §§ 13 ff. Rn. 3, 68; *Vogel*, Norm und Pflicht, S. 28.

tieren.[164] Zwar ist es durchaus vorstellbar, dass sich allein durch das Instrument der Strafandrohung potentielle Straftäter von Rechtsgutsbeeinträchtigungen abschrecken lassen. Dies ist und bleibt jedoch lediglich ein – wenn auch wünschenswerter – Nebeneffekt. Dass Strafe nicht primär auf die Prävention von Rechtsgutsverletzungen zugeschnitten ist, zeigt sich bereits an ihrer Ausgestaltung. Für das „Ob" und das „Wie" der Bestrafung ist nämlich nicht entscheidend, unter welchen Voraussetzungen die beste Präventionswirkung zu erreichen ist. Vielmehr richtet sich das „Ob" und das „Wie" der Sanktionierung nach der Wichtigkeit der desavouierten Verhaltensnorm, nach der Intensität der entstandenen Rechtsgutsverletzung sowie nach der Vermeidbarkeit des schädigenden Verhaltens.[165]

(b) Die in Sanktionsnormen vorgesehenen weiteren Sanktionserfordernisse neben dem rechtlich missbilligten Verhaltensnormverstoß

Ihre unmittelbar auf die Geltungskraft der Verhaltensnormenordnung und mittelbar auf den Rechtsgüterschutz gerichtete Schutzfunktion erfüllen die Sanktionsnormen indessen nur fragmentarisch. Denn sie enthalten regelmäßig weitere – die Reichweite der Strafbarkeit einschränkende – Sanktionserfordernisse.[166] Wie wir oben festgestellt haben, ist der rechtlich missbilligte Verhaltensnormverstoß zwar immer grundsätzlich notwendige, aber nicht durchweg hinreichende Bedingung für eine Sanktionierung. Vielmehr enthalten die einzelnen Sanktionsnormen meist weitere Voraussetzungen, die erfüllt sein müssen, damit auf ein bestimmtes Verhalten strafrechtlich reagiert werden kann. Diese weiteren Sanktionserfordernisse sind grundsätzlich in den einzelnen Deliktstatbeständen verankert. Der Tatbestand als solcher ist wiederum ein typischer Bestandteil der Sanktionsnorm.[167]

---

164 *Appel*, Verfassung und Strafe, S. 449, 453; *Freund*, AT, § 1 Rn. 9 mit Fn. 11; *Kindhäuser*, Gefährdung als Straftat, S. 134 f.; *Kremer-Bax*, Fahrlässigkeitstat, S. 24; MüKo, Band 1, *Freund*, Vor §§ 13 ff. Rn. 67; *Stein*, Beteiligungsformenlehre, S. 69.

165 Vgl. nur *Frisch*, Schünemann (Hrsg.), Generalprävention, S. 125 (140 f.).

166 Zum Ganzen: *Freund*, AT, § 2 Rn. 4 f.; *ders.*, Erfolgsdelikt und Unterlassen, S. 114 mit Fn. 209; *ders.*, GA 1999, S. 509 (510); *Frisch*, Vorsatz und Risiko, S. 60 f. mit Fn. 31; *Heghmanns*, Dogmatik der Straftatbestände, S. 77 f.; *Kremer-Bax*, Fahrlässigkeitstat, S. 20; MüKo, Band 1, *Freund*, Vor §§ 13 ff. Rn. 282 ff.

167 *Frisch*, Vorsatz und Risiko, S. 60. *Frisch* betont hierbei zu recht, dass in der Verhaltensnorm, welche auf das konkret vorzunehmende Verhalten des Normunterworfenen abzielt, begrifflich bereits für die Fehlverhaltensfolge kein Platz ist. Zudem ist ihm zuzustimmen, wenn er den Tatbestand der einzelnen Strafrechtsnormen als typische Prüfkategorie des Rechtsanwenders bezeichnet. Denn im Tatbestand sind schließlich die Voraussetzungen enthalten, deren Vorliegen unerlässlich für die Verhängung bestimmter Sanktionen ist und die somit über das Vorliegen eines bloßen rechtlich missbilligten Verhaltensnormverstoß hinausgehen. Ebenso betont auch *Freund*, dass sich die Tatbestände unmittelbar an den potentiellen

So setzen die sogenannten Erfolgsdelikte neben dem deliktsspezifischen Verstoß gegen eine rechtlich legitimierte Verhaltensnorm grundsätzlich einen bestimmten Erfolg, genauer: eine spezifische Fehlverhaltensfolge, voraus. Für eine Sanktionierung aufgrund § 212 I StGB genügt es nicht, dass der Normunterworfene durch einen Schuss auf eine andere Person einen schadensträchtigen Verlauf in Gang gesetzt hat, nämlich dass die anvisierte Person von der Kugel getroffen und getötet werden könnte. Vielmehr erfordert die Verurteilung wegen Totschlags nach § 212 I StGB zusätzlich, dass das Opfer durch den Schuss auch tatsächlich zu Tode gekommen ist. Dieser „Erfolg" ist die von § 212 I StGB zusätzlich geforderte Fehlverhaltensfolge. Auch § 223 I StGB erfordert neben dem rechtlich missbilligten Verstoß gegen das Körperverletzungsverbot den Eintritt eines entsprechenden Körperverletzungserfolgs, damit die strafrechtliche Reaktion ausgelöst wird. Allerdings erfordert eine Sanktionierung nicht zwingend das Vorhandensein einer solchen Fehlverhaltensfolge. Für die Fälle des strafbaren Versuchs ist es gerade typisch, dass ein bestimmter „Erfolg" nicht eingetreten ist. Es genügt, dass der Normunterworfene gegen eine rechtlich legitimierte deliktsspezifische Verhaltensnorm verstoßen hat.[168] Hierbei unterscheidet sich der Verstoß gegen die rechtlich legitimierte (strafbewehrte) Verhaltensnorm jedenfalls in den Fällen des beendeten Versuchs nicht im Geringsten vom Verhaltensnormverstoß des vollendeten Delikts. Wer mit einer Schusswaffe auf einen anderen Menschen schießt und diesen nur knapp verfehlt, widerspricht in der gleichen Form der Verhaltensnormenordnung wie derjenige, der das anvisierte Opfer tödlich trifft. Denn der Erfolg als solches ist zufallsabhängig. Das tatbestandsspezifische (Fehl-)Verhalten hingegen bleibt das gleiche: In beiden Fällen hat der Täter einen schadensträchtigen Verlauf in Richtung auf das Leben des anvisierten Opfers geschaffen.[169] Bereits die Schaffung eines solchen schadenträchtigen Verlaufs widerspricht dem Tötungsverbot als Verhaltensnorm und ist grundsätzlich rechtlich missbilligt.[170] Ob sich die durch das Verhalten geschaffene Schädigungsmöglichkeit realisiert, ist für den Verhaltensnormverstoß als

---

Anwender der Sanktionsnorm, den Richter wenden; *Freund,* Erfolgsdelikt und Unterlassen, S. 113.

168 Vgl. *Freund,* AT, § 2 Rn. 5, § 8 Rn. 31. Ebenso *Frisch,* Vorsatz und Risiko, S. 357 sowie MüKo, Band 1, *Freund,* Vor §§ 13 ff. Rn. 281.

169 Ausführlich zur Identität des Verhaltensnormverstoßes beim versuchten und beim vollendeten Delikt: *Guhra,* Versuch, S. 19, 20 ff., 35 f. Siehe auch *Freund,* AT, § 8 Rn. 29 ff., 50 ff.

170 Dass in einem solchen Fall der Nutzen der Normeinhaltung, nämlich der Schutz des Lebens anderer Personen das Interesse an der Ausübung der allgemeinen Handlungsfreiheit des Schützen überwiegt, bedarf wohl keiner näheren Ausführung. Und natürlich ist der Schütze auch in Bezug auf die Nichtverhinderung des von ihm gesetzten schadensträchtigen Verlaufs für das Leben des Opfers sonderverantwortlich. Die Verhaltensnorm stellt sich somit als doppelt fundiert dar.

solchen unerheblich.[171] Entsprechendes gilt für Unterlassungsfälle: Die Mutter, die ihr Kind an einem Abgrund spielen lässt und deren Kind unbeschadet zu ihr zurückgelangt, verstößt gegen die gleiche Verhaltensnorm wie die Mutter, deren Kind beim Spielen am Abgrund tödlich verunglückt. Dass im ersten Fall aufgrund der fehlenden spezifischen Fehlverhaltensfolge von einer Sanktionierung abgesehen werden muss, ist für die Bestimmung der Normwidrigkeit des Verhaltens ohne Relevanz. Das Fehlverhalten an sich ist das gleiche.[172]

Neben dem Erfordernis des Eintritts einer bestimmten Fehlverhaltensfolge gibt es jedoch noch weitere Voraussetzungen, die für eine Sanktionierung erheblich sein können. Diese von einigen Sanktionsnormen vorausgesetzten weiteren Erfordernisse kann man als „fehlverhaltensfolgengleiche" Sanktionserfordernisse bezeichnen.[173] Hierunter fällt beispielsweise das Erfordernis, dass für eine Sanktionierung aus § 242 StGB die weggenommene Sache auch tatsächlich fremd sein muss. Fehlt es an dieser Voraussetzung, so kommt eine Bestrafung wegen vollendeten Diebstahls ebenso wenig in Betracht wie eine Bestrafung wegen vollendeten Tötungsdelikts für den Fall ausscheidet, dass das anvisierte Opfer durch den Schuss lediglich verletzt und nicht getötet wird.

Halten wir somit fest: Neben dem Verstoß gegen eine rechtlich legitimierte Verhaltensnorm kann es weitere Sanktionserfordernisse geben, ohne deren Vorliegen von der Verhängung der Kriminalstrafe abgesehen werden muss. Diese weiteren Sanktionserfordernisse sind in den Tatbeständen des jeweiligen Delikts, also in der jeweiligen Sanktionsnorm, verankert. Grundvoraussetzung der Anwendung einer Sanktionsnorm ist jedoch immer der Verstoß gegen eine deliktsspezifische Verhaltensnorm. Erst wenn ein solcher Verstoß vorliegt, eröffnet sich der Weg für die Sanktionsnorm. Dies ist der eigentliche Hintergrund des

---

171 Für einen bereits begrifflichen Ausschluss plädierend: *Frisch,* Vorsatz und Risiko, S. 60. Im Ergebnis übereinstimmend: *Guhra,* Versuch, S. 21, 92.

172 Insofern lässt sich nun auch erklären, warum das vollendete Delikt im Vergleich zum Versuchsdelikt im Strafrecht mit höherer Strafe bedroht wird. Zwar liegt, wie wir gerade gesehen haben, in beiden Fallkonstellationen ein identischer Verstoß gegen eine rechtlich legitimierte Verhaltensnorm vor. Jedoch wird durch das vollendete Delikt die Normgeltung der desavouierten Verhaltensnorm weitaus schwerwiegender in Frage gestellt, da dem Fehlverhalten eine Fehlverhaltensfolge anhaftet. Durch das Vorliegen einer solchen Fehlverhaltensfolge, z.B. der verursachte Tod eines anderen Menschen, wird der Normwiderspruch den Normunterworfenen weitaus deutlicher und von diesen intensiver wahrgenommen, als wenn die spezifische Folge ausgeblieben wäre. Durch ein vollendetes Delikt wird der Rechtsfrieden daher sehr viel nachhaltiger gestört, als es bei einem reinen Versuchsdelikt der Fall ist. Dementsprechend muss der Staat dem Normbrüchigen mit besonders einschneidenden Maßnahmen entgegentreten und widersprechen, um die Gefahr eines Normgeltungsschadens abzuwenden. Im Ganzen vgl. hierzu nur *Frisch,* Tatbestandsmäßiges Verhalten, S. 516 f. Siehe ferner *Guhra,* Versuch, S. 35 f.; *Freund,* Erfolgsdelikt und Unterlassen, S. 99 ff.

173 *Freund,* GA 1999, S. 509 (510); *ders.,* GA 1999, S. 509 (510). Ebenso betont *Frisch* die Ähnlichkeit dieser Voraussetzungen mit dem Erfordernis des Erfolgseintritts; *Frisch,* Vorsatz und Risiko, S. 357. Vgl. auch MüKo, Band 1, *Freund,* Vor §§ 13 ff. Rn. 348 f.

sekundären Charakters des Strafrechts.[174] Erst wenn der primären Normenordnung – den Verhaltensnormen – widersprochen wird und die Gefahr eines Normgeltungsschadens besteht, bedarf es einer Aktivierung der sekundären Normenordnung – der Sanktionsnormen –, um die Verhaltensnormenordnung vor Schaden zu bewahren. Der Einsatz der sekundären Normenordnung erfordert somit immer einen Verstoß gegen die primäre – vorstrafrechtliche – Normenordnung. Damit regeln die Strafgesetze streng genommen auch nicht, was erlaubt und was verboten ist. Diese Aufgabe kommt vielmehr der primären Normenordnung zu. Sie regeln lediglich, wie und auf welche Verstöße unter gegebenenfalls weiteren Sanktionsvoraussetzungen strafrechtlich reagiert werden soll. Unabhängig von diesen weiteren Sanktionsvoraussetzungen (den Einsatzbedingungen *nach* der Tat) versehen die Sanktionsnormen die deliktsspezifischen Verhaltensnormen ex ante (vor der Tat) jedenfalls mit einer Strafbewehrung (Strafandrohung).

Wenn gegen die hier vorgetragene Sicht in der Literatur vereinzelt vorgebracht wird, dass das Strafrecht die geschichtlich älteste Rechtsform sei und es somit nicht Funktion des Strafrechts sein könne, eine vorgegebene Rechtsordnung lediglich abzusichern,[175] so ist dies kein überzeugendes Argument gegen die Kategorisierung des Strafrechts als sekundäres Schutzrecht. Denn mit der Aussage der sekundären Schutzfunktion der Sanktionsnormen in Bezug auf die Geltungskraft der primärrechtlichen Verhaltensnormenordnung erfolgt keine Aussage über historische Prioritäten. Auch dem sehr früh vorfindbarem Strafrecht liegt in Wahrheit ein selbstständiger Verhaltenskodex zugrunde, mag er auch erst im Strafrecht – in Form der Schilderung von Verletzungen – ausformuliert werden.[176] Seit jeher unterwirft sich die Menschheit allgemeinen Regeln, die ein friedliches Zusammenleben gewährleisten sollen. Gäbe es solche vorstrafrechtlichen Verhaltensregeln hingegen nicht, so gäbe es nichts, was durch das Strafrecht geschützt werden könnte. Denn ein unmittelbarer Rechtsgüterschutz ist ja durch das Strafrecht aufgrund seines zu späten Ansetzens gar nicht zu gewährleisten. Die Feststellung, dass das Strafrecht die älteste Rechtsordnung darstellt, kann weder für noch gegen die Annahme einer vorstrafrechtlichen Verhaltensordnung angeführt werden. Vielmehr ergibt sich die sekundäre Schutzfunktion zwingend aus den oben angestellten Überlegungen. – Und mit der Auswahl des Strafrechts, auf welche Verhaltensnormverstöße (unter gegebenenfalls weiteren Voraussetzungen) eine strafrechtliche Reaktion erfolgen soll, ist auch zugleich eine weitere Eigenart des Strafrechts beschrieben – seine fragmentarische Natur.

---

174 Dazu, dass dem Strafrecht eine ebensolche sekundäre Funktion zukommt: *Freund,* Erfolgsdelikt und Unterlassen, S. 28; *Frisch,* Tatbestandsmäßiges Verhalten, S. 112; beide mit weiteren Nachweisen.

175 *Jescheck/Weigend,* AT, S. 53.

176 *Frisch,* Verwaltungsakzessorietät, S. 7 Fn. 18.

dd. Der fragmentarische Charakter des Strafrechts

Das Strafrecht versieht nicht jeden Verstoß gegen die Verhaltensnormenordnung mit einer Strafandrohung. Vielmehr wählt es aus der Verhaltensnormenordnung bestimmte für bedeutend erachtete Normen aus, die bestimmte Rechtsgüter vor besonders massiven Eingriffen schützen. Diese Selektion hat zur Folge, dass nicht alles, was durch andere Rechtsordnungen, sei es z.B. die Zivil- oder die öffentlich-rechtliche Rechtsordnung, als rechtswidrig bewertet wird, in strafrechtlicher Hinsicht von Belang ist.[177] Man denke insoweit etwa an die alltägliche Situation des Falschparkens. Selbstverständlich verstößt der Normunterworfene mit seinem Verhalten gegen die Norm, andere Verkehrsteilnehmer durch das Abstellen seines Fahrzeugs nicht zu behindern. Aufgrund der niedrigen Gewichtung des entsprechenden rechtlichen Fehlverhaltens erlangt ein solcher Verhaltensnormverstoß jedoch keine strafrechtliche Bedeutung. Der Erhalt der Geltungskraft einer solchen Verhaltensnorm bleibt vielmehr dem Ordnungswidrigkeitenrecht überlassen.[178] Eine Vielzahl von Verhaltensnormen bleiben somit der zivilrechtlichen, verwaltungsrechtlichen oder ordnungsrechtlichen Durchsetzung vorbehalten. Nur wenn es um grundlegende Verhaltensnormen und um den Schutz überaus wichtiger Rechtsgüter geht, wird – gegebenenfalls unter Hinzuziehung weiterer Voraussetzungen wie z.B. einer spezifischen Fehlverhaltensfolge und damit unter zusätzlicher Verstärkung des fragmentarischen Charakters – strafrechtlich reagiert.[179] Die entsprechende Bindung des Strafrechtsanwenders bewirkt der „nullum crimen-Satz", durch den Strafbarkeitslücken bewusst in Kauf genommen sind.[180]

---

[177] Vgl. zum fragmentarischen Charakter des Strafrechts *Felix*, Einheit der Rechtsordnung, S. 297; *Gössel*, FS-Bengel, S. 23 (27); *Heghmanns*, Dogmatik der Straftatbestände, S. 52; *Jescheck/Weigend*, AT, S. 52 f.; *Kölbel*, GA 2002, S. 403 (403); *Maiwald*, FS-Maurach, S. 9 (9 ff.); *Maurach/Gössel/Zipf*, AT II, § 42 Rn. 7; SK-StGB, Band I, *Rudolphi*, Vor § 1 Rn. 10.

[178] Dass die Belegung einer solchen Verhaltensweise mit einer Kriminalstrafe unerträglich, ja sogar illegitim ist, ergibt sich bereits aus dem „ultima ratio-Prinzip" des Strafrechts. Der Verhaltensnormverstoß und seine Auswirkungen bedürfen folglich eines erheblichen Gewichts, damit strafrechtlich reagiert werden kann. Vgl. *Freund*, AT § 2 Rn. 37: *„Es darf nicht mit Kanonen auf Spatzen geschossen werden."* Vgl. ferner *Guhra*, Versuch S. 76; *Kindhäuser*, Gefährdung als Straftat, S. 159; MüKo, Band 1, *Freund*, Vor §§ 13 ff. Rn. 188 ff.

[179] Zum fragmentarischen Charakter der Strafrechts vgl. nur: *Gössel*, FS-Bengl, S. 23 (27); *Günther*, Strafrechtswidrigkeit, S. 156; *Heghmanns*, Dogmatik der Straftatbestände, S. 52; *Jescheck/Weigend*, AT, S. 52 f.; LK-StGB, *Rudolphi*, Vor § 1 Rn. 5, 10; *Maiwald*, FS-Maurach, S. 9 ff.; *Maurach/Gössel/Zipf*, AT II, § 42 Rn. 7; MüKo, Band 1, *Freund*, Vor §§ 13 ff. Rn. 56.

[180] *Freund*, AT, § 1 Rn. 22; MüKo, Band 1, *Freund*, Vor §§ 13 ff. Rn. 31 f.

ee. Zusammenfassung der Struktur der Strafrechtsnormen

Bei der Lösung des Problems der richtigen Perspektive zur Bestimmung des Merkmals „Unglücksfall" im Sinne des § 323c StGB dürfen folgende strafrechtlichen Grundlagen nicht aus den Augen verloren werden:

Das Strafrecht ist Bestandteil des öffentlichen Rechts. Es hat die Aufgabe, das friedliche Zusammenleben der im Staatsverband zusammengeschlossenen Bürger zu gewährleisten und die Existenzwerte der Gemeinschaft zu schützen, indem es sozialschädliches Verhalten sanktioniert. Strafrecht ist Rechtsgüterschutzrecht. Da mit dem eigentlichen Mittel der Strafe aufgrund ihres späten Ansetzens Rechtsgüterschutz im unmittelbaren Sinne nicht gewährleistet werden kann, greift das Strafrecht auf die vorstrafrechtliche Primärordnung des Verhaltens zurück. Die strafrechtlichen Sanktionsnormen enthalten die Anordnung der strafrechtlichen Reaktion auf bestimmte Verhaltensnormverstöße (regelmäßig bei Erfüllung gewisser zusätzlicher Sanktionsvoraussetzungen). Durch die Festlegung der deliktsspezifischen Verhaltensnormen sind die Sanktionsnormen auch Rechtsquelle der *strafbewehrten* Verhaltensnormen.

Die Verhaltensnormen als solche sind streng genommen nicht Bestandteil des Strafgesetzes. Sie bedürfen sachlicher Legitimation, insbesondere durch den Nutzen der Normeinhaltung für berechtigte Belange des Rechtsgüterschutzes bzw. gegebenenfalls daneben durch den Gedanken der Sonderverantwortlichkeit. Verhaltensnormen dienen unmittelbar dem Schutz der einzelnen Rechtsgüter wie Leben, Leib, Freiheit, Eigentum usw. Durch das Institut der Verhaltensnormen werden dem Normunterworfenen Verhaltensrichtlinien in Form von Ver- und Geboten an die Hand gegeben, durch welche dieser schadensträchtige Verläufe vermeiden bzw. abwenden kann und soll.[181]

Um die Geltungskraft der strafrechtlichen Verhaltensnormen zu bewahren und deren allgemeine Anerkennungen zu gewährleisten, versehen die Sanktionsnormen Verhaltensnormverstöße mit einer Strafbewehrung. Die Sanktionsnormen dienen somit zur Sicherung der strafrechtlichen Verhaltensnormen vor möglichen Normgeltungsschäden. Rechtsgüterschutz im eigentlichen Sinne kann durch die Sanktionsnormen daher nur mittelbar geleistet werden, indem die unmittelbar dem Rechtsgüterschutz dienenden Verhaltensnormen vor einem Geltungsschaden bewahrt werden. Aus diesem Grunde setzt eine strafrechtliche Sanktionierung durchweg den Verstoß gegen eine rechtlich legitimierte Verhaltensnorm voraus. Hierbei sind in Bezug auf ihre Legitimation einfach- und doppelt-fundierte Verhaltensnormen zu unterscheiden. Ist eine Verhaltensnorm rechtlich nicht zu legitimieren, so kann ein Verstoß gegen eine solche Verhaltensnorm keine strafrechtliche Reaktion nach sich ziehen. Oft reicht ein grundsätzlich rechtlich missbilligter Verhaltensnormverstoß nach dem speziellen Zu-

---

181 Zur Auseinandersetzung mit dem Konkurrenzkonzept der Erfolgsverursachungsverbote vgl. im direkten Anschluss III. 1. d. aa.

schnitt einer Sanktionsnorm nicht zur Verhängung einer Kriminalstrafe aus. Viele Sanktionsnormen enthalten zusätzliche Sanktionserfordernisse, die für die Sanktionierung eines bestimmten Fehlverhaltens ebenfalls erfüllt sein müssen. Hierbei ist neben verschiedenen anderen Voraussetzungen beispielsweise der Eintritt einer bestimmten Fehlverhaltensfolge zu nennen. Solche zusätzlichen Sanktionserfordernisse werden jedoch nur relevant, wenn die Grundvoraussetzung jeder strafrechtlichen Reaktion erfüllt ist: der Verstoß gegen eine rechtlich legitimierte Verhaltensnorm. Das Strafrecht kommt daher erst auf einer zweiten Ebene ins Spiel. Hieraus ergibt sich sein sekundärer Charakter.

Neben diesem sekundären Charakter ist das Strafrecht fragmentarischer Natur. Es wählt aus dem Bereich der Verhaltensnormenordnung bestimmte Verhaltensnormen, welche gewichtige Rechtsgutsbeeinträchtigungen verhindern sollen, aus und versieht diese – regelmäßig bei Erfüllung gewisser zusätzlicher Sanktionsvoraussetzungen – mit einer Strafbewehrung. Der strafrechtliche Schutz kommt also nicht der gesamten Verhaltensnormenordnung zu, sondern nur bedeutenden Verhaltensnormen und oft auch bedeutenden Verhaltensnormen nur bei Erfüllung gewisser Zusatzbedingungen.

Erfordernis einer Sanktionierung wegen unterlassener Hilfeleistung gemäß § 323c StGB ist nach allem Bisherigen, wie bei jeder anderen Straftat auch, jedenfalls das Vorliegen eines grundsätzlich rechtlich missbilligten, deliktsspezifischen Verhaltensnormverstoßes. Ferner ist in Rechnung zu stellen, dass die Sanktionsnorm des § 323c StGB weitere Sanktionsvoraussetzungen enthalten kann, deren Erfüllung für die Verhängung der in § 323c StGB vorgesehenen Kriminalstrafe notwendig ist. Und selbstverständlich bedarf es einer Ausräumung des Vorbehalts im Hinblick auf die lediglich „grundsätzliche" rechtliche Missbilligung des tatbestandsspezifischen Verhaltens der unterlassenen Hilfeleistung. Es gilt somit zunächst zu klären, unter welchen spezifischen Voraussetzungen von einem grundsätzlich rechtlich missbilligten Verhaltensnormverstoß im Sinne des § 323c StGB auszugehen ist.

d. Die Perspektivische Betrachtung der Verhaltensnorm

Mit dem bisher Gesagten steht noch nicht fest, wann genau ein bestimmtes Verhalten als Verhaltensnormverstoß gewertet werden kann. Vor der Überlegung zur Sanktionierung eines bestimmten Verhaltens muss zuerst geklärt werden – hier sei auf die obigen Erkenntnisse der Struktur der Straftatbestände verwiesen –, in welchem Verhältnis ein bestimmtes Verhalten zur primären Normenordnung steht. Verstößt ein bestimmtes Verhalten bereits nicht gegen die (primäre) Verhaltensnormenordnung, so ist eine Sanktionierung von vornherein ausgeschlossen.

Die Feststellung eines Verstoßes gegen eine rechtliche Verhaltensnorm der primären Normenordnung, in bestimmten „Notfällen" zu helfen, wirft die schon mehrfach angesprochene Perspektivenfrage in verhaltensnormspezifischer Weise auf. Es geht hier – das sei klarstellend angemerkt – (noch) nicht um die konkrete Reichweite der Sanktionsnorm des § 323c StGB, um Überlegungen zur sachgerechten Begrenzung des Strafrechts usw. Entsprechende Gesichtspunkte mögen an anderer Stelle von Bedeutung sein. Hier geht es nur um verhaltensnormrelevante Aspekte – also insbesondere um den möglichen und angemessenen Rechtsgüterschutz durch Inpflichtnahme irgendwelcher hilfsfähiger Personen in bestimmten Situationen. Ist die Verhaltensnormfrage fundiert beantwortet, kann auch klar gesagt werden, unter welchen Bedingungen genau ein Verhalten des Betroffenen verhaltensnormwidrig ist und einen ideellen Angriff auf die Geltungskraft dieser konkreten Verhaltensnorm darstellt.

aa. Die zeitliche Betrachtungsperspektive von Verhaltensnormen

In Bezug auf die in zeitlicher Hinsicht maßgebliche Betrachtungsperspektive ist das Schrifttum noch immer zerstritten. Beide möglichen Betrachtungsweisen, sowohl ex ante als auch ex post, werden vertreten. Als entscheidende Ausgangsfrage wird oft angesehen, ob man in den *strafrechtlichen* Verhaltensnormen Erfolgsverursachungsverbote und Erfolgsverhinderungsgebote oder aber Ver- und Gebote zur Vermeidung von Schädigungsmöglichkeiten zu erblicken habe. Schon diese Ausgangfragestellung führt leicht in die Irre. Denn sie verleitet zumindest manche zu einer vorschnellen Orientierung an der Reichweite einer ganz konkreten Sanktionsnorm. Tatsächlich geht es jedoch im hier interessierenden Zusammenhang speziell um die Reichweite der dem Strafrecht vorgelagerten Verhaltensnorm.[182] Insofern führt die richtige Fragestellung fast von allein zur richtigen Entscheidung des Perspektivenproblems.

(1) Verhaltensnormen als Erfolgsverursachungsverbote bzw. Erfolgsverhinderungsgebote (Kindhäusers Konzept)

Ein Teil des Schrifttums bezieht den Inhalt der strafbewehrten Verhaltensnormen auf das Verbot der Verursachung bzw. auf das Gebot der Abwendung bestimmter tatbestandlicher Erfolge und will die (strafrechtliche) Normwidrigkeit ex post feststellen.[183] Die Feststellung der Normwidrigkeit eines bestimmten

182 *Frisch*, FS-Stree und Wessels, S. 69 (82 f.).

183 So ausdrücklich *Kindhäuser*, Gefährdung als Straftat, S. 53 und *Vogel*, Norm und Pflicht, S. 49. Ferner im Ergebnis übereinstimmend wohl auch *Tiedemann*, wenn er im bloßen Versuch einer Straftat keinen Verhaltensnormverstoß erblicken will. Denn von der fehlenden Normwidrigkeit des Versuchs kann nur derjenige ausgehen, der in den strafrechtlichen Verhaltensnormen Erfolgsverursachungsverbote oder Erfolgsabwendungsgebote erblickt. Von diesem Strafrechtskonzept ausgehend fehlt es dann tatsächlich beim bloßen Versuch aufgrund

Verhaltens richte sich insofern allein danach, ob das Verhalten die Eigenschaft aufweise, die unter die Merkmale des Deliktstatbestandes fallen. Insbesondere sei hierbei zu prüfen, ob das Verhalten einen bestimmten Erfolg verursacht habe. Daher müsse die Frage, ob ein Verhalten einer konkreten strafbewehrten Verhaltensnorm entspreche oder gegen sie verstoße, im Zuge einer nachträglich durchzuführenden (ex post) logischen Deduktion – mit anderen Worten durch eine nachträgliche Subsumtion des Verhaltens unter die tatbestandlichen Merkmale des einschlägigen Deliktstatbestandes – beantwortet werden.[184] Ein Verhalten, welches diese Eigenschaft nicht erfülle, könne kein (strafrechtlich) normwidriges Verhalten sein.[185]

Von der Normwidrigkeit des Verhaltens zu unterscheiden sei die Frage der Zurechenbarkeit des (strafrechtlichen) normwidrigen Verhaltens als Pflichtverletzung.[186] Die ex post zu ermittelnde Normwidrigkeit sei letztlich nur hinreichende, nicht aber notwendige Bedingung der Strafbarkeit. Anknüpfungspunkt und Vorraussetzung für die Strafe sei vielmehr die Pflichtverletzung. Diese sei der Kern des strafrechtlichen Unrechts[187], da sie die Nichtanerkennung der Norm als verbindlichen Handlungsgrund ausdrücke.[188] Unter einer Pflichtverletzung sei daher ein Verhalten zu verstehen, das die Erklärung enthalte, das Gesollte nicht ausführen zu wollen.[189] Wenn beispielsweise jemand Traubenzucker, den er für ein tödlich wirkendes Gift hält, in den Tee eines anderen rührt, dann erkläre er damit, dass er unter Zugrundelegung nur seiner eigenen Entscheidungsdaten eine Tötung nicht unterlassen wolle. Damit drücke er aus, dass das Tötungsverbot für ihn unverbindlich sei. Da die Normgeltung jedoch von ihrer handlungswirksamen Anerkennung und nicht von zufälliger Konformität

---

der Nichtvollendung der Tat – dem nicht eingetretenen Erfolg – an der Normwidrigkeit des Verhaltens. Vgl. *Tiedemann*, FS-Baumann, S. 7 (11 f., 13).

184 *Kindhäuser*, Gefährdung als Straftat, S. 53; *Vogel*, Norm und Pflicht, S. 49. Ebenso Appel, Verfassung und Strafe, S. 439 f., da es in Bezug auf die Frage der Sanktionierung bestimmter Verhaltensweisen nicht mehr um die Anwendung von Verhaltensnormen gehe, sondern diese lediglich als Maßstab für die Bestimmung der Normwidrigkeit herangezogen würden. Bzgl. dieser Funktionsaufgabe käme es jedoch nicht mehr auf eine ex ante-Beurteilung oder eine ex ante-Motivierbarkeit des Normunterworfenen durch die Verhaltensnorm an. Vielmehr sei ex post festzustellen, ob entsprechend dem Wortlaut und der Systematik des Gesetzes die Normmerkmale vorliegen oder nicht.

185 *Kindhäuser*, Gefährdung als Straftat, S. 53.

186 *Kindhäuser*, Gefährdung als Straftat, S. 34 f., 53 f., 62 ff., 80 ff., 91 ff., 127, 129 ff., 132.

187 *Kindhäuser*, Gefährdung als Straftat, S. 59. Diese strikte Trennung von Normwidrigkeit und Pflichtwidrigkeit und die Entbehrlichkeit der Normwidrigkeit eines Verhaltens für die Verhängung strafrechtlicher Sanktionen muss für Kindhäuser letztlich zwingend sein, da ansonsten die Strafbarkeit des Versuchs nicht zu erklären wäre. Denn typischerweise wird bei den Versuchsdelikten kein tatbestandlicher Erfolg bewirkt, der die Normwidrigkeit im Sinne eines Erfolgsverursachungsverbots bzw. Erfolgsverhinderungsgebots begründen könnte.

188 *Kindhäuser*, Gefährdung als Straftat, S. 34.

189 *Kindhäuser*, Gefährdung als Straftat, S. 43.

abhänge und die Strafe den durch Nichtanerkennung geminderten Geltungswert der Norm im Wege symbolischer Vergeltung zu restituieren habe, könne auch ein objektiv normkonformes Verhalten, durch das die Unverbindlichkeit der Norm erklärt werde, pflichtwidrig sein und damit einen Anlass zu strafender Reaktion geben.[190] Diese mögliche Diskrepanz zwischen Normwidrigkeit und Pflichtwidrigkeit sei dadurch bedingt, dass die Bindung des Adressaten an die Norm der Realisierung des Gesollten logisch vorausgehe und damit ein grundsätzlicher Unterschied hinsichtlich der jeweiligen Beurteilungsstandpunkte bestehe. Im Gegensatz zur Normwidrigkeit sei die Pflichtwidrigkeit induktiv zu bestimmen. Was getan und gelassen werden solle, damit das Gesollte eintrete oder ausbleibe, könne nur mit relativer Sicherheit prognostiziert werden. Daher sei diesbezüglich ein Standpunkt ex ante maßgeblich. Hingegen lasse sich erst ex post feststellen, ob das Gesollte eingetreten oder ausgeblieben sei. So könne bevor ein Mensch gestorben sei, nicht festgestellt werden, ob ein bestimmtes Verhalten eine normwidrige Tötung im strafrechtlichen Sinne sei. Dies sei erst ex post möglich. Es gelten somit für die Bestimmung der Pflichtwidrigkeit und für die Bestimmung der Normwidrigkeit unterschiedliche Beurteilungsstandpunkte.[191] Dies lasse sich auch durch ein anderes Beispiel verdeutlichen. Eine Krankenschwester, die einem Patienten für sie unvermeidbar ein tödlich wirkendes Medikament verabreiche, handele durchaus normwidrig. Es sei ihr schließlich nicht erlaubt, einen Patienten zu töten. Jedoch schließe die Unfähigkeit zu normgemäßen Verhalten, sofern sie nicht zu vertreten sei, gemäß dem Grundsatz „ultra posse nemo obligatur“ die Zurechenbarkeit des normwidrigen Verhaltens als Pflichtverletzung aus.[192]

Dem obigen Strafrechtskonzept folgend soll zwischen der Normwidrigkeit und der Pflichtwidrigkeit von Verhaltensweisen unterschieden werden. Entscheidende Voraussetzung für die Verhängung strafrechtlicher Sanktionen sei das Pflichtwidrigkeitsurteil über ein konkretes Verhalten. Ein solches Urteil sei grundsätzlich ausreichend – von weiteren Voraussetzungen wie z.B. dem Erfordernis eines rechtswidrigen und schuldhaften Verhaltens einmal abgesehen –, um strafrechtlich auf das Verhalten reagieren zu können. Der alleinige Vorwurf der Pflichtwidrigkeit sei typisches Merkmal der Versuchsstrafbarkeit. Demgegenüber sei die Normwidrigkeit lediglich hinreichende Bedingung der Strafbarkeit. Da die strafrechtlichen Verhaltensnormen Erfolgsverursachungsverbote bzw. Erfolgsabwendungsgebote enthielten, sei der Verhaltensnormverstoß ex post zu bestimmen. Somit stelle sich die Normwidrigkeit eines bestimmten Verhaltens, mit anderen Worten das Vorliegen eines Verstoßes gegen eine strafrechtliche Verhaltensnorm, als reines Erfordernis der Vollendungsdelikte dar. Im Gegensatz zum Versuchsdelikt sei somit für das vollendete Delikt kenn-

---

190 *Kindhäuser*, Gefährdung als Straftat, S. 57 f.

191 *Kindhäuser*, Gefährdung als Straftat, S. 59.

192 *Kindhäuser*, Gefährdung als Straftat, S. 57.

zeichnend, dass das strafrechtlich beanstandete Verhalten nicht nur pflichtwidrig sei – also als Erklärung zu verstehen sei, das Gesollte nicht ausführen zu wollen –, sondern, dass es vielmehr auch gegen eine, einen bestimmten Erfolg verhindern sollende strafrechtliche Verhaltensnorm verstoße. Als entscheidendes Bindeglied zwischen Norm- und Pflichtwidrigkeit dieser strafrechtlichen Konzeption stelle sich die Voraussetzung der objektiven Zurechnung dar. Nur wenn der Täter durch sein Verhalten eine rechtlich missbilligte Gefahr geschaffen habe und sich diese rechtlich missbilligte Gefahr im konkreten Erfolg niedergeschlagen habe, sei der Erfolg dem Täter im Sinne der Pflichtwidrigkeit auch zurechenbar. Die Erfolgszurechnung fungiert im Rahmen dieser strafrechtlichen Konzeption daher als nachträgliches Strafbarkeitskorrektiv, um u.a. rechtlich erlaubte Handlungen aus dem strafbaren Bereich auszugrenzen oder auch um die Unfähigkeit zum rechtlich richtigen Handeln zu berücksichtigen.

Für den Beispielsfall hätte dies folgende Konsequenz: Wenn die strafrechtlichen Verhaltensnormen tatsächlich Erfolgsverursachungsverbote bzw. Erfolgsverhinderungsgebote enthalten und der Verhaltensnormverstoß ex post zu bestimmen ist, dann fehlt es an einem normwidrigen Verhalten des A, da ex post betrachtet B lediglich an Übermüdung litt und sich die Möglichkeit des Vorliegens eines „Unglücksfalls" bei nachträglicher Betrachtung nicht bestätigt. Allerdings muss nach Kindhäusers Konzept ein pflichtwidriges Verhalten des A bejaht werden. Denn diese ist auf der Basis einer ex ante-Beurteilung zu bestimmen.

(2) Verhaltensnormen als Ge- und Verbote zur Vermeidung von Schädigungsmöglichkeiten

Der wohl überwiegende Teil des Schrifttums hingegen sieht in den „strafrechtlichen“ Verhaltensnormen Ge- und Verbote zur Vermeidung von Schädigungsmöglichkeiten und hält dementsprechend eine ex ante-Betrachtung der Verhaltensnormen für maßgeblich.[193] Normwidrig sei nicht erst ein Verhalten, das

193 *Freund*, AT § 2 Rn. 34; *ders.*, Erfolgsdelikt und Unterlassen, S. 56 ff.; *ders.*, GA 1991, S. 387 (389 ff.); *Frisch*, Tatbestandsmäßiges Verhalten, S. 71 f.; *ders.*, Vorsatz und Risiko, S. 76 f.; *ders.*, Wolter/Freund (Hrsg.), Straftat, S. 135 (175, 197 f.); *Guhra*, Versuch, S. 23 ff, 130; wohl auch *Heghmanns*, Dogmatik der Straftatbestände, S. 69 f.; wohl auch *Kaufmann*, FS-Welzel, S. 393 (395): *„Kausierungsverbote wären sinnlos."*; *Kremer-Bax*, Fahrlässigkeitstat, S. 57 f.; wohl auch *Kuhlen*, GA 1990, S. 477 (480); *Lenckner*, FS-Engisch, S. 490 (492 f.); *Mir Puig*, FS-Jescheck, S. 337 (338 ff., 342); *ders.*, GS-Kaufmann, S. 253 (255); *ders.*, ZStW 108, S. 759 (762 f., 782 f.); MüKo, Band 1, *Freund*, Vor §§ 13 ff. Rn. 161 ff., 174; *Münzberg*, Verhalten und Erfolg, S. 54 ff., 64 f., 109; *Renzikowski*, Restriktiver Täterbegriff, S. 57 Fn. 29; *Rudolphi*, NStZ 1991, S. 237 (238 f.); *ders.*, FS-Lackner, S. 863 (866); *ders.*, GS-Kaufmann, S. 371 (378.); *ders.*, GS-Schröder, S. 73 (81); *ders.*, Schünemann (Hrsg.), Grundfragen, S. 69 (76 f.); *Stein*, Beteiligungsformenlehre, S. 68; *Wolter*, GA 1977, 257 (257); *Zippelius*, AcP 157, S. 390 (395, 397); *ders.*, NJW 1954, S. 1837 (1837); *ders.*,

einen konkreten Erfolg verursache. Normwidrig sei vielmehr bereits die Nichtvermeidung schadensträchtiger (verletzungsgeeigneter), mit anderen Worten die Möglichkeit eines Schadens mit sich bringender Verläufe.[194] Der Erfolgseintritt stelle somit keinen Bestandteil strafrechtlicher Verhaltensnormen dar. Es handele sich hierbei lediglich um ein von den Erfolgsdelikten vorausgesetztes weiteres Sanktionserfordernis.[195] Hieraus ergebe sich, dass der Verhaltensnormverstoß des Vollendungs- und der des Versuchsdelikts aufgrund der Kategorisierung des Erfolgseintritts als bloßes Sanktionserfordernis identischer Natur seien.[196] Somit sei der grundsätzlich rechtlich missbilligte Verstoß gegen eine deliktsspezifische Verhaltensnorm – unabhängig davon, ob es sich um ein Vollendungs- oder ein Versuchsdelikt handelt – durchweg notwendige Bedingung für die Sanktionierung eines bestimmten Verhaltens.[197]

Dieser Ansicht folgend hätte sich A im Beispielsfall in einer grundsätzlich rechtlich zu missbilligenden Art und Weise verhalten. Denn sowohl aus der ex ante-Sicht eines objektiven Beobachters als auch aus der ex ante-Perspektive des A war von einem „Unglücksfall" und der „Erforderlichkeit" der Hilfeleistung auszugehen. A hätte gegen die strafbewehrte Verhaltensnorm des § 323c StGB verstoßen, so dass zumindest die notwendige Grundvoraussetzung jedweder Sanktionierung gegeben wäre.

(3) Stellungnahme

Bereits die verhaltensorientierende Funktion der (strafbewehrten) Verhaltensnormen spricht gegen eine Beurteilung von Verhaltensnormverstößen aus der Perspektive ex post im Zuge einer Erfolgsverursachungs- bzw. Erfolgsverhinderungsauslegung. Wie oben bereits dargestellt – dies ist auch von den Befürwortern der Erfolgsverursachungsverbote allgemein anerkannt –, entfalten die (strafbewehrten) Verhaltensnormen eine verhaltensorientierende Funktion. Die Verhaltensnormenordnung gibt dem Normunterworfenen ein Verhaltensreglement an die Hand, um so den Rechtsgüterschutz unmittelbar zu gewährleis-

---

NJW 1957, 1707 (1707 f.); *ders.*, Rechtsphilosophie, S. 21 ff. Ebenso *Schünemann*, JA 1975, S. 435 (442) mit Bezug auf das Fahrlässigkeitsdelikt.

194 *Freund*, Erfolgsdelikt und Unterlassen, S. 58, 62 f., 96, 120; *Guhra*, Versuch, S. 22 f., 169; *Mir Puig*, ZStW 108, S. 759 (762 f.); MüKo, Band 1, *Freund*, §§ 13 ff. Rn. 149.

195 *Guhra*, Versuch, S. 21. Auch *Mir Puig*, ZStW 95, S. 413 (437); *ders.*, GS-Kaufmann, S. 352 (353); *ders.*, FS-Jescheck, S. 337 (342) sieht in dem Erfolg keinen Bestandteil einer dem präventiven Rechtsgüterschutz dienenden Verbotsnorm. Ähnlich *Heghmanns*, Dogmatik der Straftatbestände, S. 70. Ebenso schreibt *Freund*, AT, § 2 Rn. 4, 46 ff. den Erfolg der Sanktionsnorm und nicht der Verhaltensnorm zu.

196 *Freund*, AT, § 8 Rn. 29 zumindest in Bezug auf den beendeten Versuch; *Guhra*, Versuch, S. 22. Vgl. auch die obigen Ausführungen unter III. 1. c. cc. (4) (b).

197 *Freund*, AT, § 2 Rn. 5 f., 8 f., 39.

ten.[198] Es stellt sich dann aber die Frage, wie der Normunterworfene an einer Verhaltensnorm, die ihm untersagt, bestimmte Erfolge herbeizuführen, sein Verhalten ausrichten können soll, wenn der Erfolgseintritt zum Zeitpunkt der Verhaltensvornahme – also ex ante – gar nicht feststeht, sondern bestenfalls mit einer gewissen Wahrscheinlichkeit prognostiziert werden kann. Denn ob ein Verhalten einen bestimmten Erfolg verursacht hat oder durch ein bestimmtes Verhalten ein drohender Erfolg nicht abgewendet wurde, steht immer erst im nachhinein – also ex post – fest. Es blieben für den Normunterworfenen somit zwei Möglichkeiten: Entweder nimmt er sein geplantes Verhalten vor und geht im Falle des aus der Retrospektive zu beurteilenden Erfolgseintritts das Risiko einer Bestrafung ein.[199] Oder aber, er schätzt das Risiko der Bestrafung für zu hoch ein und unterlässt die möglicherweise den Erfolg verursachende Handlung. Was die Rechtsordnung nun aber konkret von ihm verlangt, steht im Zeitpunkt des Handelns nicht fest und ist für ihn nicht zu erkennen. Was verboten und was erlaubt ist, bleibt für den Normunterworfenen im „Nebelschleier der zukünftigen Entwicklung“ verborgen. Dies kann den Normunterworfenen, der von sich aus bereit ist, sein Verhalten unter Berücksichtigung fremder Gutsinteressen auszurichten – der sich also freiwillig gesetzestreu verhalten und von Schädigungen fremder Rechtsgüter absehen will – nur verwirren.[200] Die Bewertung, ob ein bestimmtes Verhalten verboten ist oder ob es erlaubt und somit von der verfassungsrechtlich verankerten allgemeinen Handlungsfreiheit gem. Art. 2 I GG – oder gegebenenfalls von einem anderen Freiheitsgrundrecht – gedeckt ist, kann nicht auf Umstände abstellen, die objektiv gesehen auf die zu beurteilende Entscheidung, ein bestimmtes Verhalten vornehmen zu wollen oder nicht, gar keinen Einfluss haben. Denn sie sind im Zeitpunkt der zu beurteilenden Entscheidung gar nicht verfügbar, ja insofern noch gar nicht existent.[201] Aus diesem

---

198 Vgl. oben III. 1. c. cc. (1).

199 Denn tritt der zufallsabhängige Erfolg tatsächlich ein, so widerspricht sein Verhalten rückblickend der strafrechtlichen Verhaltensnormenordnung. Bleibt er hingegen aus, so soll sein Verhalten von der Normenordnung gedeckt sein.

200 *Freund*, AT, § 1 Rn. 14 mit Fn. 16, § 2 Rn. 23; *ders.*, Erfolgsdelikt und Unterlassen, S. 56. Ebenso *Zippelius*, NJW 1957, S. 1707 (1707): *„Solche Normen wären für den Handelnden nur Orakel, die ....* " Auch *Münzberg*, Verhalten und Erfolg, S. 64 f., 100 mit Fn. 199, erkennt die Ungeeignetheit von Erfolgsverursachungsverboten und die Berücksichtigung erst ex post feststellbarer Daten in Bezug auf eine wirksame Verhaltenssteuerung des Normadressaten.

201 *Freund*, GA 1991, S. 387 (390f.). Dies gilt insbesondere für den Eintritt des tatbestandsmäßigen Erfolgs. Wer sich die Frage stellt, ob man mit einer Schrotflinte ins Unterholz schießen darf, obwohl häufiger Kinder in diesem spielen, kann sein Verhalten nicht danach ausrichten, ob durch den betätigten Schuss ein Kind zu Tode gekommen ist. Die Frage nach der Todesverursachung ist in diesem Zeitpunkt nicht zu beantworten und somit gar nicht existent, da die Verursachung erst fest steht, wenn das Kind tatsächlich aufgrund des Schusses verstorben ist. Dann ist es für jegliche Verhaltensorientierung jedoch zu spät. Ebenso ist *Kaufmann*,

Grund erzwingt bereits die verhaltensorientierende bzw. die auf die Verhaltenssteuerung ausgelegte Funktion der (strafbewehrten) Verhaltensnormen eine strikte ex ante-Betrachtung.[202]

Wenn hiergegen von *Vogel* vorgebracht wird, dass auch Erfolgsverursachungsverbote und Erfolgsverhinderungsgebote eine verhaltensorientierende Wirkung entfalten können,[203] so stellt sich diese These bei genauerer Untersuchung als Trugschluss heraus. Ergebe sich aus der Sicht des Täters, dass sein Verhalten einen Verletzungserfolg verursachen wird, so müsse der Täter dieses Verhalten unterlassen, um pflichtgemäß zu handeln.[204] Aber hier liegt doch genau das Problem: Aus der Täterperspektive im Zeitpunkt des Handelns kann sich nie ergeben, dass ein bestimmtes Verhalten einen bestimmten Erfolg nach sich ziehen wird. Dieses Wissen ist im Zeitpunkt der Handlungsentscheidung gar nicht verfügbar. Selbst für den Fall, dass der Täter seinem Opfer die Pistole an die Schläfe hält, steht nicht mit Gewissheit fest, dass durch das Betätigen des Abzugs der Tod des Opfers eintritt. Es ist durchaus vorstellbar, dass es zu einem technischen Defekt der Schusswaffe kommt und sich der Schuss nicht löst. Ferner besteht die, wenn auch zugegebenermaßen nur geringe Chance, dass das Opfer den Kopfschuss überlebt. Das einzige, was aus der Tätersicht im Zeitpunkt des Handelns mit Gewissheit gesagt werden kann, ist dass durch die Betätigung des Abzugs der Schusswaffe das Leben des Opfers gefährdet und somit die Möglichkeit eines schadensträchtigen Verlaufs besteht.

Es spricht auch nicht für eine verhaltensorientierende Wirkung von Erfolgsverursachungsverboten und Erfolgsverhinderungsgeboten, wenn vereinzelt der Normunterworfene das Risiko der Bestrafung selbst nicht tragen will, da er es für zu hoch einschätzt. Dass die Angst vor Strafe sicherlich vereinzelt ein Ver-

---

FS-Welzel, S. 393 (395) zu verstehen, der auf die Sinnlosigkeit von Kausierungsverboten hinweist. Auch *Lenckner*, FS-Engisch, S. 490 (492 f.) stellt zum Zwecke der Verhaltenssteuerung auf den Zeitpunkt der Handlung ab.

202 *Freund*, AT, § 1 Rn. 14 mit Fn. 16, § 2 Rn. 23, 28 ff.; *ders.*, Erfolgsdelikt und Unterlassen, S. 10, 56 ff.; *ders.*, GA 1991, S. 387 (389 ff.); *Frisch.*, Wolter/Freund (Hrsg.), Straftat, S. 135 (175, 197 f.); *Guhra*, Versuch, S. 23 ff..; *Kaufmann*, FS-Welzel, S. 393 (395); *Kremer-Bax*, Fahrlässigkeitstat, S. 55 ff., 57 f.; *Kuhlen*, GA 1990, S. 477 (480), der bei einer ex post Bestimmung der Normwidrigkeit die Unmöglichkeit der Unterscheidung von normgemäßen und normwidrigen Verhalten im Handlungszeitpunkt bemängelt; *Mir Puig*, FS-Jescheck, S. 337 (338 ff., 342); MüKo, Band 1, *Freund*, Vor §§ 13 ff. Rn. 162 f.; *Münzberg*, Verhalten und Erfolg, S. 64 f., 100 mit Fn. 199; *Renzikowski*, Restriktiver Täterbegriff, S. 57 Fn. 29; *Rudolphi*, NStZ 1991, S. 237 (238 f.); *ders.*, GS-Kaufmann, S. 371 (377 f.); *Stein*, Beteiligungsformenlehre, S. 68; *Zippelius*, AcP 157, 390 (395, 397 f.); *ders.*, NJW 1957, S. 1707 (1707); *ders.*, Rechtsphilosophie, S. 21 f. Vgl. ferner *Haffke*, Coimbra-Symposium, S. 89 (92): *„Verhaltensnormen müssen, wenn sie als Richtschnur des Verhaltens dienen sollen, in der Handlungssituation des Täters wirksam werden, ihn also vor seinem Handeln oder Unterlassen sagen und vorschreiben, was er in Zukunft tun oder lassen darf oder nicht."*

203 *Vogel*, Norm und Pflicht, S. 55.

204 *Vogel*, Norm und Pflicht, S. 55.

halten beeinflussen kann, soll hier gar nicht in Abrede gestellt werden. Dies ist allerdings, wie oben bereits dargestellt, neben der Schutzfunktion für die Geltungskraft von Verhaltensnormen ein reiner – wenn auch durchaus begrüßenswerter – Nebeneffekt.[205] Mit der Auferlegung eines Sanktionsrisikos allein kann jedoch keine effektive Verhaltensbeeinflussung erreicht werden[206], zumal das Risiko von mehreren Personen häufig durchaus unterschiedlich eingestuft werden kann. So wird im Gegensatz zum ängstlichen Täter der besonders ruchlose Täter im Zweifel sein Vorhaben auch bei erhöhtem Strafbarkeitsrisiko noch vornehmen.

Ebenso verhält es sich, wenn man in den (strafbewehrten) Verhaltensnormen zwar Ver- und Gebote zur Vermeidung von Schädigungsmöglichkeiten (Gefährdungen) erblickt, die Feststellung von Normverstößen jedoch erneut an einer Gesamtschau aus der Retrospektive festmachen will. Eine ex post-Auslegung widerspricht bereits begrifflich der „Gefährdung". Charakteristisches Kriterium einer Gefahr ist die Möglichkeit des Eintritts einer bestimmten Schädigung oder zumindest eines negativen Ereignisses.[207] So besteht im Zuge einer Todesgefahr die Möglichkeit, dass der Tod des Gefährdeten eintritt; im Falle einer Insolvenzgefahr die Möglichkeit, dass ein Unternehmen oder ein Privatmann in finanzielle Handlungsunfähigkeit gerät usw. Dem Gefahrbegriff haftet somit eine auf die Zukunft bezogene Ungewissheit an, die lediglich Prognostizierungen zulässt. Daher stellt sich die berechtigte Frage, wie man aus der Rückschau betrachtet eine Prognostizierung in Bezug auf ein bevorstehendes Übel durchführen will. Ex post gesehen steht nur eines fest: Entweder ist das Übel tatsächlich eingetreten. Dann lässt sich auch eine vorherige Gefährdung konstatieren. Oder aber, das Übel ist aus irgendeinem unerfindlichen Grund ausgeblieben. Dies muss ex post gesehen zur Folge haben, dass eine Gefahr tatsächlich nicht bestand. Ex post ließe sich eine Gefahr daher immer nur dann feststellen, wenn das Übel letztlich auch zur Verwirklichung gelangt ist. So hätte sich ein Kleinkind, welches von seiner älteren Schwester aufgrund ihrer Verärgerung über die zeitintensive Betreuung im Kinderwagen einen Abhang hinabgestoßen wird und auf eine vielbefahrene Straße zusteuert, jedoch vor Erreichen derselbigen durch einen aufmerksamen Passanten abgefangen wird, aufgrund des fehlenden Erfolgseintritts aus der Perspektive ex post nie in einer Todesgefahr befunden, da sich die Möglichkeit des bevorstehenden Übels nicht bestätigen lässt. Dass hierdurch dem Gefahrbegriff in Form der Möglichkeit eines Schadenseintritts nicht genügend Rechnung getragen wird, ist offenkundig. Ob sich jemand objektiv in

---

205 Dies wurde bereits oben unter III. 1. c. cc. (4) (a) erläutert.

206 Übereinstimmend *Freund*, GA 1991, S. 387 (400). Denn derjenige, der nicht erkennen kann, was die Rechtsordnung von ihm verlangt, ist auch durch die Androhung einer Sanktionierung im Falle des Fehlverhaltens nicht zu motivieren.

207 Vgl. auch *Duden*, Band 3, S. 1403: *„Möglichkeit, dass jemandem etwas zustößt, dass ein Schaden eintritt; drohendes Unheil."*

Gefahr befindet, kann nicht erst im Nachhinein beurteilt werden, wenn man klug und weise ist, sondern muss vielmehr von einem vorherigen Zeitpunkt ausgehend prognostiziert werden.[208]

Ferner ließe sich auch so erneut keine Verhaltensorientierung bewirken. Denn wenn sich ex post herausstellen sollte, dass eine Gefahr bestand, da sich der Gefahrerfolg verwirklicht hat, ist es für eine positive Verhaltensbeeinflussung des Normunterworfenen bereits zu spät.[209]

Sieht man hingegen in den (strafbewehrten) Verhaltensnormen Ver- und Gebote zur Vermeidung von Schädigungsmöglichkeiten und zieht man dementsprechend für die Einhaltung der Verhaltensnormen eine ex ante-Sichtweise zu Rate, so steht bereits im Zeitpunkt des zu untersuchenden Verhaltens fest, welche Verhaltensweisen mit der betroffenen (strafbewehrten) Verhaltensnorm konform gehen und durch welche Verhaltensweisen der Verhaltensnormenordnung widersprochen wird. Daher ergibt sich die Notwendigkeit einer ex ante-Betrachtung zur Feststellung normwidrigen Verhaltens zwingend aus der verhaltensorientierenden und verhaltensteuernden Funktion der (strafbewehrten) Verhaltensnormen.

Zudem spricht für die Annahme, dass es sich bei den (strafbewehrten) Verhaltensnormen um Ver- und Gebote zur Vermeidung von Schädigungsmöglichkeiten handelt, dass sich das Unrechtsurteil nicht auf Erfolge, sondern nur auf ein menschliches Verhalten beziehen kann.[210] Eine rechtliche Missbilligung in Form der Normwidrigkeit kann nur dann erfolgen, wenn gegen Gebote oder Verbote verstoßen wird. Gebote und Verbote müssen dem Menschen ins Bewusstsein treten, damit sie Wirkung entfalten können. Nur hierdurch kann das Verhalten des einzelnen beeinflusst werden. Beeinflussbar ist aber nur das menschliche Verhalten als solches und nicht der Eintritt eines bestimmten Erfolgs. Dieser ist vielmehr eine natürliche Gegebenheit, auf den die (strafbewehrten) Gebote und Verbote keinen Einfluss nehmen können. Um dies zu verdeutli-

---

208 Vgl. hierzu *Hippel*, Strafrecht, Band II, S. 422 mit einem weiteren verdeutlichenden Beispiel: Einer ex post-Betrachtung folgend dürfte sich somit kein Kriegsteilnehmer, der aus dem Weltkrieg unverletzt zurückgekehrt ist, in einer Todesgefahr befunden haben. Eine solche könnte nur in Bezug auf die gefallenen Soldaten angenommen werden. Ebenso *Schaffstein*, FS-Bruns, S. 89 (91 f.). Kritisch ebenfalls MüKo, Band 4, *Freund*, § 323c Rn. 33 f.

209 Dies haben wir ja bereits oben anhand der Auslegung der Verhaltensnormen als Erfolgsverursachungsverbote gesehen. Es bleibt somit festzuhalten: Eine ex post-Auslegung der strafrechtlichen Verhaltensnormen trägt in Bezug auf eine beabsichtigte verhaltenssteuernde Wirkung der Normadressaten keine Früchte. Vielmehr wird der Normadressat der Ungewissheit preisgegeben. Ihm bleibt nichts anderes übrig, als sich irgendwie zu verhalten, in der Hoffnung, dass nichts negatives geschehen werde.

210 *Zippelius*, AcP 157, 390 (395, 397 f.); *ders.*, NJW 1954, S. 1837 (1837); *ders.*, NJW 1957, S. 1707 (1707); *ders.*, Rechtsphilosophie, S. 21 f. Ebenso *Mir Puig*, GS-Kaufmann, S. 253 (264); *ders.*, FS-Jescheck, S. 237 (342) und auch *Schünemann*, JA 1975, S. 435 (441, 442). Vgl. ferner *Gössel*, FS-Bengl, S. 23 (28).

chen: Verboten werden kann nur, dass eine Person auf eine andere schießt, nicht aber, dass die Kugel ihr Ziel tödlich trifft. Den Flug eines Projektils kann kein Ver- oder Gebot beeinflussen. Wenn der Abzug der Waffe betätigt wurde und das Projektil den Lauf verlassen hat, können die (strafbewehrten) Verhaltensnormen – konkret: das strafbewehrte Tötungsverbot – das weitere Geschehen nicht mehr beeinflussen. Der Erfolgseintritt ist zu diesem Zeitpunkt zufallsabhängig und lässt sich nur mit einer gewissen Wahrscheinlichkeit prognostizieren. Lediglich die Betätigung des Abzugs, also das menschliche Verhalten, kann durch (strafbewehrte) Verhaltensnormen verhindert werden. Daher müssen Verhaltensnormen in dem Zeitpunkt, in dem menschliches Verhalten noch beeinflusst werden kann, ihre Wirkung entfalten können.[211] Der Erfolgseintritt und der ihn verursachende Kausalverlauf können aufgrund dessen nicht Bestandteil der (strafbewehrten) Verhaltensnormen sein. Denn was vom menschlichen Verhalten nicht beeinflussbar ist, kann von Rechts wegen auch nicht durch die Beschränkung der verfassungsrechtlich garantierten allgemeinen Handlungsfreiheit gemäß Art. 2 I GG verboten werden. Vom Zufall abhängige Ergebnisse sind nicht dazu geeignet, grundrechtseinschränkende Verhaltensnormen zu rechtfertigen und können somit im Falle des Abweichens eines bestimmten Verhaltens auch keine rechtliche Missbilligung begründen.[212]

Gleiches muss dann aber auch für Handlungen gelten, die vom Normunterworfenen nicht zu vermeiden sind. Der Grundsatz „ultra posse nemo obligatur" erlangt bereits für die Feststellung der Normwidrigkeit eines konkreten Verhaltens Bedeutung und darf nicht erst die Pflichtwidrigkeit entfallen lassen. Denn das Recht kann von dem Einzelnen nicht verlangen, was dieser selbst bei größter Normbefolgungsbereitschaft gar nicht erfüllen kann. Eine Norm, die Unmögliches verlangt, kann keine verhaltenssteuernde Wirkung entfalten und wäre somit ihrer Funktion beraubt. Funktionslose Verhaltensnormen sind aber niemals zu legitimieren. Ein solcher Eingriff in die allgemeine Handlungsfreiheit des Normunterworfenen wäre verfassungsrechtlich nicht zu rechtfertigen.[213] Die Krankenschwester, die dem Patienten für sie unvermeidbar ein tödliches Medikament verabreicht, verstößt daher ebenso wenig gegen die strafbewehrte Verhaltensnorm des § 212 I StGB bzw. des § 222 StGB, wie der Nichtschwimmer, der seiner ertrinkenden Tochter nicht durch einen beherzten Sprung ins Wasser zur Hilfe eilt.

Die Auslegung der (strafbewehrten) Verhaltensnormen als Erfolgsverursachungsverbote und Erfolgsverhinderungsgebote vermag zudem der strafrechtli-

---

211 Zum Ganzen: *Zippelius*, AcP 157, 390 (395, 397 f.); *ders.*, NJW 1954, S. 1837 (1837); *ders.*, NJW 1957, S. 1707 (1707); *ders.*, Rechtsphilosophie, S. 21 ff. Siehe ferner *Mir Puig*, FS-Jescheck, S. 337 (343).

212 *Freund*, Erfolgsdelikt und Unterlassen, S. 60 f.

213 Zur fehlenden Legitimation solcher Verhaltensnormen vgl. *Freund*, AT, § 2 Rn. 24; *ders.*, Erfolgsdelikt und Unterlassen, S. 56 f.; MüKo, Band 1, *Freund*, Vor §§ 13 ff. Rn. 120.

chen Aufgabe des präventiven Rechtsgüterschutzes nicht gerecht zu werden. Geht man von der Maßgeblichkeit einer ex post-Betrachtung für die Feststellung von Verhaltensnormverstößen aus, so führt dies zu einer Abqualifikation der rechtlich geschützten Güter.[214] Dies ist dadurch bedingt, dass dem Normadressaten die Eingehung des Strafbarkeitsrisikos anheim gestellt wird und es somit ausschließlich zu seiner alleinigen Angelegenheit erwächst. Ob der Normadressat letztlich das Risiko eingeht oder nicht und damit das geschützte Rechtsgut verletzt, würde allein von seiner eigenen Skrupellosigkeit abhängen. Die strafbewehrten Verhaltensnormen würden dann zwangsläufig folgende Aussage vermitteln: „Du darfst ruhig Handlungen vornehmen, die Rechtsgüter anderer gefährden, wenn du nur bereit bist, im Falle des Eintritts eines schädigenden Verlaufs die Konsequenzen in Form einer strafrechtlichen Sanktionierung zu tragen." Eine solche Aussage führt jedoch zu einer Konterkarierung des legitimierbaren Normzwecks strafbewehrter Verhaltensnormen. Grund der strafbewehrten Gebote und Verbote ist die positive Wirkung des Schutzes ansonsten bedrohter Rechtsgüter. Wenn dem Normadressaten das Strafbarkeitsrisiko überlassen würde, könnte der Zweck strafbewehrter Verhaltensnormen lediglich in der Vermeidung der eigenen Bestrafung erblickt werden. Dadurch würde sich aber die Verursachung des tatbestandlichen Erfolgs, die *Kindhäuser* und *Vogel* folgend ja gerade der Kern des normwidrigen Verhaltens ist, als bloße Obliegenheitsverletzung des Täters – mit anderen Worten als ein „Verschulden gegen sich selbst" – darstellen.[215] Ein bloßes „Verschulden gegen sich selbst" kann jedoch in einem Strafrecht, das sich dem präventiven Rechtsgüterschutz verschrieben hat, keinen legitimen Strafgrund darstellen.[216] Dass durch eine solche „laisse faire" Handhabung dem präventiven Rechtsgüterschutz nicht in dem erforderlichen Maße Rechnung getragen wird, ist offensichtlich.[217]

Letztlich kommt die Gegenauffassung trotz der Auslegung der strafbewehrten Verhaltensnormen als Erfolgsverursachungsverbote und Erfolgsverhinderungsgebote um das Erfordernis der missbilligten Gefahrschaffung nicht her-

---

214 *Freund,* AT, § 2 Rn. 28 ff.; *ders.,* Erfolgsdelikt und Unterlassen, S. 56 ff., 121 ff.

215 *Freund,* AT, § 2 Rn. 30; *ders.,* Erfolgsdelikt und Unterlassen, S. 121 ff.

216 *Freund,* AT, § 2 Rn. 33; *ders.,* Erfolgsdelikt und Unterlassen, S. 123. Ebenso *Münzberg,* Verhalten und Erfolg, S. 153 f. mit Fn. 307, der richtigerweise feststellt, dass der Täter sich subjektive Pflichten lediglich selbst setzen kann, eine rechtliche Vergabe solcher Pflichten jedoch ausscheidet, so dass eine rechtliche Beurteilung von subjektiven Pflichten nicht abhängen kann.

217 So auch *Freund,* der durch ein solches Strafrechtskonzept eine Gefahr für die normative Garantie materieller Güterschutzinteressen anderer erblickt; *Freund,* AT, § 2 Rn. 33; *ders.,* Erfolgsdelikt und Unterlassen, S. 123. Ebenso *Guhra,* Versuch, 23: *„Dem Rechtsgüterschutz kann das nicht dienlich sein."*

um.[218] Die kategorische Ablehnung des Erfordernisses innerhalb der Feststellung normwidrigen Verhaltens führt lediglich zu einer Verschiebung der Problematik in den Bereich der Zurechnung und erlangt so die Bedeutung eines nachträglichen Strafbarkeitskorrektivs. Eine solche Konzeption ist zwar durchaus möglich und führt in Bezug auf die strafrechtliche Würdigung konkreter Lebenssachverhalte auch meist zu rechtlich identischen und richtigen Endergebnissen. Jedoch ist die Behandlung der rechtlich missbilligten Gefahrschaffung im Rahmen der („objektiven") Zurechnung deplaziert.[219]

Die Lehre von der objektiven Zurechnung fungiert als normatives Korrektiv, um einer uferlosen Kausalhaftung vorzubeugen. Denn kausal für einen Erfolg kann letztlich jede Handlung sein. Hätten die Mutter und der Vater des Mörders M ihren Sohn damals nicht gezeugt, so hätte er später nicht das Opfer O töten können, so dass selbst in der Zeugung eine kausale Ursachensetzung für die Tötung gesehen werden kann. Dass eine solche Kausalhaftung einer normativen Beschränkung bedarf, liegt förmlich auf der Hand. Diese normative Beschränkung wird innerhalb der objektiven Zurechnung durch die nähere Bestimmung spezifischer Fehlverhaltensfolgen bewirkt. So wird z.B. untersucht, ob eine rechtlich missbilligte Gefahr durch eine Handlung bewirkt wurde oder im Zuge der Fahrlässigkeitsdelikte, ob der Schutzzweck einer übertretenen Norm betroffen ist. Die objektive Zurechnung setzt somit logisch ein tatbestandsspezifisches Fehlverhalten voraus. Genau in diesem Punkt liegt jedoch der systematische und auch logische Fehler. Bevor nicht geklärt ist, ob ein tatbestandsspezifisches Fehlverhalten gegeben ist, können nicht spezifische Folgen eines tatbestandsspezifischen Fehlverhaltens festgestellt werden.[220] So stellt der eingetretene Tod als solches nicht schon den tatbestandsmäßigen Erfolgseintritt eines Tötungsdelikts dar, auch wenn Erfolgsverursachungsverbote dies glauben machen wollen. Der klare Wortlaut des § 212 I StGB fordert hingegen mehr, nämlich einen „getöteten" – also durch ein tatbestandsspezifisches Tötungsverhalten als Fehlverhalten zu Tode gekommenen – Menschen.

Verdeutlichen lässt sich dies am bekannten „Erbonkel-Flugreise-Fall". Wenn der Neffe N seinem Erbonkel O ein Flugticket schenkt, in der Hoffnung, das Flugzeug möge abstürzen und der Erbonkel dabei zu Tode kommen, so dass der

---

218 *Freund,* AT, § 2 Rn. 29; *ders.,* Erfolgsdelikt und Unterlassen, S. 9 ff., 22 mit Fn. 4, 121 ff.; *Guhra,* Versuch, S. 21 f.; *Kuhlen,* GA 1990, S. 477 (480); *Renzikowski,* Restriktiver Täterbegriff, S. 258 f.

219 *Freund,* Erfolgsdelikt und Unterlassen, S. 10, 122; *ders.,* AT, § 2 Rn. 14 mit Fn. 15. Ausführlich zum Ganzen vgl. *Frisch,* Tatbestandsmäßiges Verhalten, S. 33 ff., 36 ff.

220 Vgl. *Freund,* AT, § 2 Rn. 74. Ebenso MüKo, Band 1, *Freund,* Vor §§ 13 ff. Rn. 327: *„Die verbreitete Feststellung eines eingetretenen tatbestandsmäßigen Erfolgs vor der Prüfung und Bejahung eines tatbestandsmäßigen Fehlverhaltens ist deshalb nicht nur straftatsystematisch, sondern auch logisch fehlerhaft."* Zur gesamten Unstimmigkeit der objektiven Zurechnungslehre und den Vorzügen einer personalen Unrechtslehre vgl. Rn. 322 ff.

Erbfall eintritt, so läge nach den Befürwortern der Erfolgsverursachungsverbote im Falle des zufälligen Absturzes des Flugzeugs und des Todeseintritts des Onkels ein Verstoß gegen das aus § 212 I StGB durch Auslegung zu ermittelnde strafbewehrte Tötungsverbot vor, da N durch die Veranlassung zur Flugreise den Tod des O kausal herbeiführt. N hätte sich folglich normwidrig verhalten. Diesem Strafrechtskonzept folgend scheidet eine Bestrafung des N gemäß § 212 I StGB erst aufgrund mangelnder Zurechenbarkeit des tatbestandlichen Erfolges aus. Denn schließlich führt das Verschenken einer Flugreise nicht zu einer rechtlich missbilligten Gefahrschaffung, da der Absturz des Flugzeugs zum allgemeinen Lebensrisiko zu zählen ist.[221]

Im Endergebnis kann der Ablehnung einer strafbaren Handlung des N durchaus zugestimmt werden. Allerdings geht es im vorliegenden Fall genau betrachtet um keine Zurechnungsproblematik, sondern vielmehr darum, ob das Verschenken des Flugtickets ein rechtlich missbilligtes Verhalten in Form eines Verstoßes gegen die strafbewehrte Verhaltensnorm des § 212 I StGB darstellt. Diese rechtliche Missbilligung ist, wie oben dargestellt, aufgrund des dadurch allein geschaffenen allgemeinen Lebensrisikos zu verneinen. Es fehlt bereits an der Legitimierbarkeit der primären Verhaltensnorm, gegen die verstoßen werden könnte. Warum nach Ansicht der Gegenmeinung durch den zufällig eingetretenen Erfolg, den Tod des O durch den Flugzeugabsturz, das Verschenken des Flugtickets als von der Verhaltensnormenordnung verboten anzusehen sei, wird hingegen nicht klar. Die fehlerhafte Einordnung der rechtlich missbilligten Gefahrschaffung wird besonders deutlich, wenn im Fall der geschenkten Flugreise das Flugzeug entgegen der Hoffnung des Neffen überhaupt nicht abstürzt und der Onkel wohlbehalten und unversehrt von der Reise zurückkehrt. Für diesen Fall könnte man lediglich eine Versuchsstrafbarkeit in Betracht ziehen. Mangels Erfolgseintritts lässt sich dann das Problem der rechtlich missbilligten Gefahrschaffung allerdings nicht im Zuge der objektiven Zurechnung lösen. Es gäbe nichts, was zugerechnet werden könnte. Somit setzt die Zurechnungslehre bereits straftatsystematisch zu spät an.[222]

Richtigerweise fehlt es in einem solchen Fall bereits an einem Verstoß gegen das strafbewehrte Tötungsverbot des § 212 I StGB.[223] Mit der Gegenmeinung im Falle des tatsächlichen Absturzes und Todeseintritts einen Verhaltensnorm-

---

221 Vgl. Fallbeispiel bei *Wessels/Beulke*, AT, Rn. 184. Ebenso kommt *Roxin*, FS-Honig, S. 133 (137) zu einem Ausschluss der Schaffung eines „relevanten" Risikos innerhalb der objektiven Zurechnung.

222 *Freund*, AT, § 2 Rn. 73; MüKo, Band 1, *Freund*, Vor §§ 13 ff. Rn. 324. Ebenso Frisch, Vorsatz und Risiko, S. 141 f. mit Fn. 82: *„Diese Auffassung übersieht, dass die Schaffung eines missbilligten Risikos nicht erst eine Voraussetzung der Zurechnung des eingetretenen Erfolgs oder der Haftung für diesen ist, ..."*

223 Übereinstimmend: *Freund*, AT, § 2 Rn. 13 f.; *Frisch*, Vorsatz und Risiko, S. 141 f. mit Fn. 82; *Guhra*, Versuch, S. 21 f.

verstoß im Sinne einer kausalen Erfolgsherbeiführung zu bejahen bedeutet, die bewusste Schaffung „tolerierter" Risiken als Unrecht anzusehen. Ein solches Ergebnis ist grob unbillig.[224] Solche prinzipiell tolerierten Betätigungen können nicht deshalb als normwidrig angesehen werden – will man sich nicht der Gefahr eines Abgleitens ins Gesinnungsstrafrecht aussetzen –, nur weil der zur Reise veranlassende Neffe das (erlaubte) Risiko der Flugreise kennt und sich den Eintritt des deliktischen Erfolgs vorstellt bzw. sehnlich herbeiwünscht.[225] Daher fehlt es auch in den bekannten „Gewitterfällen"[226] regelmäßig bereits an einem rechtlich missbilligtem Verhaltensnormverstoß und nicht erst, aufgrund der unkontrollierbaren Naturgewalt, an der objektiven Zurechnung des Erfolges.[227]

Aber auch aus einem anderen Grunde kommt die Zurechnungslehre zu spät. Sowohl der „rechtstreue" Normadressat als auch der vom Verhalten Betroffene haben ein Recht darauf, dass bereits im Zeitpunkt der Verhaltensvornahme erkennbar ist, ob ein Verhalten gegen eine deliktsspezifische Verhaltensnorm verstößt. Nur so lässt sich eine adäquate Verhaltensorientierung in Verbindung mit einem adäquaten Opferschutz gewährleisten.[228] Eine adäquate Lösung ist nur möglich, wenn man den Inhalt der strafbewehrten Verhaltensnormen auf Ver- und Gebote zur Vermeidung von Schädigungsmöglichkeiten beschränkt und die rechtliche missbilligte Nichtvermeidung von Schädigungsmöglichkeiten als Kernstück des Verhaltensnormverstoßes anerkennt.[229]

Damit wird auch gleichzeitig dem Einwand *Kindhäusers* eine Ablehnung zuteil, dass bei einer konsequenten Auslegung der (strafbewehrten) Verhaltensnormen als Erfolgsverursachungsverbote bzw. Erfolgsverhinderungsgebote eine ex ante-Bestimmung des Verhaltensnormverstoßes überflüssig sei.[230] Tatsächlich liegen die Dinge völlig anders. Ist das Erfordernis der rechtlich missbilligten Gefahrschaffung bereits notwendige Voraussetzung des normwidersprechenden Fehlverhaltens – mit anderen Worten Bestandteil des Verhaltensunrechts –, so

224 *Frisch,* Tatbestandsmäßiges Verhalten, S. 46.

225 *Frisch,* Vorsatz und Risiko, S. 141. Dazu, dass böse Hintergedanken aus rechtlicher Sicht zu keinem anderen Ergebnis führen können, siehe auch *Freund,* AT, § 2 Rn. 13.

226 A überredet seine Freundin (F) trotz eines aufziehenden Gewitters einen kleinen Spaziergang zu machen. Er geht dabei davon aus, dass sie vom Blitz erschlagen werden könnte und will das auch erreichen. Tatsächlich wird F vom Blitz getroffen und verstirbt.

227 Anderer Ansicht hingegen: *Wessels/Beulke,* AT, Rn. 183.

228 MüKo, Band 1, *Freund,* Vor §§ 13 ff. Rn. 325. Das dies zu einer Abqualifikation rechtlich geschützter Interessen führt, wird hierdurch erneut bestätigt.

229 Dazu, dass nur so die „Erbonkelfälle" adäquat gelöst werden können und dass die Schaffung eines rechtlich missbilligten Risikos bereits Zentralmoment der Tatbestandsmäßigkeit des Verhaltens ist vgl. *Frisch,* Vorsatz und Risiko, S. 142 mit Fn. 82.

230 *Kindhäuser,* Gefährdung als Straftat, S. 61.

ist eine Beachtung dieses Kriteriums innerhalb der objektiven Zurechnungslehre nicht nur deplaziert, sondern sogar überflüssig.[231]

Wenn *Vogel* vorbringt, dass das oben vorgestellte und befürwortete Konzept der Ver- und Gebote zur Vermeidung von Schädigungsmöglichkeiten den Bereich des Verbotenen um ein Vielfaches erweitere und den Täter über ein erträgliches Maß hinaus belaste, indem es verletzungsgeeignete, aber im konkreten Fall nicht verletzende Handlungen als verboten kategorisiere und so Verletzungsverbote in Gefährdungsverbote umdeute[232], so muss dem widersprochen werden. Was tatsächlich verboten (normwidrig) und was erlaubt ist, ist ja vorliegend gerade die entscheidende und zu klärende Frage. Und nach dem oben Gesagten bleibt eines festzuhalten: Verboten werden können nicht bestimmte Erfolge. Verhaltensvorgaben in Form von Ge- oder Verboten können sich immer nur auf ein bestimmtes vorzunehmendes oder zu unterlassendes Verhalten erstrecken. Alles andere ergibt keinen Sinn. Ob eine bestimmte Handlung im konkreten Fall nur verletzungsgeeignet oder aber verletzend ist, lässt sich im Zeitpunkt, in dem bestimmte Verhaltensweisen durch die Verhaltensvorgaben der primären Normenordnung beeinflusst werden sollen, nicht feststellen. Dass eine Handlung verletzender Natur ist, ist vielmehr immer erst nach Eintritt der Verletzung ersichtlich. Da es dann jedoch für einen präventiven Schutz des bereits verletzten Rechtsguts zu spät ist, müssen sich die (strafbewehrten) Verhaltensnormen auch aus Rechtsgüterschutzaspekten bereits auf verletzungsgeeignete Handlungen erstrecken. Eine über ein erträgliches Maß hinausgehende Belastung ist hierin nicht zu erkennen. Vielmehr wird der Normunterworfene genau in dem Maße belastet, wie es für den präventiven Rechtsgüterschutz erforderlich ist.

Diese Konzeption führt auch nicht, wie von *Vogel* und *Kindhäuser* behauptet, zu legitimationstheoretischen Problemen.[233] Dass sich strafrechtliche Verhaltensnormen in Form von Ver- und Geboten zur Vermeidung von Schädigungsmöglichkeiten und die mit ihnen verbundenen Eingriffe in die allgemeine Handlungsfreiheit der Normunterworfenen ohne größere Schwierigkeiten durch den Nutzen der Normeinhaltung (Rechtsgüterschutzaspekt) und der Sonderverantwortlichkeit des Täters legitimieren lassen, wurde oben ja bereits dargelegt[234] und soll hier nicht erneut ausgeführt werden.

---

231 Ausführlich hierzu *Frisch*, Tatbestandsmäßiges Verhalten, S. 33 ff. Dies gilt sowohl für die Fahrlässigkeitsdelikte (vgl. S. 33 ff.) als auch für die vorsätzlichen Erfolgsdelikte, unabhängig davon, ob man eine subjektive Auslegung tatbestandsmäßigen Verhaltens (vgl. S. 37 ff.) oder eine objektive Auslegung (vgl. S. 40 ff.) bevorzugt.

232 *Vogel*, Norm und Pflicht, S. 56. Ebenso *Kindhäuser*, Gefährdung als Straftat, S. 61 mit Fn. 29.

233 *Vogel*, Norm und Pflicht, S. 56. Ebenso *Kindhäuser*, Gefährdung als Straftat, S. 61.

234 Vgl. dazu III. 1. c. cc. (2).

Vielmehr lässt sich dem Normenkonzept der Erfolgsverursachungsverbote und Erfolgsverhinderungsgebote der Vorwurf machen, dass es in manchen Belangen zu weit, in anderen Belangen jedoch auch zu eng gefasst ist.[235] Wenn die Konzeption der Erfolgsverursachungsverbote in Bezug auf den (strafbewehrten) Verhaltensnormverstoß auch Verhaltensweisen als verboten (normwidrig) charakterisiert, die der Normunterworfene trotz Normbefolgungsbereitschaft nicht vermeiden konnte, ihm mit anderen Worten ein normkonformes Verhalten gar nicht möglich war, so greift sie in Bezug auf den Bereich des Verbotenen mit Sicherheit zu weit.[236] Andererseits greift das Konzept durchaus auch zu kurz: Für den Bereich des verbotenen (normwidrigen) Verhaltens ist es unerheblich, ob bestimmte Erfolge letztlich tatsächlich eintreten. Wenn aus der ex ante-Perspektive ein Verhalten schädigungsgeeignet erscheint, dann darf die Vornahme eines solchen Verhaltens nicht deshalb als erlaubt gelten, weil die Schädigung zufälligerweise nicht eingetreten ist. Wenn ein Jäger die Möglichkeit erkannt hat, dass hinter einem Busch ein Treiber stehen könnte, so muss ihm die Verhaltensnormenordnung das Schießen auch für den Fall untersagen, dass es sich in Wirklichkeit nur um einen Hirsch gehandelt hat.[237] Nur so lässt sich ein adäquater Rechtsgüterschutz gewährleisten. Das Verbotensein des Verhaltens davon abhängig zu machen, ob der Jäger durch seinen Schuss tatsächlich einen Menschen verletzt oder gar getötet hat, kann beim Normunterworfenen, wie oben bereits dargestellt, nur für Verwirrung sorgen. Dass ein Verletzungserfolg in Bezug auf die Möglichkeit der Sanktionierung eines solchen Fehlverhaltens möglicherweise zwingend erforderlich sein mag, berührt die Frage der erforderlichen rechtlichen Missbilligung eines solchen Verhaltens durch die Verhaltensnormenordnung nicht im geringsten.

Ferner will es den Befürwortern der Erfolgsverursachungsverbote nicht überzeugend gelingen, die Strafbarkeit des untauglichen Versuchs zu begründen. Dass auch der untaugliche Versuch vom StGB mit Strafe bedroht ist, ist heute allgemein anerkannt.[238] Strafbar ist somit auch der Versuch, der unter keinen Umständen zur Vollendung hätte führen können, z.B., weil es bereits an der Tauglichkeit des Tatobjekts fehlt. Entscheidend ist hierbei allein die Vorstellung

---

235 *Freund,* AT, § 2 Rn. 24 ff.; *ders.,* Erfolgsdelikt und Unterlassen, S. 56 ff., 122 f.; *Kuhlen,* GA 1990, S. 477 (480).

236 Dazu, dass solche Verhaltensnormen aufgrund ihrer Funktionslosigkeit nicht zu legitimieren sind vgl. bereits *Freund,* AT, § 2 Rn. 24; *ders.,* Erfolgsdelikt und Unterlassen, S. 56 f.; MüKo, Band 1, *Freund,* Vor §§ 13 ff. Rn. 120.

237 Vgl. hierzu mit weiteren veranschaulichenden Beispielen *Freund,* AT, § 2 Rn. 25 f.; *ders.,* Erfolgsdelikt und Unterlassen, S. 57 f., 121 ff.

238 Vgl. statt vieler *Freund,* AT, § 8 Rn. 7 mit weiteren Nachweisen. Ebenso *Schönke/Schröder, Eser,* § 22 Rn. 60 f; *Stratenwerth/Kuhlen,* Straftat, § 11 Rn. 56. Auch Kindhäuser, als Befürworter von Erfolgsverursachungsverboten, bejaht die Möglichkeit eines strafbaren untauglichen Versuchs; *Kindhäuser,* Gefährdung als Straftat, S. 135 f.

des Täters von der Tauglichkeit seiner Handlung.[239] Wer also einen leblosen menschlichen Körper für eine schlafende Person hält und mit einer Schusswaffe in Tötungsabsicht auf diese schießt, kann gemäß §§ 212 I, II 22, 23 I StGB auch für den Fall bestraft werden, dass es sich bei dem leblosen Körper nicht um eine schlafende Person, sondern um einen Leichnam handelt. Einschränkungen findet die Strafbarkeit des untauglichen Versuchs hierbei allenfalls in den Konstellationen des irrealen Versuchs, in denen der Täter auf die Existenz nicht existierender Kräfte baut. Eine Strafbarkeitsbegründung des untauglichen Versuchs ist aber doch nur dann wirklich überzeugend, wenn bereits Verhaltensweisen von der Rechtsordnung verboten sind, die eine bloße Möglichkeit des Schadenseintritts an einem von der Norm geschützten Rechtsguts in sich bergen.[240] Mehr als eine ex ante zu konstatierende Möglichkeit des Schadenseintritts besteht in einem solchen Fall gar nicht. Denn ex post betrachtet, unter Zugrundelegung der Information, dass es sich beim anvisierten Ziel um eine Leiche gehandelt hat, wird klar, dass die Herbeiführung des Tötungserfolgs durch das Verhalten zu keinen Zeitpunkt möglich war. Wollte man das Verhalten aufgrund der fehlenden Verursachung eines konkreten Taterfolgs als normgemäß betrachten[241], den Täter jedoch trotzdem aufgrund eines strafbaren untauglichen Versuchs zur Verantwortung ziehen, so wirft dies zumindest einige kritische Fragen auf. Vor allem ließe man als Tatentschluss etwas gelten, was gar nicht auf ein im Sinne des jeweiligen Tatbestandes verbotenes Verhalten gerichtet wäre. Die Begründung für den dem Täter zuteil werdenden Tadel würde nicht vollkommen klar.[242]

Ein adäquater präventiver Rechtsgüterschutz erfordert, dass bereits Verhaltensweisen als normwidrig kategorisiert werden, welche im Zeitpunkt der Vornahme des Verhaltens (ex ante) die Möglichkeit einer Schädigung mit sich bringen. Hieraus ergibt sich dann auch der Strafgrund des untauglichen Versuchs. Da aus der ex ante-Sicht im Zeitpunkt der Vornahme oder Nichtvornahme eines bestimmten Verhaltens die Möglichkeit eines Schadenseintritts besteht, wird vom Normunterworfenen verlangt, sich so zu verhalten, dass eine Schädigungsmöglichkeit vermieden wird. Der Versuch stellt sich aus dieser Perspektive als durchaus tauglich dar. Handelt der Normunterworfene dennoch entgegen dieser Maßgabe und hält sich nicht an den Aufruf zur Vermeidung der Schädigungsmöglichkeit, so handelt er entgegen den rechtlichen Verhaltenmaßgaben

239 *Lackner/Kühl*, § 22 Rn. 12.

240 So bereits *Frisch*, Vorsatz und Risiko, S. 125 f.

241 Dies wäre die Konsequenz, die von den Befürwortern der Erfolgsverursachungsverbote letztlich gezogen werden müsste. Denn ein Verhalten wird nur als normwidrig erachtet, wenn es einen bestimmten Erfolg verursacht hat, sprich im Falle des Tötungsverbots, wenn durch das Verhalten der Tod des Opfers verursacht wurde. Vgl. hierzu bereits die obige Meinungsdarstellung unter III. 1. d. aa. (1).

242 Übereinstimmend *Frisch*, Vorsatz und Risiko, S. 125 f.

und setzt so die konkrete Verhaltensnorm der Gefahr eines Normgeltungsschadens aus.[243]

Zwischenergebnis: Wir können somit festhalten, dass die (strafbewehrten) Verhaltensnormen entgegen zum Teil verbreiteter Ansicht keine Erfolgsverursachungsverbote bzw. Erfolgsverhinderungsgebote enthalten, sondern vielmehr Ver- und Gebote zur Vermeidung von Schädigungsmöglichkeiten darstellen. Für die Beurteilung, ob ein bestimmtes Verhalten gegen eine bestimmte deliktsspezifische Verhaltensnorm verstößt und somit als ideeller Angriff auf die Verhaltensnormenordnung zu werten ist, ist eine strikte Betrachtung aus der Perspektive ex ante ausschlaggebend. Nur wenn bereits im Zeitpunkt der Handlung erkennbar ist, ob ein bestimmtes Verhalten von der Verhaltensnormenordnung gedeckt ist oder gegen sie verstößt, ist es überhaupt möglich, das Verhalten der potentiellen Normadressaten durch die Aufstellung von Ver- und Geboten positiv zu beeinflussen. Nachträgliche Ereignisse, wie z.B. der Eintritt eines bestimmten tatbestandlichen Erfolgs (Fehlverhaltensfolge), sind hingegen für die Bestimmung der Normwidrigkeit eines bestimmten Verhaltens ohne Relevanz und spielen gegebenenfalls nur in Form weiterer Sanktionsvoraussetzungen eine Rolle.

bb. Die personenbezogene Betrachtungsperspektive von Verhaltensnormen

Nachdem nun geklärt ist, dass der maßgebliche Zeitpunkt für die Feststellung eines Verstoßes gegen die (strafbewehrten) Verhaltensnormen der Zeitpunkt der Vornahme des zu untersuchenden Verhaltens ist, stellt sich weiterhin die Frage, aus welcher personenbezogenen Perspektive das Urteil zu erfolgen hat. Dabei gilt es, eines zu beachten: Es kommt auf eine objektive Beurteilung der Geschehnisse an.[244] Rechtlich nicht maßgeblich sind von Rechts wegen zu vermeidende Fehleinschätzungen des konkreten Subjekts in tatsächlicher und rechtlicher Hinsicht.[245] Das bedeutet freilich nicht, dass irgendeine fiktive Standartperson zur Konstruktion des verhaltensnormrelevanten Gegenstands rechtlicher Beurteilung zu dienen hätte. Vielmehr sind insoweit durchaus subjektiv-individuelle Momente unverzichtbar, wenn das Verhalten des konkreten Subjekts tatsächlich beeinflusst werden soll.

(1) Ausschluss der Perspektive des Laplaceschen Weltgeists

Dass die maßgebliche Betrachtungsperspektive nicht die einer allwissenden Maßstabsperson sein kann, ist wohl offenkundig. Mit einem solchen Erfordernis würde die „Meßlatte" des normgerechten Verhaltens so hoch angesetzt, dass

243 Vgl. zum Strafgrund des untauglichen Versuchs auch *Guhra*, Versuch, S. 32, 37 ff.
244 *Freund*, Erfolgsdelikt und Unterlassen, S. 56; *Frisch*, Vorsatz und Risiko, S. 128.
245 *Freund*, GA 1987, S. 536 (541); *Frisch*, Vorsatz und Risiko, S. 357.

diese vom Normunterworfenen auch mit größter Anstrengung und höchster Normbefolgungsbereitschaft so gut wie nie erreicht werden könnte. Denn auch für die personenbezogene Betrachtungsperspektive gilt: Wenn die (strafbewehrten) Verhaltensnormen ihrer Funktion der Verhaltensbeeinflussung gerecht werden sollen, um Rechtsgüter unmittelbar und präventiv zu schützen, dann dürfen nicht Umstände für maßgeblich erklärt werden, die dem Normunterworfenen gar nicht bekannt sein können. Die bereits herausgearbeitete Erkenntnis hinsichtlich der zeitlichen Betrachtungsperspektive, gilt also auch in Bezug auf die personale Betrachtungsperspektive. Der Normunterworfene bedarf eines Verhaltensnormkonzepts, das es ihm ermöglicht, sein Verhalten an den in den Verhaltensnormen enthaltenen Verhaltensrichtlinien auszurichten, um schadensträchtige Verläufe zu vermeiden bzw. abzuwenden. Das Erfordernis der Allwissenheit kann hierzu jedoch nichts beitragen; es wäre ganz im Gegenteil sogar schädlich, da hierdurch nur Verwirrung unter den normbefolgungsbereiten Adressaten gestiftet würde. Da dem Menschen allwissende Fähigkeiten nicht mit „in die Wiege gelegt" wurden, dürfen auch die Verhaltensnormen bzgl. ihrer Verhaltensbeeinflussung nicht Kenntnisse einer allwissenden Person voraussetzen.[246]

(2) Verbleibende Betrachtungsperspektiven

Nachdem die Betrachtungsperspektive eines Allwissenden als Maßstab für die Beurteilung der Normwidrigkeit eines Verhaltens auszuschließen ist, verbleiben lediglich zwei weitere personelle Betrachtungsmöglichkeiten. Vorstellbar wäre einerseits, die Normwidrigkeit eines Verhaltens individuell, d. h. aus der Perspektive des potentiellen Normadressaten, zu bestimmen. Man könnte jedoch auch eine generalisierende Bestimmung der Normwidrigkeit unter Berücksichtigung einer künstlichen Maßstabsfigur in Form eines objektiven und verständigen Beobachters durchführen.

(a) Die generalisierende Betrachtungsperspektive (Perspektive eines objektiven Beobachters)

Ein Teil des Schrifttums möchte die Feststellung der Normwidrigkeit eines konkreten Verhaltens von der Beurteilung einer künstlichen Maßstabsperson eines verständigen Beobachters abhängig machen.[247] Ob das Verhalten gegen eine

---

246 Mit ablehnender Haltung in Bezug auf die Fähigkeiten eines Laplaceschen Weltgeistes vgl. *Freund,* AT, § 2 Rn. 23; *ders.,* Erfolgsdelikt und Unterlassen, S. 56; *ders.,* GA 1991, S. 387 (390); *Frisch,* Wolter/Freund (Hrsg.), Straftat, S. 135 (197 f.); *ders.,* Vorsatz und Risiko, S. 124, 352, 358, 425; *Kremer-Bax,* Fahrlässigkeitstat, S. 59; MüKo, Band 1, *Freund,* Vor §§ 13 ff. Rn. 162.

247 *Hirsch,* FS-Roxin, S. 711 (718) in Bezug auf die Versuchsstrafbarkeit. In Bezug auf die maßgebliche Betrachtungsperspektive von Erlaubnisnormen als auch der Verbots- und Ge-

deliktsspezifische Verhaltensnorm verstößt, sei aus der Perspektive eines vernünftigen Durchschnittsbürgers aus dem Verkehrskreis des Handelnden zu bestimmen. Eventuelles Sonderwissen des Handelnden, welches über das Wissen der künstlichen Maßstabsperson hinausreiche, sei allerdings ebenso zu berücksichtigen wie ein überdurchschnittliches Urteilsvermögen.[248]

Dies würde bedeuten: Entscheidend wäre somit grundsätzlich das Wissen und das Urteilsvermögen des vernünftigen Durchschnittsbürgers. War eine Schädigungsmöglichkeit für den vernünftigen Durchschnittsbürger erkennbar und hat der Täter trotzdem gehandelt, so wäre sein Verhalten als normwidrig zu kategorisieren. War sie hingegen nicht erkennbar und verfügte der Handelnde weder über Sonderkenntnisse noch über ein überdurchschnittliches Urteilsvermögen, so wäre das Verhalten nicht normwidrig. Ist der Handelnde aber mit überdurchschnittlichem Urteilsvermögen oder Sonderwissen ausgestattet, welches zu einer Erkennbarkeit der Schädigungsmöglichkeit führt, so wäre das Verhalten auch für den Fall normwidrig, in dem der vernünftige Durchschnittsbürger aus dem Verkehrskreis des Handelnden die Schädigungsmöglichkeit nicht erfassen konnte. Im Falle des Zurückbleibens des Normadressaten hinter der Stellung eines vernünftigen Durchschnittsbürgers seines Rechtskreises wäre dieser Konzeption folgend ebenfalls von der Normwidrigkeit des Verhaltens auszugehen. Dies würde ferner für die Fälle gelten, in denen der Normadressat zwar nicht hinter den Anforderungen an einen vernünftigen Durchschnittsbürger seines Verkehrskreises zurückbleibt, jedoch aufgrund seines überlegenen Sonderwissens oder anderer überdurchschnittlicher Fähigkeiten die Schädigungsmöglichkeit hätte erkennen und vermeiden können.

Für den Fall einer generalisierenden Feststellung normwidrigen Verhaltens im Sinne der Nichtvermeidung von Schädigungsmöglichkeiten ist damit, im Gegensatz zur individualisierenden Betrachtung, nicht unmittelbar die Person des konkret Handelnden maßgeblich. Vielmehr wird eine künstliche Maßstabsperson kreiert, an deren Verhaltenserwartungen das Verhalten des konkret handelnden Subjekts zu messen ist.

---

botsnormen ebenso *Rudolphi*, GS-Kaufmann, S. 371 (388 f.); *Schaffstein*, FS-Bruns, S. 89 (101 ff., 106). Scheinbar auch *Mir Puig*, FS-Jescheck, S. 337 (345); *ders.*, ZStW 108, S. 759 (766 ff.). Ebenso *Wessels/Beulke*, AT, Rn. 667 ff. in Bezug auf die Bestimmung eines Sorgfaltspflichtverstoßes. Einschränkend auch *Stein*, Beteiligungsformenlehre, S. 68, der seiner Untersuchung zumindest eine solche Konzeption zugrundelegt. Wohl auch *Wolters*, GA 1977, S. 257 (266 f., 274).

248 *Rudolphi*, GS-Kaufmann, S. 371 (388). Scheinbar auch *Mir Puig*, FS-Jescheck, S. 337 (345); *ders.*, ZStW 108, S. 759 (768 f.). Differenzierend hingegen *Wessels/Beulke*, AT, Rn. 670 in Bezug auf die Bestimmung eines Sorgfaltspflichtverstoßes, wonach nur Sonderwissen berücksichtigt werden soll. Der Verweis am Ende der Rn. auf andere Autoren, welche auch Sonderkönnen berücksichtigen wollen, deutet darauf hin, dass diese Ansicht von *Wessels/Beulke* selbst nicht geteilt wird.

(b) Die individualisierende Betrachtungsperspektive (Perspektive des potentiellen Normadressaten)

Entgegen dieser generalisierenden Konzeption wird hier in Übereinstimmung mit Teilen des Schrifttums aus guten Gründen ein individualisierender Maßstab bevorzugt. Die Normwidrigkeit eines bestimmten Verhaltens ist hierbei aus der individuellen Perspektive des potentiellen Normadressaten – aus der Perspektive des konkret handelnden oder unterlassenden Subjekts – zu bestimmen.[249] Ob die konkret handelnde Person sich durch Nichtvermeiden einer Schädigungsmöglichkeit – zur Vermeidung einer solchen wird durch die strafbewehrten Verhaltensnormen ja gerade aufgerufen – normwidrig verhalten hat, hängt im Gegensatz zur generalisierenden Ansicht nicht von den Fähigkeiten und Erwartungen einer künstlichen Maßstabsperson ab. Vielmehr richtet sich das Urteil der Normwidrigkeit nach den Fähigkeiten des konkret handelnden oder unterlassenden Subjekts und der konkreten Geschehenssituation. Das Urteil erfolgt sozusagen aus der „Betroffenenperspektive".

Hat die konkret handelnde Person die intolerable Gefährlichkeit[250] ihrer Handlung erkannt und wusste sie um die missbilligte Schädigungsmöglichkeit für das durch die konkrete (strafbewehrte) Verhaltensnorm unmittelbar geschützte Rechtsgut, und war sie trotz dieser Kenntnis und obwohl sie die Fähigkeit besaß, den schadensträchtigen Verlauf zu verhindern, nicht bereit, der (strafbewehrten) Verhaltensnorm Folge zu leisten, so hat sie sich vorsätzlich normwidrig verhalten.[251]

---

249 *Freund*, AT, § 2 Rn. 23, 34; *ders.*, Erfolgsdelikt und Unterlassen, S. 56 ff. (in Bezug auf die Legitimierung von Verhaltensnormen), 60 ff. (in Bezug auf die eingriffsfundierenden Daten), 121 ff.; *ders.*, GA 1991, S. 387 (392, 399); *ders.*, JuS 2000, S. 754 (755 ff.); *Guhra*, Versuch, S. 27 ff., 30 (für die Feststellung des tatbestandsmäßigen Verhaltens), 31 f., 48, 113, 130, 169 f.; *Kremer-Bax*, Fahrlässigkeitstat, S. 59 ff.; MüKo, Band 1, *Freund*, Vor. §§ 13 ff. Rn. 161 ff, 174. Wohl auch *Frisch*, Vorsatz und Risiko, S. 352 ff; 421 ff. sowie *Walter*, Pflichten des Geschäftsherrn, S. 103 ff. In Bezug auf eine individualisierende Betrachtung innerhalb der Fahrlässigkeitsdelikte vgl. auch: *Castaldo*, GA 1993, S. 495 (495 ff.); *Freund*, AT, § 5 Rn. 22 ff.; *Gropp*, AT, § 12 Rn. 82 ff.; *Jakobs*, AT, 9/6 ff.; *Kremer-Bax*, Fahrlässigkeitstat, S. 85 ff.; *Lesch*, Verbrechensbegriff, S. 251 ff.; *Mitsch*, GA 1995, S. 288 (288 f.) der die generalisierende Lehre zumindest erheblich kritisiert; MüKo, Band 1, *Duttge*, § 15 Rn. 94 ff., 99; *Otto*, Grundkurs I, § 10, Rn. 13 ff.; *Renzikowski*, Restriktiver Täterbegriff, S. 242 ff.; SK-StGB, Band I, *Hoyer*, Anh. zu § 16 Rn. 17 ff., 100; *Stratenwerth*, FS-Jescheck, S. 285 (294 ff.); *Stratenwerth/Kuhlen*, Straftat, § 15 Rn. 12 ff.; *Weigend*, FS-Gössel, S. 129 (138 ff., 143).

250 Zu beachten ist, dass es auch Risiken gibt, die rechtlich zu tolerieren sind, wie zum Beispiel das Risiko, das vom allgemeinen Straßenverkehr ausgeht.

251 *Guhra*, Versuch, S. 27 f.: *„Besitzt derjenige, dessen Verhalten zu bewerten ist, die Vorstellung, dass sein Verhalten eine Schädigungsmöglichkeit schafft oder dass eine Schädigungsmöglichkeit bereits besteht, die er mit seinem Verhalten nicht abwendet, ist dies die maßgebliche Einschätzung der Situation."*

Das Verhalten ist auch als normwidrig anzusehen, wenn das konkret handelnde oder unterlassende Subjekt zwar die zu missbilligende Schadensträchtigkeit seines Verhaltens nicht erkannt hat, diese jedoch bei verständiger Würdigung der Gesamtsituation unter Berücksichtigung seiner Fähigkeiten und seines Wissensstands hätte erkennen und vermeiden müssen.[252] Um nicht missverstanden zu werden: Bei dieser verständigen Würdigung handelt es sich nicht um eine Betrachtung aus der Perspektive irgendeiner künstlichen Maßstabsperson. Tatsächlich finden bei der verständigen Würdigung der Wissensstand und die Sinneswahrnehmung der konkret handelnden oder unterlassenden Person Berücksichtigung. Auf dieser Grundlage wird die Frage aufgeworfen, ob ihr die Verkennung der Gefährlichkeit ihres Verhaltens persönlich vorgeworfen werden kann, wenn sie bei einer verständigen Würdigung auf der Grundlage ihres Wissens und ihrer Fähigkeiten die Schadensträchtigkeit hätte erkennen können und müssen. Damit ist die Grundlage der entsprechenden Würdigung die Situation, in anbetracht deren gehandelt oder unterlassen wurde.[253]

Gleiches muss aber auch dann gelten, wenn nur die konkret handelnde Person von der Schadensträchtigkeit ihres Verhaltens ausgeht, auch wenn sich aus einer wie auch immer andersgearteten Sicht – sei es eine nachträgliche Betrachtung aus der ex post-Perspektive[254] oder auch eine ex ante-Betrachtung aus Sicht eines verständigen und objektiven Beobachters – ergibt, dass die Gefahr für das durch die (strafbewehrte) Verhaltensnorm unmittelbar geschützte Rechtsgut nicht bestand. Die konkret handelnde Person stellt sich eine Schädigungsmöglichkeit vor und muss dementsprechend ihr Verhalten so ausrichten, dass es zu keiner Schädigung kommt. Denn wie wir bereits gesehen haben, ist der Eintritt einer Schädigung grundsätzlich zufallsabhängig und kann nicht mit

---

252 Übereinstimmend *Guhra,* Versuch, S. 29 f. Vgl. ferner in Bezug auf die strafrechtlichen Erlaubnisnormen Freund, GA 1991, S. 387 (407): *„Eine die sonst eingreifende „An-sich-Mißbilligung" eines bestimmten Verhaltens aufhebende und in diesem beschränkten Sinne rechtfertigende Wirkung ist demnach bei Wahrnehmung der erforderlichen Verteidigung bereits dann anzunehmen, wenn dem Verteidiger keine Fahrlässigkeit zur Last fällt – genauer noch: wenn aus der Perspektive des Verteidigers gesehen bei objektiver Würdigung von einem gegenwärtigen rechtswidrigen Angriff ausgegangen werden durfte."* Dies bedeutet im Umkehrschluss für die die Handlungsfreiheit einschränkenden strafbewehrten Ver- und Gebote, dass ein Verstoß bereits dann vorliegt, wenn das konkret handelnde oder unterlassende Subjekt bei objektiver (verständiger) Würdigung von der Schädigungsmöglichkeit seines Verhaltens ausgehen musste. Dies ist zumindest für die Fahrlässigkeitsdelikte klar. Ob eine solche Konstellation hingegen auch für die Vorsatzbegründung ausreicht – so zum Beispiel im Fall der Bagatellisierung eines „Unglücksfalls" – steht auf einem anderen Blatt, ändert an der grundsätzlichen Normwidrigkeit des Verhaltens allerdings nicht das geringste.

253 Zutreffend hervorgehoben von *Guhra,* Versuch, S. 30.

254 Das eine solche Perspektive für die Beurteilung personellen Fehlverhaltens nicht maßgeblich sein kann, wurde bereits oben unter III. 1. d. aa. (3) festgestellt.

hundertprozentiger Bestimmtheit vorhergesagt werden.[255] Da die konkret handelnde Person im Zeitpunkt des Handelns aber nie wissen kann, ob die Schädigungsmöglichkeit nur in ihrer Vorstellung existiert oder ob sie der Realität entspricht, müssen ihr auch für diese Fälle adäquate Verhaltensrichtlinien an die Hand gegeben werden, um mögliche Rechtsgutsverletzungen in angemessenem Umfang ausschließen zu können.[256] Wenn beispielsweise ein Wanderer (W), welcher im Gebirge unterwegs ist und sich oberhalb einer Schlucht befindet, glaubt, dass er mit einem Steinwurf andere Wanderer, welche er am Fuße der Schlucht wähnt, verletzen könnte, dann darf er den Stein auch dann nicht werfen, wenn sich tatsächlich niemand dort befindet. Dass sein Steinwurf aus der Retrospektive oder auch aus der Perspektive eines anderen Wanderers, der sich ca. 100 m hinter W befindet und die ganze Schlucht einsehen kann, vollkommen ungefährlich ist, darf in diesem Fall für die Feststellung der Normwidrigkeit des Verhaltens des W nicht interessieren, denn diese Erkenntnis ist für das konkret handelnde Subjekt persönlich nicht zu erlangen. Folglich muss bereits ein solches Verhalten im Sinne eines adäquaten Rechtsgüterschutzes untersagt sein.[257] Wirft W den Stein dennoch den Hang hinab, so hat er auch für den Fall, dass sich keine andere Person in seiner Wurfrichtung befindet, gegen das strafbewehrte Körperverletzungsverbot verstoßen.[258]

Bei alledem gilt es jedoch zu berücksichtigen, dass die Anforderungen an den Normadressaten, sich normkonform zu verhalten, seinen eigenen Möglichkeiten, sprich seinen Fähigkeiten zur Normbefolgung gerecht werden müssen. Wie auch schon bei der obigen Diskussion über die richtige zeitliche Betrachtungsperspektive der (strafbewehrten) Verhaltensnormen[259] darf von dem Normadressaten nichts verlangt werden, was er zu leisten gar nicht im Stande ist. Dies gebie-

---

255 Dies gilt wie oben unter III. 1. d. aa. (3) dargelegt selbst für den Fall des aufgesetzten Schusses. Auch wenn die Wahrscheinlichkeit des Nichteintritts der Schädigung hier äußerst gering sein mag.

256 *Freund*, AT, § 2 Rn. 25; *ders.*, Erfolgsdelikt und Unterlassen, S. 57 f.; *Guhra*, Versuch, S. 27 f; *Kremer-Bax*, Fahrlässigkeitstat, S. 60 ff. Vgl. zudem MüKo, Band 4, *Freund*, § 323c Rn. 42 mit direktem Bezug zu § 323c StGB.

257 In diesem Sinne bereits *Freund*, AT, § 2 Rn. 26. sowie *ders.*, Erfolgsdelikt und Unterlassen, S. 57 f. mit weiteren Beispielen. Siehe auch *Kremer-Bax*, Fahrlässigkeitstat, S. 60 ff. ebenfalls mit mehreren Beispielen.

258 Das tatsächlich niemand durch den Steinwurf verletzt wurde oder auch nur hätte verletzt werden können, ist hingegen für die Feststellung des Verhaltensnormverstoßes irrelevant. Denn der Erfolgseintritt (die Körperverletzung) ist nicht Bestandteil der deliktsspezifischen Verhaltensnorm. Allerdings erlangt die fehlende Fehlverhaltensfolge dahingehend Bedeutung, dass eine Bestrafung nach § 223 I StGB aufgrund des Ausbleibens des Erfolgs als weitere Sanktionsvoraussetzung ausscheidet. Es verbleibt allerdings die Möglichkeit einer Bestrafung gem. §§ 223 I, 224 I, II, 22, 23 I StGB in Form eines untauglichen Versuchs.

259 Vgl. oben III. 1. d. aa.

tet bereits der Grundsatz „ultra posse nemo obligatur".[260] Denn durch die Verhaltensnormen wird auch immer in die allgemeine Handlungsfreiheit des Normadressaten eingegriffen. Ein solcher Eingriff ist, wie oben gesehen[261], jedoch nur gerechtfertigt, wenn der Gewinn für die Rechtsordnung (Rechtsgüterschutzaspekt) gegenüber dem Interesse des Normadressaten an der Ausübung seiner allgemeinen Handlungsfreiheit überwiegt und die Verhaltensnorm geeignet und erforderlich ist, das geschützte Rechtsgut vor Schaden zu bewahren. Wenn jedoch die (strafbewehrte) Verhaltensnorm vom konkret handelnden oder unterlassenden Subjekt etwas verlangt, zu dem dieses aufgrund seiner individuellen Fähigkeiten gar nicht imstande ist, so kann die Verhaltensnorm den von ihr intendierten Zweck der Motivation des Normadressaten zu normgemäßem Verhalten nicht erfüllen. Die Verhaltensnorm wäre ihres Sinns beraubt und daher nicht zu rechtfertigen.[262] Es bedarf wohl keiner näheren Erläuterung, dass von einem Nichtschwimmer nicht verlangt werden kann, einen Ertrinkenden durch einen beherzten Sprung ins Wasser zu retten oder von einem Stummen, telefonisch Hilfe herbeizuholen. Grundsätzliche Voraussetzung für einen Verhaltensnormverstoß ist somit immer die Existenz einer Verhaltensalternative für den konkret Handelnden oder Unterlassenden.[263]

Gleiches muss dann aber auch bei fehlender Steuerungs- oder Einsichtsfähigkeit gelten. Wenn der Geisteskranke nicht erkennen kann, dass sein Verhalten schadensträchtig ist, so kann ihm sein tatsächlich schadensträchtiges Verhalten auch nicht als normwidrig vorgeworfen werden, da eine positive Verhaltensbeeinflussung durch die (strafbewehrte) Verhaltensnorm sinnlos ist. Es kann der Norm nicht gelingen, eine Verhaltensorientierung des Geisteskranken zu bewirken.[264] Insofern besteht kein gravierender Unterschied zu demjenigen, dem sich aufgrund körperlicher Unfähigkeit (Nichtschwimmer) keine Verhaltensalternative bietet. In beiden Fällen kann die Verhaltensnorm ihre verhaltensorientierende Funktion nicht entfalten. Die individuelle Vorhersehbarkeit und Vermeidbarkeit eines schadensträchtigen Verlaufs ist folglich notwendige Bedingung für eine Verhaltensmissbilligung und damit Minimalbedingungen einer jeden Straftat.[265]

---

260 *Freund,* AT, § 2 Rn. 24; *ders.,* Erfolgsdelikt und Unterlassen, S. 56; *ders.,* GA 1991, S. 387 (393); *Guhra,* Versuch, S. 31; *Kremer-Bax,* Fahrlässigkeitstat, S. 60. Ebenso *Walter,* Pflichten des Geschäftsherrn, S. 103 f., 107: *„Wie die individuellen Möglichkeiten die Pflichten des einzelnen begrenzen, ..."*

261 Siehe III. 1. c. cc. (2).

262 Dazu, dass funktionslose Verhaltensnormen nicht zu rechtfertigen sind, vgl. *Freund,* AT, § 2 Rn. 24; *ders.,* Erfolgsdelikt und Unterlassen, S. 57.

263 *Freund,* GA 1991, S. 387 (393).

264 Vgl. *Freund,* GA 1991, S. 387 (393).

265 *Freund,* AT, § 5 Rn. 42 f. für den Bereich des fahrlässigen Fehlverhaltens. Wie sich gleich noch zeigen wird, gilt dies jedoch nicht nur für den Verhaltensnormverstoß im Rahmen der Fahrlässigkeitsdelikte, sondern für sämtliche Verhaltensnormverstöße. Denn ein bereits

Die Vorzugswürdigkeit der individualisierenden Betrachtung gegenüber der generalisierenden Konzeption ergibt sich zudem auch noch aus weiteren Gründen:

Für das Verständnis hilfreich ist zunächst ein Blick auf die Fahrlässigkeitsdelikte unter Heranziehung der individualisierenden Fahrlässigkeitslehre. Der oben dargelegte Disput über die maßgebliche personenbezogene Betrachtungsperspektive findet vor allem im Rahmen der Fahrlässigkeitsdelikte Parallelen.[266] Die maßgebliche Perspektive der Feststellung sorgfaltswidriger Verhaltensweisen ist höchst umstritten.[267] Auch hier stehen sich Befürworter eines individuellen und Anhänger eines generalisierenden Maßstabs gegenüber.[268]

Übereinstimmend mit dem obigen Konzept der individualisierenden Bestimmung normwidrigen Verhaltens wird innerhalb der individualisierenden Fahrlässigkeitslehre das Vorliegen tatbestandlichen Unrechts von der individuellen Vorhersehbarkeit und Vermeidbarkeit des schadensträchtigen Ereignisses abhängig gemacht. War es der konkret handelnden oder unterlassenden Person

---

im Sinne der Fahrlässigkeitsdelikte nicht zu beanstandendes Verhalten kann auch kein vorsätzliches Fehlverhalten sein. Vgl. hierzu *Freund*, GA 1991, S. 387 (404) sowie im Anschluss unten.

266 Dass ähnliche Parallelen auch zwischen der maßgeblichen Beurteilungsperspektive der Erlaubnisnormen und der Beurteilungsperspektive bzgl. fahrlässigen Fehlverhaltens bestehen, hebt ebenfalls *Schaffstein*, FS-Bruns, S. 89 (101) zutreffend hervor. Vgl. zur maßgeblichen Betrachtungsperspektive der Erlaubnisnormen die Ausführungen unter III. 1. d. cc.

267 Letztlich soll und kann es nicht Aufgabe dieser Arbeit sein, bzgl. der individualisierenden und der generalisierenden Fahrlässigkeitslehre umfassende Stellung zu beziehen und „das Rad sozusagen neu zu erfinden". Eine Behandlung der Problematik unter Bezugnahme der Parallelen und der Bedeutung dieser Problematik in Bezug auf die maßgebliche Betrachtungsperspektive aller Verhaltensnormen ist aus Verständnisgründen jedoch angebracht. Ausführlich zur Vertiefung der Problematik des personalen Verhaltensunrecht bei den Fahrlässigkeitsdelikten: *Kremer-Bax*, Fahrlässigkeitstat. Zur Gegenposition: *Kaminski*, Der objektive Maßstab im Tatbestand des Fahrlässigkeitsdelikts.

268 Für eine individualisierende Feststellung fahrlässigen Fehlverhaltens sprechen sich unter anderem aus: *Castaldo*, GA 1993, S. 495 (495 ff.); *Freund*, AT, § 5 Rn. 22 ff.; *Gropp*, AT, § 12 Rn. 82 ff.; *Jakobs*, AT, 9/6 ff.; *Kremer-Bax*, Fahrlässigkeitstat, S. 85 ff.; *Lesch*, Verbrechensbegriff, S. 251 ff.; *Mitsch*, GA 1995, S. 288 (288 f.), der die generalisierende Lehre zumindest erheblich kritisiert; MüKo, Band 1, *Duttge*, § 15 Rn. 94 ff., 99; *Otto*, Grundkurs I, § 10, Rn. 13 ff.; *Renzikowski*, Restriktiver Täterbegriff, S. 242 ff.; SK-StGB, Band I, *Hoyer*, Anh. zu § 16 Rn. 17 ff., 100; *Stratenwerth*, FS-Jescheck, S. 285 (294 ff.); *Stratenwerth/Kuhlen*, Straftat, § 15 Rn. 12 ff.; *Weigend*, FS-Gössel, 129 (138 ff., 143). Eine generalisierende Lösung innerhalb des Unrechtstatbestandes bevorzugen hingegen: *Hirsch*, FS-Köln, S. 399 (411); *ders.*, ZStW 94, S. 239 (272 ff.); *Lackner/Kühl*, § 15 Rn. 37, 49; LK-StGB, *Schroeder*, § 16 Rn. 146 ff.; *Roxin*, AT I, § 24 Rn. 50 ff.; *Schönke/Schröder*, *Cramer/Sternberg-Lieben*, § 15 Rn. 133 ff.; *Schroeder*, ZStW 91, S. 257 (263); *Schünemann*, FS-Schaffstein, S. 159 (160 ff.); *Schünemann*, JA 1975, S. 435 (512 ff., 516); *Wessels/Beulke*, AT, Rn. 667 ff. Ebenso wohl auch *Lenckner*, FS-Engisch, S. 490 (492 f.), der von einer „generellen Sorgfalt" spricht und *Wolter*, GA 1977, S. 257 (274).

aufgrund individueller Mängel nicht möglich, die Schädigungsmöglichkeit zu vermeiden, so ist bereits der Unrechtstatbestand des jeweiligen Fahrlässigkeitsdelikts nicht erfüllt.[269] Dies entspricht insofern dem obigen Konzept, als die individuelle Vorhersehbarkeit und Vermeidbarkeit Minimalbedingungen eines (strafbewehrten) Verhaltensnormverstoßes und somit einer jeden Straftat sind. Zur Verdeutlichung: Wenn der unter einer Sehschwäche leidende Autofahrer A einen Fußgänger mit seinem Pkw anfährt und diesen verletzt, den Unfall aufgrund der Sehschwäche jedoch nicht verhindern konnte, da er A erst viel zu spät entdeckt hat und der Bremsweg daher nicht ausreichte, so kann ihm kein Vorwurf der fahrlässigen Körperverletzung gem. § 229 StGB aufgrund des zu späten Bremsens gemacht werden. Der Unrechtstatbestand des § 229 StGB ist insoweit nicht erfüllt.[270]

Dem generalisierenden Konzept hingegen kommt es im Unrechtstatbestand der Fahrlässigkeitsdelikte nicht auf die individuelle Vorhersehbarkeit und Vermeidbarkeit schadensträchtiger Verläufe an. Vielmehr führe individuelles Unvermögen erst im Rahmen der Schuld zu einem Ausschluss strafrechtlicher Verantwortung.[271] Im Hinblick auf die konkrete Ausgestaltung des für den Unrechtstatbestand maßgeblichen generalisierenden Betrachtungsmaßstabs gibt es allerdings divergierende Ansichten. Während ein Teil der Anhänger des generalisierenden Fahrlässigkeitskonzepts sich für eine Beurteilung des Geschehens aus der Warte eines objektiven und verständigen Beobachters ohne Berücksichtigung jeglichen Sonderwissens und Sonderkönnens aussprechen („strikte Generalisierung")[272], wollen andere zumindest überdurchschnittliches Wissen der

---

269 *Castaldo*, GA 1993, S. 495 (495 ff.); *Freund*, AT, § 5 Rn. 22 ff.; *Gropp*, AT, § 12 Rn. 82 ff.; *Jakobs*, AT, 9/6 ff.; *Kremer-Bax*, Fahrlässigkeitstat, S. 85 ff.; *Lesch*, Verbrechensbegriff, S. 251 ff.; *Mitsch*, GA 1995, S. 288 (288 f.), der die generalisierende Lehre zumindest erheblich kritisiert; MüKo, Band 1, *Duttge*, § 15 Rn. 94 ff., 99; *Otto*, Grundkurs I, § 10, Rn. 13 ff.; *Renzikowski*, Restriktiver Täterbegriff, S. 242 ff.; SK-StGB, Band I, *Hoyer*, Anh. zu § 16 Rn. 100; *Stratenwerth*, FS-Jescheck, S. 285 (294 ff.); *Stratenwerth/Kuhlen*, Straftat, § 15 Rn. 12 ff.; *Weigend*, FS-Gössel, 129 (138 ff., 143).

270 Dies verhindert jedoch nicht, dass ihm ein Vorwurf wegen Führen eines Kfz trotz Sehschwäche gemacht werden kann, sofern er von dieser wusste oder diese zumindest erkennen konnte und musste. Es würde sich dann eine Bestrafung aus § 229 StGB in Form der Übernahmefahrlässigkeit ergeben.

271 Zumindest über die Berücksichtigung individuellem Unvermögens innerhalb der Schuld und nicht bereits innerhalb des Unrechtstatbestands herrscht bei den Vertretern der generalisierenden Fahrlässigkeitslehre Einigkeit: *Hirsch*, FS-Köln, S. 399 (411); *ders.*, ZStW 94, S. 239 (272 ff.); *Lackner/Kühl*, § 15 Rn. 37, 49; *Lenckner*, FS-Engisch, S. 490 (492 f.); LK-StGB, *Schroeder*, § 16 Rn. 146 ff.; *Roxin*, AT I, § 24 Rn. 51; *Schönke/Schröder*, *Cramer/Sternberg-Lieben*, § 15 Rn. 133; *Schroeder*, ZStW 91, S. 257 (263); *Schünemann*, FS-Schaffstein, S. 159 (160 ff.); *ders.*, JA 1975, S. 435 (512 ff., 516); *Wessels/Beulke*, AT, Rn. 667 ff, 692.

272 LK-StGB, *Schroeder*, § 16 Rn. 146 ff.; *Schroeder*, ZStW 91, S. 257 (263). Anzumerken bzgl. dieser Auffassung ist jedoch, dass die künstliche Maßstabsperson anhand des Verkehrs-

konkret handelnden oder unterlassenden Person im Unrechtstatbestand berücksichtigt wissen.[273] Wiederum andere versuchen eine Kompromisslösung, indem sie überdurchschnittliches Wissen und Fähigkeiten zur Bestimmung fahrlässigen Fehlverhaltens berücksichtigen – es wird sozusagen eine „Individualisierung nach oben“ durchgeführt. Unterdurchschnittliche Fähigkeiten und unterdurchschnittliches Wissen sollen hingegen keine Beachtung finden, da als Orientierungsmaßstab die Fähigkeiten und das Wissen der künstlichen Maßstabsperson maßgeblich seien. In diesen Fällen erfolgt sodann eine Generalisierung nach „unten“.[274]

Für den Beispielsfall des unter einer Sehschwäche leidenden Autofahrers hätte dies zur Folge, dass sein Unvermögen, den schadensträchtigen Verlauf durch rechtzeitiges Bremsen zu verhindern, nicht zu einem Ausschluss des Unrechtstatbestand des § 229 StGB führen würde, da er sich fahrlässig verhalten und somit normwidrig gehandelt hätte. Erst innerhalb der Schuld käme man zu einer Berücksichtigung des individuellen Unvermögens.

Diese Diskussion über den maßgeblichen Betrachtungsmaßstab betrifft jedoch nicht nur den eingeschränkten Bereich der Fahrlässigkeitsdelikte – auch wenn sich die Diskussionen im Schrifttum vorwiegend hierauf erstrecken und einer entsprechenden Eingrenzung des Tatbestandes der Vorsatzdelikte innerhalb des Schrifttums weitaus weniger Beachtung zukommt. Die Frage der individualisierenden Betrachtung stellt sich hingegen für den gesamten Bereich der Straftaten.[275] Denn nicht nur für den Bereich der Fahrlässigkeitsdelikte gilt, dass der Normunterworfene gegen eine deliktsspezifische Verhaltensnorm verstoßen haben muss. Das normwidrige Verhalten des konkret Handelnden ist vielmehr notwendige Bedingung für eine Sanktionierung und somit notwendige Bedingung einer jeden Straftat. Dies gilt unabhängig davon, ob es sich um ein Versuchsdelikt, ein fahrlässiges oder vorsätzliches Erfolgsdelikt oder um eine andere Deliktsform handelt. Denn schließlich wird unabhängig von der fahrlässigen, vorsätzlichen oder auch versuchten Begehungsform gegen eine identische Verhaltensnorm verstoßen.[276] Wenn eine Mutter ihr Kind an einem nahen Ab-

---

kreises des Täters bestimmt wird und somit die individuellen Fähigkeiten bei der Bestimmung des Verkehrskreises Berücksichtigung finden. Zur Kritik und Unstimmigkeit dieses Ansatzes gleich unten mehr.

273 *Hirsch*, ZStW 94, S. 239 (272 ff.); *Schünemann*, FS-Schaffstein, S. 159 (165 f.); *Wessels/Beulke*, AT, Rn. 670.

274 *Roxin*, AT I, § 24 Rn. 50; *Schönke/Schröder, Cramer/Sternberg-Lieben*, § 15 Rn. 133 ff.

275 Zutreffend hervorgehoben von: MüKo, Band 1, *Freund*, Vor 13 ff. Rn. 165.

276 Dazu, dass der Fahrlässigkeitstäter die gleiche Verhaltensnorm wie der Vorsatztäter verletzt, siehe *Renzikowski*, Restriktiver Täterbegriff, S. 259. Auch Freund stellt fest, dass die Vorsatz- und die Fahrlässigkeitstat dieselbe Grundstruktur aufweisen; *Freund*, Erfolgsdelikt und Unterlassen, S. 175: „*Die Nichtvermeidung der Gefahr, die von einem auf öffentlicher Straße freilaufenden, bereits mehrfach einschlägig in Erscheinung getretenen Hund ausgeht, ist unabhängig davon rechtlich missbilligt, ob der nichteinschreitende Halter auf einen guten*

grund spielen lässt, dann muss dieses Verhalten aufgrund der Gefahr für das Leben des Kindes rechtlich missbilligt sein, und zwar unabhängig davon, ob sie den Tod des Kindes billigend in Kauf nimmt oder hofft, dass dem Kind nichts passieren wird. Auch kann es für die Verhaltensmissbilligung nicht entscheidend sein, ob das Kind letztlich zu Tode kommt oder aber glücklicherweise nicht abstürzt. Im Gegenzug kann ein von Rechts wegen nicht zu beanstandendes Verhalten, welches nicht als fahrlässig angesehen werden kann, auch nicht als Grundlage einer Vorsatzbestrafung taugen. Denn böse Hintergedanken vermögen nicht aus einem rechtlich nicht zu beanstandenden Verhalten ein von Rechts wegen missbilligtes Verhalten zu machen.[277] Damit erstreckt sich die Frage der maßgeblichen Perspektive zur Bestimmung normwidrigen Verhaltens nicht nur auf den Fahrlässigkeitsbereich, sondern ganz allgemein auf den gesamten Bereich des strafbaren Handelns.

Kritisch muss die Bestimmbarkeit der von der generalisierenden Konzeption herangezogenen Maßstabsperson gesehen werden. Die Bildung einer künstlichen Maßstabsperson mag in Fällen, in denen das handelnde Subjekt keine speziellen Fähigkeiten aufweist, durchaus komplikationslos funktionieren. In speziellen Konstellationen kann ihre Bestimmung jedoch enorme Probleme bereiten.[278] Auch wenn man sich hierbei auf den Verkehrskreis des handelnden Subjekts beziehen möchte, ist die Wahl der richtigen Maßstabsfigur nicht ohne weiteres klar. Wenn beispielsweise ein ganz passabler Schwimmer, der an Wochenenden in einem Schwimmbad als Bademeister aushilft, bei der Rettung eines Ertrinkenden versagt, so stellt sich die Frage, wie die ausschlaggebende Maßstabsperson zu bestimmen ist. Einerseits könnte eine künstliche Aushilfskraft mit durchschnittlichen Schwimmfähigkeiten als Maßstabsperson dienen. Maßgeblich könnte jedoch auch ein durchschnittlicher ehrenamtlicher Rettungsschwimmer der DLRG sein. Oder kommt es eventuell auf einen hauptberuflichen Rettungsschwimmer an, der sein tägliches Leben der Rettung anderer verschrieben hat?[279] Oder wie soll im Falle eines Krankenpflegers, der bei mehreren Operationen bereits zugeschaut hat und daher ein gewisses Sonderwissen gegenüber völlig Operationsunerfahrenen erlangt hat, über die Normwidrigkeit seines Verhaltens geurteilt werden, wenn er sich mit einem an einer akuten

---

Ausgang vertraut oder ob er damit rechnet, dass der Hund jemanden beißen wird, ob er dies billigend in Kauf nimmt usw." Ebenso *Guhra*, Versuch, S. 28, 47. Zur Identität des Verhaltensnormverstoß beim Versuch und bei der Vollendung vgl. oben III. 1. c. cc. (4) (b).

277 *Freund*, GA 1991, S. 387 (404); *Frisch*, Vorsatz und Risiko, S. 141, 211.

278 *Freund*, AT, § 5 Rn. 25 ff.; *Guhra*, Versuch, S. 26 f; *Kremer-Bax*, Fahrlässigkeitstat, S. 95 ff., 98 f.; SK-StGB, Band I, *Hoyer*, Anh. zu § 16 Rn. 20.

279 Vgl. *Freund*, AT § 5 Rn. 25 ff. und *Guhra*, Versuch, S. 26 f. mit weiteren Beispielen. *„Wenn ein Hausmeister Ziegel auf einem Dach deckt, sollen dann die Anforderungen an einen Hausmeister, an einen Dachdeckerlehrling, an einen ausgebildeten Dachdecker oder an einen Dachdeckermeister maßgeblich sein?"*

Blinddarmentzündung leidenden Freund in einer menschenleeren Gegend befindet und diesen nur durch eine Notoperation retten kann, welche jedoch misslingt. Es stellt sich berechtigterweise dann die Frage, ob für die Bewertung des Verhaltens des Krankenpflegers die Maßstäbe eines Chirurgen oder eines Krankenpflegers in einer menschenleeren Gegend entscheidend sind. Welcher Verkehrskreis hier nun maßgeblich sein soll, ist nicht unproblematisch zu bestimmen.[280] Zudem ist es auch grob willkürlich, wenn man das vorhandene „Sonderwissen" bzgl. operativer Praktiken berücksichtigen will, jedoch die besonders zittrigen Hände des „Laien-Operateurs" für die Bewertung normgemäßen oder eben normwidrigen Verhaltens außer acht lässt. Denn beides ist für eine gerechte Bewertung der konkreten Handlung gleichermaßen von Relevanz.[281]

Ferner versagt die generalisierende Auffassung auch dort, wo sich noch keine Verkehrskreise gebildet haben.[282] Wenn z.B. ein Chirurg eine neue Operationsmethode erfindet, die nur er beherrscht, so stellt sich doch die berechtigte Frage, wie der maßgebliche Verkehrskreis zu bilden ist. Vertreter des generalisierenden Konzepts mögen dem sicherlich entgegnen wollen, dass der maßgebliche Verkehrskreis sich an dem konkreten Operateur zu orientieren habe, durch die Erfindung und die damit verbundene Sonderfähigkeit somit ein neuer Verkehrskreis entstanden sei.[283] Dies stellt letztlich jedoch nichts anderes als eine Individualisierung unter dem Versuch der krampfhaften Beibehaltung eines generalisierenden Konzepts dar.[284] Wer eine solche Lösung vertreten möchte, sollte konsequenterweise die generalisierende Konzeption vollkommen aufgeben. Die Bestimmung der entscheidenden Maßstabsperson im Zuge der generalisierenden Konzeption kann somit durchaus erhebliche Probleme bereiten. Eine solche Ungewissheit bei der Bestimmung des maßgeblichen Verkehrskreises oder auch des maßgeblichen künstlichen „Mustermanns" ist aber gerade in Bezug auf die grundsätzliche rechtliche Missbilligung eines konkreten Verhaltens als notwendige Voraussetzung der Strafbarkeit und hinsichtlich der verhaltensorientierenden Funktion (strafbewehrter) Verhaltensnormen höchst bedenklich.

Zudem vermögen die unterschiedlichen Kritikpunkte der Gegner des individualisierenden Konzepts ebenfalls nicht zu überzeugen. Die generalisierende Konzeption lehnt eine Berücksichtigung individuellen Unvermögens innerhalb der Bestimmung des normwidrigen Verhaltens vor allem mit der Begründung

---

280 *Freund*, AT, § 5 Rn. 25 f; *Kremer-Bax*, Fahrlässigkeitstat, S. 96 f.; beide mit einem entsprechenden Beispielsfall.

281 *Freund*, AT, § 5 Rn. 25; *Kremer-Bax*, Fahrlässigkeitstat, S. 97.

282 SK-StGB, Band I, 12. Lfg., *Samson*, Anh zu § 16 Rn. 13.

283 Vgl. in diese Richtung gehend z.B. *Schünemann*, FS-Schaffstein, S. 159 (166 f.).

284 Dass die Bildung immer spezieller werdender Verkehrskreise auf eine Individualisierung hinausläuft, erkennen auch: *Gropp*, AT, § 12 Rn. 84 Fn. 78; *Kremer-Bax*, Fahrlässigkeitstat, S. 98; MüKo, Band 1, *Duttge*, § 15 Rn. 98. Kritisch ebenfalls trotz Befürwortung einer grundsätzlich generalisierenden Konzeption *Roxin*, AT I, § 24 Rn. 56.

ab, dass durch die Berücksichtigung der erforderliche objektive Maßstab zur Bestimmung normwidrigen Verhaltens durch eine Subjektivierung ersetzt würde.[285] Dieser Vorwurf basiert jedoch letztendlich auf einem Missverständnis in Bezug auf die individualisierende Konzeption, denn die rechtlichen Sollensanforderungen sind gerade nicht der Willkür des konkret handelnden oder unterlassenden Subjekts überlassen. Vielmehr muss das Verhalten der Prüfung unterzogen werden, ob der Betreffende im Rahmen seiner individuellen Möglichkeiten bei einer verständigen Würdigung von einer Schädigungsmöglichkeit hätte ausgehen können und müssen. Subjektive Defizite des konkret handelnden oder unterlassenden Subjekts, welche auf sein bloßes Gutdünken zurückzuführen sind, führen daher nicht zu einem Ausschluss des normwidrigen Verhaltens, so dass die befürchtete Subjektivierung gerade nicht eintritt. Der Vorwurf der Subjektivierung könnte lediglich dann zutreffen, wenn die Nichterkennung einer Schädigungsmöglichkeit durch die konkret handelnde oder unterlassende Person ungeprüft übernommen würde. Dies ist allerdings nicht der Fall, da das Verhalten zumindest dann normwidrig ist, wenn die konkret handelnde oder unterlassende Person im Rahmen ihrer Möglichkeiten bei verständiger Würdigung von einer Schädigungsmöglichkeit ausgehen konnte und musste. Der Bewertungsmaßstab ist unverändert objektiver Natur. Er erfährt lediglich, im Hinblick auf die individuellen Befähigungen des konkret handelnden oder unterlassenden Subjekts, eine weitere Eingrenzung, indem die individuellen Eigenschaften und Fähigkeiten der konkret handelnden oder unterlassenden Person und die ihr zur Verfügung stehenden Verhaltensalternativen ihre berechtigte Berücksichtigung finden. Die Individualisierung des Bewertungsgegenstandes macht den Bewertungsmaßstab somit nicht zu einem subjektiven.[286] Dies wird mittlerweile auch von einzelnen Vertretern des generalisierenden Maßstabs eingestanden.[287]

Im gleichen Atemzug mit dem obigen Einwand ist der Vorwurf zu nennen, dass eine Individualisierung einer Auflösung generell und allgemein gültiger Verhaltennormen gleich käme, so dass die Verhaltensnormen durch die Individualisierung zu reinen Besinnungsnormen würden, da sie den Normadressaten

---

[285] So z.B. *Schünemann*, FS-Schaffstein, S. 159 (164 f.).

[286] *Freund*, AT, § 5 Rn. 34; *ders.*, FS-Meyer-Goßner, S. 409 (419 f.); *ders.*, GA 1991, S. 387 (392); *ders.*, JuS 2000, S. 754 (756); *Kremer-Bax*, Fahrlässigkeitstat, S. 63 f., 89 f.; *Lesch*, Verbrechensbegriff, S. 253 Fn. 139, 255; MüKo, Band 1, *Freund*, Vor §§ 13 ff. Rn. 164; MüKo, Band 1, *Duttge*, § 15 Rn. 95; *Renzikowski*, Restriktiver Täterbegriff, S. 242, 249 f.

[287] *Wessels/Beulke*, AT, Rn. 669, der von einer Objektivierung des individuellen Leistungsvermögens spricht. Wenn trotzdem andere Vertreter des generalisierenden Konzepts von der subjektiven Konzeption der Gegenauffassung und ihrem eigenen objektiven Konzept sprechen, so ist dies zumindest sprachlich ungenau. Nochmals: Es geht nicht um eine Subjektivierung der Bewertungsmaßstäbe. Beide Konzeptionen beruhen auf einem objektiven Maßstab. Der Unterschied besteht vielmehr in einer Individualisierung gegenüber einer Generalisierung.

schlicht auf die Resultate der eigenen Verstandeskräfte verweise.[288] Hierdurch sei ihre verhaltensorientierende Funktion gefährdet, da niemand mehr im Geschehenszeitpunkt wisse, welchen Umfang die für den anderen bestehenden Sorgfaltsanforderungen haben.[289] Normen bedürften jedoch einer plakativ-generellen Formulierung, um für alle Normunterworfenen einen identischen Verbotsbereich festzulegen, so dass jeder sein Verhalten an ihnen ausrichten könne.[290] Wenn der individualisierenden Konzeption vorgeworfen wird, dass sie den Normunterworfenen auf seine eigene Verstandeskraft verweise, so ist dem voll und ganz zuzustimmen. Allerdings kann hierin kein ernst zu nehmender Kritikpunkt an einer individualisierenden Konzeption gesehen werden. Wer leugnen will, dass die Normunterworfenen auf ihre menschlichen und individuell qualitativ differenzierenden, eigenen Verstandeskräfte angewiesen sind, um sich normgerecht zu verhalten, verkennt ganz einfach die Realität. Wie sonst sollte die mit einer Situation konfrontierte Person zu dem Schluss kommen, dass sich ihr Verhalten schadensträchtig auswirken könnte? Ein Verzicht auf die eigenen Verstandeskräfte wäre nur möglich, wenn man jedem Normunterworfenen eine Aufsichtsperson zuteilen würde, die ihn in jeglichen Situationen auf das rechtlich richtige Verhalten hinweisen würde.[291] Und genau dies entspricht dem Ansatz der generalisierenden Auffassung, wenn man von der Maßgeblichkeit eines verständigen objektiven „Mustermanns“ ausgeht. Hierbei wird nur eines verkannt: Der verständige und objektive „Mustermann“ existiert in der Realität leider nicht, sondern ist eine reine Fiktion. Nicht der fiktive „Mustermann“ wird mit den Geschehnissen des täglichen Lebens konfrontiert, sondern jeder für sich als einzelnes Individuum.[292] Daher ist es selbstverständlich erforderlich, die Verstandeskräfte des einzelnen anzuregen, um ihn schadensträchtige Verläufe erkennen zu lassen und so eine dem Rechtgüterschutz dienende Verhaltenssteuerung zu bewirken.

Die Generalisierung der Verhaltensbewertung führt letztlich zu nichts anderem als zur Bildung eines hypothetischen Falls, welcher anstelle der konkreten Geschehnisse betrachtet wird, um ein Urteil über die rechtliche Missbilligung

---

288 *Schünemann*, FS-Schaffstein, S. 159 (164 f.)

289 *Hirsch*, FS-Köln, S. 399 (410). Ebenso *ders.*, ZStW 94, 239 (270 f.): *„Die Verhaltensnormen müssen so beschaffen sein, dass die Rechtsgenossen sich gegenseitig daran orientieren können. Andernfalls könnte der – insbesondere im Straßenverkehr bedeutsam werdende – Vertrauensgrundsatz nicht mehr aufrechterhalten werden.*" Vgl. auch *Schünemann*, JA 1975, S. 435 (514 f.).

290 *Schünemann*, FS-Schaffstein, S. 159 (163).

291 Dass dies schlecht möglich ist und dazu, dass es gezwungenermaßen auf eine eigene Bewertungsleistung des konkret Handelnden oder Unterlassenenden ankommt, hebt bereits *Freund*, AT, § 5 Rn. 35 zutreffend hervor. Vgl. hierzu auch *Kremer-Bax*, Fahrlässigkeitstat, S. 124.

292 Im Ergebnis übereinstimmend *Gropp*, AT, § 12 Rn. 83: *„Es gibt keine Tat ohne Täter.*" Ebenso *Lesch*, Verbrechensbegriff, S. 251 und *Renzikowski*, Restriktiver Täterbegriff, S. 244.

eines bestimmten Verhaltens zu fällen. Aufgrund dieser Hypothese ist die generalisierende Auffassung gezwungen, den Normadressaten mit einer fiktiven, künstlichen Maßstabsperson auszutauschen.[293] Tatsächlich kommt es auf die Verhaltensbeurteilung dieses fiktiven Mustermanns jedoch gar nicht an. Denn nicht er hat sich auf eine bestimmte Art und Weise verhalten, sondern die konkret handelnde oder unterlassende Person. Wie sich ein fiktiver „Mustermann" – sollte man ihn überhaupt ohne Probleme bilden können – in der konkreten Situation verhalten hätte, mag zwar durchaus interessant sein, geht an der eigentlich entscheidenden Frage der Verhaltensbewertung eines *konkreten* Verhaltens einer *konkret* handelnden Person jedoch vorbei.

Und genau in den unterschiedlichen Befähigungen jedes normunterworfenen Individuums ist auch der Grund zu finden, warum die rechtlichen Sollensanforderungen der Verhaltensnormen nicht für jeden Normadressaten gleich sein können. Die Sollensanforderungen müssen vielmehr auf die individuellen Besonderheiten der konkret handelnden oder unterlassenden Person zugeschnitten sein. Dies bedeutet aber noch nicht, dass die Verhaltensnorm ihre generelle Gültigkeit verliert und auf die konkret handelnde Person beschränkt ist. Vielmehr gilt sie auch generell: nämlich für all solche Personen in solchen Situationen. Die Norm ist und bleibt damit verallgemeinerungsfähig.[294]

Die Anhänger des generalisierenden Konzepts verkennen zudem, dass das Gesetz selbst an einigen Stellen zu einer Individualisierung neigt, ohne hierbei befürchten zu müssen, dass die Verhaltensnormenordnung ihre Allgemeingültigkeit verliert. § 3 I StVO gebietet dem Fahrzeugführer nur so schnell zu fahren, dass er sein Fahrzeug ständig beherrscht. Insbesondere hat er hierbei seine Geschwindigkeit den Straßen-, Verkehrs-, Sicht- und Wetterverhältnissen sowie den Eigenschaften von Fahrzeug und Ladung und auch – und dies darf nicht übersehen werden – *seinen persönlichen Fähigkeiten* anzupassen. Es käme jedoch niemand auf die Idee zu behaupten, dass § 3 I StVO aufgrund der Berücksichtigung der persönlichen Fähigkeiten eines jeden Fahrzeugführers seine allgemeine Gültigkeit verloren hätte. Es können sich nach wie vor alle Normunterworfenen an der Norm orientieren und auch der Vertrauensgrundsatz ist nicht gefährdet.[295] Ferner sprechen andere Gesetzespassagen für eine konsequente Individualisierung innerhalb der Abschichtung des rechtlich missbilligten vom rechtlich richtigen Verhaltens. So bestimmt § 22 StGB, dass derjenige eine Tat versucht, der nach *seiner Vorstellung von der Tat* zur Verwirklichung des Tatbestandes unmittelbar ansetzt. Auch hier kommt es auf die alleinige Einschätzung

293 Dazu, dass es sich letztlich nur um hypothetische Fallkonstellationen unter Austausch des Normadressaten handelt, siehe *Freund*, AT, § 5 Rn. 22 f; *Kremer-Bax*, Fahrlässigkeitstat, S. 95. Auch *Otto* steht einem Austausch der konkret handelnden Person gegen einen fiktiven „Mustermann" kritisch gegenüber; *Otto*, Grundkurs I, § 10 Rn. 14.

294 So bereits *Freund*, AT, § 5 Rn. 38; *Kremer-Bax*, Fahrlässigkeitstat, S. 123.

295 *Kremer-Bax*, Fahrlässigkeitstat, S. 125 f.; *Stratenwerth*, FS-Jescheck, S. 285 (295 f.).

der konkret handelnden Person an und nicht etwa darauf, ob ein fiktiver „Mustermann“ ebenfalls davon überzeugt war, dass sein Verhalten ein unmittelbares Ansetzen zum Tatbestand darstellt.[296] Ebenso ist eine Festnahme gemäß § 127 II StPO grundsätzlich zulässig, wenn die Voraussetzungen eines Haftbefehls vorliegen, d.h., wenn der Beschuldigte beispielsweise einer Tat dringend verdächtig ist, Fluchtgefahr oder Verdunkelungsgefahr (§ 112 StPO) besteht. Dabei kommt es wiederum auf die Bewertung der Situation durch die konkret handelnde Person an. Diese hat auf der Grundlage ihrer Fähigkeiten und ihres Kenntnisstands die Situation entsprechend zu würdigen. Gleiches gilt selbstverständlich für den gemäß § 112 StPO eine Untersuchungshaft anordnenden Untersuchungsrichter.[297] Auch hier kennt das Gesetz also eine Individualisierung. Auch im Polizeirecht wird die Eingriffsbefugnis im Falle einer Gefahr für die öffentliche Sicherheit nicht von Umständen abhängig gemacht, die für den konkret handelnden Polizeibeamten gar nicht bekannt sein können. Dies gilt nicht nur in Bezug auf erst ex post-feststellbare Daten, wie z.B. zukünftige Ereignisse, sondern auch für „hic et nunc“ gegebene Tatsachen, die aus seiner eingeschränkten Position nicht erkennbar sind. Auch hier wird eine Gefahr angenommen, wenn der konkret handelnde Polizeibeamte bei verständiger Würdigung der sich ihm darbietenden Situation von einer solchen ausgehen musste bzw. durfte. Lediglich für den Fall, dass er die Situation nicht verständig gewürdigt hat, so dass ihm ein Sorgfaltsverstoß zum Vorwurf zu machen ist, wird die Gefahr abgelehnt.[298]

Als letztes Beispiel sei noch die Rechtsfigur der mutmaßlichen Einwilligung genannt. Wenn ein bewusstloser Patient einer Notoperation unterzogen werden muss, jedoch weder er – aufgrund der Bewusstlosigkeit – noch einer seiner Angehörigen eine ausdrückliche Einwilligung erteilen konnte, so ist es Aufgabe des Operateurs, die Situation einer entsprechenden Würdigung zu unterziehen und aufgrund des Resultats der Anstrengung seiner Verstandeskräfte die rechtlich richtige Handlung vorzunehmen. Für diese Sicht der Dinge spricht bereits die sprachliche Bedeutung der „Mutmaßung“.[299] Die Bedenken, dass ein individueller Maßstab der Bewertung rechtlich missbilligten Verhaltens die Allgemeingültigkeit der Verhaltensnormen auflösen und ihrer Motivationskraft schaden könnte, sind daher unbegründet.

---

296 *Kremer-Bax*, Fahrlässigkeitstat, S. 62 f. führt § 22 StGB als Argument für eine Individualisierung an.

297 *Freund*, AT, § 2 Rn. 25 f.; *ders.*, Erfolgsdelikt und Unterlassen, S. 57; *Kremer-Bax*, Fahrlässigkeitstat, S. 62.

298 *Freund*, GA 1991, S. 387 (401 f.).

299 Ebenso *Kremer-Bax*, Fahrlässigkeitstat, S. 62.

Der richtige Maßstab der Individualisierung ergibt sich gerade aus der verhaltenssteuernden Funktion der (strafbewehrten) Verhaltensnormen.[300] Da es, wie gerade festgestellt, immer um die Beurteilung eines *konkreten* Verhaltens einer *konkreten* Person geht und der Zweck der *konkreten* Verhaltensnorm immer die Verhaltensbeeinflussung dieser *konkreten* Person ist, muss sich die Bewertung, dies liegt bereits in der Natur der Sache, an den Fähigkeiten und dem Kenntnisstand dieses *konkreten* Individuums orientieren.[301] Denn nur, wenn auch die speziellen Fähigkeiten – und hierzu zählen auch die speziellen Steuerungs- und Einsichtsfähigkeiten – bei der Bewertung normgemäßen Verhaltens Berücksichtigung finden, lässt sich eine Verhaltenssteuerung überhaupt bewirken. Ansatzpunkt der strafrechtlichen Verhaltensmissbilligung ist damit letztlich die individuelle Bewertungsleistung der konkret handelnden oder unterlassenden Person.[302] Hat die konkret handelnde oder unterlassende Person die Schadensträchtigkeit ihres Verhaltens erkannt oder hätte sie diese im Rahmen ihrer Möglichkeiten bei verständiger Würdigung auf der Grundlage ihrer Kenntnisse und Fähigkeiten erkennen können, und hat sie sich trotz Kenntnis bzw. Erkennbarkeit gegen die Befolgung der Norm entschieden, obwohl ihr die Vermeidung des schadensträchtigen Verlaufs möglich war, so ist ihr Verhalten grundsätzlich rechtlich zu missbilligen. Diese Entscheidung gegen die Verhaltensanweisungen der entsprechenden (strafbewehrten) Verhaltensnorm, trotz möglicher positiver Verhaltensbeeinflussung durch die Norm, ist letztlich der Vorwurf, der dem Normadressaten im Zuge des rechtlich missbilligten Verhaltens gemacht werden kann.

Wer den Normadressaten zu einem Verhalten motivieren will, zu dem er aufgrund mangelnder Fähigkeiten gar nicht in der Lage ist, wird keine positive Verhaltensteuerung erreichen können. Verhaltensnormen können nur eine positive Wirkung in Bezug auf die Verhaltenssteuerung der Normunterworfenen erzielen, wenn sie für diese auch einen Sinn ergeben. Überschreiten sie hingegen das individuelle Leistungsvermögen, so ergibt die Verhaltensanweisung für den konkret Handelnden oder Unterlassenden keinen Sinn, da er sein Verhalten auch bei größter Normbefolgungsbereitschaft nicht an den Verhaltensrichtlinien der Norm orientieren kann – so sehr er sich auch bemüht, er wird der Norm nie ge-

---

300 *Freund,* AT, § 2 Rn. 23; *ders.,* Erfolgsdelikt und Unterlassen, S. 56 ff.; *ders.,* GA 1991, S. 387 (399, 404 Fn. 48); *Guhra,* Versuch, S. 27, 31 f.; Kremer-Bax, Fahrlässigkeitstat, S. 59 ff. Speziell zum Bewertungsmaßstab fahrlässigen Fehlverhaltens: *Castaldo,* GA 1993, S. 495 (496, 502 f.).

301 Zutreffend hervorgehoben von: *Freund,* AT, § 2 Rn. 23; *ders.,* Erfolgsdelikt und Unterlassen, S. 56; *ders.,* GA 1991, S. 387 (391 f., 399, 404 Fn. 48); *Kremer-Bax,* Fahrlässigkeitstat, S. 59.

302 *Guhra,* Versuch, S. 32.

recht werden können. Eine solche Norm wäre nichts anderes als ein Befehl zum blinden Gehorsam ohne Angabe eines Befehlsinhalts.[303]

Vom Normadressaten etwas zu verlangen, wozu dieser auch bei größter Bereitschaft zu normgerechten Verhalten nicht in der Lage ist, ist nicht nur in Bezug auf die verhaltensorientierende Funktion der Verhaltensnormen ein unsinniges Unterfangen. Vielmehr wird eine solche Norm auch dem Grundsatz „ultra posse nemo obligatur“ nicht gerecht.[304] Eine so geartete (strafbewehrte) Verhaltensnorm wäre überhaupt nicht zu rechtfertigen. Denn sie könnte ihrer verhaltensorientierenden Funktion gar nicht gerecht werden. Wenn die (strafbewehrte) Verhaltensnorm aber nicht geeignet ist, durch eine positive Verhaltensbeeinflussung des Normadressaten bedrohte Rechtsgüter vor Schaden zu bewahren, dann ist der mit der Verhaltensnorm immer verbundene Eingriff in die durch Art. 2 I GG verfassungsrechtlich garantierte Handlungsfreiheit des Normadressaten nicht zu rechtfertigen.

Eine reine Orientierung an einer, mit durchschnittlichen Fähigkeiten ausgestatteten, fiktiven Musterperson unter Außerachtlassung der individuellen Fähigkeiten und Kenntnisse der konkret handelnden Person, ist zudem aus einem weiteren gewichtigen Grund abzulehnen. Durch eine strikte Generalisierung des rechtlichen Bewertungsmaßstabes würden überdurchschnittlich befähigte Normadressaten ungerechtfertigt privilegiert, indem sie nämlich nur die Fähigkeiten und Kenntnisse zur Vermeidung schadensträchtiger Verläufe einsetzen müssten, die den Fähigkeiten und Kenntnissen des durchschnittlichen „Mustermanns“

303 *Castaldo*, GA 1993, S. 495 (496). Zur Sinnlosigkeit solcher Normen vgl. ebenso *Freund*, AT, § 2 Rn 24; *Guhra*, Versuch, S. 31 f.

304 *Freund*, GA 1991, S. 387 (393); *Kremer-Bax*, Fahrlässigkeitstat, S. 60, 91, 119 f. In diesem Sinne ist auch *Renzikowski*, Restriktiver Täterbegriff, S. 248 f. zu verstehen, wenn er klarstellt, dass der Grundsatz „ultra posse nemo obligatur“ nicht nur für Gebote, sondern auch für Verbote gilt; kritisch allerdings *Schünemann*, JA 1975, S. 435 (516); *ders.*, FS-Schaffstein, S. 159 (162 f.). Dass es jedoch für die Unterlassungsfähigkeit bestimmter Verhaltensweisen nicht nur auf die physisch-reale Möglichkeit der Steuerung der eigenen Körperbewegung ankommt, sondern auch auf das Wissen darum, was man tut, wenn man unterlässt, betont mit Recht bereits *Renzikowski*, Restriktiver Täterbegriff, S. 248: „ *Wenn der Handelnde unfähig ist, die Gefährlichkeit seines Handelns zu erkennen, hat er keinen Anlass, aufgrund der mit ihm verbundenen Folgen eine Verhaltensalternative zu wählen, unabhängig davon, ob die betreffende Fallgestaltung im Sozialleben standardisiert und durch Leitbilder erfassbar dargestellt werden kann oder nicht.* " Ebenso *Castaldo*, GA 1993, S. 495 (502 f.). Letztlich vermag auch der von *Schünemann* hiergegen vorgebrachte Einwand, dass durch eine Individualisierung des Bewertungsmaßstabes und der damit verbundenen Berücksichtigung individuellem Unvermögens eine klare Trennung von Unrecht und Schuld nicht mehr möglich sei, nicht zu überzeugen. Vgl. hierzu die zustimmungswürdigen Ausführungen von *Renzikowski*, Restriktiver Täterbegriff, S. 251 f. Kritisch zu diesem Einwand auch *Weigend*, FS-Gössel, S. 129 (142 mit Fn. 70).

entsprechen.[305] Dass ein solches Ergebnis nicht tragbar ist, zeigt folgender Beispielfall: Wenn ein Rettungsschwimmer mit seiner Familie am Wochenende zum Schwimmen fährt und sein Kind zu ertrinken droht, so wäre er nach einer strikten Generalisierung nur zu den Rettungsbemühungen verpflichtet, zu denen ein durchschnittlicher Familienvater imstande wäre. Man käme zu dem abstrusen Ergebnis, dass er nur so schnell schwimmen müsste, wie es einem durchschnittlicher Familienvater eben möglich wäre. Sollte sein Kind ertrinken, so wäre ihm trotz seiner lediglich durchschnittlichen Rettungsbemühungen und obwohl er bei Einsatz seiner vollen Leistungsfähigkeit in der Lage gewesen wäre, das Leben seiner Tochter zu retten, kein rechtlich missbilligtes Fehlverhalten vorzuwerfen. Ähnlich verhielte es sich mit einem Rennfahrer (R), dem bei Einhaltung der zulässigen Höchstgeschwindigkeit plötzlich ein Kind vor das Fahrzeug läuft. Nachdem er dass Kind überfahren hat, stellt sich heraus, dass ein durchschnittlicher fiktiver „Mustermann" dem Kind nicht mehr hätte ausweichen können. R hingegen, der durch seinen Beruf gesondert geschult ist, hätte bei höchstmöglicher Anstrengung dem Kind noch ausweichen können, ohne andere Personen oder auch sich selbst überdurchschnittlich zu gefährden. Wäre es hier gerecht, dem Rennfahrer nur das Verhalten zur Pflicht aufzuerlegen, das ein Durchschnittsfahrer zu Verhinderung des Unfalls erbringen könnte? Dies kann nicht „der Weisheit letzter Schluss" sein. Und diese Erkenntnis gilt auch unabhängig davon, ob der Fahrer hoffte, das Kind nicht zu verletzen oder ob er seinen Tod sogar billigend in Kauf nahm. Nochmals: Die Frage der Individualisierung stellt sich nicht nur im Rahmen der Fahrlässigkeitsdelikte, sondern generell bei der Abschichtung normwidrigen Verhaltens vom normgemäßen Verhalten.

Dass eine Privilegierung des überdurchschnittlich Begabten ungerecht und auch aus Sicht des Rechtsgüterschutzes nicht wünschenswert sein kann, haben auch einzelne Anhänger der generalisierenden Konzeption erkannt.[306] Aus diesem Grunde wird versucht, die individuellen Sonderfähigkeiten überdurchschnittlich Begabter in die Bewertung des rechtlich richtigen Verhaltens mit einzubeziehen.[307] Mit einem solchen Konzept gelingt es zwar, dem Vorwurf der

---

305 *Castaldo,* GA 1993, S. 495 (503); *Stratenwerth,* FS-Jescheck, S. 285 (301). Ebenso *Freund,* AT, § 5 Rn. 29 ff., welcher von einem „verfehlten Freibrief" spricht. Und auch *Kremer-Bax,* Fahrlässigkeitstat, S. 105 f. sieht in der Nichtberücksichtigung von Sonderfähigkeiten eine *„verfehlte und voreilige Ausfilterung solcher Konstellationen aus dem strafrechtlich relevanten Bereich."*

306 *Schönke/Schröder, Cramer/Sternberg-Lieben,* § 15 Rn. 141.

307 So sollen vorhandenes Sonderwissen und vorhandene Sonderfertigkeiten durch eine Individualisierung nach „oben" im Falle überdurchschnittlicher Begabung in den Bewertungsmaßstab des rechtlich richtigen Verhaltens mit eingebunden werden. Diese Individualisierung gelte jedoch nur in Bezug auf überdurchschnittliche Begabungen. Bleibt der konkret Handelnde hinter den Fähigkeiten des fiktiven, durchschnittlichen „Mustermanns" zurück, so bleibe es beim generalisierenden Maßstab; vgl. *Schönke/Schröder, Cramer/Sternberg-Lieben,* § 15 Rn. 138 f. Ebenso vertritt *Roxin,* AT I § 24 Rn. 50 ff. eine solche Konzeption.

Privilegierung überdurchschnittlich Befähigter wirkungsvoll entgegenzutreten; dies gelingt jedoch nur auf Kosten eines Systembruchs innerhalb der eigenen Konzeption.[308] Denn es sollte ja gerade eben nicht auf die individuellen Fähigkeiten der konkret handelnden Person ankommen, sondern vielmehr auf die Frage, wie sich ein verständiger und mit durchschnittlichen Fähigkeiten ausgestatteten „Mustermann" verhalten hätte. Wer damit argumentiert, dass für die Bestimmung der Normwidrigkeit konkreter Verhaltensweisen die Maßstäbe eines vernünftigen Durchschnittsbürgers aus dem Verkehrskreis des konkret Handelnden gelten müssen, kann sich nicht widerspruchsfrei im Falle unbilliger Ergebnisse plötzlich doch auf individuelle Merkmale des konkret handelnden Subjekts berufen. So begrüßenswert die Berücksichtigung überdurchschnittlicher Fähigkeiten innerhalb des Bewertungsmaßstabs rechtlich richtigen Verhaltens sein mag, so inkonsequent ist sie bei zeitgleicher Nichtberücksichtigung individuellem Unvermögens. Warum überdurchschnittliche Fähigkeiten und Kenntnisse verpflichtend, unterdurchschnittliche Fähigkeiten und Kenntnisse jedoch nicht befreiend wirken sollen, vermögen die Vertreter der unterschiedlichen generalisierenden Konzeptionen nicht darzulegen. Dies verwundert nicht, denn eine schlüssige Begründung dafür gibt es einfach nicht. Vielmehr stützt sich diese fehlerhafte Konzeption auf unbegründete Befürchtungen der Subjektivierung rechtlicher Verhaltenspflichten oder der Auflösung der allgemeingültigen Verhaltensnormen. Dass das generalisierende Konzept zum Teil zu unannehmbaren Ergebnissen gelangen muss, führt letztlich leider nicht zu der Einsicht, diese Konzeption zugunsten der Individualisierung aufzugeben, sondern vielmehr dazu, dass unerwünschte Ergebnisse durch kleinere Zugeständnisse an die individualisierende Konzeption vermieden werden.[309] Dafür werden dann auch Brüche innerhalb der eigenen Konzeption in Kauf genommen, nur um nicht vom „Altbewährten" abweichen zu müssen. Letztlich retten aber auch solche „Verbiegungen" die generalisierende Auffassung nicht vor dem Vorwurf, dass die Nichtberücksichtigung unterdurchschnittlicher Fähigkeiten einen Verstoß gegen den Grundsatz „ultra posse nemo obligatur" darstellt.

Um das „rettende Ufer doch noch erreichen zu können" und die eigene Konzeption trotz der obigen Kritik nicht aufgeben zu müssen, wirft man der individualisierenden Konzeption vor, sie schränke den Bereich der Notwehr unzulässig ein, wenn sie auf eine Individualisierung der Abschichtung des normgemä-

---

308 *Freund*, AT, § 5 Rn. 30; *Guhra*, Versuch, S. 27; *Kremer-Bax*, Fahrlässigkeitstat, S. 110 f., 113, 115, 120, 121; MüKo, Band 1, *Duttge*, § 15 Rn. 97.

309 Dass die teilweise Berücksichtigung von Sonderfähigkeiten und Sonderwissen letztlich nur als Zugeständnis an eine konsequent individualisierende Konzeption verstanden werden kann, hebt bereits *Kremer-Bax*, Fahrlässigkeitstat, S. 110 f., 115 hervor.

ßen vom normwidrigen Verhaltens abstelle.[310] Ferner hätte eine Individualisierung zur Folge, dass der besonders unfähige und damit auch besonders gefährliche Täter dem Anwendungsbereich der Maßnahmen der Besserung und Sicherung entzogen würde.[311] Auch solche Vorwürfe vermögen letztlich die Erkenntnis der Richtigkeit der individualisierenden Betrachtung nicht mehr zu beeinflussen.

Wenden wir uns zu aller erst dem Vorwurf zu, dass durch eine konsequente Individualisierung die Anwendbarkeit der Notwehr (§ 32 StGB) zu sehr eingeschränkt würde. Richtig ist, dass die Notwehr einen gegenwärtigen rechtswidrigen Angriff als Notwehrlage voraussetzt. Richtig ist auch, dass derjenige, der einen schadensträchtigen Verlauf in Gang setzt und damit Rechtsgüter wie zum Beispiel das Leben einer anderen Person gefährdet, bei individueller Unvermeidbarkeit oder Unerkennbarkeit der Schadensträchtigkeit der Handlung kein tatbestandliches Unrecht verwirklicht – er somit nicht gegen eine strafbewehrte Verhaltensnorm verstößt. Wer allerdings nun davon ausgeht, dass es aufgrund dieser Tatsache auch zwangsläufig an der Rechtswidrigkeit eines Angriffs im Sinne des § 32 StGB fehlen muss, geht letztlich von falschen Voraussetzungen aus. Denn auch für die Verhaltensbewertung im Rahmen der strafrechtlichen Erlaubnisnormen gilt – und das wird sich unten im Anschluss zeigen[312] – der gleiche individualisierende Bewertungsmaßstab, wie er auch für die strafrechtlichen Verbots- und Gebotsnormen gilt. Es kommt daher auch im Rahmen der Beurteilung der Notwehrlage entscheidend darauf an, ob der Betroffene von der Rechtswidrigkeit des Angriffs ausgehen konnte und bei verständiger Würdigung der sich ihm darbietenden Situation auch durfte. Und da ihm – dies gilt zumindest regelmäßig für die Unerkennbarkeit der Schadensträchtigkeit – die individuellen Defizite des „Angreifers" meist verborgen bleiben werden und er sie auch durch eine verständige Würdigung der Situation aufgrund seiner eingeschränkten Fähigkeiten meist auch nicht erkennen kann, ist regelmäßig in diesen Fällen ein gegenwärtiger, rechtswidriger Angriff als gegeben anzunehmen. Zur Verdeutlichung: Wenn ein Geisteskranker eine andere Person attackiert, ohne die Schadensträchtigkeit seiner Handlung erkennen zu können, dann verwirklicht er zwar kein tatbestandliches Unrecht im Sinne der §§ 223 I, II, 22, 23 I StGB, da es bereits an einem Verstoß gegen die strafbewehrte Verhaltensnorm des § 223 StGB mangelt. Regelmäßig wird man eine Notwehrlage des Angegriffenen jedoch bejahen können, da die Geisteskrankheit des Angreifers für den

---

310 *Hirsch*, FS-Köln, S. 399 (410); *ders.*, ZStW 94, S. 239 (271 und Fn. 189). Ähnlich kritisch auch LK-StGB, *Schroeder*, § 16 Rn. 149. Vgl. auch *Kaminski*, Objektiver Maßstab, S. 97 ff.

311 *Hirsch*, ZStW 94, S. 239 (272); *Roxin*, AT I, § 24 Rn. 52; *Schönke/Schröder*, *Cramer/Sternberg-Lieben*, § 15 Rn. 142; *Schünemann*, JA 1975, S. 435 (515). Kritisch auch *Kaminski*, Objektiver Maßstab, S. 93 ff. Ähnlich *Wolter*, GA 1977, S. 257 (265, 274).

312 Vgl. unten III. 1. d. cc.

Angegriffenen selbst bei verständiger Würdigung der Gesamtsituation und größter geistiger Anstrengung meist nicht zu erkennen ist. Insofern stellt sich auch die Befürchtung, dass durch eine konsequente Individualisierung bei der Bewertung normwidrigen Verhaltens der Anwendungsbereich der Notwehr zu sehr eingeschränkt würde, als unbegründet heraus.

Und auch der Vorwurf der Unanwendbarkeit der Maßregeln vermag die Konzeption einer individualisierenden Betrachtung letztlich nicht auszuhebeln. Es soll hier gar nicht geleugnet werden, dass es sinnvoll ist, gerade gegenüber dem besonders unfähigen und damit evtl. auch besonders gefährlichen Täter die Möglichkeit der Verhängung von Maßregeln der Besserung und Sicherung zu eröffnen. Jedoch vermag dies über die trotz allem bestehende Sinnlosigkeit der Verhaltensbeeinflussung einer durch individuelles Unvermögen gehinderten Person nicht hinwegzutäuschen.[313] Wer aufgrund seiner individuellen „Unfähigkeit" nicht in der Lage ist, das geforderte Verhalten zu erfüllen, von dem kann dies eben auch nicht verlangt werden. Das Vermeidenmüssen setzt immer auch ein Vermeidenkönnen voraus[314]: „ultra posse nemo obligatur".

Ebenso verhält es sich mit dem Vorwurf, eine Individualisierung des Verhaltensmaßstabs belaste den überdurchschnittlich Befähigten über Gebühr, da von ihm der Einsatz besonderer Fähigkeiten verlangt werde und er somit ständig gezwungen sei, Höchstleistungen zu erbringen. Dieser Zwang zur ständigen Erbringung von Höchstleistungen habe die negative Folge, dass letztlich eine Lähmung der freiwilligen Bemühungen zur Erfolgsverhütung eintrete.[315] Wenn z.B. ein Chirurg im vorhinein befürchten müsse, dass er nach einer freiwilligen Fortbildung, in der er neues Wissen über eine Operationsmethode erlernt hat, bei zukünftigen Operationen mehr als nur die durchschnittliche und bis dato auch ausreichende Sorgfalt an den Tag legen müsse, um das Leben des Patienten vor Schaden zu bewahren, so habe dies zur Folge, dass viele Chirurgen nicht bereit seien, freiwillige Fortbildungen zu besuchen. Wenn durch die Inpflichtnahme auch freiwillig erlangter, zusätzlicher Fähigkeiten der Verantwortungsbereich des Betreffenden derart vergrößert würde, er somit mehr zu leisten habe, als er es ohne freiwillige Erlangung müsste, dem würde die freiwillige Bemühung zur Erfolgsverhütung so schlecht gedankt, dass er in Zukunft von freiwilligen Unternehmungen absehen würde.[316]

Ganz im Gegenteil wird der überdurchschnittlich Befähigte durch die Berücksichtigung seiner individuellen Fähigkeiten jedoch nicht über Gebühr belastet. Denn für den besonders Befähigten stellt die Inanspruchnahme seiner im Gegensatz zum Durchschnittsmenschen überdurchschnittlichen Befähigung etwas ganz Normales dar, was ihn nicht mehr oder weniger belastet als den

---

313 Vgl. *Freund,* GA 1991, S. 387 (393).

314 MüKo, Band 1, *Freund,* Vor §§ 13 ff. Rn. 119.

315 LK-StGB, *Schroeder,* § 16 Rn. 148; *ders.,* ZStW 91, S. 257 (263).

316 *Schroeder,* ZStW 91, S. 257 (263).

Durchschnittmenschen die Inanspruchnahme seiner durchschnittlichen Befähigung.[317] Zur Verdeutlichung: Wenn ein professioneller Rallyefahrer einer Person, die unverhofft auf die Fahrbahn läuft, aufgrund seiner besonderen Fahrkünste noch ausweichen kann, so ist dies für ihn ohne zu große Belastung möglich. Denn aufgrund seiner überdurchschnittlichen Befähigung fällt ihm ein solches Ausweichmanöver genauso leicht, wie dem Durchschnittsfahrer ein noch mögliches Ausweichmanöver fallen würde. An beide Personen wird folglich die gleiche Anforderung gestellt: Die Vermeidung der schadensträchtigen Situation durch Einsatz ihrer jeweils möglichen Fähigkeiten in angemessenem Umfang.

Auch wird nicht ständig vom überdurchschnittlich Begabten eine Höchstleistung gefordert. Selbstverständlich darf er sich in unkritischen Situationen ebenso wie ein „Durchschnittsmensch" verhalten. Lediglich im Falle einer schadensträchtigen Situation wird von ihm die Erbringung der ihm möglichen Höchstleistung gefordert.[318] Dies gilt jedoch auch für den durchschnittlich Begabten. Der einzige Unterschied besteht darin, dass die Höchstleistung des durchschnittlich Begabten eben nur dem Durchschnitt entspricht. Diese Höchstleistung zu erbringen, kostet ihn jedoch nicht weniger Anstrengung als die Erbringung der Höchstleistung durch den besonders Begabten.[319]

Von einer ungebührlichen Belastung könnte hingegen nur gesprochen werden, wenn von dem durchschnittlich begabten Fahrer verlangt würde, die Fähigkeiten des professionellen Rallyefahrers zur Erfolgsvermeidung einzusetzen. Dies ist aber gerade nicht der Fall. Der Vorwurf der ungebührlichen Mehrbelastung krankt daher an einer ganz entscheidenden Stelle. Er versucht für zwei ungleiche Ausgangssituationen (Rallyefahrer/Durchschnittsfahrer) gleiche Anforderungen zu erstellen. Dies hieße aber nichts anderes, „als Birnen mit Äpfeln zu vergleichen". Denn die jeweilige Ausgangslage ist für beide Beteiligten eben nicht identisch.

Und hier zeigt sich auch wieder der typische Fehler der generalisierenden Konzeption. Das konkret handelnde Individuum wird erneut im Hinblick auf andere beurteilt, anstatt seiner Individualität Rechnung zu tragen.[320] Es handelt

---

317 In diesem Sinne bereits *Castaldo,* GA 1993, S. 495 (500). Ebenso *Freund,* AT, § 5 Rn. 33; MüKo, Band 1, *Duttge,* § 15 Rn. 97; *Stratenwerth,* FS-Jescheck, S. 285 (300 f.); *Stratenwerth/Kuhlen,* Straftat, § 15 Rn. 14; *Walter,* Pflichten des Geschäftsherrn, S. 107 f. Dass dieses Argument nicht tragbar ist, gestehen mittlerweile auch einige Vertreter der generalisierenden Konzeption ein. Vgl. diesbezüglich nur Roxin, AT I, § 24 Rn. 57 sowie *Schönke/Schröder, Cramer/Sternberg-Lieben,* § 15 Rn. 140.

318 Dass Höchstleistungen nur punktuell gefordert werden, bestätigt auch *Freund,* AT § 5 Rn. 33. Vgl. auch *Castaldo,* GA 1993, S. 495 (500); *Kremer-Bax,* Fahrlässigkeitstat, S. 106 f.; MüKo, Band 1, *Duttge,* § 15 Rn. 97. Ähnlich auch *Jakobs,* AT, 9/11.

319 Dazu, dass es sich hierbei nicht um eine Ungleichbehandlung, sondern vielmehr um eine Gleichbehandlung handelt, vgl. *Kremer-Bax,* Fahrlässigkeitstat, S. 107. Letztlich erkennt dies auch *Roxin,* AT I, § 24 Rn. 57 trotz Befürwortung einer generalisierenden Konzeption an.

320 Diesen Fehler bemängelt bereits *Castaldo,* GA 1993, S. 495 (500).

kein anderer – kein fiktiver Mustermann –, sondern immer eine konkrete Person mit eigenen individuellen Fähigkeiten und Schwächen. Warum soll sich dann die Bewertung ihres Verhaltens nicht auch an ihren individuellen Merkmalen messen lassen? Warum soll man mit dem konkret handelnden Individuum eine zweite Person – den fiktiven Mustermann – vor Gericht stellen, obwohl es doch tatsächlich nur um die Frage der rechtlichen Missbilligung des *konkreten* Verhaltens der *konkret* handelnden Person geht? Diese Frage stellt sich berechtigterweise umso mehr, wenn, wie wir oben gesehen haben, bereits die Bestimmung dieser fiktiven Maßstabsperson durchaus problematisch ist und nicht immer gelingen will.

Aus den genannten Gründen vermag ein, wie auch immer geartetes, generalisierendes Konzept nicht zu überzeugen. Bei Befolgung einer konsequent individualisierenden Betrachtung werden zudem nicht nur dogmatische Widersprüche, wie die Berücksichtigung von Sonderwissen und Sonderfähigkeiten trotzt Aussprache für eine grundsätzliche Generalisierung, vermieden. Vielmehr stellt sich die Bildung einer Kunstfigur und ihre hypothetische Verhaltensprüfung als vollkommen überflüssig dar.[321]

cc. Exkurs: Maßgebliche Betrachtungsperspektive bei der Bestimmung des Eingreifens von Rechtfertigungsnormen

Das für die Gebots- und Verbotsnormen oben Gesagte muss letztlich auch für die Rechtfertigungstatbestände des StGB gelten. Unter einem normwidrigen Verhalten ist eine grundsätzlich rechtlich missbilligte Gefahrschaffung in Form des Nichtvermeidens einer Schädigungsmöglichkeit zu verstehen. Diese grundsätzliche Missbilligung stellt jedoch nur ein Vorbehaltsurteil dar und bedarf der Bestätigung durch das Urteil der Rechtswidrigkeit und des schuldhaften Verhaltens. Die Rechtfertigungstatbestände des StGB enthalten Erlaubnisnormen, die dem Normadressaten ein grundsätzlich rechtlich missbilligtes Verhalten unter bestimmten Voraussetzungen erlauben und somit das vorherige Vorbehaltsurteil der grundsätzlichen rechtlichen Missbilligung außer Kraft setzen. Die Erlaubnisnormen stellen daher positiv formulierte Verhaltensnormen dar[322], die dem Normadressaten seine ursprünglich durch die negativ formulierten Verbots- und Gebotssätze der deliktsspezifischen Verhaltensnormen eingeschränkte allgemeine Handlungsfreiheit zurückgewähren. Zur Verdeutlichung: § 212 I StGB ent-

321 *Freund*, AT, § 5 Rn. 25. Ebenso MüKo, Band 1, *Duttge*, § 15 Rn. 99, der gerade in der Konzeption der Gegenansicht der individuellen Fahrlässigkeitslehre eine überflüssige Verkomplizierung entdeckt.

322 So enthält beispielsweise § 32 I StGB den Erlaubnissatz: *„Du darfst Rechtsgüter des Angreifers durch eine eigene Verteidigung verletzen, wenn dieser einen gegenwärtigen und rechtswidrigen Angriff auf dich verübt, und deine Verteidigungshandlung geeignet, erforderlich und angemessen ist."*

hält als deliktsspezifische, strafbewehrte Verhaltensnorm ein Tötungsverbot, durch welches der Normunterworfene aufgefordert wird, Handlungen zu vermeiden, die eine Gefährdung (Schädigungsmöglichkeit) des Lebens anderer Personen mit sich bringen. Damit wird im Interesse des Güterschutzes die Handlungsfreiheit des Normunterworfenen eingeschränkt. Es sind jedoch Situationen vorstellbar, in denen der Normunterworfene zum Schutz seines eigenen Lebens bzw. zum Schutz des Lebens anderer Personen letztlich gezwungen sein kann, ein solches schadensträchtiges Verhalten vorzunehmen, um eigene oder auch bedrohte Rechtsgüter anderer vor Schaden zu bewahren. In solchen ganz speziellen Situationen greifen die Rechtfertigungstatbestände des StGB. Die in ihnen enthaltenen Erlaubnisnormen erklären das grundsätzlich rechtlich missbilligte, deliktsspezifische Verhalten des Normunterworfenen unter mehr oder weniger engen Voraussetzungen für ausnahmsweise erlaubt. So erlaubt § 32 I StGB beispielsweise die Schädigung des Angreifers durch eine Verteidigungshandlung, falls der Betroffene zur gegenwärtigen Zeit rechtswidrig angegriffen wird und die schädigende Verteidigungshandlung insofern geeignet, erforderlich und angemessen ist. Durch diese Erlaubnisnorm wird die dem Normunterworfenen durch die Verbotsnorm genommene Handlungsfreiheit unter ganz speziellen Voraussetzungen wieder zurückgewährt. Das ursprüngliche Vorbehaltsurteil der grundsätzlich rechtlichen Missbilligung trägt somit nicht mehr. Ein Verhalten, welches durch einen Rechtfertigungsgrund gedeckt ist, stellt daher keinen Verhaltensnormverstoß im Sinne eines rechtlich missbilligten Verhaltens dar. Wie bei den die allgemeine Handlungsfreiheit einschränkenden strafrechtlichen Verbots- und Gebotsnormen, handelt es sich bei diesen die allgemeine Handlungsfreiheit zurückgewährenden Erlaubnisnormen um Verhaltensnormen zum Zwecke der Verhaltenssteuerung.[323]

Ebenso wie die strafrechtlichen Verbots- und Gebotsnormen können auch die strafrechtlichen Erlaubnisnormen ihrer verhaltenssteuernden Funktion nur gerecht werden, wenn für den Normunterworfenen im Zeitpunkt seiner Handlung erkennbar ist, ob die Rechtsordnung sein Verhalten aufgrund einer spezifischen Erlaubnisnorm ausnahmsweise billigt. Denn nur in dem Fall, in dem für die konkret handelnde Person im Handlungszeitpunkt unmissverständlich klar ist, dass sie zum Schutz eigener oder fremder Rechtsgüter eine grundsätzlich missbilligte Handlung ausnahmsweise vornehmen darf, wird sie in die Lage versetzt, von der zurückgewährten Handlungsfreiheit Gebrauch zu machen. Stellt man auf Umstände ab, die für den konkret Handelnden im Handlungszeitpunkt gar nicht erkennbar sein können, da sie mit Bestimmtheit erst im nachhinein (ex

323 Dazu, dass auch die strafrechtlichen Erlaubnisnormen wie die strafrechtlichen Verbots- und Gebotsnormen dem Zwecke der Verhaltenssteuerung dienen, vgl. nur *Freund,* GA 1991, S. 387 (406 f.); *Frisch,* Vorsatz und Risiko, S. 424 f.; *Mitsch,* JuS 1992, S. 289 (291); MüKo, Band 1, *Freund,* Vor §§ 13 ff. Rn. 199; *Rudolphi,* GS-Kaufmann, S. 371 (377); *ders.,* GS-Schröder, S. 73 (80 f.).

post) festgestellt werden können[324], so führt dies lediglich zur Verwirrung des potentiellen Normadressaten, da dieser in Bezug auf das von der Rechtsordnung ausnahmsweise gebilligte Verhalten im Unklaren gelassen wird. Die Berücksichtigung von Gegebenheiten und Umständen, welche dem konkret handelnden Subjekt im Handlungszeitpunkt nicht bekannt sein können, kann zu einer sinnvollen verhaltenssteuernden Konzeption nichts beitragen. Ganz im Gegenteil: Ein solches Konzept läuft dem Zweck der Verhaltensnormen – im vorliegenden Fall dem Zweck der rechtfertigenden Erlaubnisnormen – zuwider.[325] Aus diesem Grunde ist auch für die Bestimmung eines ausnahmsweise erlaubten Verhaltens eine Betrachtung der Situation im Zeitpunkt ex ante maßgeblich.[326]

An diesem Ergebnis mag auch der Einwand nichts ändern, dass aufgrund einer angeblichen Duldungspflicht des von der „Rechtfertigungshandlung" Betroffenen, bestimmte Rechtfertigungsmerkmale tatsächlich vorliegen müssten.[327] Durch die Anwendung eines Rechtfertigungsrechts werde grundsätzlich in die Interessenssphäre einer anderen Person eingegriffen. So greift derjenige, der einen „Angriff" auf sich selbst durch einen Kinnhaken abwehrt, beispielsweise in die körperliche Unversehrtheit des „Angreifers" ein. Derjenige, der einen anderen im Sinne des § 127 I StPO auf frischer Tat antrifft und ihn zwecks Personalienfeststellung am Tatort festhält, schränkt mit seiner Handlung gleichzeitig die Bewegungsfreiheit des Festgehaltenen ein. Beim Eingreifen einer Rechtfertigungsnorm, welche ein grundsätzlich rechtlich missbilligtes Verhalten ausnahmsweise für rechtlich erlaubt erkläre, treffe den anderen eine grundsätzliche Pflicht zur Duldung des Eingriffs in die eigene Interessenssphäre. Eine solche Duldungspflicht sei jedoch nur zu rechtfertigen, wenn die Voraussetzungen der Erlaubnisnormen auch tatsächlich vorlägen.[328] Eine ex ante-Betrachtung sei

---

324 Vertreten wird dies unter anderem von: *Gallas,* FS-Bockelmann, S. 155 (166 f. mit Fn. 29); *Schönke/Schröder, Lenckner,* Vorbem § 32 ff. Rn. 10 f. Ebenso für die maßgebliche Betrachtungsperspektive des Merkmals „Angriff" im Sinne des § 32 StGB: LK-StGB, *Spendel,* § 32 Rn. 24, 29; MüKo, Band 1, *Erb,* § 32 Rn. 56 f.; SK-StGB, Band I, *Günther,* § 32 Rn. 22; alle mit weiteren Nachweisen.

325 *Freund,* AT, § 3 Rn. 11; *ders.,* GA 1991, S. 387 (406 f.); *Frisch,* Vorsatz und Risiko, S. 426 f.; *Mitsch,* JuS 1992, S. 289 (291); MüKo, Band 1, *Freund,* Vor §§ 13 ff. Rn. 199; *Rudolphi,* GS-Kaufmann, S. 371 (383 f.). Dazu, dass dem Zweck strafrechtlicher Verhaltensnormen durch eine individualisierende ex ante-Betrachtung am Besten gedient ist, vgl. bereits die Ausführungen unter III. 1. d. aa. und III. 1. d. bb.

326 *Freund,* AT, § 3 Rn. 9 ff.; *ders.,* GA 1991, S. 387 (407); *Frisch,* Vorsatz und Risiko, S. 419 ff., 424 ff., 431 ff.; *Mitsch,* JuS 1992, S. 289 (291); MüKo, Band 1, *Freund,* Vor §§ 13 ff. Rn. 198 ff.; *Rudolphi,* GS-Kaufmann, S. 371 (378, 384); *ders.,* GS-Schröder, S. 73 (80 ff., 92); *ders.,* Schünemann (Hrsg.), Grundfragen, S. 69 (77 f.); *Schröder,* JuS 2000, S. 235 (239).

327 *Gallas,* FS-Bockelmann, S. 155 (167); *Schönke/Schröder, Lenckner,* Vorbem §§ 32 ff. Rn. 10 f.

328 *Gallas,* FS-Bockelmann, S. 155 (167); *Schönke/Schröder, Lenckner,* Vorbem §§ 32 ff. Rn. 10 f.

daher nur bei den prognostischen Elementen der Erlaubnisnormen zulässig.[329] Die Maßgeblichkeit einer ex ante-Betrachtung sämtlicher Rechtfertigungsmerkmale schaffe zudem die Gefahr, dass in bestimmten Fällen die Eingriffsrechte verschiedener Personen miteinander kollidieren könnten und man im Zuge einer ex ante-Betrachtung zu einer Rechtfertigung beider Kontrahenten käme.[330]

Wer in dieser Form argumentiert, verkennt die Funktion der strafrechtlichen Erlaubnisnormen. Aufgabe strafrechtlicher Erlaubnisnormen ist es nämlich nicht, festzulegen, was Normadressaten durch ein ausnahmsweise von der Rechtsordnung gebilligtes Verhalten zu erdulden haben, sondern vielmehr zu klären, ob das grundsätzlich missbilligte Verhalten des konkret handelnden Individuums nicht aufgrund des Vorliegens besonderer Umstände ausnahmsweise rechtlich gebilligt werden muss. Es geht daher nur um die Beantwortung der Frage, ob das Vorbehaltsurteil der grundsätzlich rechtlichen Missbilligung aufrecht erhalten werden kann oder ob es fallengelassen werden muss und dem Normadressaten seine durch die jeweilige Verbots- oder Gebotsnorm eingeschränkte Handlungsfreiheit wieder zurückgewährt wird.[331] Diese Funktion strafrechtlicher Erlaubnisnormen muss bei der Ermittlung, ob ein bestimmtes Verhalten ausnahmsweise von der Rechtsordnung gebilligt wird, berücksichtigt werden, so dass das Argument einer zur ex post-Betrachtung zwingenden Duldungspflicht an der Sache vorbeigeht.

Zudem ist durch eine Billigung eines bestimmten Verhaltens durch eine strafrechtliche Erlaubnisnorm über das Bestehen einer Duldungspflicht des von dem Verhalten Betroffenen noch nichts entschieden.[332] Ob er sich gegen ein solches Verhalten zur Wehr setzen darf oder nicht, ist wiederum davon abhängig, ob seine Reaktion auf das gegen ihn gerichtete und von der Rechtsordnung ausnahmsweise gebilligte Verhalten nicht ebenfalls von einer, das Vorbehaltsurteil der rechtlichen Missbilligung außer Kraft setzenden, Erlaubnisnorm gedeckt ist. Durch die Ausnahme der Billigung des Verhaltens einer bestimmten Person kann nicht automatisch auf die Pflicht zur Duldung des vom Verhalten Betroffenen geschlossen werden. Natürlich wird in den meisten Fällen eine solche Duldungspflicht bestehen. Wenn z.B. ein bekannter Kneipenschläger eine Streiterei mit einem Gast anzettelt und diesen tätlich angreift, dem Gast jedoch der kräftige Gastwirt zur Hilfe eilt und den Kneipenschläger mit einem gezielten Kinnhaken niederstreckt, so hat dieser den Eingriff in seine körperliche Unversehrtheit zu erdulden. Dies jedoch nicht deshalb, weil das Verhalten des Gastwirts aufgrund der Erlaubnisnorm der Nothilfe ausnahmsweise von der Rechtsordnung

329 *Schönke/Schröder, Lenckner,* Vorbem §§ 32 ff. Rn. 10a.

330 *Schönke/Schröder, Lenckner,* Vorbem §§ 32 ff. Rn. 10a.

331 *Frisch,* Vorsatz und Risiko, S. 424 f.

332 Dazu, dass es sich hierbei um völlig unterschiedliche Bewertungsgegenstände handelt, vgl. *Freund,* GA 1991, S. 387 (409).

gebilligt wird, sondern vielmehr deshalb, weil ein tätlicher Angriff des Kneipenschlägers auf den helfenden Gastwirt von keiner rechtfertigenden Erlaubnisnorm gedeckt wäre. Es sind jedoch auch Konstellationen denkbar, in denen dies nicht so ist: Der Geschäftsmann (G) entfernt sich in der Dunkelheit schnellen Schrittes aus einer Bankfiliale, weil er gerade einen höheren Geldbetrag abgehoben hat und befürchtet, dass er auf dem Weg zu seinem Fahrzeug überfallen werden könnte. Da es sehr kalt und windig ist, und G zudem erkältet ist, hat er sich seinen Hut tief ins Gesicht gezogen und sein Gesicht bis über den Mund mit einem Schal bedeckt. Beim Betreten der Bank wurde er vom Passanten (P) beobachtet. Kurz nachdem G die Bank betreten hatte, sah P, dass die an der Fassade angebrachte Alarmleuchte zu blinken begann. P konnte jedoch nicht wissen, dass die Alarmanlage der Bank aufgrund eines Defektes zu Fehlalarmen neigte. Da sich G kurze Zeit später schnellen Schrittes aus der Filiale entfernt, glaubt P an einen Einbruch und versucht, G noch am Tatort festzuhalten, um ihn der Polizei zuzuführen. G glaubt hingegen, nachdem er von P mit den Worten „Hab ich Dich" am Arm gepackt wird, dass es sich bei P um einen Straßenräuber handelt, der ihm sein Bargeld entwenden will und schlägt daraufhin P nieder. Sollte in einem solchen Fall P tatsächlich nicht gemäß § 127 I StPO gerechtfertigt sein, obwohl alles auf einen Einbruch hindeutete und er auch bei verständiger Würdigung der Gesamtsituation von einem solchen ausgehen durfte? Wohl kaum. Geht man richtigerweise von einer Rechtfertigung des P gemäß § 127 I StPO aus, so ist damit jedoch noch nicht darüber entschieden, ob G das gegen ihn gerichtete Verhalten des P erdulden muss. Vielmehr ist hier die Frage entscheidend, ob G nicht von einem gegenwärtigen, rechtwidrigen Angriff des P ausgehen konnte und auch durfte. G die ausnahmsweise Billigung des Verhaltens des P zur Last zu legen und einen gegenwärtigen, rechtswidrigen Angriff des P zu verneinen, obwohl G auch bei verständiger Würdigung im Zeitpunkt der Handlung von einem Überfall ausgehen durfte, wäre nicht gerecht. Daher ist es durchaus möglich und auch nicht absurd, dass das Verhalten beider Kontrahenten von der Rechtsordnung ausnahmsweise gebilligt wird.[333]

Aufgrund dessen ist auch für die Beurteilung, ob ein grundsätzlich rechtlich missbilligtes Verhalten von der Rechtsordnung ausnahmsweise gebilligt wird, eine ex ante-Betrachtung maßgeblich.

Hierbei ist zweierlei zu beachten: Die Maßgeblichkeit einer ex ante-Perspektive bezieht sich nicht nur auf Rechtfertigungsmerkmale, welche auf einen zukünftigen Verlauf gerichtet sind und daher einer Prognose bedürfen – z.B. die Geeignetheit der Notwehrhandlung –, sondern vielmehr auch auf „hic et nunc" gegebene Tatsachen.[334] Ebenso wie zukünftige Verläufe können auch

---

333 Vgl. zur möglichen Rechtfertigung zweier Kontrahenten *Freund*, GA 1991, S. 387 (409 f.) mit weiteren Nachweisen.

334 *Frisch*, Vorsatz und Risiko, S. 423 f., 426 f., 431 ff.; *Rudolphi*, GS-Kaufmann, S. 371 (382 f.). Ebenso spricht sich *Guhra*, Versuch, S. 25 gegen eine Differenzierung von prognos-

„hic et nunc" gegebene Tatsachen der menschlichen Erkenntnis entzogen sein. So können beispielsweise schwerwiegende innere Verletzungen einer anderen Person und die daraus resultierende Todesgefahr, welche den Nothelfer rechtfertigen würden, mit überhöhter Geschwindigkeit unter abstrakter Gefährdung des Straßenverkehrs das Opfer in eine Klinik zu bringen (§ 34 StGB), in der konkreten Situation vom medizinischen Laien gar nicht erkannt werden. Dies wird selbst einem zur Hilfe eilenden Arzt ohne moderne medizinische Diagnosegeräte kaum möglich sein. Vielfach sind solche Verletzungen erst durch eine umfassende Untersuchung im Krankenhaus zu ermitteln.

Ähnlich verhält es sich in anderen Situationen. Soll dem von einer vermummten Person mit einer ungeladenen Pistole Bedrohten wirklich bestätigt werden, dass er sich rechtswidrig verhalten habe, nur weil er davon ausging, dass die Pistole geladen und er Opfer eines Überfalls sei, ihn tatsächlich jedoch nur ein Freund erschrecken wollte? Will man ihm wirklich vorwerfen, tatbestandliches Unrecht verwirklicht zu haben, weil er sich gegen die „vermeintliche" Bedrohung mit einen gezielten Faustschlag gewehrt hat?[335] Die „hic et nunc" gegebene Tatsache, dass die Pistole tatsächlich ungeladen war, ist für den sich Wehrenden ebenso wenig zu erkennen, wie es zukünftige Geschehnisse sind, welche nur durch eine Zukunftsprognose mit einer mehr oder weniger gewissen Wahrscheinlichkeit vorhergesagt werden können. Ein überzeugender Grund für eine Ungleichbehandlung von „hic et nunc" gegebenen Umständen und zukünftigen Ereignissen existiert nicht, so dass die Forderung nach unterschiedlichen Maßgaben hinsichtlich der Betrachtung willkürlich erscheint.[336] Strafrechtliche Verhaltensnormen müssen, wenn sie ihrer verhaltenssteuernden Funktion gerecht werden wollen, die natürlichen Beschränkungen menschlicher Erkenntnis sowohl bei der Bewertung grundsätzlich normwidriger Verhaltensweisen als auch bei der Bewertung ausnahmsweise rechtlich erlaubter Handlungen berücksichtigen.

Des weiteren ist für die Bestimmung eines ausnahmsweise von der Rechtsordnung gebilligten Verhaltens nicht der ex ante-Maßstab eines künstlichen Mustermanns maßgeblich. Vielmehr ist hier, wie auch bereits bei den strafbewehrten Gebots- und Verbotsnormen, eine individualisierende Betrachtung maßgeblich.[337] Dass (strafbewehrte) Verbots- und Gebotsnormen einer Indivi-

---

tischen und „hic et nunc" gegebenen Umständen aus. Dazu, dass auch „hic et nunc" gegebene Umstände durchaus menschlichen Erkenntnisschwierigkeiten unterliegen können, siehe das anschauliche Beispiel von *Freund,* Erfolgsdelikt und Unterlassen, S. 55 f.

335 Selbstverständlich stünde damit immer noch der Weg für die Annahme der Putativnotwehr offen. Diese ändert am Rechtswidrigkeitsurteil jedoch nichts mehr.

336 *Frisch,* Vorsatz und Risiko, S. 426 f., 431 ff.; *Rudolphi,* GS-Kaufmann, S. 371 (383); *Schaffstein,* FS-Bruns, S. 89 (97).

337 *Freund,* AT, § 3 Rn. 10; *ders.,* GA 1991, S. 387 (407 mit Fn. 56); *Frisch,* Vorsatz und Risiko, S. 425; MüKo, Band 1, *Freund,* Vor §§ 13 ff. Rn. 198 ff.

dualisierung zur Feststellung normwidrigen Verhaltens bedürfen, hat sich bereits oben gezeigt.[338] Daher sollen und können hier nicht erneut alle Argumente angeführt werden, zumal sich die Vorwürfe nicht wesentlich von den Vorwürfen unterscheiden, welche gegen eine individualisierende Feststellung normwidrigen Verhaltens vorgebracht werden.[339] Die strafrechtlichen Erlaubnisnormen stellen letztlich nichts anderes dar, als die Kehrseite der strafrechtlichen Verbots- und Gebotsnormen. Was durch deliktsspezifische Verbots- oder Gebotsnormen unter Vorbehalt grundsätzlich rechtlich missbilligt wird, wird durch die strafrechtlichen Erlaubnisnormen wieder dem Bereich der von der Rechtsordnung gebilligten Verhaltensweisen zugeführt. Nur durch das Zusammenspiel der Verbots- bzw. Gebotsnormen und der Erlaubnisnormen wird letztlich der rechtlich missbilligte Bereich menschlicher Verhaltensweisen in abschließender Form bestimmt. Einziger Unterschied beider Normenarten ist, dass die strafrechtlichen Verbots- und Gebotsnormen den Bereich strafrechtlich missbilligtem Verhaltens „negativ" festlegen, indem sie bestimmte Verhaltensweisen verbieten oder die Vornahme bestimmter Handlungen gebieten, wohingegen strafrechtliche Erlaubnisnormen das ausnahmsweise „Dürfen" beinhalten und somit den Bereich rechtlich missbilligten Verhaltens „positiv" begrenzen. Aufgrund dieser gemeinsamen Funktion und dem Zusammenspiel beider Normenarten wäre es unverständlich, wollte man die jeweiligen Bereiche anhand unterschiedlicher Maßgaben bestimmen.[340]

Nur eine konsequent individualisierende ex ante-Betrachtung der einzelnen Rechtfertigungsmerkmale bei der Überprüfung des Vorbehaltsurteils der grundsätzlich rechtlichen Missbilligung ermöglicht es, dem Normadressaten die Freiheit zu gewähren, die ihm tatsächlich zusteht, ohne hierbei den Rechtsgüterschutz zu vernachlässigen. Dem Rechtsgüterschutz wird am besten gedient, wenn nur auf Daten abgestellt wird, welche bereits im Zeitpunkt des Verhaltens für das konkret handelnde oder unterlassende Individuum erkennbar sind. Allein auf diesem Weg gelangt die Verhaltensordnung zu einer positiven Verhaltensbeeinflussung der Normunterworfenen und somit zum bestmöglichsten Schutz bedrohter Rechtsgüter.

Zur Gegenansicht: *Mitsch*, JuS 1992, S. 289 (291); *Rudolphi*, GS-Kaufmann, S. 371 (388); *Schröder*, JuS 2000, S. 235 (235 ff., 238 f.), dessen Verweis auf Rudolphi als Vertreter einer Individualisierung (S. 236) wohl auf einem Missverständnis beruht.

338 Vgl. zur Maßgeblichkeit einer individualisierenden ex ante-Betrachtung oben III. 1. d. bb. (2) (b).

339 So glaubt *Rudolphi*, dass eine konsequente Individualisierung zu einer Auflösung allgemein gültiger Verhaltensnormen führe; GS-Kaufmann, S. 381 (388). Dass diese Befürchtung nicht zutrifft, hat sich bereits oben herausgestellt. Ferner handelt es sich bei einer solchen Konzeption auch nicht um eine Subjektivierung des Bewertungsmaßstabs.

340 In diesem Sinne bereits *Frisch*, Vorsatz und Risiko, S. 424 f. Ebenso *Freund*, AT, § 3 Rn. 10; *ders.*, GA 1991, S. 387 (406).

Die entscheidende Frage ist somit, ob der Normadressat im Rahmen seiner individuellen Möglichkeiten bei verständiger Würdigung der situativen Gegebenheiten im Zeitpunkt des Handelns vom Vorliegen einer Rechtfertigungslage ausgehen konnte und durfte.[341] Ist dies der Fall, so ist eine Rechtfertigungslage zu bejahen. Sollte sich der Normadressat zusätzlich im Rahmen der Vorgaben der Rechtfertigungshandlung bewegen, so wird sein Verhalten von der Rechtsordnung gebilligt.

Halten wir somit fest: Das individualisierende Konzept zur Feststellung normgemäßen oder normwidrigen Verhaltens ist besser geeignet und praktikabler als sein generalisierendes Pendant. Auch vermögen die Einwände der Vertreter der generalisierenden Konzeption ein konsequent individualisierendes Konzept nicht „zum Einsturz zu bringen." Ob ein bestimmtes Verhalten einer (strafbewehrten) Verhaltensnorm ent- oder widerspricht, ist daher anhand einer Betrachtung im Zeitpunkt der Handlung oder Unterlassung (ex ante) festzustellen. Hierbei ist es unerheblich, wie sich ein fiktiver Mustermann verhalten hätte. Vielmehr ist anhand eines individualisierenden Konzepts zu prüfen, ob das konkret handelnde oder unterlassende Subjekt einen schadensträchtigen Verlauf vorhergesehen hat oder im Rahmen seiner Möglichkeiten bei verständiger Würdigung hätte vorhersehen können, ob es diesen unter Berücksichtigung seiner individuellen Fähigkeiten hätte vermeiden können und unter angemessener Berücksichtigung der kollidierenden Interessen auch hätte vermeiden müssen. Ist dies der Fall, so ist von einem grundsätzlich rechtlich missbilligten und somit normwidrigen Verhalten auszugehen. Der für eine Sanktionierung notwenige Verstoß gegen eine (strafbewehrte) Verhaltensnorm ist dann zu bejahen.

Für unseren speziellen Ausgangsfall bedeutet dies: *Bei einer verständigen Würdigung der Gesamtsituation hätte A im Zeitpunkt der Unterlassung der Hilfeleistung die Möglichkeit eines schadensträchtigen Verlaufs erkennen und somit vom Vorliegen eines „Unglücksfalls" ausgehen müssen. Zudem ist er auch selbst (durchaus zutreffend) von der Möglichkeit eines „Unglücksfalls" ausgegangen. Unter Berücksichtigung seiner individuellen Fähigkeiten wäre er auch zu einer Hilfeleistung in der Lage gewesen. Unter Abwägung des Rechtsgüterschutzaspektes (der möglichen Bedrohung des Lebens des B) mit dem Eingriff in die allgemeine Handlungsfreiheit des A kommt dem Rechtsgüterschutzaspekt auch ein eindeutiges Übergewicht zu, so dass A rechtlich die von Rechts wegen in Rechnung zu stellende mögliche Gefährdung des Lebens des B hätte abwenden müssen. Daher ist vorliegend von einem „Unglücksfall" im Sinne des § 323c StGB auszugehen. Gleiches gilt für die „Erforderlichkeit" der Hilfeleistung. Auch an der „Zumutbarkeit" der Hilfeleistung bestehen keine ernsthaften Zweifel. Da A ferner eine Notsituation des B auch tatsächlich für möglich hielt, kann im auch ein Vorsatzvorwurf gemacht werden, so dass A sich normwidrig*

---

[341] Zutreffend hervorgehoben von *Freund*, GA 1991, S. 387 (407) mit weiteren Nachweisen.

im Sinne des § 323c StGB verhalten hat. Ein deliktsspezifischer Verhaltensnormverstoß als notwendige Bedingung einer Sanktionierung liegt somit vor. A hat gegen die durch die Inbezugnahme des § 323c StGB **strafbewehrte** *Verhaltensnorm verstoßen. Daran ändert der Umstand nichts, dass die effektive Sanktionierung als unterlassene Hilfeleistung gemäß § 323c StGB noch von weiteren Sanktionserfordernissen abhängen mag. Eine von A im Verhaltenszeitpunkt erbetene Rechtsauskunft ergibt, dass er wegen seines Fehlverhaltens damit rechnen muss, nach § 323c StGB bestraft zu werden, und dass die tatsächliche Bestrafung nach dieser Vorschrift allenfalls noch von Umständen abhängt, die er selbst nicht mehr beeinflussen kann.*

Die deliktsspezifische Verhaltensnorm des § 323c StGB erfasst nach allem Bisherigen auch Verhaltensweisen als Verhaltensnormverstoß, in denen sich nach der persönlichen Einschätzung des konkret unterlassenden Subjekts eine Notsituation ergibt, die sich im Nachhinein betrachtet als harmlos herausstellt. Entsprechendes gilt, wenn der konkret Unterlassende im Rahmen seiner individuellen Möglichkeiten bei verständiger Würdigung der Gesamtsituation von einer Notsituation im Sinne des § 323c StGB ausgehen konnte und musste. Vor Strafe bewahrt ihn dann mitunter nur das Vorsatzerfordernis.

Damit ist die Frage der Sanktionierung des Verhaltens des A jedoch noch nicht abschließend geklärt. Wie wir bereits festgestellt haben, ist der deliktsspezifische Verhaltensnormverstoß zwar immer notwendige, aber nicht immer schon hinreichende Bedingung einer Bestrafung des sich normwidrig Verhaltenden. Vielmehr bedarf es oftmals der Erfüllung zusätzlicher Sanktionsvoraussetzungen wie z.B. einer speziellen Fehlverhaltensfolge. Eine solche setzt § 323c StGB erkennbar nicht voraus. Es stellt sich jedoch die Frage, ob die Vorschrift der unterlassenen Hilfeleistung nicht gegebenenfalls ein „fehlverhaltensfolgengleiches“ Sanktionserfordernis – z.B. in Form einer nachträglichen Bestätigung des tatsächlichen Vorliegens eines „Unglücksfalls“ – erfordert, bevor die Sanktionierung eingreifen kann. Dann käme dem Merkmal „Unglücksfall“ eine Doppelfunktion zu. Von dieser entscheidenden Frage hängt letztlich auch die Bestimmung der Reichweite der Strafbarkeit der unterlassenen Hilfeleistung ab. Sollte § 323c StGB kein weiteres Sanktionserfordernis voraussetzen, so wäre ein Verstoß gegen die deliktsspezifische Verhaltensnorm nicht nur notwendige Bedingung der Sanktionierung, sondern unter der Voraussetzung des vorsätzlichen, rechtswidrigen und schuldhaften Verhaltens auch ausreichend für eine strafrechtliche Reaktion. § 323c StGB würde dann in materieller Hinsicht auch den bloßen Versuch – also den reinen personalen Verhaltensunwert der unterlassenen Hilfeleistung – unter Strafe stellen.

e. Zwischenbilanz

Zur Bestimmung der Normwidrigkeit eines bestimmten Verhaltens im Sinne des § 323c StGB ist nach dem bisher Gesagten eine individualisierende Betrachtung (Betroffenenperspektive) für alle Elemente und somit auch für das Merkmal „Unglücksfall" maßgebend. Diese Betrachtung hat im Zeitpunkt der Unterlassung (ex ante) anzusetzen. Ob § 323c StGB als zusätzliches Sanktionserfordernis das tatsächliche Vorliegen eines „Unglücksfalls" als „fehlverhaltensfolgengleiches" Sanktionserfordernis erfordert, ist noch offen und bedarf einer genaueren Untersuchung. Allerdings haben wir bereits festgestellt, dass die individualisierende ex ante-Betrachtung nicht nur für prognostische Elemente strafrechtlicher Verhaltensnormen maßgeblich ist, sondern aufgrund der natürlichen menschlichen Erkenntnisbeschränkungen auch für die Bestimmung „hic et nunc" gegebener Umstände Bedeutung erlangt.[342] Einem zwischen dem prognostischen Element des Gefahrurteils des Merkmals „Unglücksfall" und dem Element der Tatsachenbasis des Gefahrurteils – dem plötzlich eintretenden Ereignis – differenzierenden Lösungsansatz[343] muss daher eine Absage erteilt werden. Wenn *Spendel, Cramer/Sternberg-Lieben* und *Küper* eine solche Differenzierung befürworten, dann verkennen sie hierbei, dass nicht nur zukünftige Ereignisse von den natürlichen menschlichen Erkenntnisbeschränkungen betroffen sind und daher einer Prognose bedürfen. Auch „hic et nunc" gegebene Umstände sind der menschlichen Erkenntnis nicht immer zugänglich. Dies wird auch im Falle des innerhalb des Merkmals „Unglücksfall" differenzierenden Betrachtungskonzepts besonders deutlich. Unter einem „Unglücksfall" versteht man ein (plötzlich) eintretendes Ereignis, das erhebliche Gefahren für die Individualrechtsgüter der in Not geratenen Person mit sich bringt. Dass die weitere Gefahr zukünftiger Schädigungen des in Not Geratenen von der mit der Notsituation konfrontierten Person nur bis zu einem gewissen Wahrscheinlichkeitsgrad prognostiziert werden kann, liegt auf der Hand. Jedoch kann sich auch die Tatsachenbasis des Gefahrurteils – das plötzlich eintretende Ereignis – den Kenntnismöglichkeiten des mit der Notsituation Konfrontierten entziehen. Sollte der in Not Geratene an inneren Verletzung leiden, aufgrund deren die Gefahr einer weiteren Schädigung besteht, so werden sich auch diese „hic et nunc" gegebenen Verletzungen häufig der tatsächlichen Kenntnis des mit der Notsituation Konfrontierten entziehen. Da somit aber nicht nur das Gefahrurteil als solches den menschlichen Erkenntnisbeschränkungen unterliegt, sondern dies grundsätzlich auch im Falle der Tatsachenbasis des Gefahrurteils möglich ist, bedürfen beide Elemente einer einheitlichen Behandlung. Es existiert kein vernünftiger Grund, warum die Rechtsordnung bzgl. prognostischer Elemente einerseits auf die menschlichen Erkenntnisbeschränkungen Rücksicht nehmen sollte, im Ge-

---

342 Vgl. oben III. 1. d. cc.

343 Vgl. oben III. 1. a. cc.

genzug jedoch die menschlichen Erkenntnisbeschränkungen bei Umständen, welche zwar „hic et nunc“ gegeben sind, sich aber ebenso der menschlichen Erkenntnismöglichkeit entziehen können, unberücksichtigt lassen sollte.[344] Dies widerspricht dem Zweck der Verhaltensnormen, durch eine Verhaltenssteuerung der Normadressaten einen positiven Effekt für den Rechtsgüterschutz zu erzielen. Sollte es für den mit einer Notlage Konfrontierten letztlich zur Bestimmung seines Fehlverhaltens darauf ankommen, ob sich im nachhinein herausstellt, dass der in Not Geratene tatsächlich so schwere innere Verletzungen erlitten hat, dass für ihn die Gefahr weiterer Schädigungen besteht, so kann er sein Verhalten an einer solchen Norm gar nicht ausrichten. Denn die Information der nachträglichen Bestätigung der inneren Verletzungen ist für ihn im Handlungszeitpunkt gar nicht zu erlangen. Folglich kann er sie auch nicht im Sinne einer positiven Verhaltenssteuerung nutzen. Was für Verhaltensanforderungen letztlich von der Rechtsordnung an ihn gestellt werden, ist für den Normadressaten damit unmöglich zu erkennen. Dies zeigt auch deutlich, dass eine strikte Trennung von Tatsachenbasis und Gefahrurteil gar nicht durchführbar ist. Denn wer bereits die für das Gefahrurteil notwendige Tatsachenbasis nicht vollends erkennen kann, kann wohl kaum eine auf dieser Tatsachengrundlage fußende Gefahrbeurteilung abgeben.[345] Aus diesem Grund muss dem innerhalb des Merkmals „Unglückfall“ differenzierenden Lösungskonzept eine eindeutige Absage erteilt werden. Zur Feststellung normwidrigen Verhaltens sind damit alle Merkmale der durch Auslegung des § 323c StGB zu ermittelnden Verhaltensnorm einer individualisierenden ex ante-Betrachtung zu unterziehen.

f. Die perspektivische Betrachtungsweise der Sanktionsnorm

Die an den deliktspezifischen Verhaltensnormverstoß zu stellenden Anforderungen treffen lediglich eine Aussage darüber, unter welchen Umständen und in welchem Zeitpunkt der Normadressat tätig werden soll bzw. wie eine spätere Bestrafung durch richtiges Verhalten sicher ausgeschlossen werden kann. Die Frage, unter welchen Umständen seine Untätigkeit gemäß § 323c StGB später tatsächlich zu sanktionieren ist und ob vielleicht noch weitere Voraussetzungen für eine Sanktionierung erfüllt sein müssen, ist damit noch nicht beantwortet.

Wie gesehen, ist der deliktsspezifische Verhaltensnormverstoß grundsätzlich nur eine notwendige, nicht aber immer auch hinreichende Bedingung einer jeden Straftat. So setzen die strafrechtlichen Erfolgsdelikte neben dem Erfordernis eines grundsätzlich missbilligten, deliktsspezifischen Fehlverhaltens – dem Verhaltensnormverstoß – den Eintritt eines tatbestandlichen Erfolges – eine Fehlverhaltensfolge – voraus. Eine Sanktionierung wegen eines vollendeten Tot-

---

344 In diesem Sinne mit Bezug auf den untauglichen Versuch: *Guhra*, Versuch, S. 25.

345 Kritisch zur Trennung von Tatsachenbasis und künftiger Entwicklung ebenfalls *Schaffstein*, FS-Bruns, S. 89 (97). Vgl. auch MüKo, Band 4, *Freund*, § 323c Rn. 36.

schlags erfordert neben dem Verstoß gegen das strafbewehrte Tötungsverbot des § 212 I StGB, dass durch das deliktsspezifische Fehlverhalten die spezifische Fehlverhaltensfolge – der Tod des Opfers – eingetreten ist. Fehlt es an einer solchen Fehlverhaltensfolge, kommt lediglich eine Strafbarkeit gemäß §§ 212 I, II, 22, 23 I StGB in Betracht. Denn für die Versuchsstrafbarkeit ist ein grundsätzlich rechtlich missbilligtes Tötungsverhalten zur Sanktionierung ausreichend.[346] Ferner haben wir gesehen, dass manche Sanktionsnormen zudem „fehlverhaltensfolgengleiche" Sanktionsvoraussetzungen enthalten. Hierzu zählt beispielsweise die „tatsächliche Fremdheit" der weggenommenen Sache gemäß § 242 StGB wie auch die Tatsache, dass im Falle eines sexuellen Missbrauchs von Kindern die Geschlechtspartnerin tatsächlich das vierzehnte Lebensalter noch nicht erreicht hat. Ebenso verhält es sich beim unerlaubten Entfernen vom Unfallort. Der Sanktionstatbestand des § 142 StGB erfordert als weitere Sanktionsvoraussetzung das wirkliche Vorliegen eines Unfalls.[347]

Aufgrund dessen stellt sich die berechtigte Frage, ob auch die Sanktionsnorm des § 323c StGB eine „fehlverhaltensfolgengleiche" Sanktionsvoraussetzung enthält. Sollte dies der Fall sein, so ist im Anschluss die Frage nach der Ausgestaltung dieses „fehlverhaltensfolgengleichen" Sanktionserfordernisses zu klären. Es geht hierbei um Überlegungen zur sachgerechten Begrenzung des Strafrechts, mit anderen Worten um die konkrete Reichweite der Sanktionsnorm des § 323c StGB und die Beantwortung der Perspektivenfrage in sanktionsnormspezifischer Hinsicht. Es gilt festzustellen, wann und gegebenenfalls unter welchen weiteren Voraussetzungen auf die Desavouierung des strafbewehrten Hilfeleistungsgebots sanktionsrechtlich zu reagieren ist.

aa. Die mögliche Doppelfunktion des Merkmals „Unglücksfall" im Sinne einer „fehlverhaltensfolgengleichen" Sanktionsvoraussetzung

Es ist durchaus möglich, dass das Merkmal des „Unglücksfall" nicht nur eine Relevanz bzgl. des deliktsspezifischen Verhaltensnormverstoßes besitzt, sondern zudem auch als spezifisches Erfordernis des Sanktionstatbestandes fungieren könnte, so dass dem Merkmal „Unglücksfall" eine Doppelfunktion zukäme.

Für unseren Beispielsfall stellt sich die Frage, ob der Verstoß des A gegen das strafbewehrte Hilfeleistungsgebot für eine Sanktionierung ausreicht oder ob weitere Sanktionsvoraussetzungen erfüllt sein müssen. Es geht hierbei auch um die Beantwortung der Frage, wie der Umstand, dass A lediglich irrig vom Vor-

---

346 Selbstverständlich bedarf es zur Sanktionierung grundsätzlich auch eines vorsätzlichen Verhaltens – es sei denn, das Gesetz hat eine fahrlässige Begehungsweise ausdrücklich mit Strafe belegt – sowie einer Bestätigung der grundsätzlichen rechtlichen Missbilligung durch das Rechtswidrigkeits- und durch das Schuldurteil.

347 Näher zum Erfordernis des tatsächlichen Vorliegens eines Unfalls *Freund*, GA 1987, S. 536 (544 f.).

liegen eines tatsächlichen „Unglücksfalls" ausgeht, aus sanktionsnormspezifischer Sicht zu bewerten ist. Geht man davon aus, dass die irrige Vorstellung des A auch auf der Ebene der Sanktionsnorm zur Begründung eines „Unglücksfalls" ausreichend ist, so ist offensichtlich auch jeder (auch der untaugliche) Versuch der unterlassenen Hilfeleistung erfasst. Denn der Verstoß gegen die strafbewehrte Verhaltensnorm ist dann nicht nur notwendige, sondern bereits hinreichende Bedingung für die Verhängung der in § 323c StGB angeordneten Kriminalstrafe. Ob § 323c StGB jedoch eine solche (materielle) Versuchsstrafbarkeit überhaupt umfassen kann oder ob nicht vielleicht in Bezug auf die mögliche Doppelfunktion des „Unglücksfalls" eine ex post-Bestätigung des tatsächlichen Vorliegens eines „Unglücksfalls" erforderlich ist, ist für die Frage der Sanktionierung des Verhaltens des A von entscheidender Bedeutung.

Hinweise auf ein zusätzliches Erfordernisses einer nachträglichen Bestätigung des tatsächlichen Vorliegens eines „Unglücksfalls" und eines Ausschlusses der Erfassung materieller Versuche könnten sich aus der Deliktsnatur des § 323c StGB ergeben. So wird von Teilen des Schrifttums die Einordnung des § 323c StGB in eine bestimmte Deliktskategorie zur Bestimmung der Reichweite der Sanktionsnorm genutzt.

(1) Untersuchung der Deliktsart des § 323c StGB und sich möglicherweise daraus ergebende Schlussfolgerungen für eine Doppelfunktion des Merkmals „Unglücksfall"

Die Deliktsart der unterlassenen Hilfeleistung ist höchst umstritten. Die verschiedenen Ansichten reichen von einer Kategorisierung als Verletzungsdelikt[348], über eine Einteilung als Gefährdungsdelikt – sei es konkret[349] oder abstrakt[350] – bis hin zu einer Kategorisierung als materielles (unechtes) Unternehmensdelikt[351] oder als Versuchsdelikt[352].

---

348 *Blindauer,* Unterlassene Hilfeleistung, S. 35.

349 LK-StGB, *Spendel,* § 323c Rn. 20 f.; NK-StGB, Band 5, *Seelmann,* § 323c Rn. 8; *Ostendorf,* JuS 1982, S. 426 (428); *Seelmann,* JuS 1995, S. 281 (285); *Tenckhoff,* FS-Spendel, S. 347 (353); *Tröndle/Fischer,* § 323c Rn. 1. Wohl auch *Geilen,* Jura 1983, S. 78 (143). Ebenso *Schönke/Schröder, Cramer/Sternberg-Lieben,* § 323c Rn. 1: „konkretes In-Gefahr-Lassungsdelikt". Ähnlich auch *Zieschang,* Gefährdungsdelikte, S. 344 ff., welcher jedoch die Einteilung in die konkreten Gefährdungsdelikte für zu ungenau hält – da es nicht auf den konkret gefährlichen Zustand, sondern auf das gefährdende Verhalten ankomme – und stattdessen ein „konkretes Gefährlichkeitsdelikt" bejaht.

350 *Vermander,* Unfallsituation, S. 45. In *Maurach/Schroeder/Maiwald,* BT II, § 55 Rn. 5 ist ferner von einem abstrakten Gefährdungsdelikt mit Teilkonkretisierung die Rede. Ebenfalls schreiben *Arzt/Weber,* BT § 39 Rn. 2 der Vorschrift der unterlassenen Hilfeleistung Elemente eines abstrakten Gefährdungsdelikts zu.

351 *Heil,* Folgen der unterlassenen Hilfeleistung, S. 147; *Jakobs,* AT, 25/7, 28/11; *Joecks,* § 323c Rn. 3; *Lackner/Kühl,* § 323c Rn. 11; *Rudolphi,* NStZ 1991, S. 237 (238); SK-StGB,

(a) § 323c StGB als Versuchsdelikt

Kaufmann kategorisiert die Vorschrift der unterlassenen Hilfeleistung als Versuchsdelikt. Der Vorschrift sei mit dem Begriff des „Hilfeleistens" ein finales Tätigkeitswort zu eigen, welches den bloßen Versuch bereits miterfasse. Insofern bestünden Parallelen zur Vorschrift der Begünstigung (§ 257 StGB). Die Vorschrift der unterlassenen Hilfeleistung erweise sich als ein *„Analogon auf dem Gebiet der Unterlassung zu den Tatbeständen mit finalen Tätigkeitsworten, zu den Versuchstatbeständen aus dem Bereich der Begehung"*.[353] Konsequenterweise werde dann natürlich nicht nur der taugliche, sondern auch der untaugliche Versuch im Falle des realiter (ex post) sich nicht bestätigenden „Unglücksfalls" erfasst.[354]

Sowohl *Schöne*[355] als auch *Welzel*[356] haben sich *Kaufmanns* Ansicht angeschlossen. Die Vorschrift der unterlassenen Hilfeleistung pönalisiere daher nicht nur die Unterlassung der Abwendung von Rechtsgutsverletzungen – als sozusagen vollendete unterlassene Hilfeleistung –, sondern auch die Unterlassung des bloßen Versuchs der Abwendung.[357]

Dem folgend würde § 323c StGB den vollen Versuchsbereich mit Strafe bedrohen. Neben dem Verstoß gegen die strafbewehrte Verhaltensnorm bedürfte es keines weiteren Sanktionserfordernisses. Dies würde gegen eine „Doppelfunktion" des Merkmals „Unglücksfall" im Sinne eines zusätzlichen Sanktionserfordernisses sprechen. Der (vorsätzliche) Verstoß gegen das strafbewehrte Hilfeleistungsgebot wäre dann nicht nur notwendige, sondern ausreichende Bedingung für eine Sanktionierung wegen einer unterlassenen Hilfeleistung.

(b) § 323c StGB als materielles (unechtes) Unternehmensdelikt

Ein Großteil der Literatur erblickt in der Vorschrift der unterlassenen Hilfeleistung einen materiellen (unechten) Unternehmenstatbestand.[358] Ebenso wie die

---

Band II, *Rudolphi*, § 323c Rn. 3; *Schönke/Schröder, Cramer*, 25. Auflage, § 323c Rn. 2a; *Schröder*, FS-Kern, S. 457 (467); *Ulsenheimer*, StV 1986, S. 201 (203); *Wolter*, Zurechnung, S. 191 mit Fn. 525.

352 *Kaufmann*, Dogmatik, S. 231; *Schöne*, Erfolgsabwendungen, S. 77 f., 101; *Welzel*, Strafrecht, S. 471.

353 *Kaufmann*, Dogmatik, S. 231.

354 *Kaufmann*, Dogmatik, S. 234.

355 *Schöne*, Erfolgsabwendungen, S. 77 f., 101.

356 *Welzel*, Strafrecht, S. 471.

357 *Schöne*, Erfolgsabwendungen, S. 77 f., 101; *Welzel*, Strafrecht, S. 471.

358 *Heil*, Folgen der unterlassenen Hilfeleistung, S. 147; *Jakobs*, AT, 25/7, 28/11; *Joecks*, § 323c Rn. 3; *Lackner/Kühl*, § 323c Rn. 11; *Rudolphi*, NStZ 1991, S. 237 (238); SK-StGB, Band II, *Rudolphi*, § 323c Rn. 3; *Schönke/Schröder, Cramer*, 25. Auflage, § 323c Rn. 2a; *Schröder*, FS-Kern, S. 457 (467); *Ulsenheimer*, StV 1986, S. 201 (203); *Wolter*, Zurechnung, S. 191 mit Fn. 525.

Vertreter der Einordnung des § 323c StGB in die Kategorie der Versuchsdelikte erblicken auch *Heil*, *Jakobs* und *Cramer* in dem Merkmal „Hilfeleisten“ ein finales Tätigkeitswort.[359] Die Hilfeleistung müsse immer darauf gerichtet sein, nachteilige Folgen – mit anderen Worten weitere Schädigungen – vom in Not Geratenen abzuwenden.[360] Dass weitere Schädigungen tatsächlich abgewendet werden, sei für die Frage der Strafbarkeit hingegen irrelevant.[361] Vielmehr sei der zur Hilfeleistung Verpflichtete aufgefordert, sein Bestmögliches zur Schadensabwehr beizutragen.[362] Bei der Vorschrift der unterlassenen Hilfeleistung sei somit der Versuch der Vollendung gleichgestellt.[363] Es sei daher auch für eine Sanktionierung aus § 323c StGB unerheblich, ob die vom zur Hilfe Verpflichteten unterlassene Hilfeleistung in Bezug auf eine Abwendung weiterer Schädigungen im nachhinein aussichtsreich gewesen wäre oder ob sie sich als unnötig herausstellen würde.[364]

Auch *Lackner/Kühl* erblicken in § 323c StGB ein materielles (unechtes) Unternehmensdelikt. Da der Versuch jedoch nicht mit Strafe bedroht sei, sei eine Erfassung der Versuchsstrafbarkeit trotz obiger Kategorisierung auszuschließen.[365]

Ebenfalls nimmt *Rudolphi* trotz Einordnung der Vorschrift der unterlassenen Hilfeleistung in die Gruppe der materiellen (unechten) Unternehmensdelikte eine Restriktion des strafbaren Bereiches vor. Lediglich taugliche Versuche seien bei § 323c StGB mit Strafe bedroht. Untaugliche Versuche hingegen könnten

359 *Heil*, Folgen der unterlassenen Hilfeleistung, S. 138 f., 140; *Jakobs*, AT, 25/7; *Schönke/Schröder*, *Cramer*, 25. Auflage, § 323c Rn. 2a.

360 *Heil*, Folgen der unterlassenen Hilfeleistung, S. 138 f.

361 *Heil*, Folgen der unterlassenen Hilfeleistung, S. 147.

362 *Heil*, Folgen der unterlassenen Hilfeleistung, S. 140.

363 *Heil*, Folgen der unterlassenen Hilfeleistung, S. 147; *Jakobs*, AT, 25/7.

364 *Schönke/Schröder*, Cramer, 25. Auflage, § 323c Rn. 2a. In diesem Sinne auch *Ulsenheimer*, StV 1986, S. 201 (203).

365 *Lackner/Kühl*, § 323c Rn. 11.

keine Grundlage für eine Sanktionierung nach § 323c StGB bilden.[366] Eine identische Restriktion scheint auch *Wolter* zu befürworten.[367]

Wiederum anders versucht *Schröder* den Bereich der Versuchsstrafbarkeit der unterlassenen Hilfeleistung einzugrenzen. Zwar hält auch *Schröder* § 323c StGB für ein materielles (unechtes) Unternehmensdelikt. Strafbar seien jedoch nur die untauglichen Versuche in Bezug auf die Untauglichkeit des Mittels – gemeint ist hiermit, dass der Täter irrig glaubt, er könne Hilfe leisten, obwohl er tatsächlich dazu gar nicht in der Lage ist. Versuche hingegen, deren Untauglichkeit auf der Untauglichkeit des Tatobjekts basieren – z.B. im Falle eines Irrtums über das tatsächliche Vorliegen eines „Unglücksfalls" – seien von § 323c StGB nicht mit Strafe bedroht.[368]

(c) § 323c StGB als konkretes Gefährdungsdelikt

Ein Teil des Schrifttums ordnet die Vorschrift der unterlassenen Hilfeleistung in die Rubrik der konkreten Gefährdungsdelikte ein.[369]

Spendel[370] begründet dies mit einer Orientierung am Begriff der „Erforderlichkeit" der Hilfeleistung. Die gemäß § 323c StGB vorzunehmende erforderliche Hilfeleistungshandlung sei im Fall eines Notfalls aufgrund eines gegenwärtigen, rechtswidrigen Angriffs gleichbedeutend mit der Nothilfehandlung des § 32 StGB. Wenn die Nothilfe als rechtlich gestatteter (§ 32 StGB) oder recht-

---

366 *Rudolphi*, NStZ 1991, S. 237 (238); SK-StGB, Band II, *Rudolphi*, § 323c Rn. 3. Zur Verdeutlichung sei hierbei angemerkt: Unter einem untauglichen Versuch versteht *Rudolphi* eine Sachlage, in der für einen objektiven Beobachter ex ante erkennbar gewesen wäre, dass entweder keine die Hilfspflicht auslösende Notsituation gegeben sei oder der objektive Beobachter erkannt hätte, dass seine Hilfe nicht erforderlich ist. Stelle sich der Hilfe Unterlassende eine solche Notsituation lediglich vor oder hält er irrig eine Hilfeleistung für erforderlich, obwohl ein objektiver Beobachter ex ante seinen Irrtum erkannt hätte, so bestehe kein Bedürfnis zur Sanktionierung. War hingegen für den objektiven Beobachter ex ante ebenfalls nicht ersichtlich, dass Hilfe nicht erforderlich oder eine Notsituation tatsächlich (ex post) nicht vorlag, so handele es sich um einen tauglichen Versuch, welcher vom Strafbarkeitsbereich des § 323c StGB erfasst werde. Vgl. hierzu SK-StGB, Band II, *Rudolphi*, § 323c Rn. 5a, 13.

367 *Wolter*, Zurechnung, Fn. 525.

368 *Schröder*, FS-Kern, S. 457 (465 f., 467).

369 LK-StGB, *Spendel*, § 323c Rn. 20 f.; NK-StGB, Band 5, *Seelmann*, § 323c Rn. 8; *Ostendorf*, JuS 1982, S. 426 (428); *Seelmann*, JuS 1995, S. 281 (285); *Tenckhoff*, FS-Spendel, S. 347 (353); *Tröndle/Fischer*, § 323c Rn. 1. Wohl auch *Geilen*, Jura 1983, S. 78 (143). Ebenso *Schönke/Schröder, Cramer/Sternberg-Lieben*, § 323c Rn. 1: *„konkretes In-Gefahr-Lassungsdelikt"*. Ähnlich auch *Zieschang*, Gefährdungsdelikte, S. 344 ff., welcher jedoch die Einteilung in die konkreten Gefährdungsdelikte für zu ungenau hält – da es nicht auf den konkret gefährlichen Zustand, sondern auf das gefährdende Verhalten ankomme – und stattdessen ein „konkretes Gefährlichkeitsdelikt" bejaht.

370 LK-StGB, *Spendel*, § 323c Rn. 20 ff.

lich gebotener (§ 323c StGB) Rettungsversuch eine rechtsgutsfördernde Handlung sei, dann müsse im Umkehrschluss die Nichtvornahme der Rettungshandlung eine rechtsgutsgefährdende Wirkung entfalten. Da jede Notlage eine ganz konkrete, auf den Rechtsgüterschutz gerichtete Hilfeleistung erfordere, sei das Unterlassen derselbigen eine konkrete Gefährdung, § 323c StGB mithin ein konkretes Gefährdungsdelikt.[371] Die Kategorisierung der Vorschrift der unterlassenen Hilfeleistung als Versuchsdelikt basiere letztlich auf einer nur Verwirrung stiftenden Kombination des objektiv zu bestimmenden Begriffs der „Erforderlichkeit" der Hilfeleistung und dem subjektiven Versuchsbegriff.[372] Ebenso verwirrend sei die Einteilung des § 323c StGB in den Bereich der materiellen (unechten) Unternehmensdelikte. Vor allem die in Bezug auf die Frage der Erfassung der Versuchsstrafbarkeit gewonnenen unterschiedlichen Ergebnisse seien widersprüchlich.[373]

Auch *Seelmann*[374] ordnet die Vorschrift der unterlassenen Hilfeleistung als ein konkretes Gefährdungsdelikt ein. Eine Kategorisierung des § 323c StGB als materielles (unechtes) Unternehmensdelikt lehnt er hingegen strikt ab. Eine solche Einordnung fuße auf einer gemäß Art. 103 II GG unzulässigen Analogie zu § 11 I Nr. 6 StGB. Da der Tatbestand des § 323c StGB den Begriff „Unternehmen" nicht enthalte, sei § 11 I Nr. 6 StGB nicht unmittelbar auf § 323c StGB anwendbar. Es bliebe daher nur eine entsprechende (analoge) Anwendung, welche jedoch zu Lasten des Täters ginge, da durch eine solche entsprechende Anwendung die Reichweite der Strafbarkeit zu Lasten des Täters ausgedehnt würde.[375] Zudem sei der Versuch eines Vergehens gemäß § 23 I StGB nur strafbar, wenn das Gesetz dies ausdrücklich bestimme. Dies sei bei § 323c StGB jedoch nicht der Fall.[376] Da über das Vorliegen eines „Unglücksfalls" zudem ex post zu bestimmen sei, könne es sich bei § 323c StGB auch nicht um ein abstraktes Gefährdungsdelikt handeln.[377]

Ostendorf[378] und *Tröndle/Fischer*[379] vertreten im Ergebnis die gleiche Ansicht, bleiben jedoch eine nähere Begründung, warum die Vorschrift der unterlassenen Hilfeleistung als konkretes Gefährdungsdelikt zu charakterisieren sei, schuldig.

Vorbehaltlich der Richtigkeit einer solchen Einordnung des § 323c StGB als konkretes Gefährdungsdelikt wäre es zumindest grundsätzlich möglich, dass

---

371 LK-StGB, *Spendel*, § 323c Rn. 20 f.
372 LK-StGB, *Spendel*, § 323c Rn. 23.
373 LK-StGB, *Spendel*, § 323c Rn. 24.
374 *Seelmann*, JuS 1995, S. 281 (285); NK-StGB, Band 5, *Seelmann*, § 323c Rn. 8.
375 NK-StGB, Band 5, *Seelmann*, § 323c Rn. 19, 32; *ders.*, JuS 1995, S. 281 (284).
376 NK-StGB, Band 5, *Seelmann*, § 323c Rn. 19; *ders.*, JuS 1995, S. 281 (284).
377 NK-StGB, Band 5, *Seelmann*, § 323c Rn. 8.
378 *Ostendorf*, JuS 1982, S. 426 (428).
379 *Tröndle/Fischer*, § 323c Rn. 1.

dem Merkmal „Unglücksfall" neben seiner Funktion für die strafrechtliche Verhaltensnorm eine weitere Funktion im Sinne eines erforderlichen Erfolgssachverhalts – eine Funktion als zusätzliches Sanktionserfordernis – zukommen könnte. Der Verstoß gegen das strafbewehrte Hilfeleistungsgebot des § 323c StGB wäre dann lediglich eine notwendige, nicht jedoch ausreichende Bedingung für eine Sanktionierung.

(d) § 323c StGB als abstraktes Gefährdungsdelikt

Andere hingegen halten im Rahmen des § 323c StGB eine abstrakte Gefährdung der Rechtsgüter des in Not Geratenen für ausreichend und sehen in der Vorschrift der unterlassenen Hilfeleistung ein abstraktes Gefährdungsdelikt.[380]

Maurach/Schröder/Maiwald[381] zufolge handele es sich bei § 323c StGB um ein abstraktes Gefährdungsdelikt, welches jedoch eine Teilkonkretisierung erfordere. Der zur Hilfe Aufgerufene müsse nicht die drohenden Schäden tatsächlich abwenden, sondern lediglich eine auf die Abwendung der drohenden Schäden gerichtete Tätigkeit vornehmen. Die Strafbarkeit trete nämlich unabhängig von der Schadensrealisierung bereits dann ein, wenn der zur Hilfe Aufgerufene die erforderliche Hilfe unterlasse. Da jedoch nur die „erforderliche Hilfe" zu leisten sei, beinhalte § 323c StGB eine gewisse Teilkonkretisierung. Ein untauglicher Versuch ist dieser Konzeption folgend zwar denkbar, soll jedoch ebenfalls nicht strafbar sein.[382]

Arzt/Weber[383] schreiben der Vorschrift der unterlassenen Hilfeleistung gleichfalls Elemente eines abstrakten Gefährdungsdelikts zu. Auch sie lehnen eine Kategorisierung des § 323c StGB als materielles (unechtes) Unternehmensdelikt aufgrund ihrer unübersehbaren Folgen und der damit verbundenen dogmatischen Unschärfe kategorisch ab.[384]

Zum gleichen Ergebnis gelangt auch bereits *Vermander*. Der Strafgrund der unterlassenen Hilfeleistung liege in ihrer Gefährlichkeit für die jeweils in Betracht kommenden Schutzgüter, da durch eine Unterlassung der Hilfeleistung die Wahrscheinlichkeit weiterer Gefahren für die Schutzgüter bestehe.[385] Es sei zwar durchaus möglich, dass durch eine Unterlassung eine konkrete Gefahr für bestimmte Rechtsgüter entstünde. Es reiche jedoch aus, wenn die Unterlassung

---

380 *Vermander*, Unfallsituation, S. 45. In *Maurach/Schroeder/Maiwald*, BT II, § 55 Rn. 5 ist ferner von einem abstrakten Gefährdungsdelikt mit Teilkonkretisierung die Rede. Ebenfalls schreiben *Arzt/Weber*, BT § 39 Rn. 2 der Vorschrift der unterlassenen Hilfeleistung Elemente eines abstrakten Gefährdungsdelikts zu.

381 *Maurach/Schroeder/Maiwald*, BT II, § 55 Rn. 5.

382 *Maurach/Schroeder/Maiwald*, BT II, § 55 Rn. 9.

383 *Arzt/Weber*, BT, § 39 Rn. 2.

384 *Arzt/Weber*, BT, § 39 Fn. 1.

385 *Vermander*, Unfallsituation, S. 45.

der Hilfeleistung sich als abstrakt gefährlich herausstelle. Maßgeblich für das Gefährlichkeitsurteil sei hierbei die Wahrscheinlichkeit der Schadensabwehr durch die gebotene Handlung.[386] Eine Kategorisierung der Vorschrift als Versuchsdelikt oder als materielles (unechtes) Unternehmensdelikt sei verfehlt, da § 323c StGB keine formelle Versuchsstrafbarkeit enthalte (§ 323c StGB in Verbindung mit § 23 I StGB) und die Kategorisierung als Unternehmensdelikt aufgrund der fehlenden Benennung des „Unternehmens" eine Umgehung der Vorschrift des § 11 I Nr. 6 StGB bedeute.[387] Die allgemeinen Regeln der Versuchsstrafbarkeit müssten gewahrt bleiben.[388]

(e) § 323c StGB als Verletzungsdelikt

Eine völlig differenzierende Auffassung vertritt *Blindauer,* welcher in § 323c StGB ein Verletzungsdelikt erblickt. Ob eine Hilfeleistung erforderlich sei oder nicht, lasse sich erst im nachhinein beantworten, nämlich erst dann, wenn man wisse, ob ein weiterer Schaden eingetreten sei oder eben nicht. Daher bedürfe es zu einer Sanktionierung des Eintritts einer weiteren Schädigung, mit anderen Worten des Eintritts einer Verletzung.[389] Eine Kategorisierung als abstraktes Gefährdungsdelikt scheide von vornherein aus, da die Vorschrift der unterlassenen Hilfeleistung eine konkrete Gefährdung zur Begründung der Hilfspflicht voraussetze.[390] Da die Hilfspflicht zwar erst durch eine konkrete Gefahr entstünde, jedoch nur sanktioniert werden könne, wenn ein weiterer Schaden eingetreten sei, könne es sich bei der Vorschrift der unterlassenen Hilfeleistung auch nicht um ein konkretes Gefährdungsdelikt handeln.[391]

(f) Stellungnahme und Versuch einer eigenen Einordnung der Vorschrift der unterlassenen Hilfeleistung

Bei der Betrachtung dieser unterschiedlichen Ansichten wird bereits eines deutlich: Je nachdem, welche Kategorisierung die einzelnen Autoren befürworten, eröffnet oder verschließt sich der Weg zu einer Erfassung der Versuchsstrafbarkeit.

Gemäß § 323c StGB macht sich derjenige wegen unterlassener Hilfeleistung strafbar, der im Falle eines „Unglücksfalls", einer „gemeinen Gefahr" oder „Not" die erforderliche und ihm auch zumutbare Hilfe unterlässt. § 323c StGB gebietet dem zur Hilfe Aufgerufenen, unter bestimmten Voraussetzungen ein

386 *Vermander,* Unfallsituation, S. 47.
387 *Vermander,* Unfallsituation, S. 32 ff.
388 *Vermander,* Unfallsituation, S. 32.
389 *Blindauer,* Unterlassene Hilfeleistung, S. 35.
390 *Blindauer,* Unterlassene Hilfeleistung, S. 34 f.
391 *Blindauer,* Unterlassene Hilfeleistung, S. 35.

bestimmtes Verhalten vorzunehmen. Dass durch die Nichtvornahme der erforderlichen und zumutbaren Hilfehandlung eine weitere Schädigung des Hilfsbedürftigen eingetreten sein muss (Verletzungserfolg) oder der Hilfsbedürftige durch die Nichtvornahme in eine konkrete Gefahr geraten sein muss, damit nach § 323c StGB sanktioniert werden kann, ist dem Wortlaut der Vorschrift hingegen nicht zu entnehmen. Dies ist sowohl für ein Verletzungsdelikt als auch für ein konkretes Gefährdungsdelikt untypisch.

Wenden wir uns zu aller erst der Kategorisierung des § 323c StGB als Verletzungsdelikt zu.[392] Gegen eine solche Ansicht bestehen erhebliche Bedenken. Neben der fehlenden Verankerung eines solchen Verletzungserfolgs im Wortlaut der Vorschrift der unterlassenen Hilfeleistung würde eine solche Lösung zudem zu höchst bedenklichen Ergebnissen führen. Wäre der Eintritt einer weiteren Schädigung notwendige Bedingung für eine Strafbarkeit gemäß § 323c StGB, so könnte derjenige nicht bestraft werden, der die erforderliche und ihm zumutbare Hilfe zwar unterlässt, jedoch das Glück hat, dass eine weitere Person zufällig der Notsituation ansichtig wird und den in Not Geratenen durch seine Hilfeleistung vor weiteren Schädigungen bewahrt. Denn in einem solchen Fall wäre der für eine Sanktionierung nach § 323c StGB als erforderlich erachtete Verletzungserfolg nicht eingetreten. Es stellt sich dann aber die Frage, warum der die Hilfe Unterlassende von der zufälligen Hilfeleistung eines Dritten profitieren sollte. Vielmehr ist es heutzutage allgemein anerkannt, dass der zur Hilfe Verpflichtete auch für die Fälle bestraft wird, in denen nach seiner Verweigerung der Hilfehandlung ein Dritter Hilfe leistet und die Gefahr weiterer Schadenseintritte abwendet.[393] Die Hilfspflicht entfällt jedoch, wenn Dritte bereits Hilfe leisten und der die Hilfe Unterlassende auch nicht schneller oder besser als die bereits tätige Person Hilfe leisten könnte.[394]

Auch kann aus dem Merkmal der „Erforderlichkeit" nicht der Schluss gezogen werden, dass ein Verletzungserfolg zur Sanktionierung zwingend notwendig ist. Die „Erforderlichkeit" beschränkt die Möglichkeiten der zu leistenden Hilfe auf Handlungen, die dem Zweck der Gefahrenabwehr – der Abwehr weiterer Schädigungen – dienen. Damit wird jedoch lediglich klargestellt, dass die Hilfeleistungspflicht eine zweckgebundene und zielgerichtete Tätigkeit vom zur Hilfe Aufgerufenen verlangt.[395] Dem Argument, dass sich die „Erforderlichkeit" der

---

392 Vertreten von *Blindauer*, Unterlassene Hilfeleistung, S. 34 f.

393 Vgl. nur aus der Rechtsprechung: BGHSt 2, S. 296 (300); BGH VRS 14, S. 191 (193); BGH, VRS 25, S. 42 (44); OLG Hamm VRS 20, S. 232 (233); sowie aus der Literatur: *Lackner/Kühl*, § 323c Rn. 10; *Maurach/Schroeder/Maiwald*, BT II, § 55 Rn. 8 f.; *Schönke/Schröder, Cramer/Sternberg-Lieben*, § 323c Rn. 16; *Vermander*, Unfallsituation, S. 29 f. Ebenso bereits *Welzel*, Strafrecht, S. 472.

394 Vgl. nur *Lackner/Kühl*, § 323c Rn. 5; *Schönke/Schröder, Cramer/Sternberg-Lieben*, § 323c Rn. 16.; beide mit weiteren Nachweisen.

395 Vgl. hierzu bereits oben II. 3. d.

Hilfeleistung erst dann feststellen lasse, wenn ein weiterer Schaden eingetreten sei[396], kann nicht gefolgt werden. Richtig ist, dass für den Fall eines weiteren Schadenseintritts bei Verweigerung der Hilfeleistung von der „Erforderlichkeit" der Hilfeleistung ausgegangen werden kann. Ob hieraus aber der Umkehrschluss gezogen werden kann, dass eine Hilfeleistung immer dann nicht erforderlich ist, wenn kein weiterer Schaden eingetreten ist, ist doch sehr fraglich. Wie sieht es beispielsweise in den Fällen aus, in denen jemand aktiv Hilfe geleistet hat und so die Gefahr weiterer Schädigungen abgewendet hat? Hat er dann eine nicht erforderliche Hilfe geleistet? Wenn jemand eine bewusstlose Person antrifft, ist es dann nicht unabhängig von der Verwirklichung der Erstickungsgefahr angebracht, diese in eine stabile Seitenlage zu versetzen, um ein mögliches Ersticken an der eigenen Zunge zu verhindern? Blindauer verkennt, dass sich die „Erforderlichkeit" auf die Abwendung der Gefahr weiterer Schädigungen bezieht. Der Gefahrbegriff macht es jedoch schon deutlich. Unter eine Gefahr versteht man ein drohendes Unheil, eine Möglichkeit, dass ein Schaden eintritt.[397] Diese Möglichkeit besteht doch aber nicht nur dann, wenn im nachhinein betrachtet ein Schaden auch tatsächlich eingetreten ist. Dann wären ja all diejenigen Personen, die glimpflich einer Gefahr entronnen sind, ohne dabei zu Schaden gekommen zu sein, niemals in einer Gefahr gewesen. Dass eine solche Schlussfolgerung fehlerhaft ist, bedarf wohl keiner näheren Begründung. Da die „Erforderlichkeit" der Hilfeleistung nicht erst bei Schädigungseintritt vorliegen kann, sondern bereits bei der Gefahr weiterer Schädigungen angenommen werden muss, kann es sich bei § 323c StGB letztlich auch um kein Verletzungsdelikt handeln.[398] Denn ein tatsächlicher Schadenseintritt wird weder ausdrücklich noch durch das Merkmal der „Erforderlichkeit" vorausgesetzt.

Ebenso kann man an der Richtigkeit einer Kategorisierung des § 323c StGB als konkretes Gefährdungsdelikt zweifeln. Typischerweise wird bei einem konkreten Gefährdungsdelikt die Verursachung einer konkreten Gefahr unter Strafe gestellt. Versinnbildlichen lässt sich dies an einigen Beispielen aus dem Strafgesetzbuch: Die Vorschrift der Straßenverkehrsgefährdung (§ 315c StGB) ist anerkanntermaßen zur Gruppe der konkreten Gefährdungsdelikte zu zählen.[399] Das Erfordernis einer konkreten Gefahr lässt sich bereits aus dem Wortlaut der Vorschrift herleiten. Der Täter muss eine der in Abs. 1 oder Abs. 2 enthaltenen Tathandlungen begangen haben *„und dadurch Leib oder Leben eines anderen Menschen oder fremde Sachen von bedeutendem Wert"* gefährdet haben. Da die

---

396 *Blindauer*, Unterlassene Hilfeleistung, S. 35.

397 Duden, Band 3, S. 1403.

398 Vgl. hierzu auch die obigen ablehnenden Ausführungen zu einer ex post-Betrachtung strafrechtlicher Ver- und Gebote zur Vermeidung von Schädigungsmöglichkeiten III. 1. d. aa. (3).

399 Vgl. statt vieler: *Lackner/Kühl*, § 315c Rn. 1; *Schönke/Schröder, Cramer/Sternberg-Lieben*, § 315c Rn. 33 f.; beide mit weiteren Nachweisen.

gefährdeten Rechtsgüter in der Vorschrift ausdrücklich genannt werden, kann es sich nur um ein konkretes Gefahrerfordernis handeln. Gleiches gilt für die §§ 221 I, 315 I, 315a I, und 315b I StGB. Auch bei diesen Vorschriften wird ausdrücklich eine Leibes- oder Lebensgefahr für einen anderen Menschen gefordert. Dies gilt auch für das Herbeiführen einer Sprengstoffexplosion gemäß § 308 I StGB. Ebenso wie bei den obigen Delikten reicht es für eine Strafbarkeit gemäß § 308 I StGB nicht aus, lediglich eine Explosion durch Sprengstoff herbeigeführt zu haben. Vielmehr müssen Leib oder Leben eines anderen Menschen oder fremde Sachen von bedeutendem Wert durch die Explosion in Gefahr gebracht worden sein. Im Gegensatz zu diesen allgemein anerkannten konkreten Gefährdungsdelikten lässt der Wortlaut der Vorschrift der unterlassenen Hilfeleistung das Erfordernis einer Gefährdung bestimmter Rechtsgüter vermissen. Vielmehr wird bereits das Unterlassen der erforderlichen und zumutbaren Hilfe unter Strafe gestellt. Aus diesem Grunde ließe sich bereits an einer Charakterisierung des § 323c StGB als konkretes Gefährdungsdelikt zweifeln.[400]

Wenig überzeugend mutet der Versuch an, die Unterschiede im Wortlaut des § 323c StGB zu den allgemein anerkannten konkreten Gefährdungsdelikten dadurch begründen zu wollen, dass es sich bei § 323c StGB um ein Unterlassungsdelikt handelt, bei dem das Opfer sich bereits in einer (konkreten) Gefahr befinde und man daher im Gegensatz zu den konkreten Gefährdungsdelikten aus dem Begehungsbereich nicht darauf abzustellen habe, dass durch das Verhalten des Täters eine konkrete Gefahr verursacht worden sei. Vielmehr sei der die Hilfspflicht auslösende konkrete gefährliche Zustand zur Bestimmung der Deliktskategorie maßgeblich.[401] Auch im Bereich konkret gefährlicher Unterlassungsdelikte muss es letztlich darauf ankommen, dass durch die eigentliche Tathandlung – für § 323c StGB bedeutet dies die Nichtvornahme der erforderlichen und zumutbaren Hilfeleistung – eine konkrete Gefahr für die geschützten Rechtsgüter verursacht wurde.[402] Die bereits im vorhinein bestehende Gefahr löst zwar die Hilfspflicht im Sinne des § 323c StGB aus. Allerdings wird von § 323c StGB nicht gefordert, dass durch die Unterlassung der Hilfeleistung eine konkrete Gefahr eingetreten ist. Dies wäre für eine Kategorisierung als konkretes Gefährdungsdelikt allerdings zwingend erforderlich. Zur Verdeutlichung erscheint eine Betrachtung des § 221 I Nr. 2 StGB angebracht. Gemäß § 221 I Nr. 2 StGB wird derjenige bestraft, der einen Menschen in einer hilflosen Lage im Stich lässt, obwohl er ihn in seiner Obhut hat oder ihm sonst beizustehen verpflichtet ist, und ihn dadurch der Gefahr des Todes oder einer schweren Gesundheitsschädi-

---

400 In diesem Sinne: *Harzer,* Unterlassene Hilfeleistung, S. 91 f.; *Heil,* Folgen der unterlassenen Hilfeleistung, S. 143, 144; *Zieschang,* Gefährdungsdelikte, S. 344 f.

401 So jedoch *Blindauer,* Unterlassene Hilfeleistung, S. 34 f.

402 Vgl. *Heil,* Folgen der unterlassenen Hilfeleistung, S. 144. Kritisch auch bereits zur Auffassung *Blindauers Schöne,* Erfolgsabwendungen, S. 64. In diese Richtung gehend auch *Zieschang,* Gefährdungsdelikte, S. 345 f.

gung ausgesetzt hat. § 221 I Nr. 2 StGB kann sowohl durch ein aktives Tun (z.B. durch eine örtliche Entfernung vom Opfer) als auch durch Unterlassen (z.B. untätiges Sitzen bleiben am Bett des Patienten) begangen werden.[403] Unter Im-Stich-Lassen ist ein Unterlassen der Hilfeleistung zu verstehen.[404] Die hilflose Lage muss bei § 221 I Nr. 2 StGB im Gegensatz zu Nr. 1 bereits vor bzw. spätestens im Zeitpunkt der Tathandlung bestanden haben.[405] Die hilflose Lage setzt eine zumindest potentielle Gefahr voraus.[406] Zum Teil wird auch vertreten, dass es sich um eine konkrete Gefahrenlage handeln müsse.[407] Diese Konstellation ähnelt auffallend der Situationsbeschreibung bei der unterlassenen Hilfeleistung. So wie im Falle des § 323c StGB eine Notsituation im Sinne eines „Unglücksfalls", einer „gemeinen Gefahr" oder „Not" vorgelegen haben muss, so bedarf es bei § 221 I Nr. 2 StGB einer hilflosen Lage des Opfers. Ebenso wie bei § 323c StGB muss der Täter eine Hilfehandlung nicht vorgenommen habe. Dies muss zwar bei § 221 I Nr. 2 StGB nicht zwingend durch eine Unterlassung geschehen. Jedoch ist eine Tatbegehung durch ein Unterlassen durchaus möglich. Im Gegensatz zu § 323c StGB erfordert § 221 I Nr. 2 StGB allerdings des weiteren, dass durch die Tathandlung das Opfer der Gefahr des Todes oder einer schweren Gesundheitsschädigung ausgesetzt wurde. Obwohl die Tathandlung auch durch ein Unterlassen möglich ist, muss durch die Unterlassung eine konkrete Gefahr des Opfers verursacht worden sein.[408] Dies zeigt, dass die konkreten Gefährdungsdelikte im Unterlassungsbereich ebenso im Bereich der Begehungsdelikte auf die konkrete Gefährlichkeit des Verhaltens und nicht auf einen bereits vorher existierenden Zustand abstellen. Aus diesem Grunde vermag *Blindauers* Argumentation die fehlende Nennung einer konkreten Gefährdung im Wortlaut der Vorschrift der unterlassenen Hilfeleistung auch nicht zu erklären. Der Wortlaut der Vorschrift spricht somit eindeutig nicht für die Kategorisierung als konkretes Gefährdungsdelikt.

Wenn zudem behauptet wird, bei § 323c StGB handele es sich um ein konkretes Gefährdungsdelikt, weil das Vorliegen eines „Unglücksfalls" durch eine ex post-Betrachtung zu bestimmen sei, d.h. ein „Unglücksfall" realiter gegeben sein muss[409], so führt auch dies in der Sache nicht weiter, sondern stellt vielmehr einen „circulus vitiosus" dar. Wie wir oben bereits gesehen haben, ist das

---

403 *Lackner/Kühl*, § 221 Rn. 4; LK-StGB, *Jähnke*, § 221 Rn. 22, 28; *Schönke/Schröder, Eser*, § 221 Rn. 6 f.; *Tröndle/Fischer*, § 221 Rn. 8.

404 *Tröndle/Fischer*, § 221 Rn. 8.

405 LK-StGB, *Jähnke*, § 221 Rn. 25; *Schönke/Schröder, Eser*, § 221 Rn. 6; *Tröndle/Fischer*, § 221 Rn. 8.

406 *Lackner/Kühl*, § 221 Rn. 2; kritisch *Tröndle/Fischer*, § 221 Rn. 7, der die Begriffe „konkrete Gefahr" und „hilflose Lage" für nur schwer unterscheidbar hält.

407 So wohl *Otto*, Grundkurs II, § 10 Rn. 2.

408 *Lackner/Kühl*, § 221 Rn. 5; *Schönke/Schröder, Eser*, § 221 Rn. 8. Dieses Erfordernis ergibt sich zudem bereits aus dem Wortlaut der Vorschrift.

409 NK-StGB, Band 5, *Seelmann*, § 323c Rn. 8.

Merkmal „Unglücksfall" in verhaltensnormspezifischer Hinsicht einer individualisierenden ex ante-Betrachtung zu unterziehen. Ob die Sanktionsnorm eine Art „Erfolgssachverhalt" in Form einer ex post-Bestätigung des „Unglücksfalls" erfordert, ist aber gerade die entscheidende Frage. Genauso gut könnte man behaupten, § 323c StGB sei ein materielles (unechtes) Unternehmensdelikt oder ein abstraktes Gefährdungsdelikt, weil das Merkmal „Unglücksfall" einer ex ante-Betrachtung zu unterziehen sei. Ob eine schlichte ex ante-Betrachtung für eine Sanktionierung jedoch ausreichend ist, ist ebenso wie die Behauptung einer ex post-Betrachtung zu diesem Zeitpunkt noch nicht abschließend geklärt.

Durch die Nichtnennung eines Verletzungs- oder eines konkreten Gefährdungseintritts deutet der Wortlaut des § 323c StGB vielmehr auf eine Kategorisierung als abstraktes Gefährdungsdelikt oder als materielles (unechtes) Unternehmensdelikt hin. Eine Kategorisierung als materielles (unechtes) Unternehmensdelikt wird jedoch von großen Teilen des Schrifttums kategorisch abgelehnt. Hauptkritikpunkt an einer solchen Kategorisierung ist die von den Anhängern dieser Auffassung vertretene Erfassung des Versuchsbereichs durch § 323c StGB. Da der Versuch eines Vergehens gemäß § 23 I StGB nur mit Strafe bedroht sei, wenn dies das Gesetz ausdrücklich anordne, § 323c StGB eine solche Anordnung jedoch gerade nicht enthält, sei eine Versuchsstrafbarkeit bei § 323c StGB ausgeschlossen.[410] Die Erfassung der Versuchsstrafbarkeit könnte auch nicht durch eine Kategorisierung des § 323c StGB als Unternehmensdelikt erreicht werden. Der Wortlaut des § 323c StGB enthält nicht den von § 11 I Nr. 6 StGB vorausgesetzten Begriff des „Unternehmens", so dass die Vorschrift der unterlassenen Hilfeleistung nur als Unternehmensdelikt angesehen werden könne, wenn man § 11 Nr. 6 StGB einer analogen Anwendung unterziehe. Eine solche stelle jedoch eine verbotene Analogie zu Lasten des Täters dar, da die Reichweite der Strafbarkeit über den Bereich des Vollendungsdeliktes auch auf den Versuchsbereich ausgeweitet würde.[411]

Dieser auf den ersten Blick vielleicht als erheblich erscheinende Kritikpunkt verliert bei einer genaueren Betrachtung des Wortlauts der §§ 23 I, 11 I Nr. 6 und 323c StGB jedoch enorm an Gewicht. § 23 I StGB fordert für die Versuchsstrafbarkeit eines Vergehens eine ausdrückliche gesetzliche Bestimmung. Wie

---

410 *Lackner/Kühl*, § 323c Rn. 11; *Geilen*, Jura 1983, S. 78 (143, 147); NK-StGB, Band 5, *Seelmann*, § 323c Rn. 19; *Schönke/Schröder, Cramer/Sternberg-Lieben*, § 323c Rn. 2; *Seelmann*, JuS 1995, S. 281 (284); *Vermander*, Unfallsituation, S. 33 f.; AG Tiergarten, NStZ 1991, S. 236 (237); *Frellesen*, StV 1987, S. 22 (23); in diese Richtung gehend auch *Harzer*, Unterlassene Hilfeleistung, Fn. 225; *Haubrich*, Unterlassene Hilfeleistung, S. 281; *Kreuzer*, Ärztliche Hilfeleistungspflicht, S. 103 f.; *ders.*, NJW 1967, S. 278 (281).

411 NK-StGB, Band 5, *Seelmann*, § 323c Rn. 19, 32; *ders.*, JuS 1995, S. 281 (284); *Vermander*, Unfallsituation, S. 33 f. sieht eine Umgehung der Vorgängervorschrift des § 11 I Nr. 6 StGB; *Frellesen*, StV 1987, S. 22 (23); in diese Richtung gehend auch *Harzer*, Unterlassene Hilfeleistung, Fn. 225; kritisch auch *Kreuzer*, NJW 1967, S. 278 (281).

eine solche ausdrückliche Bestimmung jedoch ausgestaltet sein muss, besagt § 23 I StGB hingegen nicht. Es stellt sich somit die Frage, welchen Anforderungen eine solche Bestimmung entsprechen muss. Im Gesetz finden sich einige Beispiele für eine ausdrückliche Bestimmung der Versuchsstrafbarkeit von Vergehen. So macht § 223 II StGB deutlich, dass auch der Versuch des Vergehens der Körperverletzung mit Strafe bedroht ist. Ebenso ist in § 240 III StGB die Strafbarkeit des Nötigungsversuchs normiert. Hieraus nun aber zu schließen, dass die in §§ 223 II, 240 III StGB gewählte Möglichkeit der Bestimmung der Versuchsstrafbarkeit die einzige Art und Weise wäre, wie der Gesetzgeber die Versuchsstrafbarkeit von Vergehen anordnen könnte, ist verfehlt. Denn über die Ausformung der notwendigen Bestimmung sagt § 23 I StGB gerade nichts aus. Es kann daher auch nicht gefordert werden, dass der Gesetzgeber einen bestimmten „terminus technicus" verwendet, um die Versuchsstrafbarkeit eines Vergehens zu kennzeichnen.[412] Es ist im Gegenteil nicht nur vorstellbar, sondern auch möglich, dass der Gesetzgeber die Strafbarkeit des Versuchs – zumindest die Erfassung materieller Versuche – bereits durch die Umschreibung der mit Strafe bedrohten Handlung innerhalb des Tatbestands kennzeichnet. Wenn der Gesetzgeber eine solche Umschreibung vornimmt, so besteht auch kein Bedürfnis nach einer Normierung der Versuchsstrafbarkeit in einem Folgeabsatz, wie es bei § 223 II StGB der Fall ist. Denn aus welchem Grund sollte der Gesetzgeber für den Fall, dass die (materielle) Versuchsstrafbarkeit durch die Umschreibung der unter Strafe gestellten Handlung bereits erkennbar ist, zusätzlich auf die Versuchsstrafbarkeit hinweisen? Es ist vielmehr allein entscheidend, dass der Wille des Gesetzgebers, auch den Versuch eines bestimmten Vergehens mit Strafe zu versehen, aus dem Gesetz erkennbar hervorgeht.[413]

Ebenso wenig ist es ersichtlich, warum die Kategorisierung des § 323c StGB als eine Art des Unternehmensdelikt eine gemäß Art. 103 II GG verbotene Analogie zu § 11 I Nr. 6 StGB darstellen soll. § 11 I Nr. 6 StGB stellt lediglich klar, dass Unternehmensdelikte bestimmte Deliktsarten sind, in denen der Versuch der Tat der Vollendung der Tat gleichgestellt ist. Und nur diese Gleichstellung von Versuch und Vollendung gibt den gesetzlichen Hinweis darauf, ob es sich bei einem bestimmten Delikt um ein Unternehmensdelikt handelt oder nicht. Der häufig vorgebrachte Einwand, dass Unternehmensdelikte zu ihrer Kennzeichnung den Begriff des „Unternehmens" im Tatbestand aufweisen müssten, um als solche kategorisiert werden zu können, kann sich zumindest nicht auf den Wortlaut des § 11 I Nr. 6 StGB stützen. Denn eine solche Anforderung ist dieser gesetzlichen Vorschrift gerade nicht zu entnehmen. Es ist den Kritikern zwar zuzugestehen, dass bei einigen Unternehmensdelikten der Begriff des „Unternehmens" tatsächlich im Tatbestand genannt wird. Hieraus im Umkehrschluss

---

412 So bereits *Schöne,* Erfolgsabwendungen, S. 73 f. Ihm folgend *Heil,* Folgen der unterlassenen Hilfeleistung, S. 145.

413 Ebenso *Schöne,* Erfolgsabwendungen, S. 73 f.

zu folgern, dass eine solche Nennung ein zwingendes Erfordernis darstellt, ist jedoch verfehlt.[414] Entscheidende Frage, ob die Vorschrift der unterlassenen Hilfeleistung als Unternehmensdelikt kategorisiert werden kann oder nicht, ist somit lediglich, ob materielle Versuchsfälle als Fälle der vollendeten unterlassenen Hilfeleistung aufzufassen sind.

Wie oben bereits festgestellt erfordert § 323c StGB keinen Verletzungs- oder Gefährdungserfolg. Die Folgen der Tat sind für die grundsätzliche Frage der Strafbarkeit daher völlig irrelevant. Anerkanntermaßen muss die Hilfeleistung jedoch darauf gerichtet sein, weitere mögliche Schädigungen vom in Not Geratenen abzuwenden. Es reicht daher nicht jede x-beliebige Tätigkeit zur Erfüllung der Nothilfepflicht aus.[415] Vielmehr stellt eine Hilfeleistung eine auf Schadensabwehr gerichtete Tätigkeit, d.h. eine finale Tätigkeit dar.[416] Dass das finale Ziel der Hilfeleistung tatsächlich erreicht wird, ist hingegen nicht notwendig. Es reicht aus, wenn der Hilfspflichtige sein Bestes gibt, um weitere Schädigungen abzuwenden. Gelingt ihm dies trotz bester Bemühungen nicht, so ergibt sich hieraus keine Strafbarkeit. Dem Wortlaut des § 323c StGB folgend wird der Täter allerdings bereits dann bestraft, wenn er die auf Schadensabwehr gerichtete Tätigkeit nicht vorgenommen hat. Eine materielle Versuchsstrafbarkeit ist daher durchaus vom Wortlaut der Vorschrift erfasst. Ein Verstoß gegen § 23 I StGB kann hierin auch nicht gesehen werden. Denn welchen Anlass sollte der Gesetzgeber haben, in einem zweiten Absatz die Strafbarkeit des Versuchs zu normieren, wenn bereits aus dem Wortlaut der bisherigen Vorschrift die Versuchsstrafbarkeit hervorgeht?

Dass der Wortlaut der Vorschrift der unterlassenen Hilfeleistung eine Erfassung der Versuchsstrafbarkeit – in materieller Form – durchaus zulässt, zeigt auch ein Vergleich des § 323c StGB mit der Vorschrift der Jagwilderei gemäß § 292 I Nr. 1 1. Alt. StGB. Von § 292 I Nr. 1 1. Alt. StGB wird gefordert, dass der Täter „dem Wilde nachstellt“. Es wird dabei als ausreichend erachtet, wenn der Täter eine finale Handlung vornimmt, welche auf die Erlegung des Wildes gerichtet ist.[417] Ein bestimmter Erfolgseintritt wird hingegen nicht gefor-

---

414 So bereits *Schöne*, Erfolgsabwendungen, S. 74. Ebenso *Heil*, Folgen der unterlassenen Hilfeleistung, S. 146.

415 Zur erforderlichen Zielrichtung der Hilfeleistung und dem Nichtausreichen jeder x-beliebigen Tätigkeit, vgl. *Heil*, Folgen der unterlassenen Hilfeleistung, S. 138 ff.; MüKo, Band 1, *Freund*, § 323c Rn. 75, 82; *Schöne*, Erfolgsabwendungen, S. 58 ff. Vgl. ferner zur erforderlichen Zielrichtung der Hilfeleistung bereits oben II. 3. d.

416 *Heil*, Folgen der unterlassenen Hilfeleistung, S. 138 f.; *Jakobs*, AT, 25/7, 28/11; *Kaufmann*, Dogmatik, S. 231; *Maurach/Schroeder/Maiwald*, BT II, § 55 Rn. 5; *Schönke/Schröder, Cramer*, 25. Auflage, § 323c Rn. 2a; *Schöne*, Erfolgsabwendungen, S. 60.

417 Vgl. LK-StGB, *Schünemann*, § 292 Rn. 42; *Schönke/Schröder, Eser/Heine*, § 292 Rn. 5; *Tröndle/Fischer*, § 292 Rn. 11; SK-StGB, Band II, *Hoyer*, § 292 Rn. 13. In diesem Sinne auch *Kindhäuser*, LPK-StGB, § 292 Rn. 8: *„... wird mit dem Nachstellen die Versuchshand-*

dert.[418] Die Erfassung des Versuchsbereichs durch eine Gleichstellung mit der Vollendung (materielles Unternehmensdelikt) ist auch hier anerkannt, so dass eine formelle Vollendung bereits dann vorliegen kann, wenn materiell noch ein Versuch gegeben ist.[419]

Weitere Parallelen ergeben sich zur Vorschrift der Begünstigung. § 257 I StGB setzt ähnlich wie § 323c StGB ein Hilfeleisten voraus. Dies jedoch mit dem Unterschied, dass in § 323c StGB eine aktive Hilfeleistung vom Normunterworfenen gefordert wird, wohingegen § 257 StGB eine aktive Hilfeleistung untersagt und einen Verstoß mit Strafe versieht. Für eine Hilfeleistung im Sinne des § 257 I StGB reicht es aus, wenn der Begünstiger eine Handlung vornimmt, welche objektiv geeignet ist, den Begünstigten im Hinblick auf die Vorteilssicherung besser zu stellen und die subjektiv mit dieser Tendenz vorgenommen wird.[420] Ein Vorteilssicherungserfolg ist für die Bestimmung der Strafbarkeit grundsätzlich unerheblich.[421] Im Vergleich zu § 323c StGB bedeutet dies: Der Hilfspflicht des § 323c StGB ist genüge getan, wenn der zur Hilfe Verpflichtete eine Handlung vornimmt, welche objektiv geeignet ist, weitere Schädigungen vom in Not Geratenen abzuwenden und diese Handlung auch mit der Intention der Schadensabwehr vorgenommen wird. Unterlässt der Täter hingegen die Hilfehandlung, so ist unabhängig vom tatsächlichen Eintritt weiterer Schäden die unterlassene Hilfeleistung vollendet. Dies gilt auch, wie oben bereits dargestellt, für den Fall, dass ein Dritter nach der Unterlassung der Hilfehandlung selbst Hilfe leistet und so weitere Schädigungen vom in Not Geratenen abwendet. Denn der Eintritt eines Schädigungserfolgs wird von § 323c StGB nicht gefordert. Ähnlich der Begünstigung ist die unterlassene Hilfeleistung eine zur selbständigen Straftat erhobene Versuchshandlung.[422] Allerdings setzt § 11 I Nr. 6

---

lung zum Fangen, Erlegen und Zueignen umschrieben."; sowie Rn. 9. Ähnlich auch *Lackner/Kühl*, § 292 Rn. 2 und NK-StGB, Band 5, *Wohlers*, § 292 Rn. 35, 40.

418 *Kindhäuser*, LPK-StGB, § 292 Rn. 9; LK-StGB, *Schünemann*, § 292 Rn. 48, 49.

419 *Tröndle/Fischer*, § 292 Rn. 11, 18. *Schönke/Schröder, Eser/Heine*, § 292 Rn. 5 allerdings mit der Einschränkung, dass Versuche bzgl. eines untauglichen Objekts ausscheiden sollen. Die Untauglichkeit des Mittels (z.B. ungeladenes Gewehr) sei hingegen irrelevant. Ähnlich SK-StGB, Band II, *Hoyer*, § 292 Rn. 14. Wiederum anders *Kindhäuser*, LPK-StGB, § 292 Rn. 16, der § 292 zwar ebenfalls als ein unechtes Unternehmensdelikt kategorisiert, jedoch untaugliche Versuche aufgrund der Untauglichkeit des Mittels ausscheiden will, wohingegen die Untauglichkeit des Objekts unerheblich sei.

420 BGHSt 4, S. 221 (224); *Kindhäuser*, LPK-StGB, § 257 Rn. 12; *Lackner/Kühl*, § 257 Rn. 3; NK-StGB, Band 4, *Altenhain*, § 257 Rn. 2, 21; *Rengier*, BT I, § 20 Rn. 10; *Schönke/Schröder, Stree*, § 257 Rn. 15; *Tröndle/Fischer*, § 257 Rn. 7.

421 BGHSt 4, S. 221 (224); *Kindhäuser*, LPK-StGB, § 257 Rn. 2, 14; *Lackner/Kühl*, § 257 Rn. 3, 7; NK-StGB, Band 4, *Altenhain*, § 257 Rn. 2, 18; *Rengier*, BT I, § 20 Rn. 10, 20; *Schönke/Schröder, Stree*, § 257 Rn. 15, 27; *Tröndle/Fischer*, § 257 Rn. 7, 11; *Zieschang*, Gefährdungsdelikte, S. 333 f.

422 Zur Begünstigung vgl. BGHSt 4, S. 221 (224).

StGB voraus, dass bei einem Unternehmensdelikt der Versuch der Vollendung gleichgestellt ist. Da § 11 I Nr. 6 StGB keinerlei weitere Einschränkungen trifft, ist davon auszugehen, dass § 323c StGB den gesamten Versuchsbereich, also auch den untauglichen Versuch erfassen müsste, um den Besonderheiten eines Unternehmensdelikts zu genügen.[423] Ob wirklich der gesamte Versuchsbereich unter Einschluss auch der untauglichen Versuche aufgrund irriger Annahme eines „Unglücksfalls" von § 323c StGB erfasst wird, ist jedoch zweifelhaft. Selbst die Befürworter der Einteilung des § 323c StGB in die Kategorie der materiellen (unechten) Unternehmensdelikte sind sich uneins, welche Auswirkungen eine solche Kategorisierung auf die Versuchsstrafbarkeit haben soll.[424] Daher könnte man an einer Einordnung des § 323c StGB in die Kategorie der Unternehmensdelikte durchaus zweifeln.

Damit ist zwar noch nicht entschieden, welcher Deliktkategorie § 323c StGB zuzuordnen ist. Es hat sich aber immerhin gezeigt, dass die Vorschrift der unterlassenen Hilfeleistung die Erfassung materieller Versuche nicht generell ausschließt. Entscheidende Frage ist und bleibt, ob auch die Fälle des untauglichen Versuchs in ihrer Gänze von § 323c StGB erfasst werden. Da die unterlassene Hilfeleistung bereits mit der Unterlassung der Hilfe formell vollendet ist, ohne dass ein besonderer Erfolg eintreten muss, werden zumindest Teilbereiche des materiellen Versuchs von § 323c StGB erfasst. Denn es ist durchaus vorstellbar, dass die unterlassene Hilfeleistung formell beendet ist, während materiell die Handlung nicht über das Versuchsstadium hinausgelangt. Beispielhaft sei hier noch einmal auf die Konstellation hingewiesen, dass der Täter die Hilfe unterlässt und weitere Schädigungen vom Opfer nur aufgrund einer Hilfeleistung Dritter abgewendet werden. Ob eine Sanktionierung aufgrund § 323c StGB auch angebracht ist, wenn der Täter irrig von einem „Unglücksfall" ausgeht, erscheint grundsätzlich möglich, ist jedoch anhand des Wortlauts und der Ratio des § 323c StGB näher zu ermitteln. Dass die Frage der Deliktsnatur des § 323c StGB bei dieser Überlegung noch nicht geklärt ist, ist für die Bestimmung der Reichweite der Sanktionsnorm unschädlich. Denn die Reichweite der Strafbarkeit kann und darf nicht aus Prämissen abgeleitet werden, welche im Gesetz keine Verankerung finden. Es besteht ansonsten die Gefahr, dass durch die Einteilung der Vorschrift in eine bestimmte Deliktskategorie vorschnell die Frage der Reichweite der Strafbarkeit beantwortet wird, ohne dabei die formellen und materiellen Straftatkriterien der konkreten Vorschrift berücksichtigt zu haben. Dies zeigen auch die unterschiedlichen Ansichten der Vertreter der Unternehmensdelikte in Bezug auf die Erfassung der Versuchsstrafbarkeit durch

423 *Wolters*, Unternehmensdelikt, S. 313.
424 Vgl. hierzu bereits oben III. 1. f. aa. (1) (b).

§ 323c StGB.[425] Entscheidend für oder gegen eine Erfassung materieller Versuche durch die formelle Vollendung kann daher nur der Wortlaut und die Ratio der Vorschrift der unterlassenen Hilfeleistung sein. Dies muss durch Auslegung ermittelt werden.[426]

Eine endgültige Beantwortung der Frage, ob der gesamte Versuchsbereich einschließlich des untauglichen Versuchs von § 323c StGB erfasst wird oder ob eine Sanktionierung neben dem erforderlichen Verhaltensnormverstoß ein zusätzliches, die Reichweite der Strafbarkeit beschränkendes, „fehlverhaltensfolgengleiches" Sanktionserfordernis voraussetzt, kann nur durch eine vertiefte Betrachtung des Wortlauts, des Sinns und der Historie der Vorschrift beantwortet werden.

(2) Wortlaut, Sinn und Historie des § 323c StGB als endgültige Antwort auf die Frage der Doppelfunktion des Merkmals „Unglücksfall"

(a) Die historische Entwicklung der Vorschrift der unterlassenen Hilfeleistung unter Berücksichtigung des Vorwurfs des Gesinnungsstrafrechts

Um eine endgültige Antwort auf die Frage der Reichweite der Sanktionsnorm zu erhalten, erscheint eine kurze Betrachtung der historischen Entwicklung der Hilfeleistungsvorschrift angebracht.

Die heutige Vorschrift der unterlassenen Hilfeleistung geht auf § 360 Nr. 10 RStGB von 1871 zurück. Diese Vorschrift wurde zu Zeiten der Reichsgründung aus dem Strafgesetzbuch des Norddeutschen Bundes übernommen. Sie stellte das Unterlassen einer Hilfeleistung unter Strafe, wenn der zur Hilfe Aufgerufene einer polizeilichen Aufforderung zur Hilfeleistung nicht nachkam:

> *„Mit Geldstrafe bis zu einhundertfünfzig Mark oder mit Haft wird bestraft: wer bei Unglücksfällen oder gemeiner Gefahr oder Noth von der Polizeibehörde oder deren Stellvertretern zur Hülfe aufgefordert, keine Folge leistet, obgleich er der Aufforderung ohne erhebliche eigene Gefahr genügen konnte."*

Damit wurde die Hilfeleistungspflicht jedoch nur zu einer rechtlichen Pflicht, sofern eine polizeiliche oder eine von einer anderen zuständigen Stelle erteilte

---

425 Denn trotz der Einordnung des § 323c StGB in die Kategorie der unechten Unternehmensdelikte kommen die Vertreter dieser Auffassung im Falle der Erfassung auch untauglicher Versuche zu völlig konträren Ergebnissen. Vgl. diesbezüglich III. 1. f. aa. (1) (b).

426 Dass die Reichweite der Vorschrift nur durch Auslegung ermittelt werden kann und nicht auf einer Einteilung in eine bestimmte Deliktskategorie beruhen darf, betont bereits mit Recht *Rudolphi*, NStZ 1991, S. 237 (238). Ebenso MüKo, Band 4, *Freund*, § 323c Rn. 14.

Aufforderung zur Hilfeleistung erfolgt war. Wurde eine solche Aufforderung nicht erteilt, so bestand lediglich eine moralische Pflicht zur Nächstenhilfe, deren Nichtbefolgung juristisch nicht von Interesse war. Die Vorschrift stand damit völlig im Einklang mit dem liberalistischen Wollen und dem individualisierenden Geiste des Gesetzgebers von 1871.[427] Aufgrund des Erfordernisses einer obrigkeitlichen Aufforderung zur Hilfeleistung lag der Strafgrund des § 360 I Nr. 10 RStGB letztlich nicht in der Unterlassung einer erforderlichen Nothilfe, sondern vielmehr in der Nichtbefolgung der Aufforderung zur Hilfeleistung – dem Ungehorsam gegenüber Anordnungen der Obrigkeit.[428]

Mit der Einführung des § 330c StGB a.F. am 01.09.1935 wurde dieser liberalistischen Prägung abgeschworen und die Vorschrift der unterlassenen Hilfeleistung im Sinne der nationalsozialistischen Idee völlig neu gestaltet. Die Voraussetzung der Aufforderung zur Hilfe von obrigkeitlicher Stelle wurde ihrer unrechtskonstituierenden Funktion beraubt und erlangte nur noch als beispielhafte Darstellung einer Hilfe erfordernden Situation Bedeutung:

> *„Wer bei Unglücksfällen oder gemeiner Gefahr oder Not nicht Hilfe leistet, obwohl dies nach dem gesunden Volksempfinden sein Pflicht ist, insbesondere wer der polizeilichen Aufforderung zur Hilfeleistung nicht nachkommt, obwohl er der Aufforderung ohne erhebliche eigene Gefahr und ohne Verletzung anderer wichtiger Pflichten genügen kann, wird mit Gefängnis bis zu zwei Jahren oder mit Geldstrafe bestraft."*

Ausschlaggebend für die Entscheidung, ob dem mit einer Notsituation Konfrontierten eine Hilfeleistung abverlangt werden konnte oder nicht, war nunmehr das „gesunde Volksempfinden". Dieser recht unbestimmte Rechtsbegriff erlangte nun die unrechtsbegründende Funktion, welche bis dato der obrigkeitlichen Aufforderung zur Hilfeleistung zukam. Und gerade diese rechtliche Unbestimmtheit sollten sich das nationalsozialistische Regime und seine „Handlanger" am Volksgerichtshof[429] zu Nutze machen.

---

427 *Wolf*, JW 1933, 2096 (2096).

428 LK-StGB, *Spendel*, § 323c Rn. 1. Ebenso *Haubrich*, Unterlassene Hilfeleistung, S. 92 mit weiteren Nachweisen.

429 Denn nicht nur in der Vorschrift der unterlassenen Hilfeleistung wurde der konkretisierungsbedürftige Begriff des „gesunden Volksempfindens" genannt. Vielmehr wurde durch die Einführung eines neuen § 2 StGB die Strafmöglichkeit auf Handlungen erweitert, welche nach dem „gesunden Volksempfinden" als strafwürdig zu charakterisieren waren. Es war somit nicht mehr erforderlich, dass sich die Handlung des Täters unter einen konkreten Straftatbestand des StGB subsumieren ließ. Nach § 2 I StGB war von nun an strafbar, wer eine Tat beging, die das Gesetz für strafbar erklärte oder die nach dem Grundgedanken eines Strafgesetzes und nach „gesundem Volksempfinden" Bestrafung verdiente. Damit war der Grundsatz „nulla poene sine lege" ausgehebelt und wurde durch den Grundsatz „nullum crimen sine poena" ersetzt (vgl. hierzu auch *Schäfer, K.*, JW 1935, S. 2323 (2323 f.)). Eine Loslösung vom formellen Unrechtsbegriff und damit auch vom Grundsatz „nulla poene sine lege" forderte *Freisler* bereits vor Einführung des neuen § 2 StGB. Die Sicherheit des Volksganzen

Mit der Abänderung der Vorschrift der unterlassenen Hilfeleistung wurde letztlich klargestellt, dass von nun an der „Gemeinnutz“ vor den „Eigennutz“ treten würde[430], mit anderen Worten die persönliche Freiheit des einzelnen, welcher zu Zeiten der liberalistischen Gedanken eine sehr hohe Bedeutung eingeräumt wurde, sich nun dem „völkischen Gedanken“ mit all seinen Pflichten unterzuordnen habe.[431] Der vorherige Rechtszustand wurde von den Nationalsozialisten aufgrund ihrer Auffassung über die Pflichten des einzelnen Rechtsgenossen gegenüber der Volksgemeinschaft und seiner Stellung innerhalb dieser Gemeinschaft als unannehmbar empfunden.[432] Die Treuepflicht des Volksgenossen gegenüber der Volksgemeinschaft bestand aus Sicht der nationalsozialistischen Ideologie in der Selbstverständlichkeit des Einsatzes sämtlicher zur Verfügung stehenden Kräfte zum Schutze und zum Erhalt der Gemeinschaft.[433] Diese Verpflichtung, die Volksgemeinschaft als Ganzes vor Schaden zu bewahren, enthielt gleichzeitig die Pflicht, jedem einzelnen Volksgenossen beizustehen.[434] Der Ursprung dieser Pflicht wurde in der völkischen Bluts- und Treueverbundenheit gesehen, so dass die „Beistandspflicht“ zu einer volksgenössischen Treuepflicht erwuchs.[435] Ziel war es, dem Volksgenossen zu verdeutlichen, dass überall dort, wo sich die Volksgemeinschaft oder der einzelne Volks-

---

wurde von ihm als höchstes zu schützendes Gut angesehen. Um dieses Gut zu schützen, forderte *Freisler* eine Bestrafung des Unrechts unabhängig davon, ob es sich unter einen konkreten Tatbestand subsumieren ließ oder nicht. Denn strafrechtliches Unrecht sollte bereits dann vorliegen, wenn jemand gegen die Grundlagen des völkischen Lebens verstoßen hatte (DStR 1935, S. 1 (12 f.)). Es sollte der formale Unrechtsbegriff durch den materiellen Unrechtsbegriff abgelöst werden, so dass das Strafrecht seiner Aufgabe als Kämpfer der völkischen Sittenordnung gerecht werden könnte (DStR 1935, S. 1 (31)). Die damit für eine Strafbarkeit entscheidende gesunde Volksauffassung verlangte eine Bestrafung bereits bei sittlicher Verwerflichkeit einer Tat. Maßgeblich für die gesunde Volksauffassung sollte das Gewissen des deutschen Volkes sein. Vgl. ausführlich zur damaligen Denkweise: *Freisler*, DStR 1935, S. 1 ff. Mit dieser Forderung und der späteren Einführung des § 2 I StGB als auch der Einführung des Begriffs des „gesunden Volksempfindens“ in die Vorschrift der unterlassenen Hilfeleistung wurden die Rechtssicherheit und die Rechtsstaatlichkeit in ihren Grundfesten erschüttert. Moralische bzw. sittliche Pflichten wurden zu rechtlichen Pflichten ernannt, so dass dem Gesinnungsstrafrecht Tür und Tor offen stand.

430 *Schäfer, E.*, DJ 1935, S. 991(991); *Wolf*, JW 1933, 2096 (2096).

431 Zur Stellung des Einzelnen und seiner Bedeutung innerhalb des Volkes im Sinne einer nationalsozialistischen Auffassung vgl. auch *Freisler*, DStR 1935, S. 1 (1).

432 *Schäfer, L.*, DJ 1935, S. 994 (998); *Schmid*, DStR 1936, S. 424 (424). Ebenso *Freisler*, DStR 1935, S. 1 (17), der die liberalistische Weltanschauung als Gegensatz zur nationalsozialistischen Weltanschauung ansieht.

433 *Barth*, JW 1935, S. 2320 (2320).

434 *Barth*, JW 1935, S. 2320 (2320).

435 *Barth*, JW 1935, S. 2320 (2320). Ebenso *Schmid*, DStR 1936, S. 424 (424). Auch *Freisler*, DStR 1935, S. 1 (1), erblickt in dem Einzelnen ein dem Volksganzen blutsmäßig und schicksalhaft verbundenes Teilwesen des Volkes.

genosse in Gefahr befänden, auch über die Grenzen des Strafrechts hinaus, die Pflicht zur Hilfeleistung jeglicher Art bestünde. Die Einsatzbereitschaft und der rücksichtslose Wille zur Pflichterfüllung des Frontsoldaten, des SA-Mannes und des alten Kämpfers sollte jedermann zum Vorbild werden.[436]

Statt der im § 360 I Nr. 10 RStGB verankerten Gehorsamsverweigerung des die Hilfe Unterlassenden wurde nun die Betätigung der rücksichtslosen Gesinnung des Unterlassungstäters zum Strafgrund der unterlassenen Hilfeleistung.[437] Mögliche Folgen des Unterlassens der Hilfeleistung sollten hingegen gänzlich außer Betracht bleiben.[438] Allein entscheidend war somit, ob der die Hilfe Unterlassende nach dem Urteil des „gesunden Volksempfindens" dem Opfer hätte Hilfe zukommen lassen müssen. Aufgrund der Unbestimmtheit des Begriffs war es somit ein leichtes, die rechtliche Hilfeleistungspflicht von moralischen bzw. ideologischen Pflichten abhängig zu machen.[439] Das gesunde Volksempfinden richtete sich grundsätzlich nach dem Sittlichkeitsempfinden des in Treuegemeinschaft zusammengeschlossenen Volkes, dem eine ausgeprägte Pflichtauffassung arteigen sein sollte.[440] Dies galt jedoch nur solange, wie die Volksauffassung mit den nationalsozialistischen Grundsätzen in Einklang zu bringen war. Die Auffassung des Volkes wurde nämlich dann für unmaßgeblich erklärt, wenn sie in Bezug auf die Erfordernisse und Bedürfnisse der völkischen Gemeinschaftsordnung nicht opportun war.[441] Die Vorschrift der unterlassenen Hilfeleistung wurde damit Bestandteil eines ausgeprägten Gesinnungsstrafrechts.

Sein heutiges Gesicht erlangte die Vorschrift der unterlassenen Hilfeleistung durch das 3. Strafrechtsänderungsgesetz, welches am 01.10.1953 in Kraft trat. Die Neufassung des § 330c StGB entsprach fast wörtlich der heutigen Bestimmung. Durch das Inkrafttreten des 18. Strafrechtsänderungsgesetzes erhielt die Vorschrift der unterlassenen Hilfeleistung dann ihre heutige Normierung in § 323c StGB.

Unter Zugrundelegung der historischen Entwicklung der Vorschrift der unterlassenen Hilfeleistung lässt sich der Ursprung der Befürchtungen, § 323c StGB könnte bei der Erfassung des Versuchsbereichs einer gesinnungs-

---

436 *Barth,* JW 1935, S. 2320 (2321).

437 Als zeitgenössischer Beleg: RGSt 71, S. 200 (203 f.); RGSt 74, S. 199 (200); *Dahm,* DR 1940, S. 1421 (1421). Aus der späteren Literatur: *Meister,* MDR 1954, S. 598 (598); *Haubrich,* Unterlassene Hilfeleistung, S. 106 f.; *Heil,* Folgen der unterlassenen Hilfeleistung, S. 24 f.

438 RGSt 71, S. 200 (203 f.); RGSt 74, S. 199 (200).

439 Vgl. *Haubrich,* Unterlassene Hilfeleistung, S. 107.

440 *Schmid,* DStR 1936, S. 424 (424).

441 *Schäfer, K.,* JW 1935, S. 2323 (2324).

strafrechtlichen Norm gleichkommen[442], deutlich erkennen. Es sind die „alten Wunden", welche zur Zeit des Nationalsozialismus durch den Missbrauch der Vorschrift geschlagen wurden. Und eben diese „Wunden" führen bei manchen Kritikern zu der Befürchtung, dass im Falle der Erfassung materieller Versuche durch die Sanktionsnorm des § 323c StGB der gesinnungsstrafrechtliche Gedanke wieder zu Tage treten könnte. Dass dem nicht so ist, wird sich im Folgenden zeigen.

(b) Vertiefte Betrachtung des Wortlauts und des Sinns der Vorschrift, insbesondere unter Berücksichtigung der Präposition „bei"

Bisher haben wir festgestellt, dass für die Entscheidung, ob der mit einer Notsituation Konfrontierte zur Hilfeleistung verpflichtet ist oder nicht, eine individualisierende ex ante-Betrachtung maßgeblich ist. Anhand dieses Maßstabes ist die Frage zu beantworten, ob der Normadressat sich durch die Unterlassung der Hilfe normwidrig verhalten hat. Die Hilfeleistungspflicht wird hierbei auch dann ausgelöst, wenn der Normadressat irrig in tatsächlicher Hinsicht von einer der drei Notsituationen des § 323c StGB ausgeht, und auf dieser Beurteilungsgrundlage die Hilfe des Normadressaten erforderlich und diesem zumutbar ist. Unterlässt der Normadressat hierbei jegliche Hilfehandlung, so hat er unabhängig von der Tatsache, ob ein Dritter die Ungefährlichkeit der Situation erkannt hätte oder ob sich ex post herausstellt, dass eine Notsituation nicht vorlag, normwidrig im Sinne der durch § 323c StGB strafbewehrten Verhaltensnorm gehandelt. Somit erfüllt das Merkmal „Unglücksfall" eine verhaltensnormspezifische Funktion und dient der Feststellung normwidriger Verhaltensweisen. Damit ist allerdings die Frage der Sanktionierung des die Hilfe Unterlassenden noch nicht endgültig entschieden. Es wäre ja durchaus möglich, dass die Voraussetzung des normwidrigen Verhaltens für eine Sanktionierung aus § 323c StGB nur eine notwendige, nicht aber hinreichende Bedingung in der Form darstellt, dass dem Merkmal „Unglücksfall" eine zusätzliche Funktion als „fehlverhaltensfolgengleiches" Sanktionserfordernis zukommt. Wie wir oben bereits gesehen haben, ermöglicht die eigentliche Bedeutung des Wortes „Unglücksfall" die Erfassung auch solcher Fälle, in denen der Normunterworfene lediglich irrig vom tatsächlichen Vorliegen von Umständen ausgeht, welche einen „Unglücksfall" begründenden. Allerdings darf hierbei nicht übersehen werden, dass der Gesetzgeber die Merkmale des „Unglücksfalls", der „gemeinen Gefahr" und der „gemeinen Not" mit einer Präposition versehen hat:

---

442 Solche Befürchtungen äußern: AG Tiergarten, NStZ 1991, S. 236 (237); *Frellesen*, StV 1987, S. 22 (23); *Schmidhäuser*, BT, 16/9. Dahingehend wohl auch BGH, VRS 13, S. 120 (125).

Und gerade dieses kleine Wörtchen „bei" könnte sich für die Bestimmung der Reichweite der Sanktionsnorm des § 323c StGB als „Zünglein an der Waage" erweisen.

Ausgehend vom allgemeinen Sprachgebrauch wird die Präposition „bei" dazu verwendet, um einer räumlichen oder zeitlichen Bedeutung Ausdruck zu verleihen. Ferner findet die Präposition „bei" jedoch auch Verwendung, um einen Anlass für ein bestimmtes Geschehen oder ein bestimmtes Verhalten zu kennzeichnen. In einem solchen Fall kann ihr ein konditionaler Nebensinn in Form einer „Wenn-Dann-Bestimmung" zukommen.[443]

Diese letztgenannte Möglichkeit der Wortbedeutung wird der Präposition „bei" von der wohl h.M. heutzutage auch zugeschrieben.[444] „Bei" ist folglich als eine Art „Wenn-Dann-Bestimmung" zu verstehen. Wenn ein „Unglücksfall" vorliegt, dann hat der mit dem „Unglücksfall" Konfrontierte die erforderliche und zumutbare Hilfe zu leisten. Damit wird klar, dass es für eine Sanktionierung aus § 323c StGB nicht alleine ausreichen kann, dass der mit einer Notsituation Konfrontierte lediglich irrig vom tatsächlichen Vorliegen von Umständen ausgeht, welche einen „Unglücksfall" begründenden. Der Präposition „bei" ist eine die Reichweite der Strafbarkeit einschränkende Funktion beizumessen. Das bedeutet, dass das Merkmal „Unglücksfall" nicht nur als „Teildefiniens" der strafbewehrten Verhaltensnorm fungiert, sondern ebenfalls als „Teildefiniens" eines zusätzlichen – erfolgsgleichen – Erfordernisses der Sanktionsnorm Bedeutung erlangt. Damit ist jedoch noch nicht geklärt, welches Ausmaß der durch die Präposition „bei" bedingten Restriktion beizumessen ist.

Aus der Bedeutung der Präposition „bei" im Sinne von „anlässlich" eines „Unglücksfalls" glauben einige Kritiker schließen zu können, dass ein „Unglücksfall" tatsächlich – also ex post betrachtet – vorliegen müsse, um eine Sanktionierung zu rechtfertigen.[445] Dies hätte die Konsequenz, dass auf Verstöße gegen die strafbewehrte Verhaltensnorm des § 323c StGB grundsätzlich nur dann mit einer Strafanordnung reagiert würde, wenn auch tatsächlich (ex post) ein „Unglücksfall" gegeben war. Im Falle der bloß irrigen Annahme liegt

---

443 Vgl. zur allgemeinen Wortbedeutung *Duden*, Band 2, S. 501.

444 BGHSt 21, S. 50 (53); *Blindauer*, Unterlassene Hilfeleistung, S. 84; *Danwitz*, Justizielle Verarbeitung, S. 35 f.; *Geilen*, Jura 1983, S. 78 (138 f.); LK-StGB, *Spendel*, § 323c Rn. 34; MüKo, Band 4, *Freund*, § 323c Rn. 66; *Schöne*, Erfolgsabwendungen, S. 88; SK-StGB, Band II, *Rudolphi*, § 323c Rn. 18.

445 *Seelmann*, JuS 1995, S. 281 (284). Vgl. auch LK-StGB, *Spendel*, § 323c Rn. 107, der ebenfalls von realen Gegebenheiten spricht und für die tatsächlichen Umstände des „Unglücksfalls" eine dementsprechende ex post-Betrachtung fordert (Rn. 34).

zwar ein tatbestandsmäßiges Fehlverhalten vor.[446] Dieses zöge jedoch keine strafrechtlichen Konsequenzen nach sich. Die Desavouierung der strafbewehrten Verhaltensnorm des § 323c StGB bliebe ungesühnt wie in vielen Fällen der folgenlosen Fahrlässigkeit.

Ob der Strafbarkeitsbereich des § 323c StGB jedoch tatsächlich so stark eingeschränkt werden sollte, ist zweifelhaft. Dass der Wortlaut der Vorschrift der unterlassenen Hilfeleistung ein zusätzliches Sanktionserfordernis als Strafbarkeitskorrektiv erfordert, der bloße Verhaltensnormverstoß damit nicht hinreichende Bedingung für eine Sanktionierung sein kann, steht fest. Die alleinige irrige Annahme des Täters reicht nicht aus, um die Anforderungen des Wortlauts („bei Unglücksfällen") zu erfüllen.[447] Allerdings ist es weder angebracht noch notwendig, eine ex post-Bestätigung des „Unglücksfalls" als Strafbarkeitskorrektiv zu fordern. Vielmehr ist es ausreichend und auch sinnvoll, als zusätzliche Sanktionsvoraussetzung eine Art „objektive" Bestätigung des „Unglücksfalls" durch eine verständige Würdigung der Geschehnisse zu fordern. Dies bedeutet: Geht der Normadressat irrig davon aus, dass er mit einem „Unglückfall" konfrontiert wird und unterlässt er hierbei jegliche Hilfeleistung, so handelt er normwidrig im Sinne der strafbewehrten Verhaltensnorm. Allerdings führt dieses tatbestandliche Fehlverhalten nur zu einer Sanktionierung, wenn auch bei einer verständigen Würdigung des Geschehens durch einen „objektiven" Urteiler in der selben Situation vom tatsächlichen Vorliegen eines „Unglücksfalls" ausgegangen werden konnte und musste. Denn nur in einem solchen Fall stellt sich das Geschehen als hinreichend gefährlich dar. Anders als bei der bloß irrigen Vorstellung des Normadressaten wird der Verstoß gegen die strafbewehrte Verhaltensnorm auch deutlich erkennbar. Denn jeder Normalbürger musste im Handlungszeitpunkt ebenfalls von einer Notsituation im Sinne des § 323c StGB ausgehen. Aus diesem Grunde muss einem solchen Verhaltensnormverstoß widersprochen werden, wenn die Geltung des Hilfeleistungsgebots keinen Schaden nehmen soll.

Gegen diese Lösung lässt sich dann auch nicht mehr mit der „gesinnungsrechtlichen Keule" vorgehen. Denn für den Fall, dass neben der subjektiven Annahme eines „Unglücksfalls" durch den potentiellen Normadressaten auch bei verständiger Würdigung durch einen „objektiven" Urteiler in derselben Situation von einem Unglücksfall auszugehen ist, wird der Täter nicht wegen der Betätigung seiner schlechten Gesinnung bestraft, sondern wegen einer „objektiv" gefährlichen unterlassenen Hilfeleistung. Für den Fall hingegen, dass lediglich der potentielle Normadressat irrig vom Vorliegen eines „Unglücksfalls" ausgegangen ist, es sich somit um eine vermeidbare Fehleinschätzung des Betroffenen

---

446 Für ein solches ist nämlich wie bereits gesehen allein die Betroffenenperspektive im Zeitpunkt ex ante maßgeblich. Die irrige Annahme eines Unglücksfalls reicht daher zur Normwidrigkeit des Verhaltens aus.

447 Ebenso MüKo, Band 4, *Freund*, § 323c Rn. 52.

handelt, wird nicht gestraft. Die vorhandene und durch die Unterlassung betätigte üble Gesinnung des Unterlassenden bleibt sub specie § 323c StGB ohne strafrechtliche Folgen.

bb. Zwischenbilanz

Es ergibt sich somit, dass nicht der gesamte Bereich materieller Versuche durch die formell vollendete unterlassene Hilfeleistung erfasst wird, sondern vielmehr nur ein bestimmter Teilbereich. Glaubt der Hilfe Unterlassende an das Vorliegen eines „Unglücksfalls" und war die Hilfe aus der Betroffenenperspektive auch erforderlich und zudem zumutbar, so hat er sich normwidrig im Sinne des strafbewehrten Hilfeleistungsgebots verhalten. Musste man zudem bei verständiger Würdigung der Geschehnisse von einer tatsächlichen Notsituation im Sinne eines „Unglücksfalls" ausgehen, so ist auch das zusätzliche Sanktionserfordernis erfüllt und der Normadressat hat sich der unterlassenen Hilfeleistung schuldig gemacht. War hingegen bei verständiger Würdigung der Sachlage durch einen „objektiven" Urteiler in derselben Situation zu erkennen, dass ein tatsächlicher „Unglücksfall" nicht vorlag, so verhält sich der Hilfe Unterlassende zwar normwidrig; er bleibt jedoch aufgrund der Nichterfüllung des zusätzlichen Sanktionserfordernisses straffrei.

g. Bilanz zur Funktion des Merkmals „Unglücksfall"

Es hat sich somit herausgestellt, dass dem Merkmal „Unglücksfall" eine Doppelfunktion zueigen ist. Zu aller erst dient das Merkmal „Unglücksfall" neben den Merkmalen „gemeine Gefahr", „gemeine Not", der „Erforderlichkeit" und der „Zumutbarkeit" der Hilfeleistung in verhaltensnormspezifischer Hinsicht zur Abschichtung des normwidrigen Verhaltens vom normgemäßen Verhalten. Es dient somit als „Teildefiniens" des tatbestandsmäßigen Verhaltens und ist Bestandteil des strafbewehrten Hilfeleistungsgebots des § 323c StGB. Bei der Abschichtung des normwidrigen Verhaltens vom normgemäßen Verhalten ist eine individualisierende ex ante-Perspektive („Betroffenenperspektive") maßgeblich. Für die Auslösung der Hilfeleistungspflicht ist daher selbst eine vermeidbare irrige Einschätzung der sich dem konkret unterlassenden Subjekt darstellenden Sachlage ausreichend. Der Verstoß gegen das strafbewehrte Hilfeleistungsgebot der unterlassenen Hilfeleistung ist jedoch lediglich notwendige Bedingung der Sanktionierung. Denn neben der Funktion als „Teildefiniens" des tatbestandsmäßigen Verhaltens besitzt das Merkmal „Unglücksfall" – und dies gilt selbstverständlich auch für die Merkmale der „gemeinen Not" und der „gemeinen Gefahr" – eine weitere Funktion: Es ist „Teildefiniens" des Erfolgssachverhalts, stellt daher eine weitere Sanktionsvoraussetzung dar und bedarf insofern einer verständigen Würdigung im Handlungszeitpunkt. Musste der zur Hilfe Verpflichtete im Handlungszeitpunkt auch bei verständiger Würdigung der sich ihm darbietenden Sachlage von einem „Unglücksfall" ausgehen, so ist der weiteren Sanktionsvoraussetzungen genüge getan. Insofern dient das Merkmal „Unglücksfall" als Begrenzung der Reichweite der Sanktionsnorm des § 323c StGB; es besitzt neben der verhaltensnormspezifischen auch eine sanktionsnormspezifische Funktion. § 323c StGB erfasst in Folge dessen auch einen Teilbereich materieller Versuchsfälle, dies jedoch mit der Einschränkung, dass vermeidbare Irrtümer die strafbewehrte Hilfspflicht zwar auslösen, für eine Sanktionierung allein jedoch nicht ausreichend sind. Dies ergibt sich letztlich aus dem konkreten Wortlaut der Vorschrift, welcher die Unterlassung einer erforderlichen und zumutbaren Hilfe *„bei Unglücksfällen"* erfordert.

Damit ist auch die **Lösung des Beispielfalls** ersichtlich: *Da A eine Sachlage angenommen hat, die einen „Unglücksfall" begründet, ist aus der individualisierenden ex ante-Perspektive („Betroffenenperspektive") ein „Unglücksfall" zu bejahen. Die Hilfeleistung war erforderlich und ihm auch zuzumuten. Damit ist das Unterlassen jeglicher Hilfe grundsätzlich rechtlich zu missbilligen, so dass A gegen die strafbewehrte Verhaltensnorm des § 323c StGB verstoßen hat. Auch bei verständiger Würdigung durch einen „objektiven" Urteiler in derselben Situation kann nicht mit Bestimmtheit ausgeschlossen werden, dass B einen Herzanfall erlitten hat, so dass auch bei verständiger Würdigung der sich dem A darbietenden Sachlage vom Vorliegen eines „Unglücksfalls" im Sinne des § 323c StGB auszugehen ist. Damit ist auch dem zusätzlichen Sanktionserfordernis genüge getan. Zudem ist die Unterlassung der Hilfe vorsätzlich, rechtswidrig und schuldhaft erfolgt, so dass sich A gemäß § 323c StGB der unterlassenen Hilfeleistung schuldig gemacht hat.*

2. Exkurs: Die mögliche Restriktion des Strafbarkeitsbereichs der unterlassenen Hilfeleistung durch eine analoge Anwendung der Vorschriften über die tätige Reue

Mit der Erkenntnis, dass § 323c StGB auch materielle Versuche als formell vollendete Fälle der unterlassenen Hilfeleistung erfasst, stellt sich die Frage, ob der Anwendungsbereich der Sanktionsnorm des § 323c StGB in Fällen der verzögerten Hilfeleistung einer Restriktion bedarf: *Auf dem Nachhauseweg bemerkt A am Straßenrand den leblos daliegenden Motorradfahrer (M), welcher augenscheinlich mit seinem Fahrzeug von der Straße abgekommen und verunglückt ist. A verringert nach Bemerken des M zwar seine Fahrtgeschwindigkeit, entschließt sich jedoch, nicht zu helfen und seine Fahrt fortzusetzen. Nach ca. 500 m plagt ihn sein schlechtes Gewissen. Daraufhin wendet A das Fahrzeug, kehrt zur Unfallstelle zurück und leistet aktiv Hilfe. Eine spätere Untersuchung ergibt, dass durch die zeitliche Verzögerung der Hilfeleistung dem M kein weiterer Schaden entstanden ist.*

Da A vom Vorliegen eines „Unglücksfalls“ ausgeht, ist ein solcher aus der individualisierenden ex ante-Betrachtung (Betroffenenperspektive) als gegeben anzunehmen. Die Hilfeleistung ist auch erforderlich und zumutbar. A hat somit durch die Unterlassung der sofortigen Hilfe dem strafbewehrten Hilfeleistungsgebot des § 323c StGB zuwidergehandelt. Bei verständiger Würdigung der Umstände ist auch in Hinsicht auf die sanktionsnormspezifische Bedeutung des Merkmals „Unglücksfall“ von einem solchen auszugehen. Dem zusätzlichen Sanktionserfordernis ist damit ebenfalls genüge getan. Sowohl der rechtlich missbilligte Verstoß gegen die strafbewehrte Verhaltensnorm des § 323c StGB als notwendige Bedingung der Sanktionierung als auch die Bestätigung des Unglücksfalls durch eine verständige Würdigung als spezifisches Kriterium der Sanktionsnorm des § 323c StGB liegen daher vor. Das Vorbehalturteil über das grundsätzlich rechtlich missbilligte Verhalten findet zudem seine Bestätigung durch das Rechtswidrigkeits- sowie durch das Schuldurteil. A hat sich daher an sich einer formell vollendeten unterlassenen Hilfeleistung schuldig gemacht. Da jedoch durch die spätere Hilfeleistung des A der M gerettet werden konnte und die Verzögerung selbst zu keinen weiteren Schädigungen geführt hat, stellt sich die Frage, ob das Nachtatverhalten des A nicht zu einer Strafbefreiung führen kann. Thematisch geht es hierbei um die Problematik des Rücktritts vom formell vollendeten Delikt der unterlassenen Hilfeleistung. Ob ein solcher „Rücktritt“ mit der „lex lata“ überhaut in Einklang zu bringen ist, wird im Folgenden untersucht.

Es wird im Ergebnis zutreffend hervorgehoben, dass § 24 StGB keine unmittelbare Anwendung auf materielle Versuchsfälle des § 323c StGB finden kann.[448] Allerdings ist es unzureichend, den Ausschluss der Anwendbarkeit lediglich mit dem Eintritt der formellen Vollendung des Deliktes begründen zu wollen.[449] Denn wie *Wolters*[450] in seiner Untersuchung über das formelle (echte) Unternehmensdelikt überzeugend nachgewiesen hat, kann § 24 StGB auch im Falle formell vollendeter Delikte durchaus zur Anwendung gelangen. So findet § 24 StGB entgegen der wohl noch h.M. nämlich auch auf die formellen (echten) Unternehmensdelikte unmittelbare Anwendung, sofern sie nicht mit speziellen Vorschriften über die tätige Reue ausgestattet sind.[451] Eine Ein-

---

448 BGHSt 14, S. 213 (217); MüKo, Band 4, *Freund*, § 323c Rn. 121; *Schönke/Schröder, Cramer/Sternberg-Lieben*, § 323c Rn. 30.

449 So allerdings in Bezug auf § 323c StGB argumentierend: BGHSt 14, S. 213 (217); *Schönke/Schröder, Cramer/Sternberg-Lieben*, § 323c Rn. 30.

450 *Wolters*, Das Unternehmensdelikt, Baden-Baden 2001.

451 *Wolters*, Unternehmensdelikt, S. 254; *ders.*, FS-Rudolphi, S. 347 (359). Zustimmend: MüKo, Band 1, *Herzberg*, § 24 Rn. 213 ff.; MüKo, Band 1, *Radtke*, § 11 Rn. 88. Vgl. hiergegen die wohl h.M.: *Freund*, AT, § 9 Rn. 4; *Jescheck/Weigend*, AT, S. 526; LK-StGB, *Lilie/Albrecht*, § 24 Rn. 348; *Otto*, Grundkurs I, § 19 Rn. 80; *Schmidhäuser*, AT, 15/100; *Sowada*, GA 1988, S. 195 (198); *Tröndle/Fischer*, § 11 Rn. 28.

schränkung der Anwendung des § 24 StGB auf formelle Versuche kann dem Wortlaut der allgemeinen Rücktrittsvorschrift nicht entnommen werden.[452] Zudem führt die § 11 I Nr. 6 StGB zu entnehmende Gleichstellung des Versuchs mit der Vollendung bei den formellen (echten) Unternehmensdelikten nicht zu einer Einebnung der Unterschiede der beiden Verwirklichungsstufen.[453] Vielmehr behält die Versuchshandlung auch bei den formellen (echten) Unternehmensdelikten ihre Eigentümlichkeit.[454] § 24 StGB und § 11 I Nr. 6 StGB weisen nicht nur Übereinstimmungen innerhalb des Wortlauts auf.[455] Auch der materielle Versuch des § 11 I Nr. 6 StGB bezieht sich auf die in § 24 StGB genannte „Tat", deren Verwirklichung aufgegeben oder verhindert werden muss.[456] Es ist lediglich eine Frage der Gesetzestechnik, wie der Gesetzgeber die Strafbarkeit des Versuchs anordnen möchte. Er kann einerseits selbstverständlich durch den Verweis auf die Generalklausel des § 23 I StGB die Versuchsstrafbarkeit bei Verbrechen anordnen. Andererseits ist es ihm jedoch auch möglich, durch eine spezielle Klausel innerhalb des Besonderen Teils die Versuchsstrafbarkeit bei bestimmten Vergehen kenntlich zu machen. Ferner kann er aber auch unter Verweis auf § 11 I Nr. 6 StGB durch die Verwendung des Begriffs „Unternehmen" die Strafbarkeit des Versuchs anordnen. Dies zeigt, dass es nicht möglich ist, von der Ausgestaltung des Tatbestands allein auf die Unanwendbarkeit der allgemeinen Rücktrittsregeln zu schließen.[457] Vielmehr muss im Falle der formellen (echten) Unternehmensdelikte aufgrund der inhaltlichen Nähe und der strukturellen Verwandtschaft der Legaldefinition des Unternehmens (§ 11 I Nr. 6 StGB) mit den allgemeinen Versuchsvorschriften davon ausgegangen werden, dass § 24 StGB grundsätzlich zur Anwendung kommt, sofern das Gesetz nicht ausdrücklich etwas anderes bestimmt.[458] Eine solche aus-

---

452 *Wolters,* Unternehmensdelikt, S. 183; a.A. hingegen: *Freund,* AT, § 9 Rn. 4; *Sowada,* GA 1988, S. 195 (198).

453 *Wolters,* Unternehmensdelikt, S. 178; ähnlich *Schröder,* FS-Kern, S. 457 (462). Vgl. dagegen die Behauptungen von SK-StGB, Band I, *Rudolphi,* § 11 Rn. 42, der die Unanwendbarkeit der allgemeinen Rücktrittsregel damit zu begründen versucht, dass die gesetzliche Begriffsbestimmung den Versuch der Vollendung unterworfen habe. Ferner *Jescheck/Weigend,* AT, S. 526, der die Unanwendbarkeit durch die Anordnung der Vollendungsstrafe begründet. Hingegen wenden *Schönke/Schröder, Eser,* § 11 Rn. 51; LK-StGB, *Lilie/Albrecht,* § 24 Rn. 348; *Otto,* Grundkurs I, § 19 Rn. 80 ein, dass die Anwendbarkeit des § 24 bei formell vollendeten Delikten grundsätzlich ausgeschlossen sei. *Schmidhäuser,* AT, 15/100 und *Tröndle/Fischer,* § 11 Rn. 28 erblicken gerade in dieser Gleichstellung den Grund für den Ausschluss der allgemeinen Rücktrittsvorschriften.

454 *Wolters,* Unternehmensdelikt, S. 254.

455 *Wolters,* Unternehmensdelikt, S. 181. Ferner *ders.,* FS-Rudolphi, S. 347 (350 f.) in Bezug auf den Wortlaut als ein starkes Indiz für die generelle Anwendbarkeit der §§ 22 ff. StGB.

456 *Wolters,* Unternehmensdelikt, S. 183 f.

457 *Wolters,* Unternehmensdelikt, S. 180. In Bezug auf die gleichfalls mögliche Anwendbarkeit des § 23 II StGB vgl. *Wolters,* FS-Rudolphi, S. 347 (352 f.).

458 *Wolters,* Unternehmensdelikt, S. 185.

drückliche Bestimmung findet sich bei den formellen (echten) Unternehmensdelikten, welche Spezialvorschriften der tätigen Reue vorsehen. Bei diesen Delikten hat der Gesetzgeber ausdrücklich zu erkennen gegeben, dass die allgemeine Rücktrittsvorschrift nicht zur Anwendung gelangen soll.[459] Denn schließlich hat der Gesetzgeber den allgemeinen Rücktritt vom Versuch (§ 24 StGB) und die unterschiedlichen Möglichkeiten tätiger Reue an fast identische oder zumindest vergleichbare Voraussetzungen geknüpft.[460] Hieraus kann und darf jedoch nicht der Umkehrschluss gezogen werden, dass § 24 StGB auch bei den formellen (echten) Unternehmensdelikte, welche selbst keine speziellen Reuevorschriften vorsehen, nicht zur Anwendung gelangen kann. Ein solche Schlussfolgerung wäre nur zulässig, wenn die Vorschriften über die tätige Reue neben den vergleichbaren Voraussetzungen zu § 24 StGB auch in ihrer Rechtsfolge vergleichbar wären.[461] Dies ist allerdings nicht der Fall.[462] § 24 StGB ist daher auch auf formelle (echte) Unternehmensdelikte anwendbar, sofern der Täter innerhalb des materiellen Versuchsstadiums den Eintritt des Erfolgs verhindert und sofern für diese Delikte keine eigene spezielle Reuevorschrift vorgesehen ist. Die formelle Vollendung des Delikts steht einer Anwendung des § 24 StGB nicht entgegen.

Daher ist die Aussage, § 24 StGB könne auf § 323c StGB keine unmittelbare Anwendung finden, weil das Delikt formell vollendet sei, nicht korrekt. Wie wir gesehen haben, hat der Gesetzgeber unterschiedliche Alternativen zur Auswahl, die Versuchsstrafbarkeit anzuordnen und die allgemeinen Rücktrittsvorschriften für anwendbar zu erklären. Da der Gesetzgeber im Falle der unterlassenen Hilfeleistung jedoch weder die Strafbarkeit des Versuchs über § 23 I StGB normiert, noch den Begriff des „Unternehmens“ verwendet hat oder durch eine zusätzliche Klausel im Besonderen Teil die Versuchsstrafbarkeit ausdrücklich angeordnet hat, fehlt es im Falle der unterlassenen Hilfeleistung an einer notwendigen Vorschrift, welche eine Verknüpfung zur allgemeinen Rücktrittsvorschrift des § 24 StGB ermöglichen würde. Dies ist der alleinige Grund, warum § 24 StGB auf materielle Versuchsfälle des § 323c StGB keine unmittelbare Anwendung finden kann. Die formelle Vollendung eines Deliktes sagt hingegen, wie von *Wolters* zutreffend dargelegt wurde, grundsätzlich noch nichts über die Unanwendbarkeit des § 24 StGB aus.

---

459 *Wolters*, Unternehmensdelikt, S. 224.

460 *Wolters*, Unternehmensdelikt, S. 202 ff.

461 *Wolters*, Unternehmensdelikt, S. 224 ff.

462 Vgl. nur die Rechtsfolgen von § 24 StGB, welcher als zwingende und alleinige Rechtsfolge die Strafbefreiung anordnet und die Rechtsfolgen des § 83a I StGB. Dieser ermöglicht neben dem möglichen Absehen von Strafe als Ermessensentscheidung die Möglichkeit der Milderung der Strafe gemäß § 49 II StGB. Ebenso verhält es sich mit § 314 II Nr. 1 StGB. §§ 314 I, 320 I StGB sehen hingegen lediglich die Möglichkeit der Milderung gemäß § 49 II StGB vor. Die Rechtsfolgen der allgemeinen Rücktrittsregelung und der Vorschriften über die tätige Reue weisen daher erhebliche Unterschiede auf.

Da § 24 StGB für die Berücksichtigung eines möglichen Rücktrittsverhaltens ausscheidet, § 323c StGB jedoch auch keine Spezialvorschriften über eine tätige Reue vorsieht, wird von einem Teil des Schrifttums eine analoge (entsprechende) Anwendung der Vorschriften über die tätige Reue gefordert.[463] Mit einer solchen Analogie soll dem reuigen Nachtatverhalten des ursprünglich die Hilfe Unterlassenden in Form eines Absehens von Strafe Rechnung getragen werden.

Demgegenüber halten die Rechtsprechung und Teile des Schrifttums die Vorschriften der tätigen Reue für nicht analogiefähig.[464] Die konkrete Frage, ob die Vorschriften über die tätige Reue analog auf § 323c StGB angewendet werden können, wird häufig mit der Problematik der generellen Analogiefähig-

---

463 *Berz,* FS-Stree und Wessels, S. 331 (339); *Frisch/Murmann,* JuS 1999, S. 1196 (1201); *Lackner/Kühl,* § 323c Rn. 11; *Otto,* Grundkurs II, § 67 Rn. 14; *Rengier,* BT II, § 42 Rn. 17; *Schönke/Schröder, Cramer/Sternberg-Lieben,* § 323c Rn. 30; *Schönke/Schröder, Eser,* § 24 Rn. 116; *Schröder,* FS-Kern, S. 457 (467 f.). Wohl auch MüKo, Band 4, *Freund,* § 323c Rn. 122. Für eine Heranziehung des Grundgedankens tätiger Reue *Küpper,* BT I, Teil II. § 5 Rn. 83. Für eine Analogie der allgemeinen Rücktrittsvorschrift des § 24 StGB *Blei,* BT, § 49 II 4. Ähnlich auch *Köhler,* AT, S. 483 f.

464 Gegen eine Analogie der Vorschriften über die tätige Reue im Falle der zögerlichen Hilfeleistung: BGHSt 14, S. 213 (217); *Jakobs,* AT, 25/7; LK-StGB, *Gribbohm,* § 11 Rn. 97; NK-StGB, Band 1, *Zaczyk,* § 24 Rn. 132; *Schaffstein,* FS-Dreher, S. 147 (153 ff.); SK-StGB, Band I, *Rudolphi,* § 11 Rn. 43, 47. Andere wiederum halten eine Analogie für entbehrlich, da sie den Vollendungszeitpunkt so weit nach hinten verlagern, dass eine verzögerte Hilfeleistung unter bestimmten Voraussetzungen noch keine Unterlassung der Hilfe im Sinne des § 323c StGB darstellt: LK-StGB, *Spendel,* § 323c Rn. 96 ff., 103; NK-StGB, Band 5, *Seelmann,* § 323c Rn. 50; SK-StGB, Band II, *Rudolphi,* § 323c Rn. 17, 29. Hiergegen ist jedoch einzuwenden, dass sich sowohl die Bestimmung des Merkmals „Unglücksfall" als auch der „Erforderlichkeit" nach einem strikten ex ante-Maßstab richten und die „Rechtzeitigkeit" der Hilfe, wie sie von obigen Autoren als maßgeblich für die Bestimmung des Vollendungszeitpunkts angesehen wird, für den potentiellen Normadressaten ex ante nur in einer sofort zu leistenden Hilfe liegen kann. Denn ob der zur Hilfe Aufgerufene sich bei der Hilfeleistung Zeit lassen kann, ohne dass mit Sicherheit eine weitere Schädigung eintritt, kann nur ex post festgestellt werden und ist zur Verhaltensorientierung nicht geeignet. Wenn für den potentiellen Helfer jedoch im Zeitpunkt der Konfrontation mit der Notsituation aufgrund der menschlichen Erkenntnisbeschränkungen regelmäßig nicht zu erkennen ist, ob er sich mit der Hilfeleistung noch Zeit lassen kann, ohne dass eine weitere Schädigung eintritt, so muss er zur sofortigen Hilfeleistung verpflichtet werden. Alles andere würde den Rechtsgüterschutz konterkarieren. Ferner ist zu Bedenken, dass es bei „Unglücksfällen" häufig um verletzte Menschen und somit auch um das Erleiden von Schmerzen geht. Auch aus diesem Grunde erscheint eine Verzögerung und damit verbundene Verlängerung der Leiden unangebracht. Für ein Gebot der sofortigen Hilfe und einen frühen Vollendungszeitpunkt sprechen sich folgerichtig aus: BGHSt 14, S. 213 (215 f.); *Lackner/Kühl,* § 323c Rn. 10; MüKo, Band 4, *Freund,* § 323c Rn. 86, 120; *Rengier,* BT II, § 42 Rn. 9; *Schaffstein,* FS-Dreher, S. 147 (153); wohl auch *Tröndle/Fischer,* § 323c Rn. 10. Einer Kundgabe des Entschlusses, einem in Not Geratenen die Hilfe zu verweigern, bedarf es entgegen BGHSt 14, S. 213 (215) jedoch nicht. So bereits zutreffend hervorgehoben von MüKo, Band 4, *Freund,* § 323c Rn. 120; *Lackner/Kühl,* § 323c Rn. 10; *Tröndle/Fischer,* § 323c Rn. 10.

keit dieser Vorschriften sowie mit der Frage verknüpft, ob die Vorschriften über die tätige Reue auf formelle (echte) Unternehmensdelikte, welche selbst keine Sondervorschrift enthalten oder auch auf materielle (unechte) Unternehmensdelikte eine entsprechende Anwendung finden können.[465]

Wenn von den Kritikern vorgebracht wird, eine entsprechende Anwendung der Vorschriften über die tätige Reue sei aufgrund einer fehlenden planwidrigen Regelungslücke ausgeschlossen[466], so ist dies grundsätzlich nur in Bezug auf eine analoge Anwendung der Reuevorschriften auf formelle (echte) Unternehmensdelikte, für welche eine spezielle Rücktrittsvorschrift nicht vorgesehen ist, richtig. Denn wie oben bereits gesehen findet auf diese Vorschriften die allgemeine Rücktrittsvorschrift des § 24 StGB Anwendung. Es besteht daher weder ein Bedürfnis noch eine gesetzliche Möglichkeit, bei diesen Delikten bestimmte Spezialvorschriften der tätigen Reue einer entsprechenden Anwendung zu unterziehen.[467]

Die Planwidrigkeit der Regelungslücke kann und darf jedoch nicht für alle formell vollendeten Delikte, welche die Erfassung materieller Versuchsfälle zulassen, angenommen werden. Für einen pauschalen Ausschluss der Analogiefähigkeit der Reuevorschriften gibt es keine Anhaltspunkte. Es wäre verfehlt, aus der Einführung einzelner Reuevorschriften durch den Gesetzgeber schließen zu wollen, dass der Gesetzgeber sich auch mit allen anderen Delikten, welche auf-

---

465 Für eine pauschale Analogie der Vorschriften über die tätige Reue auf sämtliche Unternehmenstatbestände, denen eine eigene Rücktrittsvorschrift fehlt: *Jescheck/Weigend*, AT, S. 526, 548; *Otto*, Grundkurs I, § 19 Rn. 80 f.; *Schönke/Schröder*, *Eser*, § 11 Rn. 51, 55; *Schönke/Schröder*, *Eser*, § 24 Rn. 116. Gegen die generelle Möglichkeit der Analogie der Vorschriften über die tätige Reue: *Burkhardt*, JZ 1971, S. 352 (357 f.); *Hillenkamp*, Schöch (Hrsg.), Wiedergutmachung und Strafrecht, S. 81 (81 ff.) de lege lata; LK-StGB, *Lilie/Albrecht*, § 24 Rn. 349; MüKo, Band 1, *Herzberg*, § 24 Rn. 215; *Schmidhäuser*, AT, 15/100 f. mit Fn. 34; *Sowada*, GA 1988, S. 195 (198, 211); *Tröndle/Fischer*, § 11 Rn. 28. Wohl auch MüKo, Band 1, *Radtke*, § 11 Rn. 89 zumindest in Bezug auf die formellen (echten) Unternehmensdelikte. Bzgl. einer Analogie auf materielle (unechte) Unternehmensdelikte handelt es sich laut Radtke um eine Entscheidung im Einzelfall. Allerdings bestünden auch hier ähnliche Bedenken wie bei der Analogie im Falle der formellen (echten) Unternehmenstatbestände; vgl. Rn. 94. Ebenso spricht sich *Wolters*, Unternehmensdelikt, S. 325 ff., 327 gegen eine Analogie aus. Demgegenüber sprechen sich einige Autoren zumindest für eine vorsichtige Analogie bei bestimmten Delikten aus: *Weber*, Jescheck (Hrsg.), Vorverlegung des Strafrechtsschutzes, S. 1 (9, 13ff., 19); ebenso für eine sehr eingeschränkte Möglichkeit der Analogie *Bottke*, Methodik und Systematik, S. 340 ff., 690 f.

466 So z.B. BGHSt 14, S. 213 (217). In Bezug auf die Möglichkeit einer Analogie auf formelle (echte) Unternehmensdelikte ohne spezielle Reuevorschriften: LK-StGB, *Gribbohm*, § 11 Rn. 91; SK-StGB, Band I, *Rudolphi*, § 11 Rn. 43; MüKo, Band 1, *Radtke*, § 11 Rn. 89. Ebenso SK-StGB, Band I, *Rudolphi*, § 11 Rn. 47 gegen die Planwidrigkeit der Regelungslücke in Bezug auf eine entsprechende Anwendung auf materielle (unechte) Unternehmensdelikte.

467 In diese Richtung gehend auch MüKo, Band 1, *Herzberg*, § 24 Rn. 215.

grund ihres frühen Vollendungszeitpunkts ein reuiges Nachtatverhalten grundsätzlich ermöglichen, umfassend befasst hätte und durch das Fehlen spezieller Reuevorschriften seinen Willen zur Nichtanwendung bekundet hätte. Der Gesetzgeber arbeitet grundsätzlich recht punktuell, so dass es häufig um die Behebung ganz konkreter und sachlich sehr begrenzter Probleme geht. Dies ist bei der Vielzahl der strafrechtlichen Delikte, welche durch einen frühen Vollendungszeitpunkt auch materielle Versuchsfälle erfassen, gar nicht anders möglich. Denn denkbar ist ein reuiges Nachtatverhalten nicht nur bei den formellen oder materiellen Unternehmensdelikten. Auch einige abstrakte Gefährdungsdelikte sind mit Vorschriften der tätigen Reue bedacht worden. Ferner ist ein reuiges Nachtatverhalten auch bei Absichtsdelikten wie § 267 I StGB grundsätzlich vorstellbar. Wenn der Täter nach der Herstellung der unechten Urkunde diese sofort wieder vernichtet, stellt sich doch die berechtigte Frage, ob dieses Verhalten dem Täter nicht in irgendeiner Form zugute kommen sollte. Auch hier wäre eine Analogie zumindest denkbar.[468] Die Erwägung einer analogen Anwendung von Reuevorschriften geht somit weit über die Bereiche der Unternehmensdelikte hinaus.[469] Bei der Fülle der Delikte und der punktuellen Problembewältigung des Gesetzgebers kann daher von einem pauschalen Willen, der einer analogen Anwendung der Reuevorschriften entgegensteht, nicht ausgegangen werden.[470] Hierfür spricht auch das uneinheitliche Bild, das die „lex lata" in Bezug auf die Normierung spezieller Reuevorschriften innerhalb des Besonderen Teils bietet. Dem Gesetzgeber ist es bisher nicht gelungen, die Möglichkeit tätiger Reue an übereinstimmende und erkennbare Kriterien zu binden. Vielmehr erscheint die Normierung der einzelnen Reuemöglichkeiten recht willkürlich im Gesetz verteilt.[471]

---

468 Für eine solche spricht sich z.B. *Weber*, Jescheck (Hrsg.), Vorverlegung des Strafrechtsschutzes, S. 1 (18 f.) aus. Kritisch zum frühen Zeitpunkt der Strafbarkeit im Fall des § 267 I 1. Alt. StGB *Jakobs*, ZStW 97, S. 751 (756 f.).

469 *Wolters*, Unternehmensdelikt, S. 325. Die Größe des Problemfeldes hat auch bereits *Schmidhäuser*, AT, 15/101 erkannt: „*Die Zahl der materiellen Unternehmensdelikte ist noch viel größer, als hier angenommen wird; so ist auch der Diebstahl auf dauernde Enteignung gerichtet und schon mit der bloßen Wegnahme vollendet; man müsste auch hier also Rücktritt vom vollendeten Diebstahl zulassen.*" Allerdings ist die Bezeichnung „materielle Unternehmensdelikte" in diesem Zusammenhang verfehlt. Denn nicht alle Delikte, welche unter ihrer formellen Vollendung auch materielle Versuchsfälle erfassen, sind materielle (unechte) Unternehmensdelikte. Es bietet sich an, ohne eine spezielle Deliktskategorisierung vornehmen zu müssen, von „Vorfelddelikten" zu sprechen.

470 So auch trotz erheblicher anderer Zweifel an der Möglichkeit einer analogen Anwendung: MüKo, Band 1, *Radtke*, § 11 Rn. 94.

471 *Schröder*, FS-Kern, S. 457 (463); *Krack*, NStZ 2001, S. 505 (508). Die Uneinheitlichkeit der ganzen Konzeption monieren ebenfalls *Lackner/Kühl*, § 24 Rn. 29 und *Schmidt-Hieber*, NJW 1992, S. 2001 (2003) sowie *Schönke/Schröder*, *Eser*, § 24 Rn. 116; *Krack*, NStZ 2001, S. 505 (510), nach deren Ansicht die Verteilung der Reuevorschriften auf dem Prinzip des Zufall zu basieren scheint. Dass die vom Gesetzgeber eröffneten Rücktrittsmöglichkeiten

Ebenso ist es jedoch verfehlt, eine pauschale Analogie der besonderen Reuevorschriften für sämtliche Unternehmensdelikte, also für formelle (echte) Unternehmensdelikte ohne eigene Spezialvorschriften sowie für den kompletten Bereich materieller (unechter) Unternehmensdelikte zu fordern.[472] Vielmehr ist und bleibt die Möglichkeit der analogen Anwendung einer bestimmten Reuevorschrift auf ein bestimmtes Delikt eine Frage des Einzelfalls. Es gilt anhand der Auslegung des Tatbestands zu ermitteln, ob dieser ein tätiges Reueverhalten grundsätzlich ermöglicht und ob die Berücksichtigung eines reuigen Nachtatverhaltens angemessen erscheint, da vergleichbare Situationen durch den Gesetzgeber mit Reuevorschriften bedacht wurden. Ferner bedarf es einer genauen Untersuchung, welche Vorschrift der tätigen Reue am ehesten zur Anwendung gelangen könnte.[473]

Es gilt daher, die Vorschrift der unterlassenen Hilfeleistung und die für eine Analogie in Betracht kommende Reuevorschriften einer genauen Untersuchung zu unterziehen. Der sehr frühe Vollendungszeitpunkt der Vorschrift der unterlassenen Hilfeleistung führt dazu, dass die Vollendungsstrafe des § 323c StGB auch materielle Versuchsfälle erfasst. Wie der obige Beispielsfall zeigt, ist es bei § 323c StGB grundsätzlich möglich, dass der Täter durch ein Nachtatverhalten Schädigungsmöglichkeiten beseitigen kann. Dieser frühe Vollendungszeitpunkt und die versuchsähnliche Struktur im Falle einer verzögerten Hilfeleistung kann als Argument für eine analoge Berücksichtigung von Reuevorschriften angeführt werden.[474] Dies kann jedoch nur insofern gelten, als durch die Verzögerung der Hilfeleistung keine weiteren Schädigungen eingetreten sind. Hat der Hilfsbedürftige im Zeitpunkt der verzögerten Hilfeleistung durch das verspätete Einschreiten bereits weitere Schäden erlitten, so ist neben dem formellen auch der

---

willkürlich herausgegriffen erscheinen wird auch von *Burkhardt*, JZ 1971, S. 352 (357) eingeräumt. Auch *Hillenkamp*, Schöch (Hrsg.), Wiedergutmachung und Strafrecht, S. 81 (89) kann sich diesem Einwand nicht völlig verschließen. Trotz Ablehnung einer Analogiemöglichkeit gesteht auch *Wolters*, Unternehmensdelikt, S. 325 ein, dass die unterschiedlichen Einordnungen des Umkehrverhaltens durch den Gesetzgeber nicht immer ohne weiteres nachzuvollziehen sind.

472 Gegen eine pauschale Analogie wenden sich ebenfalls: *Fincke*, Verhältnis, S. 55; MüKo, Band 1, *Radtke*, § 11 Rn. 89; *Weber*, Jescheck (Hrsg.), Vorverlegung des Strafrechtsschutzes, S. 1 (9); *Wolters*, Unternehmensdelikt, S. 325. Ebenfalls *Bottke*, Methodik und Systematik, S. 691.

473 Dazu, dass die Frage der Analogie von Reuevorschriften von Einzelfall zu Einzelfall geklärt werden muss: MüKo, Band 1, *Radtke*, § 11 Rn. 94. Ähnlich *Bottke*, Methodik und Systematik, S. 691: *„ Daher ist es wohl zulässig, ... behutsam, nach fallorientierter kritischer Wertediskussion, Lücken zu schließen, die sonst – gemessen am legislatorischen Regelungsplan – bestehen blieben."* Sehr anschaulich untersucht auch *Berz*, FS-Stree und Wessels, S. 331 (338 f.), welche Normen überhaupt für eine Analogie in Bezug zu § 323c StGB in Betracht zu ziehen sind.

474 Vgl. hierzu: *Frisch/Murmann*, JuS 1999, S. 1196 (1201); *Rengier*, BT II, § 42 Rn. 17; *Küpper*, BT I, Teil II. § 5 Rn. 83.

materielle Vollendungszeitpunkt erreicht. In einem solchen Fall wäre eine Analogie unstatthaft. Die Situation der nur zögerlich geleisteten Hilfe weist zudem erhebliche Parallelen zu anderen Delikten auf, bei denen der Gesetzgeber ein reuiges Nachtatverhalten durch die Normierung einer Vorschrift über die tätige Reue gewürdigt hat. Anführen lassen sich hier die Normen des Hochverrats (§§ 81 ff. StGB). Gemäß § 81 StGB wird derjenige bestraft, der es mit Gewalt oder durch Drohung mit Gewalt unternimmt, den Bestand der Bundesrepublik Deutschland zu beeinträchtigen (Nr. 1) oder die auf dem Grundgesetz der Bundesrepublik Deutschland beruhende verfassungsmäßige Ordnung zu ändern (Nr. 2). Die Tat beginnt bereits mit dem Anfang der Gewaltausübung oder Gewaltandrohung.[475] Als formelles (echtes) Unternehmensdelikt setzt § 81 StGB keinen spezifischen Erfolg voraus. Vielmehr ist das Delikt bereits mit dem Versuch der Tathandlung formell vollendet. Das Gericht hat im Falle des § 81 StGB jedoch die Möglichkeit, gemäß § 83a I StGB in Fällen, in denen der Täter freiwillig die weitere Ausführung der Tat aufgibt und eine von ihm erkannte Gefahr, dass andere das Unternehmen weiter ausführen, abwendet oder wesentlich mindert oder wenn er freiwillig die Vollendung der Tat verhindert, von einer Bestrafung abzusehen oder die Strafe entsprechend § 49 II StGB zu mildern. Im Falle des formell vollendeten materiellen Versuchs des Hochverrats gewährt der Gesetzgeber dem Täter somit eine „Rücktrittsmöglichkeit" durch ein reuiges Nachtatverhalten. Dies gilt selbstverständlich nur für den Fall, dass das verräterische Verhalten des Täters folgenlos geblieben ist. Diese Situation und die Situation der zögerlichen Hilfeleistung weisen grundlegende Gemeinsamkeiten auf. Sowohl im Falle der verzögerten Hilfeleistung als auch im Falle des folgenlosen Hochverrats ist das jeweilige Delikt bereits formell vollendet, obwohl materiell gesehen ein bloßes Versuchsstadium erreicht wurde. In beiden Fällen besinnt sich der Täter eines Besseren und wendet durch sein Nachtatverhalten mögliche Schädigungen ab. Allerdings wird dieses reuige Nachtatverhalten vom Gesetzgeber lediglich im zweitgenannten Fall – dem Hochverrat – gesetzlich berücksichtigt. Warum im Falle der verzögerten Hilfeleistung ein reuiges Nachtatverhalten keine gesetzliche Berücksichtigung in Form einer Vorschrift über die tätige Reue findet, ist weder nachvollziehbar noch billigenswert. Die Interessenlage ist in beiden Fällen durchaus vergleichbar.[476] Sowohl eine analoge Anwen-

---

475 *Tröndle/Fischer*, § 81 Rn. 6b.

476 Ebenso vergleichbar ist die Situation der §§ 314 I Nr. 1, 314a II Nr. 1 StGB. Wenn der Angestellte eines Wasserwerks die durch technische Fehler verursachte Beimischung gesundheitsschädlicher Stoffe ins Trinkwasser nicht verhindert, obwohl er aufgrund vertraglicher Verpflichtung für die Reinheit des Trinkwassers zu sorgen hat, so liegt im Zeitpunkt der Vermischens eine formelle Vollendung vor. Nichts desto Trotz ermöglicht der Gesetzgeber durch § 314a II Nr. 1 StGB ein Absehen von Strafe oder eine Strafmilderung, wenn der „reuige Täter" die Gefahr durch ein Nachtatverhalten noch abwendet. Auch diese Fallkonstellation

dung der Reuvorschrift des § 83a I StGB als auch eine Analogie des § 314a II Nr. 1 StGB wären daher im Falle der verzögerten Hilfeleistung durchaus vorstellbar.

Zudem lassen sich weitere Argumente für eine sinnvolle Analogie zu obigen Vorschriften im Falle der verzögerten Hilfeleistung anbringen. Bereits aus Opferschutzgesichtspunkten erscheint eine solche Analogie angebracht.[477] Wenn dem Täter durch ein reuiges Nachtatverhalten die Möglichkeit eines richterlichen Absehens von Strafe eingeräumt wird, so kann dies den Täter bei seiner Entscheidungsfindung, ob er dem Notleidenden nicht doch lieber, wenn zwar auch verspätet aber immerhin doch noch nicht zu spät für jegliche Schadensabwehr, helfend zur Seite springen soll, nur positiv beeinflussen. Dies kommt wiederum dem Opfer zugute. Denn schließlich ist eine verspätete Hilfe besser als gar keine Hilfe.

Allerdings darf nicht übersehen werden, dass das ohnehin recht uneinheitliche und verworrene Bild der Vorschriften über die tätige Reue durch eine Analogie bestimmter Vorschriften auf einzelne Straftatbestände, die durch ihren weiten Strafbarkeitsbereich auch materielle Versuche als formelle Vollendung erfassen, nicht gerade überschaubarer und klarer wird. Sicherlich wäre mit einer Analogie dem Gleichbehandlungsgrundsatz wohl gedient, jedoch trüge dies insgesamt nicht unbedingt zur Rechtssicherheit bei.[478] Denn bereits jetzt ist in der Auswahl der Delikte, welche mit einer Reuevorschrift bedacht sind, kein einheitliches System zu erkennen. Zudem unterscheiden sich die einzelnen Reuevorschriften untereinander doch recht erheblich. Dieses uneinheitliche Bild nun zusätzlich mit einzelnen Analogien zu versehen, mag zwar zu punktuellen Problembehebungen führen. Dies geschieht jedoch auf Kosten einer weiteren Verkomplizierung des Gesamtsystems.[479] Denn schließlich stellt sich die Frage der Analogie ja nicht nur im Falle des § 323c StGB.[480] Ferner ermöglichen es die §§ 153, 153a StPO auf prozessualer Ebene durch eine Einstellung des Verfahrens letztlich auch im Falle der verzögerten Hilfeleistung zu einem vergleichba-

---

weist letztlich ganz erhebliche Parallelen mit der verzögerten Hilfeleistung im Sinne des § 323c StGB auf.

477 Ebenso *Frisch/Murmann*, JuS 1999, S. 1196 (1201). Dies räumt auch *Schaffstein*, FS-Dreher, S. 147 (153 f.) ein, auch wenn er im Endergebnis eine Analogie ablehnt.

478 *Bottke*, Methodik und Systematik, S. 691; *Burkhardt*, JZ 1971, S. 352 (358); LK-StGB, *Lilie/Albrecht*, § 24 Rn. 349; *Schmidhäuser*, AT, § 15 Rn. 101; *Wolters*, Unternehmensdelikt, S. 327.

479 Vgl. auch die Ausführungen bei *Wolters*, Unternehmensdelikt, S. 327.

480 Vgl. nur zum Landfriedensbruch *Lackner/Kühl*, § 125 Rn. 12; zur Nichtanzeige geplanter Straftaten *ders.*, § 138 Rn. 5; zur Geldfälschung *ders.*, § 146 Rn. 12; zur falschen Verdächtigung *ders.*, § 164 Rn. 10; zur Begünstigung *ders.*, § 257 Rn. 7; zum Versicherungsmissbrauch *ders.*, § 265 Rn. 5; zur Verleitung eines Untergebenen zu einer Straftat *ders.*, § 357 Rn. 3 jeweils mit weiteren Nachweisen. In Bezug auf die Urkundenfälschung vgl. auch *Weber*, Jescheck (Hrsg.), Vorverlegung des Strafrechtsschutzes, S. 1 (18 f.).

ren Ergebnis zu gelangen.[481] Um den desolaten Gesetzeszustand in Bezug auf die Normierung strafrechtlicher Reuevorschriften nicht noch zusätzlich mit einzelnen Analogien zu belasten, sei daher auf eine prozessuale Lösung verwiesen. Um nicht missverstanden zu werden: Damit ist *nicht* gesagt, dass eine Analogie bestimmter Reuevorschriften im Falle einer zögerlich geleisteten Hilfe unmöglich wäre. Ganz im Gegenteil: Die Interessenlage ist mit der Interessenlage anderer Delikte, welche eine Reuregelung ausdrücklich vorsehen, durchaus vergleichbar. Und entgegen einer weit verbreiteten Ansicht kann auch nicht davon ausgegangen werden, dass der Gesetzgeber ein durchdachtes Konzept geschaffen hat und durch die Normierung bestimmter Reuevorschriften eine Analogie für andere Delikte ausschließen wollte. Lediglich aufgrund der prozessualen Möglichkeit, im Falle eines reuigen Nachtatverhaltens auch ohne Analogie zu einem gerechten Ergebnis gelangen zu können, wird vorliegend auf eine solche verzichtet. Jedoch ist der Gesetzgeber aufgefordert, die Konzeption der tätigen Reue in Gänze zu überarbeiten und ihren jetzigen Anwendungsbereich unter anderem auch auf § 323c StGB zu erweitern.[482]

Halten wir somit fest: Eine Analogie zu den Vorschriften über die tätige Reue ist nicht generell ausgeschlossen, sondern vielmehr eine Entscheidung des Einzelfalls. Weder eine pauschale Forderung nach einer Analogie zu solchen Vorschriften noch eine pauschale Ablehnung einer Analogiemöglichkeit wird der Problematik gerecht. Für die Frage, ob eine Analogie bei § 323c StGB im Falle der verzögerten Hilfeleistung möglich ist, gilt folgendes: Grundsätzlich können die §§ 83a I, 314a II Nr. 1 StGB in einem solchen Fall analog angewendet werden, um ein reuiges Nachtatverhalten des zögernd Hilfeleistenden zu berücksichtigen. Aufgrund der bisherigen uneinheitlichen und verworrenen Konzeption der Vorschriften über die tätige Reue und der Möglichkeit einer prozes-

---

481 Auf die Möglichkeit der prozessualen Lösung weist bereits Schaffstein, FS-Dreher, S. 147 (155) hin. Ähnlich auch NK-StGB, Band 1, *Zaczyk,* § 24 Rn. 132, der bei reuigem Nachtatverhalten im Falle des § 323c StGB auf die Strafzumessungspraxis der Gerichte verweist.

482 Für eine Gesetzesänderung sprechen sich ebenfalls aus: *Hillenkamp,* Schöch (Hrsg.), Wiedergutmachung und Strafrecht, S. 81 (98 f.); *Sowada,* GA 1988, S. 195 (198). Ebenso *Wolters,* Unternehmensdelikt, S. 326 f., der dem Appell jedoch aufgrund des riesigen Regelungsbereichs der Vorfelddelikte wenig Aussicht auf Erfolg einräumt. Eine negative Prognose in Bezug auf eine baldige Gesetzesänderung bescheinigt auch *Zaczyk;* NK-StGB, Band 1, *Zaczyk,* § 24 Rn. 132. Ferner fordert *Schmidt-Hieber,* NJW 1992, S. 2001 (2003 f.) die Einführung tätiger Reue als allgemeinen Strafaufhebungsgrund vor allem für die Vermögensdelikte. Vgl. auch *Krack,* NStZ 2001, S. 505 (508 f.) in Bezug auf das Wirtschaftsstrafrecht. *Krack* steht einer Erstreckung der Strafbarkeit auf den „Vorfeldbereich" grundsätzlich kritisch gegenüber. Für den Fall, dass der Gesetzgeber jedoch weiterhin an Delikten festhalten möchte, welche die Strafbarkeit auch auf das „Vorfeld" erstrecken, rät er ebenfalls zu einer Erweiterung der Vorschriften über die tätige Reue. Zu einer umfassenden Reformregelung im AT siehe *Freund,* GA 2005, S. 321 (331 f.).

sualen Lösung über die §§ 153, 153a StPO soll auf eine Analogie jedoch verzichtet werden. Der Gesetzgeber ist allerdings aufgerufen, der insgesamt unstimmigen Konzeption abzuhelfen.

IV. Inhalt des Merkmals „Unglücksfall"

1. Die bloße Sachgefahr

Die Frage, ob auch bloße Sachgefahren einen grundsätzlich die Hilfspflicht auslösenden „Unglücksfall" im Sinne des § 323c StGB darstellen können, wird im Schrifttum nicht einheitlich beantworten.

a. Kategorische Ausklammerung der Sachgefahren aus dem Schutzbereich des § 323c StGB

Ein Teil des Schrifttums klammert die bloße Sachgefahr kategorisch aus dem Schutzbereich des § 323c StGB aus.[483] Dies wird vor allem damit begründet, dass eine Verpflichtung zur Hilfeleistung grundsätzlich nur zu legitimieren sei, wenn das Opfer sich nicht selbst helfen könnte. Dies sei bei bloßen Sachgefährdungen nicht der Fall. Denn Dank der heutigen Versicherungsmöglichkeiten sei jedermann in der Lage, sich gegen Sachgefahren selbst abzusichern. Im Gegensatz zu den Rechtgütern wie Leib, Leben oder Freiheit, welche im Falle einer Beeinträchtigung irreparabel geschädigt seien, könnten Schädigungen des Eigentums durch Vorsorgemaßnahmen jederzeit wieder gutgemacht oder doch zumindest gemildert werden. [484] Zudem ließe auch der Wortlaut der Vorschrift in keinem Punkt erkennen, dass eine Verpflichtung zur Hilfe auch im Falle von bloßen Sachgefahren bestünde.[485] Sachgefährdungen könnten daher nur in absoluten Ausnahmefällen einen „Unglücksfall" im Sinne des § 323c StGB begründen. Dies aber auch nur, wenn ihre Intensität so erheblich sei, dass sie die persönliche Freiheit des Betroffenen in Form seiner „bürgerlichen Existenz" gefährden.[486] [487] An dieser Sachlage ändere sich selbst dann nichts, wenn die Sachgefahr Interessen der Allgemeinheit berühre.[488]

---

483 *Arzt/Weber,* BT, § 39 Rn. 3; *Heil,* Folgen der unterlassenen Hilfeleistung, S. 61 ff.; *Kahlo,* Handlungsform, S. 332 f., 334; NK-StGB, Band 5, *Seelmann,* § 323c Rn. 12; *ders.,* JuS 1995, S. 281 (284); *Vermander,* Unfallsituation, S. 24 ff.

484 *Heil,* Folgen der unterlassenen Hilfeleistung, S. 61 f.; ähnlich *Seelmann,* Jus 1995, S. 281 (284); vgl. ferner *Vermander,* Unfallsituation, S. 25, welcher jedoch einräumt, dass es Fälle geben kann, in denen eine Wiedergutmachung ausgeschlossen ist.

485 *Vermander,* Unfallsituation, S. 26.

486 *Heil,* Folgen der unterlassenen Hilfeleistung, S. 63 f.; NK-StGB, Band 5, *Seelmann,* § 323c Rn. 12; *ders.,* JuS 1985, S. 281 (284).

487 Damit keine Missverständnisse entstehen: Diese Ansicht ergreift nicht in absoluten Ausnahmefällen Partei für die Erfassung von bloßen Sachgefährdungen durch den Schutzbereich des § 323c StGB. Die Sachgefahr erlangt lediglich mittelbar eine gewisse Relevanz, wenn sie zu einer Gefährdung des Rechtsgutes der Freiheit erwächst. Unmittelbarer Grund für die Verpflichtung zur Hilfeleistung in einem solchen Fall ist damit die Bedrohung des Rechtsgutes der persönlichen Freiheit des Opfers, nicht hingegen die Sachgefährdung. Sachgefährdungen

b. Erfassung bloßer Sachgefahren durch den Schutzbereich des § 323c StGB

Nach überwiegender Ansicht des Schrifttums sowie der Rechtsprechung können unter bestimmten Voraussetzungen auch Sachgefahren eine Hilfeleistungspflicht im Sinne des § 323c StGB begründen.[489]

Zum Teil wird jedwede Sachgefahr, gleich welches Ausmaß oder welche Intensität sie besitzt, uneingeschränkt als „Unglücksfall" anerkannt.[490] So soll dann selbst der lapidarste Ladendiebstahl einen „Unglücksfall" im Sinne des § 323c StGB darstellen. Einschränkungen seien erst durch das Merkmal der „Zumutbarkeit" vorzunehmen.[491]

Teilweise wird versucht, durch verschiedene Restriktionen die Erfassung der Sachgefahren durch die Vorschrift der unterlassenen Hilfeleistung einzugrenzen.[492]

So wird zum Teil die Auffassung vertreten, dass Sachgefahren lediglich im Rahmen des Merkmals der „gemeinen Gefahr" Berücksichtigung finden dürften.[493] Ausschlaggebend hierfür sei, dass eine Erfassung bloßer Sachgefährdungen durch das Merkmal „Unglücksfall" im Vergleich zu § 138 StGB zu systematischen Widersprüchen führen würde. Denn im Zuge eines Ladendiebstahls

---

sind dieser Ansicht folgend somit tatsächlich kategorisch aus dem Anwendungsbereich der unterlassenen Hilfeleistung ausgeklammert.

488 *Vermander,* Unfallsituation, S. 25 f.; *Heil,* Folgen der unterlassenen Hilfeleistung, S. 64. Vgl. auch *Kahlo,* Handlungsform, S. 334, welcher sich zudem für eine Streichung der tatbestandlichen Alternativen der „gemeinen Gefahr" und der „gemeinen Not" einsetzt.

489 BGHSt 2, S. 150 (150 f); 3, S. 65 (66); 6, S. 147 (152); *Blei,* BT, § 49 II 1 a; *Geilen,* Jura 1983, S. 78 (86 f.); *Kindhäuser,* BT I, § 72 Rn. 6; *Kreuzer,* Ärztliche Hilfeleistungspflicht, S. 37 ff.; *Küper,* BT, S. 288 f., 290; *Lackner/Kühl,* § 323c Rn. 2; LK-StGB, *Spendel,* § 323c Rn. 43; *Maurach/Schroeder/Maiwald,* BT II, § 55 Rn. 15; MüKo, Band 4, *Freund,* § 323c Rn. 26 f.; *Otto,* Grundkurs II, § 67 Rn. 4, 8; *Pawlik,* GA 1995, S. 360 (366); SK-StGB, Band II, *Rudolphi,* § 323c Rn. 5; *Schmidhäuser,* BT, 16/5; *Schönke/Schröder, Cramer/Sternberg-Lieben,* § 323c Rn. 5; *Wessels/Hettinger,* BT I, Rn. 1044.

490 *Lackner/Kühl,* § 323c Rn. 2; *Pawlik,* GA 1995, S. 360 (366).

491 *Pawlik,* GA 1995, S. 360 (366).

492 Für eine Erfassung von Gefahren für Sachen von bedeutendem Wert (erhebliche Sachgefahren) sprechen sich unter anderem aus: BGHSt 2, S. 150 (150 f); 3, S. 65 (66); 6, S. 147 (152); *Geilen,* Jura 1983, S. 78 (86 f.); *Kindhäuser,* BT I, § 72 Rn. 6; *Küper,* BT, S. 288 f., 290; LK-StGB, *Spendel,* § 323c Rn. 43; *Maurach/Schroeder/Maiwald,* BT II, § 55 Rn. 15; MüKo, Band 4, *Freund,* § 323c Rn. 26 f.; SK-StGB, Band II, *Rudolphi,* § 323c Rn. 5; *Wessels/Hettinger,* BT I, Rn. 1044. Gegen eine Erfassung von Sachgefahren durch das Merkmal „Unglücksfall", jedoch für eine mögliche Erfassung durch das Merkmal „gemeine Gefahr", vgl. unter anderem: *Blei,* BT, § 49 II 1 a; *Kreuzer,* Ärztliche Hilfeleistungspflicht, S. 38.; *Otto,* Grundkurs II, § 67 Rn. 4, 8; *Schmidhäuser,* BT, 16/5; *Schönke/Schröder, Cramer/Sternberg-Lieben,* § 323c Rn. 5.

493 *Blei,* BT, § 49 II 1 a; *Kreuzer,* Ärztliche Hilfeleistungspflicht, S. 38.; *Otto,* Grundkurs II, § 67 Rn. 4, 8; *Schmidhäuser,* BT, 16/5; *Schönke/Schröder, Cramer/Sternberg-Lieben,* § 323c Rn. 5.

oder einer Sachbeschädigung, welche dann als „Unglücksfall“ im Sinne des § 323c StGB anzusehen wären, könnte die erforderliche und zu leistende Hilfe nur in einer Denunziationspflicht bestehen. Der unbeteiligte Dritte wäre damit verpflichtet, den „Ladendieb“ oder den „Vandalen“ anzuzeigen. Dies stehe jedoch im Widerspruch zu § 138 StGB, der für solche Fälle eine Anzeigenpflicht gerade nicht vorsehe.[494]

Ferner befürchten die Anhänger einer solchen Restriktion, dass das Merkmal „gemeine Gefahr“ bei der Erfassung bloßer Sachgefährdungen durch das Merkmal „Unglücksfall“ leer laufe. Dies entspreche jedoch nicht dem Wortlaut des § 323c StGB, der die „gemeine Gefahr“, die „gemeine Not“ sowie den „Unglücksfall“ als eigenständige und gleichberechtigte Merkmale enthalte.[495]

Im Gegensatz zu den geschützten Rechtsgütern des Lebens und der körperlichen Unversehrtheit, welche absolute Güter darstellen würden und aus diesem Grunde auch keiner Wertung bedürften, seien Sachen lediglich von relativem Wert. Das Merkmal des „Unglücksfalls“ beziehe sich nur auf Schäden, die einem einzelnen Individuum drohten. Dass das Leben und die körperliche Unversehrtheit für jeden einzelnen ein besonders hohes Gut darstelle, stehe außer Frage und sei für den Außenstehenden auch erkennbar. Im Falle einer Sachgefahr hingegen könne der Außenstehende nicht erkennen, ob es sich bei der gefährdeten Sache im Falle eines Verlustes um ein so hohes Gut handele, dass für den Betroffenen der Verlust der Sache einen „Unglücksfall“ darstelle. Aufgrund dieses fehlenden Wertungsmaßstabes könnten bloße Sachgefahren nicht als „Unglücksfall“ im Sinne des § 323c StGB angesehen werden.[496]

Im Gegensatz hierzu will ein Teil des Schrifttums zumindest Gefahren für Sachen von bedeutendem Wert (erhebliche Sachgefahren) als „Unglücksfall“ im Sinne des § 323c StGB anerkennen.[497] Die Erfassung von Sachgefahren sei durch das „Bagatellprinzip“ begrenzt.[498]

---

494 In diese Richtung argumentierend: *Blei*, BT, § 49 II 1 a; *Kreuzer*, Ärztliche Hilfeleistungspflicht, S. 38; *Schönke/Schröder, Cramer/Sternberg-Lieben*, § 323c Rn. 5. In diese Richtung gehend auch SK-StGB, Band II, *Rudolphi*, § 323c Rn. 5, der jedoch zu dem Schluss kommt, dass, um Widersprüche zu § 138 StGB zu vermeiden, nur Gefahren für Sachen von bedeutendem Wert durch das Merkmal „Unglücksfall“ erfasst seien.

495 *Otto*, Grundkurs II, § 67 Rn. 4.

496 *Kreuzer*, Ärztliche Hilfeleistungspflicht, S. 37 f.

497 *Geilen*, Jura 1983, S. 78 (86 f.); *Kindhäuser*, BT I, § 72 Rn. 6; *Küper*, BT, S. 288 f., 290; LK-StGB, *Spendel*, § 323c Rn. 43; *Maurach/Schroeder/Maiwald*, BT II, § 55 Rn. 15; MüKo, Band 4, *Freund*, § 323c Rn. 26 f.; SK-StGB, Band II, *Rudolphi*, § 323c Rn. 5; *Wessels/Hettinger*, BT I, Rn. 1044.

498 *Kindhäuser*, BT I, § 72 Rn. 6.

c. Stellungnahme

Der Wortlaut der Vorschrift des § 323c StGB gibt letztlich keinen konkreten Hinweis darauf, ob Sachgefahren von seinem Schutzbereich erfasst werden oder nicht. Allerdings kann aus diesem Zustand kein Argument für die Nichterfassung bloßer Sachgefahren geformt werden, wie dies von *Vermander* augenscheinlich versucht wird.[499] Vielmehr ist mit der bloßen Wortlautauslegung in Bezug auf die Lösung der Problematik nicht voranzukommen.

Ein gewichtiges Argument gegen eine generelle Erfassung bloßer Sachgefahren durch den Anwendungsbereich des § 323c StGB scheint auf den ersten Blick die Möglichkeit der Eigenhilfe durch versicherungstechnische Vorsorgemaßnahmen zu sein.[500] Allerdings hält diese Argumentation einer genaueren Überprüfung nicht stand. Zustimmung verdient zwar die Aussage, dass das Opfer sich theoretisch durch einen eigenen Versicherungsschutz in einem gewissen Maße vor Schädigungen selbst schützen kann. Jedoch nicht in der Tragweite, wie man glauben mag. Denn nicht jeder Sachschaden ist auch tatsächlich durch die Inanspruchnahme des Versicherungsschutzes wieder gutzumachen. Es ist zwar durchaus möglich, den materiellen Wert einer Sache gegen Beschädigungen, Zerstörungen oder auch Verlust zu sichern. Jedoch ist der Versicherungsschutz nicht in der Lage, den ideellen Wert einer Sache zu sichern. Wenn es sich bei der gefährdeten Sache zum Beispiel um eine Jahrhunderte alte Vase aus der Ming-Dynastie handelt, welche die letzte ihrer Art ist, so wird man zwar einen ungefähren Marktwert beziffern und dementsprechend einen gewissen Schadensausgleich anstreben können. Der eigentliche Wert der Vase, der nicht nur durch den Marktpreis bestimmt wird, ist jedoch nicht zu ersetzen. Dem Geschädigten kann in einem solchen Fall keine wirkliche „Naturalrestitution" zuteil werden, sondern lediglich der materielle Schaden ersetzt werden.[501] Von einer ausreichenden Möglichkeit zur Eigenhilfe kann somit zumindest bei Sachen von bedeutendem Wert – und damit sind wie das obige Beispiel zeigt nicht nur materielle Belange gemeint – nicht ausgegangen werden. Auch würde im vorliegenden Fall die Wortbedeutung des „Unglücksfalls" nicht gegen eine Erfassung sprechen. Denn wer will schon tatsächlich leugnen, dass der Verlust eines solchen Unikates kein Unglück im Sinne des allgemeinen Sprachgebrauchs darstellt.

Ebenso läst sich § 138 StGB nicht als Argument für einen Ausschluss der bloßen Sachgefährdungen aus dem Anwendungsbereich des § 323c StGB nutzen.[502] Es ist zwar durchaus zuzugeben, dass § 138 StGB und § 323c StGB in

---

499 Vgl. *Vermander*, Unfallsituation, S. 26.

500 Siehe *Heil*, Folgen der unterlassenen Hilfeleistung, S. 61 ff.; ähnlich *Seelmann*, Jus 1995, S. 281 (284); vgl. ferner *Vermander*, Unfallsituation, S. 25.

501 So auch *Geilen*, Jura 1983, S. 78 (87).

502 Dies versuchen allerdings: *Blei*, BT, § 49 II 1 a; *Kreuzer*, Ärztliche Hilfeleistungspflicht, S. 38; *Schönke/Schröder, Cramer/Sternberg-Lieben*, § 323c Rn. 5.

ihrem Anwendungsbereich gewisse Überschneidungen aufweisen können. Aus der fehlenden Normierung einer Anzeigepflicht für Diebstahls- und Sachbeschädigungsdelikte kann jedoch nicht im Umkehrschluss gefolgert werden, dass § 138 StGB gegenüber § 323c StGB eine „Sperrwirkung" entfalte. Denn letztlich handelt es sich bei § 138 StGB und § 323c StGB um voneinander unabhängige und eigenständige Straftatbestände. So stünde im Falle der beiderseitigen Erfüllung der Deliktsvoraussetzungen beider Vorschriften § 323c StGB zu § 138 StGB aufgrund des Erfordernisses des im Schuldspruch zum Ausdruck zu bringenden tatbestandsspezifischen Unwertgehalts gemäß § 52 StGB in Idealkonkurrenz. Bereits aus diesem Grunde ist eine Sperrwirkung abzulehnen.[503] Zudem sind auch Fälle denkbar, in denen im Falle einer Sachgefahr nur durch ein beherztes Eingreifen und nicht durch eine Anzeige geholfen werden kann. Warum es in solchen Fällen zu einer Sperrwirkung kommen soll, kann von der Gegenauffassung nicht begründet werden.[504]

Schließlich muss aber auch der Ansicht, welche jegliche Sachgefährdungen unabhängig von ihrer Intensität und ihres Ausmaßes durch das Merkmal „Unglücksfall" erfassen will[505], eine Absage erteilt werden. Zwar schließt diese Ansicht Bagatellgefahren im Rahmen der „Zumutbarkeit" der Hilfeleistung aus. Es muss im Rahmen der Bestimmung des Merkmals „Unglücksfall" jedoch auch immer der mögliche Wortsinn Berücksichtigung finden. Dies gebietet bereits der „nullum crimen-Satz". Gefährdungen für Sachwerte, deren Bezeichnung als „Unglücksfall" einer „Verbiegung des eigentlichen Wortsinns" gleichkommt, haben von vornherein aus dem Anwendungsbereich des „Unglücksfalls" auszuscheiden. Wenn z.B. ein Lausejunge das Blumenbeet einer älteren Dame zertritt, so stellt dies zwar eine Sachgefährdung dar, jedoch kann in einem solchen Fall wohl kaum von einem „Unglücksfall" gesprochen werden. Dies würde die Grenzen des möglichen Wortsinns bei weitem überschreiten.

Letztlich ist, wie wir oben bereits gesehen haben, mit der Verpflichtung zur Hilfeleistung auch immer ein Eingriff in die allgemeine Handlungsfreiheit des zur Hilfe Aufgerufenen verbunden. Daher bedarf die Sachgefährdung einer gewissen Erheblichkeit, damit überhaupt eine Verpflichtung zur Hilfe legitimiert werden kann. Ansonsten ließe sich nämlich keine rechtlich bindende Verhaltensnorm legitimieren, die dem Dritten unter Beschneidung seiner Handlungsfreiheit eine Hilfeleistungspflicht auferlegen könnte. Dies gilt jedoch nicht nur für die Fälle bloßer Sachgefährdungen. Auch im Falle der Gefahr für die körperliche Unversehrtheit findet letztlich eine identische Abwägung statt. Wenn beispielsweise A mit einer Erbsenpistole auf den Sitzmuskel des B zielt, so wird wohl niemand ernsthaft behaupten wollen, dass der unbeteiligte C zur Hilfeleis-

---

[503] Übereinstimmend *Freund,* NJW 2003, S. 3384 (3386 mit Fn. 12); MüKo, Band 4, *Freund,* § 323c Rn. 128.

[504] *Geilen,* Jura 1983, S. 78 (86).

[505] Vgl. *Lackner/Kühl,* § 323c Rn. 2; *Pawlik,* GA 1995, S. 360 (366).

tung in Form eines beherzten Einschreitens verpflichtet sei. Zwar mag durchaus die Gefahr bestehen, dass B einen kleinen blauen Fleck auf seinem Hinterteil davontragen könnte. Diese Gefahr hingegen rechtfertigt noch keinen Eingriff in die allgemeine Handlungsfreiheit des C. Ebenso wie im obigen Fall des Blumenbeetes käme hier die Annahme eines „Unglücksfalls" einer „Verbiegung des eigentlichen Wortsinns" gleich.

Sowohl eine vollständige Ausklammerung der Sachgefährdungen als auch eine Erfassung selbst der lapidarsten Gefahr für Sachwerte stellt sich somit als verfehlt dar. Ebenso verhält es sich aber auch mit der Beschränkung der Sachgefahren auf das Merkmal der „gemeinen Gefahr". Es ist nicht einzusehen, warum nur erhebliche Sachgefahren, welche eine Vielzahl von Personen betreffen, zu einer Hilfspflicht im Sinne des § 323c StGB führen sollen, wohingegen eine Sachgefahr für einen Einzelnen, unabhängig ihrer Intensität, dem Anwendungsbereich des § 323c StGB entzogen sein soll. Wenn man sich beispielsweise den Brand eines in der Einsamkeit stehenden Hauses vorstellt, so bestünde nach Ansicht eines Teils der Literatur hierin weder ein „Unglücksfall" – da der „Unglücksfall" bloße Sachgefahren nicht erfasse – noch eine „gemeine Gefahr" – da lediglich das Rechtsgut eines einzelnen bedroht wäre. Wenn man nun aber bedenkt, dass der Verlust des Hauses mitsamt der in ihm befindlichen Gegenstände für den Eigentümer einen so herben Verlust darstellen kann, dass er von seiner Intensität her sogar das Gewicht einer Gefahr für die körperliche Unversehrtheit übersteigen kann[506], so ist nicht einzusehen, warum bei Sachgefahren lediglich die Allgemeinheit den Schutz des § 323c StGB genießen soll.

Wir können somit festhalten: Sachgefahren sind weder vollständig aus dem Anwendungsbereich des § 323c StGB oder des „Unglücksfalls" ausgeklammert noch werden sie in ihrer Gänze vom Merkmal „Unglücksfall" erfasst. Vielmehr muss im Einzelfall untersucht werden, ob die Sachgefahr aufgrund ihrer Intensität einen Eingriff in die allgemeine Handlungsfreiheit des in die Hilfspflicht zu Nehmenden rechtfertigt. Es stellt sich mit anderen Worten die Frage, ob gegenüber dem unbeteiligten Dritten eine ihn zur Hilfe verpflichtende Verhaltensnorm legitimiert werden kann. Dies wird jedoch regelmäßig nur bei Gefahren für Sachen von bedeutendem Wert der Fall sein.

In Folge dessen können bloße Sachgefahren auch einen „Unglücksfall" im Sinne des § 323c StGB begründen. Ihre Erfassung ist jedoch, ebenso wie die Erfassung von Gefahren für die körperliche Integrität, vom „Bagatellgrundsatz" begrenzt.[507]

---

506 In Übereinstimmung mit MüKo, Band 4, *Freund*, § 323c Rn. 26.

507 Im Ergebnis übereinstimmend: *Geilen*, Jura 1983, S. 78 (87); *Kindhäuser*, BT I, § 72 Rn. 6; *Küper*, BT, S. 288 f., 290; LK-StGB, *Spendel*, § 323c Rn. 43; *Maurach/Schroeder/Maiwald*, BT II, § 55 Rn. 15; MüKo, Band 4, *Freund*, § 323c Rn. 26 f.; SK-StGB, Band II, *Rudolphi*, § 323c Rn. 5; *Wessels/Hettinger*, BT I, Rn. 1044.

2. Der freiverantwortliche Suizidversuch

Ebenso besteht Uneinigkeit in Literatur und Rechtsprechung hinsichtlich der Erfassung freiverantwortlicher Suizide durch das Merkmal „Unglücksfall“ im Sinne des § 323c StGB. Grundsätzlich können Suizide einen „Unglücksfall“ im Sinne des § 323c StGB darstellen. So beispielsweise, wenn der Selbstmörder in seinem Willensentschluss nicht freiverantwortlich ist, seinen Entschluss nach Versuchsbeginn ändert oder wenn unabhängig von der Freiverantwortlichkeit unbeteiligte Personen durch seine Suizidtat gefährdet werden.[508] Es wird wohl niemand ernsthaft bestreiten wollen, dass der Selbstmörder, der nach reiflicher und freier Überlegung zu dem Entschluss gekommen ist, seinem irdischen Dasein durch eine Gasexplosion in einem mehrstöckigem Mietshaus ein Ende zu setzen, allein aufgrund der Lebensgefahr für die Mitbewohner des Hauses, an seiner Tat gehindert werden muss. Problematisch sind jedoch die Fälle, in denen der Lebensmüde durch die freiverantwortlich gewählte Suizidhandlung lediglich sich selbst in Gefahr bringt.

a. Ansicht der Rechtsprechung

Ursprünglich ging die Rechtsprechung davon aus, dass ein „Unglücksfall“ nur ein vom Willen des Betroffenen unabhängiges Ereignis sein könnte, so dass Suizide generell ausgeklammert waren.[509] Die Wende in der Rechtsprechung kam mit der Entscheidung des Großen Senats des BGH vom 10.3.1954.[510] Dieser Entscheidung folgend sollte auch der freiverantwortliche Suizidversuch des Lebensmüden einen „Unglücksfall“ im Sinne des § 323c StGB darstellen. Es sollte nicht mehr auf die Frage ankommen, ob es sich um ein äußeres oder um ein vom Willen des Betroffenen getragenes – inneres – Ereignis handelte. Vielmehr müsse man sich, um dem Wesen des § 323c StGB gerecht zu werden, die Frage stellen, welche Bedeutung der „Unglücksfall“ für den zur Hilfe Aufgerufenen habe.[511]

Die Unbeachtlichkeit des Suizidwillens ergebe sich zudem zwingend aus der strengen sittlichen Missbilligung jedweden Suizids durch das Sittengesetz[512], aus der Unpraktikabilität der Abgrenzung zwischen freiverantwortlichen und

---

508 Vgl. nur LK-StGB, *Rudolphi*, § 323c Rn. 8; *Schönke/Schröder, Cramer/Sternberg-Lieben*, § 323c Rn. 7.

509 So der 1. Strafsenat des BGH vom 12.2.1952 BGHSt 2, 150 (150 f.), nach dessen Ansicht ein „Unglücksfall“ nur „ein plötzliches äußeres Ereignis“ sein könnte.

510 BGHSt 6, S. 147 (147 ff.).

511 BGHSt 6, S. 147 (149). Aufgrund dieser Sichtweise bestünden dann auch keine sprachlichen bzw. begrifflichen Bedenken, auch den freiverantwortlichen Suizid als „Unglücksfall“ im Sinne des § 323c StGB aufzufassen.

512 BGHSt 6, S. 147 (153).

unfreien Suizidentschlüssen[513] sowie aus dem Willen des historischen Gesetzgebers[514].

Die Erfassung des freiverantwortlichen Suizids durch das Merkmal „Unglücksfall" wurde im Laufe der Jahrzehnte von höchstrichterlicher Instanz regelmäßig bestätigt.[515] Aufgrund dessen will der BGH in jeder Selbsttötung, unabhängig von der Bewertung des Suizidwillens, einen „Unglücksfall" erkennen. Straflosigkeit sei jedoch im Einzelfall durch das Korrektiv der „Zumutbarkeit" der Hilfeleistung möglich und bedürfe einer genaueren Prüfung.[516]

b. Ansicht der Literatur

Im Schrifttum ist die Rechtsprechung teilweise auf Anklang[517], überwiegend jedoch auf herbe Kritik und Widerspruch[518] gestoßen.

---

513 BGHSt 6, S. 147 (153 f.).

514 BGHSt 6, S. 147 (151).

515 Siehe nur BGH, JR 1956, S. 347 (348); BGH, NJW 1959, S. 1738 (1739); BGHSt 13, S. 162 (169), sowie eines der bekannteren und in der Literatur auf heftige Kritik gestoßene Urteil des BGH vom 4.6.1984 BGHSt 32, S. 367 (375 f) – der sog. „Fall Wittig"; abweichend wohl nur BGH, NStZ 1983, S. 117 (118).

516 So entschieden im sogenannten „Fall Wittig", in dem der BGH einen „Unglücksfall" trotz des erkennbaren freiverantwortlichen Suizidwillens bejahte, die Hilfeleistung jedoch für unzumutbar erklärte; BGHSt 32, S. 367 (367 ff.).

517 *Bringewat*, ZStW 87, S. 623 (638); *ders.*, JuS 1975, S. 155 (159); *Czinczoll*, Solidaritätspflichten, S. 273 ff.; *Dölling*, MedR 1987, S. 6 (10 f.); *ders.*, NJW 1986, S. 1011 (1011 ff.); *Geilen*, Jura 1979, S. 201 (208 f.); *ders.*, JZ 1974, S. 145 (152 ff.); *Hirsch*, FS-Lackner, S. 597 (601 Fn. 18, 603 f. Fn. 25); *Kutzer*, MDR 1985, S. 710 (712 ff.); *Laufs*, Arztrecht, Rn. 151 f.; LK-StGB, *Mösl*, 9. Auflage, § 330c Rn. 5; *Maurach*, JR 1956, S. 348 (349); *Otto*, Grundkurs II, § 6 Rn. 66 ff.; *ders.*, Gutachten zum 56. DJT, S. D 1 (D 76 ff.); *ders.*, ZStW 83, S. 39 (76); *Rengier*, BT II, § 8 Rn. 18 f.; *Sax*, JZ 1976, S. 80 (80 f.); *Schmidhäuser*, BT, 16/5; *ders.*, FS-Welzel, S. 801 (821); *Schwalm*, FS-Engisch, S. 548 (555 ff.); *Seeler*, NJW 1958, S. 1860 (1860 f.); *Spann/Liebhardt/Braun*, FS-Bockelmann, S. 487 (489 ff.); *Weber*, NJW 1959, S. 134 (134 f.); differenzierend im Hinblick auf beendete und unbeendete Suizidversuche *Gallas*, JZ 1952, S. 371 (373); *ders.*, JZ 1960, S. 686 (691 f.). *Gallas* erkennt bzgl. des unbeendeten Suizidversuchs den freien Willen des Suizidenten an. Sobald der Suizidversuch jedoch beendet und der Lebensmüde z.B. aufgrund einer Bewusstlosigkeit nur noch Opfer seiner selbst sei, sei von einem „Unglücksfall" auszugehen. Ähnlich auch *Vermander*, Unfallsituation, S. 98 f. und wohl auch *Kaufmann*, ZStW 73, S. 341 (368). Eine solche Differenzierung ist jedoch nicht haltbar. Entweder ist der Suizidwille generell unbeachtlich, oder er ist beachtlich, dann aber auch im Zeitpunkt des beendeten Versuchs. Die gegebenenfalls hilflose Lage des Suizidenten nach Beendigung seiner Tatausführung ändert nichts an der Sachlage, dass der Lebensmüde freiverantwortlich gehandelt hat und seinen Tod immer noch will. Nur eine erkennbare Willensänderung könnte hier zur Annahme eines „Unglücksfalls" führen. Ebenso *Kreuzer*, Ärztliche Hilfeleistungspflicht, S. 59.

518 *Achenbach*, Jura 2002, S. 542 (545); *Bade*, Arzt an den Grenzen, S. 136 f., 151 ff.; *Blei*, BT, § 49 II 1 a; *Blindauer*, Unterlassene Hilfeleistung, S. 43 ff.; *Bottke*, GA 1983, S. 22

Aus Sicht der Kritiker soll die ständige Rechtsprechung des BGH nicht nur gegen den Grundsatz der Straflosigkeit der Teilnahme an einer Selbsttötung verstoßen[519], sondern ebenso gegen den Wortlaut der Vorschrift des § 323c StGB und den allgemeinen Sprachgebrauch[520]. Ferner sei die Berufung auf den historischen Willen des Gesetzgebers aufgrund der nationalsozialistischen Prägung der Vorgängervorschrift unzulässig[521] und der BGH begebe sich mit seiner

---

(33 ff.); *ders.*, Suizid und Straftat, S. 313 ff.; *Brändel*, ZRP 1985, S. 85 (92); *Dreher*, JR 1967, S. 269 (271); *ders.*, MDR 1952, S. 711 (712); *Eser*, MedR 1985, S. 6 (10 ff.); *Freund*, Erfolgsdelikt und Unterlassen, S. 202 f. mit Fn. 34; *Friebe*, GA 1959, S. 163 (165 f.); *Grünwald*, GA 1959, S. 110 (122); *Heinitz*, JR 1954, S. 403 (404 ff.); *Herrmann*, MedR 1988, S. 1 (4); *Herzberg*, JZ 1988, S. 182 (187 f.); *Hiersche*, MedR 1987, S. 83 (84 f.); *Kahlo*, Handlungsform, S. 333; *Kauczor*, NJW 1962, S. 479 (479 f.); *Kohlrausch-Lange*, StGB, § 330c II; *Kreuzer*, Ärztliche Hilfeleistungspflicht, S. 50 ff.; *Krey*, BT I, Rn. 92 ff.; *Kühne*, NJW 1975, S. 671 (672); *Lackner/Kühl*, § 323c Rn. 2; LK-StGB, *Jähnke*, Vor § 211 Rn. 24; LK-StGB, *Spendel*, § 323c Rn. 50 ff.; *Maurach/Schroeder/Maiwald*, BT II, § 55 Rn. 16; MüKo, Band 3, *Schneider*, Vor §§ 211 ff. Fn. 206; MüKo, Band 4, *Freund*, § 323c Rn. 59 ff.; NK-StGB, Band 5, *Seelmann*, § 323c Rn. 26; *Pawlik*, GA 1995, S. 360 (368 f.); *Ranft*, JZ 1987, S. 908 (913 f.); *Roxin*, Medizinstrafrecht, S. 94; *ders.*, NStZ 1987, S. 345 (346); *Schmitt*, JZ 1985, S. 365 (367 f.); *ders.*, MDR 1986, S. 617 (618 f.); *ders.*, JZ 1984, S. 866 (866 ff.); *Scholderer*, JuS 1989, S. 918 (922); *Schönke/Schröder*, *Cramer/Sternberg-Lieben*, § 323c Rn. 7; *Schönke/Schröder*, *Eser*, Vorbem §§ 211 ff. Rn. 39 ff.; *Schweiger*, NJW 1955, S. 816 (816 ff.); *Simson*, Suizidtat, S. 66 ff.; SK-StGB, Band II, *Rudolphi*, § 323c Rn. 8; *Sowada*, Jura 1985, S. 75 (86); *Tröndle*, ZStW 99, S. 25 (45); *ders.*, Gutachten zum 56. DJT, S. M1 (M40); *Tröndle/Fischer*, § 323c Rn. 3a; *Uhlenbruck*, ZRP 1986, S. 209 (215); *van Els*, NJW 1972, S. 1476 (1477); *Verrel*, JZ 1996, S. 224 (229 f.); *Wagner*, Selbstmordverhinderung, S. 47 ff. und 123 ff.; *ders.*, ZRP 1976, S. 1 (4); *Welzel*, Strafrecht, S. 471; *Wessels/Hettinger*, BT I, Rn. 60 ff.; wohl auch *Schreiber*, NStZ 1986, S. 337 (341, 343).

519 *Bade*, Arzt an den Grenzen, S. 137, 153; *Blindauer*, Unterlassene Hilfeleistung, S. 44 f.; *Bottke*, GA 1983, S. 22 (35); *ders.*, Suizid und Straftat, S. 312 ff.; *Brändel*, ZRP 1985, S. 85 (86, 92); *Dreher*, JR 1967, S. 269 (271); *Eser*, MedR 1985, S. 6 (12 f.); *Friebe*, GA 1959, S. 163 (165 f.); *Grünwald*, GA 1959, S. 110 (121 f.); *Kohlrausch-Lange*, StGB, § 330c II; LK-StGB, *Spendel*, § 323c Rn. 51; *Maurach/Schroeder/Maiwald*, BT II, § 55 Rn. 16; NK-StGB, Band 5, *Seelmann*, § 323c Rn. 26; *Pawlik*, GA 1995, S. 360 (368 f.); *Ranft*, JZ 1987, S. 908 (913); *Schmitt*, MDR 1986, S. 617 (618); *ders.*, JZ 1984, S. 866 (868); *Scholderer*, JuS 1989, S. 918 (922); *Schönke/Schröder*, *Eser*, Vorbem §§ 211 ff. Rn. 39; SK-StGB, Band II, *Rudolphi*, § 323c Rn. 8; *Sowada*, Jura 1985, S. 75 (86); *Tröndle/Fischer*, § 323c Rn. 3a; *van Els*, NJW 1972, S. 1476 (1477); *Verrel*, JZ 1996, S. 224 (230); *Wagner*, Selbstmordverhinderung, S. 54 f.; *Heinitz*, JR 1954, S. 403 (404 f.) glaubt sogar einen „Verstoß gegen die elementarsten Denksätze" zu erkennen.

520 *Kohlrausch-Lange*, StGB, § 330c II; LK-StGB, *Spendel*, § 323c Rn. 50; *Schmitt*, JZ 1985, S. 365 (368); *ders.*, MDR 1986, S. 617 (619); *ders.*, FS-Jescheck, S. 223 (232); *Schweiger*, NJW 1955, S. 816 (816 f.); *Simson*, Suizidtat, S. 66; im Ergebnis und der Argumentation wird somit der ursprünglichen Entscheidung des BGH, BGHSt 2, S. 150 (151), gefolgt.

521 *Bottke*, GA 1983, S. 22 (36); *Kreuzer*, Ärztliche Hilfeleistungspflicht, S. 59 f.; *Wagner*, Selbstmordverhinderung, S. 51 ff.

Entscheidung in einen Widerspruch zur ständigen Rechtsprechung in Bezug auf das Selbstbestimmungsrecht des Patienten[522].

c. Exkurs: Bestimmung der Freiverantwortlichkeit

Bevor die Frage nach der Erfassung auch freiverantwortlicher Suizide durch das Merkmal „Unglücksfall" beantwortet werden kann, gilt es zu klären, nach welchen Kriterien die Freiverantwortlichkeit des Suizidwillens zu bestimmen ist. Auch dies ist, wen wundert es bei der Brisanz des Themas, heftig umstritten.

Während ein Teil der Literatur die Freiverantwortlichkeit des Suizidenten anhand einer analogen Anwendung der für fremdschädigendes Verhalten zugedachten Exkulpationsvorschriften (§§ 19, 20, 35 StGB, 3 JGG) bestimmen möchte („Exkulpationslösung"),[523] hält ein anderer Teil des Schrifttums eine analoge Anwendung der Grundsätze über die rechtfertigende Einwilligung, gegebenenfalls unter Berücksichtigung des Ernstlichkeitskriteriums des § 216 StGB, für maßgeblich („Einwilligungslösung").[524]

---

522 *Blindauer*, Unterlassene Hilfeleistung, S. 47 f.; *Brändel*, ZRP 1985, S. 85 (86); *Eser*, MedR 1985, S. 6 (13); *Herrmann*, MedR 1988, S. 1 (4); *Kreuzer*, Ärztliche Hilfeleistungspflicht; S. 63 ff.; LK-StGB, *Spendel*, § 323c Rn. 52 f.; *Schmitt*, JZ 1984, S. 866 (867); *ders.*, MDR 1986, S. 617 (618); *Schreiber*, NStZ 1986, S. 337 (341); *Schweiger*, NJW 1955, S. 816 (818); *Tröndle*, ZStW 99, S. 25 (45); *ders.*, Gutachten zum 56. DJT, S. M1 (M40); *Uhlenbruck*, ZRP 1986, S. 209 (215 f.); *Verrel*, JZ 1996, S. 224 (229 f.).

523 *Bottke*, GA 1982, S. 346 (352); *ders.*, GA 1983, S. 23 (30 f.); *ders.*, Suizid und Strafrecht, S. 250; *Charalambakis*, GA 1986, S. 485 (489 ff.); *ders.*, Täterschaft und Gestaltungsherrschaft, S. 75; *Dellingshausen*, Sterbehilfe, S. 263; *Gallas*, Beiträge zur Verbrechenslehre, S. 201 f.; *ders.*, JZ 1960, S. 686 (692); *Günzel*, Recht auf Selbsttötung, S. 169 ff.; *Hirsch*, JR 1979, S. 429 (432); *Klinger*, Strafbarkeit, S. 82 ff.; LK-StGB, *Roxin*, § 25 Rn. 66 ff.; MüKo, Band 1, *Joecks*, § 25 Rn. 58 ff., 108; MüKo, Band 3, *Schneider*, Vor §§ 211 ff. Rn. 62; *Roxin*, FS-Dreher, S. 331 (343 ff.); *ders.*, FS-Gallas, S. 241 (250); *ders.*, NStZ 1984, S. 71 (71); *ders.*, Täterschaft und Tatherrschaft, S. 163, 475 f.; *ders.*, 140 Jahre GA für Strafrecht, S. 177 (178 f.); *Sax*, JZ 1976, S. 80 (81 Fn. 64); *Schünemann*, NStZ 1982, S. 60 (62 f.); *Simson*, Suizidtat, S. 80 f.; *Stree*, JuS 1985, S. 179 (182 f.); einschränkend *Jakobs*, AT, 21/97 f. Vgl. für Fälle eigenverantwortlicher Selbstgefährdung *Dölling*, GA 1984, S. 71 (78 f.). In Bezug auf die Bestimmung der Freiverantwortlichkeit im Falle eines Hungerstreiks siehe *Ostendorf*, GA 1984, S. 308 (322 f.).

524 *Amelung*, Coimbra-Symposium, S. 247 (251 ff.); *Brandts*, Jura 1986, S. 495 (497 f.); *Brandts/Schlehofer*, JZ 1987, S. 442 (443 f.); *Chatzikostas*, Disponibilität des Rechtsgutes Leben, S. 299 f.; *Freund*, AT, § 5 Rn. 75; *ders.*, Erfolgsdelikt und Unterlassen, S. 202; *Frisch*, Tatbestandsmäßiges Verhalten, S. 165 ff.; *Geilen*, JZ 1974, S. 145 (150 ff.); *Herzberg*, JA 1985, S. 336 (336 ff.); *ders.*, JuS 1974, S. 374 (378 f.); *ders.*, JZ 1988, S. 182 (182 f.); *ders.*, Täterschaft und Teilnahme, S. 36 ff.; *Kindhäuser*, BT I, § 4 Rn. 15; *Krack*, KJ 1995, S. 60 (63 ff.); *Krey*, BT I, Rn. 86 ff.; *Lackner/Kühl*, Vor § 211 Rn. 13a; LK-StGB, *Jähnke*, Vor § 211 Rn. 26; *Maurach/Gössel/Zipf*, AT II, § 48 Rn. 66; *Maurach/Schroeder/Maiwald*, BT I, § 1 Rn. 20, 23; *Meyer*, Ausschluss der Autonomie, S. 148 ff., 182 f., 221 ff.; *Mitsch*, JuS 1995, S. 888 (890 ff.); MüKo, Band 4, *Freund*, § 323c Rn. 63; *Neumann*, JA 1987, S. 244

Die höchstrichterliche Rechtsprechung hat sich zu dieser Problematik soweit ersichtlich zwar noch nicht ausdrücklich geäußert, doch legen einige Entscheidungen den Schluss nahe, dass auch sie die Freiverantwortlichkeit anhand einer Analogie zu den strafrechtlichen Exkulpationsvorschriften bestimmt.[525] So geht der BGH im sog. „Hammerteich-Fall" von einem freiverantwortlichem Suizid aus, obwohl es sich bei dem Opfer um eine geltungssüchtige Psychopatin gehandelt hat.[526] In einem anderen Fall bejaht der BGH ebenfalls die Freiverantwortlichkeit, obwohl die Suizidentin im Zeitpunkt der Tat einen Blutalkoholgehalt von 2 bis 2,25 Promille aufwies.[527] In beiden Fällen erscheint die Annahme eines freiverantwortlichen Suizidentschlusses nur nachvollziehbar, wenn zur Bestimmung der Verantwortlichkeit die strafrechtlichen Exkulpationsvorschriften und nicht die weitaus engeren Einwilligungsgrundsätze entsprechend herangezogen wurden.

Auswirkungen hat dieser Meinungsstreit nur in Fällen, in denen der Suizident in seinem Geisteszustand zwar eingeschränkt ist, die Intensität der Einschränkung jedoch die Schwelle des § 20 StGB noch nicht erreicht, sowie in Fällen, in denen der Suizident zu einer Selbsttötung genötigt wird, der Nötigungsdruck jedoch unterhalb der Schwelle des § 35 StGB verbleibt. Denn nur in solchen Situationen gelangt man mit der „Einwilligungslösung" entgegen der „Exkulpationslösung" zu einer Unfreiheit des Suizidentschlusses, da in einem vergleichbaren Fall sowohl eine Einwilligung in eine Fremdverletzung als unwirksam angesehen werden müsste als auch die Ernstlichkeit eines Tötungsverlangens gemäß § 216 StGB abzulehnen wäre. Der „Exkulpationslösung" folgend läge hingegen ein freiverantwortlicher Suizidentschluss vor, da weder eine geistiger Defektzustand im Sinne des § 20 StGB analog vorläge noch ein Nötigungsnotstand im Sinne des § 35 StGB analog.

Wenn einige Vertreter der „Exkulpationslösung" vorbringen, dass sich die analoge Anwendung der Exkulpationsregeln zwingend aus dem Gesetz erge-

---

(252 f.); *ders.*, JuS 1985, S. 677 (679 f.); *Otto*, Gutachten zum 56. DJT, S. D1 (D63 f.); *ders.*, AT, § 21 Rn. 101 ff.; *ders.*, Jura 1987, S. 246 (256 f.); *Rengier*, BT II, § 8 Rn. 4 f.; *Scheffler*, Jahrbuch für Recht und Ethik 1999, S. 341 (368 f.); *Schlehofer*, Einwilligung und Einverständnis, S. 73 ff.; *Schönke/Schröder, Eser*, Vorbem §§ 211 ff. Rn. 36; *Wagner*, Selbstmordverhinderung, S. 128 f.; *Wessels/Hettinger*, BT I, Rn. 48.

525 BGHSt 13, S. 162 (162 ff.); 24, S. 342 (342 ff.). Vgl. ebenso aus der Literatur *Bottke*, Täterschaft und Gestaltungsherrschaft, S. 77 Fn. 255; *Neumann*, JuS 1985, S. 677 (679); *Achenbach*, Jura 2002, S. 542 (543); *Arzt/Weber*, BT, § 3 Rn. 26; *Roxin*, 140 Jahre GA für Strafrecht, S. 177 (178); die ebenfalls von einer Bevorzugung der Exkulpationslösung durch den BGH ausgehen. Ausführlich zu dieser Thematik *Scheffler*, Jahrbuch für Recht und Ethik 1999, S. 441 ff.

526 BGHSt 13, S. 162 (162 ff.).

527 BGHSt 24, S. 342 (342 ff.).

be,[528] so vermag dies nicht zu überzeugen. Zuzugestehen ist, dass die Exkulpationsvorschriften die Verantwortung für eigenes Handeln thematisieren. Dies allerdings nur für den Bereich von Fremdschädigungen. Auf Selbstschädigungen lassen sie sich hingegen nicht unmittelbar anwenden.

Wenn darüber hinaus angeführt wird, dass das Strafrecht nirgends die Verantwortlichkeit für eigenes Handeln nach den Grundsätzen der rechtfertigenden Einwilligung bestimme,[529] so ist auch dies nichts anderes als eine reine ergebnisorientierte – nämlich auf die Bestimmung der Verantwortlichkeit nach den Grundsätzen der Exkulpationsregeln zugeschnittene – Behauptung. Ebenso gut könnte man aus Sicht der Gegenseite vorbringen, dass das Strafrecht nirgends die Verantwortlichkeit des Lebensmüden für seine Selbsttötung nach den Exkulpationsregeln – welche zwar unmittelbar für eigenes Handeln, aber eben nur bei Fremdschädigungen zur Anwendung kommen – bestimmen würde. Solche vermeintlichen Argumente können in der eigentlichen Streitfrage nicht weiterführen, denn ob im Strafrecht die Freiverantwortlichkeit eines Lebensmüden nach den Exkulpationsregeln oder nach den Grundsätzen der rechtfertigenden Einwilligung zu bestimmen ist, ist ja gerade die entscheidende und umstrittene Frage.[530] Diese Frage stellt sich auch nur deshalb, weil der Gesetzgeber eben *keine* ausdrückliche Regelung geschaffen hat.

Daher wird im Folgenden untersucht, ob eine Analogie zu den strafrechtlichen Exkulpationsvorschriften zur Bestimmung der Verantwortlichkeit des Suizidenten überhaupt möglich ist und sinnvoll erscheint.

aa. Analogie zu den §§ 19, 20, 35 StGB, 3 JGG zwecks Bestimmung der Verantwortlichkeit bzw. Suizidmündigkeit des Suizidenten

Es ist allgemein anerkannt, dass eine Analogie grundsätzlich zweierlei erfordert: Es bedarf einer planwidrigen Regelungslücke und einer vergleichbaren Interessenlage.[531]

(1) Planwidrige Regelungslücke

Wie oben bereits festgestellt, sind weder die Regeln der strafrechtlichen Exkulpationsvorschriften noch die Grundsätze der rechtfertigenden Einwilligung, ge-

---

528 *Bottke*, Suizid und Strafrecht, S. 254; *ders.*, Täterschaft und Gestaltungsherrschaft, S. 79; *Dellingshausen*, Sterbehilfe, S. 263; *Klinger*, Strafbarkeit, S. 90, 94; *Roxin*, FS-Dreher, S. 331 (347, 349); *ders.*, NStZ 1984, S. 71 (71).

529 *Bottke*, Täterschaft und Gestaltungsherrschaft, S. 76; *Dellingshausen*, Sterbehilfe, S. 260; *Klinger*, Strafbarkeit, S. 86 f.; *Roxin*, FS-Dreher, S. 331 (344 f.); *ders.*, NStZ 1984, S. 71 (71).

530 Übereinstimmend: *Krack*, KJ 1995, S. 60 (65 f.).

531 Vgl. statt vieler *Lackner/Kühl*, § 1 Rn. 5; *Schönke/Schröder*, *Eser*, § 1 Rn. 24; SK-StGB, Band I, *Rudolphi*, § 1 Rn. 22.

gebenenfalls unter Berücksichtigung des „Ernstlichkeitskriteriums" des § 216 StGB, in Bezug auf die Bestimmung der Verantwortlichkeit des Suizidenten unmittelbar anwendbar noch hat der Gesetzgeber die Bestimmung der Verantwortlichkeit des Suizidenten für seine eigene Suizidhandlung in anderen Vorschriften ausdrücklich geregelt. An einer Regelungslücke ist somit nicht zu zweifeln. Da auch nicht davon auszugehen ist, dass der Gesetzgeber die Frage der Verantwortlichkeit des Selbsttötungswillens in Selbsttötungsfällen für unerheblich und irrelevant in Bezug auf die strafrechtliche Beurteilungen erachtet, stellt sich diese Regelungslücke auch als planwidrig dar.

(2) Vergleichbare Interessenlage

Die entscheidende Frage ist jedoch, ob die Selbsttötungssituation mit dem Fall einer eigenhändigen Fremdtötung, bei der der Verantwortlichkeitsmaßstab sich unumstritten nach den Exkulpationsvorschriften richtet, dermaßen vergleichbar ist, dass dies eine Analogie zu diesen Vorschriften rechtfertigt.

Die strafrechtlichen Exkulpationsvorschriften dienen als Verantwortlichkeitsmaßstab für eigenes Handeln im Falle einer Fremdschädigung bzw. Fremdgefährdung – mit anderen Worten beinhalten sie Schuldausschließungs- (§§ 19, 20 StGB, 3 JGG) und Entschuldigungsgründe (§ 35 StGB). Eine analoge Anwendung dieser Vorschriften hätte zur Folge, dass der Suizident nicht freiverantwortlich handelt, wenn er im Falle einer hypothetischen Fremdtötung unter den Voraussetzungen der Exkulpationsregeln entweder entschuldigt gehandelt hätte oder aber seine Schuld aufgrund seines Alters oder eines Defektes im Sinne des § 20 StGB ausgeschlossen wäre.

Es erscheint jedoch zweifelhaft, ob der Vergleich der Suizidsituation mit der Situation der Fremdtötung der eigentlichen Problematik gerecht wird. In Suizidfällen geht es gerade nicht darum, den Lebensmüden für eine Fremdschädigung zur Verantwortung zu ziehen.[532] Vielmehr stellt sich die Frage, ob der Suizident ein berechtigtes Interesse am Schutz vor einer mittelbaren Schädigung – beispielsweise im Falle der Nötigung durch einen Dritten zur Suizidtat – oder aber ein berechtigtes Interesse bzgl. der Rettung seines Lebens – so im Falle einer unterlassenen Rettung – hat. Es geht mit anderen Worten um die Frage, unter welchen Voraussetzungen das Selbstbestimmungsrecht des Lebensmüden hinter das Interesse am Lebensschutz zurückzutreten hat und aufgrund dessen die Handlungsfreiheit Dritter unter Androhung von Strafe eingeschränkt werden kann.[533] Hierzu bedarf es einer konsequenten Konkretisierung der Grundsätze

---

[532] MüKo, Band 4, *Freund*, § 323c Rn. 63.

[533] So bereits *Freund*, AT, § 5 Rn. 75; ebenso *Frisch*, Tatbestandsmäßiges Verhalten, S. 167 f. So ist wohl auch *Scheffler* zu verstehen, wenn er den Suizidenten als Täter gegen sich selbst bezeichnet und aus diesem Grunde die Frage aufwirft, ob es nicht konsequenter

strafrechtlicher Missbilligung bestimmter Verhaltensweisen, um im Interesse des Güterschutzes feststellen zu können, in welchen Situationen die eigenen Schutzbemühungen des Suizidenten einen ausreichenden Güterschutz gewährleisten.[534] Denn nur in einem solchen Fall darf von einer freiverantwortlichen Selbsttötung gesprochen werden.

Die Anhänger der „Exkulpationslösung" folgern die Freiverantwortlichkeit des Suizidenten aus der im Falle einer Fremdschädigung bestehenden Verantwortung für die Tat. Kann der Täter hypothetisch gesehen für eine Fremdschädigung strafrechtlich zur Verantwortung gezogen werden, so ist er auch für seine Selbsttötung frei verantwortlich. Allerdings wird hierbei nicht bedacht, dass im Gegensatz zur Fremdschädigung die Selbstschädigung nicht mit Strafe bedroht ist. Das strafbewehrte Verbot der Fremdtötung schafft ein hemmendes Gegenmotiv, um verhaltenssteuernd auf potentielle Normadressaten einzuwirken.[535] Im Falle der Selbstschädigung – auch im Falle des Suizids – fehlt es jedoch an einem solchen hemmenden Gegenmotiv, da dass Gesetz keine strafbewehrte Verhaltensnorm bezogen auf die Unterlassung einer Selbstschädigung oder -tötung kennt. Der Umgang mit eigenen Rechtsgütern unterliegt regelmäßig nicht der Steuerung, Kontrolle und Beschränkung durch strafbewehrte Verhaltensnormen. Wenn der Umgang mit eigenen Rechtsgütern solchen gesetzlichen Verhaltensappellen entzogen ist, erscheint es nicht gerechtfertigt, die Verantwortlichkeit des Selbstschädigers an Normen messen zu wollen, die für die Miss- und Nichtachtung normativer Verhaltensappelle – der strafbewehrten Verhaltensnormen – gelten. Um eben solche Normen handelt es sich jedoch bei den strafrechtlichen Exkulpationsvorschriften.[536]

Bottke und *Roxin* halten dem entgegen, dass in Fällen der Selbstschädigung zwar kein hemmendes rechtliches Gegenmotiv bestehe, sehr wohl aber ein psychisches Gegenmotiv mindestens gleicher Stärke überwunden werden müsste, um eine selbstschädigende Handlung zu vollziehen. Es liege in der Natur des Menschen, dass Fremdschädigungen grundsätzlich leichter Fallen würden, als Hand an sich selbst zu legen.[537]

Dieses vermeintliche Gegenargument vermag einer kritischen Würdigung jedoch nicht standzuhalten. Es ist gar nicht so gewiss, wie man uns glauben ma-

---

sei, sich die Frage nach der Erheblichkeit der Einwilligung des Suizidenten in seine Tötung durch einen Dritten zu stellen; *Scheffler*, Jahrbuch für Recht und Ethik, S. 341 (368).

534 In diesem Sinne: *Frisch*, Tatbestandsmäßiges Verhalten, S. 168 Fn. 58.

535 Zur verhaltenssteuernden Funktion von Verhaltensnormen: III. 1. c. cc. (1).

536 Insofern übereinstimmend: *Geilen*, JZ 1974, S. 145 (151); *Herzberg*, JuS 1974, S. 374 (378); *ders.*, Täterschaft und Teilnahme, S. 36; *ders.*, JA 1985, S. 336 (339); *Krey*, BT I, Rn. 87; *Mitsch*, JuS 1995, S. 888 (891); *Derksen*, Handeln auf eigene Gefahr, S. 187.

537 *Bottke*, Suizid und Strafrecht, S. 255; *Roxin*, FS-Dreher, S. 331 (346); *ders.*, Täterschaft und Tatherrschaft, S. 633. Unterstützung finden beide bei *Dellingshausen*, Sterbehilfe, S. 263; *Günzel*, Recht auf Selbsttötung, S. 182 sowie im MüKo, Band 1, *Joecks*, § 25 Rn. 63.

chen will, dass jeder Mensch lieber anderen Menschen Leid zufüge, als sich selbst zu schädigen. Man stelle sich beispielsweise den Fall vor, dass einem Vater mit der Diskreditierung seiner Tochter gedroht werde, welche zwangsläufig eine gesellschaftliche Ächtung der Tochter nach sich ziehen würde, falls er sich nicht selbst das Leben nehme. Es stellt sich doch die Frage, ob der Vater nicht viel eher bereit sein wird, seinem eigenen Leben ein Ende zu setzen, um seiner Tochter ein glückliches und erfülltes Leben zu erhalten. Dessen ist sich wohl auch *Roxin* bewusst, wenn er eingesteht, dass es „im individuellen Fall durchaus verschieden liegen könne".[538] Daher kann auch das Argument des psychischen Gegenmotivs gleicher Stärke die Vergleichbarkeit der Interessenlage im Fall von Fremd- und Selbsttötungen nicht überzeugend begründen.

Es bestehen nicht nur thematische Unterschiede bzgl. des Regelungsbereichs der Exkulpationsregeln und der Suizidsituation. Auch die „Unrechtsbezogenheit" der Exkulpationsvorschriften will auf die Suizidsituation nicht so recht passen. Eine vergleichbare Interessenlage ist daher zu verneinen.

bb. Analogie zu den Grundsätzen der rechtfertigenden Einwilligung in Verbindung mit dem Ernstlichkeitskriterium des § 216 StGB zwecks Bestimmung der Verantwortlichkeit bzw. Suizidmündigkeit des Suizidenten

Wie sich oben gezeigt hat, steht die mangelnde Vergleichbarkeit der Suizidsituation mit der Situation der Fremdtötung einer Analogie zu den strafrechtlichen Exkulpationsvorschriften entgegen. Damit ist jedoch noch nicht die Frage einer möglichen Analogie zu den Einwilligungsgrundsätzen – gegebenenfalls unter analoger Heranziehung des Ernstlichkeitskriteriums des § 216 StGB – entschieden. Auch hier bedarf es einer Untersuchung der Analogievoraussetzungen.

(1) Planwidrige Regelungslücke

In Bezug auf die planwidrige Regelungslücke bestehen zur Analogie der strafrechtlichen Exkulpationsvorschriften keinerlei Unterschiede.

(2) Vergleichbare Interessenlage

(a) Die Grundsätze der rechtfertigenden Einwilligung

Die Grundsätze der Einwilligungslehre thematisieren die Preisgabe eigener Rechtsgüter durch den Rechtsgutsträger. Letzten Endes kommt es im Strafrecht

---

538 *Roxin*, FS-Dreher, S. 331 (346). Auch *Schneider*, ebenfalls ein Anhänger der „Exkulpationslösung" muss eingestehen, dass man über die Existenz einer gleichstarken psychischen Gegenmotivation trefflich streiten könne; MüKo, Band 3, *Schneider*, Vor § 211 ff. Rn. 60.

immer, wenn ein Rechtsgutsträger über höchstpersönliche Rechtsgüter verfügt und Dritten Eingriffe erlaubt, auf die Wirksamkeit des einwilligenden Verlangens des Rechtsgutsträgers an.[539] Die Suizidsituation unterscheidet sich nur insofern, als nicht von dritter Seite in die Rechtsgütersphäre des Suizidenten eingegriffen wird, sondern vielmehr der Eingriff und die damit verbundene Preisgabe des Rechtsguts des eigenen Lebens durch den Rechtsgutsinhaber selbst durchgeführt wird. Aus diesem Grunde verbietet sich eine unmittelbare Anwendung der Einwilligungsgrundsätze. Thematisch gesehen geht es aber auch in der Suizidsituation um nichts anderes als die Preisgabe eigener Rechtsgüter, wie sie auch in den Fällen einer einverständlichen Fremdverletzung wiederzufinden sind.[540] Sowohl die Selbstverletzung bzw. Selbsttötung, als auch die Erteilung einer Einwilligung zu einer Fremdverletzung bzw. Fremdtötung entspringt letztlich der Autonomie des Rechtsgutsträgers. Beide Fallsituationen gehen auf den Willen des Rechtsgutsinhabers zurück, über sein Rechtsgut Leben zu verfügen.[541] Insofern könnte man die einverständliche Fremdverletzung auch als mittelbare Selbstverletzung umschreiben.[542] Wenn beide Situationen ihren Ursprung in der autonomen Entscheidung des Rechtsgutsträger haben und sowohl die einverständliche Fremdschädigung als auch die Selbstschädigung auf dieser Autonomie fußen, so liegt eine einheitliche Beurteilung der Verantwortlichkeit des Einwilligenden und des sich selbst Schädigenden förmlich auf der Hand.

Roxin hingegen glaubt, zwischen der Selbsttötung und der einverständlichen Fremdtötung gravierende Strukturunterschiede zu erkennen, die eine Gleichbehandlung der Bestimmung der Verantwortlichkeit des Opfers ausschließen würden.[543] Es sei ein entscheidender Unterschied, ob man die schädigende Handlung selbst vornehme oder sich einem anderen ausliefere. Dieser Unterschied würde durch die „Einwilligungslösung" eingeebnet.[544] Der Einwilligende sei gegenüber dem sich selbst Schädigenden schutzbedürftiger, weil eine Einwilligung oft ein schnellgesprochenes und oft bereutes Wort sei, und der Einwilligende im Gegensatz zu dem sich selbst Schädigenden mit der Erklärung der Einwilligung das weitere Geschehen aus der Hand gebe.[545] Dem muss aller-

---

539 *Rengier*, BT II, § 8 Rn. 5.

540 *Freund*, AT, § 5 Rn. 75; *Herzberg*, JZ 1988, S. 182 (182); *Krack*, KJ 1995, S. 60 (64 f.); *Meyer*, Ausschluss der Autonomie, S. 152 f., 221; MüKo, Band 4, *Freund*, § 323c Rn. 63; *Neumann*, JuS 1985, S. 677 (680); *Wagner*, Selbstmordverhinderung, S. 117.

541 *Krack*, KJ 1995, S. 60 (64); *Meyer*, Ausschluss der Autonomie, S. 152 f.

542 *Krack*, KJ 1995, S. 60 (65).

543 LK-StGB, *Roxin*, § 25 Rn. 67; *ders.*, Täterschaft und Tatherrschaft, S. 633; *ders.*, FS-Dreher, S. 331 (345); *ders.*, FS-Gallas, S. 241 (250). Mit *Roxin* übereinstimmend *Charalambakis*, GA 1986, S. 485 (491); *Dölling*, GA 1984, S. 71 (78 f.); *Günzel*, Recht auf Selbsttötung, S. 169 f.; *Klinger*, Strafbarkeit, S. 82 f.

544 LK-StGB, *Roxin*, § 25 Rn. 67.

545 *Roxin*, FS-Dreher, S. 331 (345); *ders.*, Täterschaft und Tatherrschaft, S. 683.

dings zumindest teilweise widersprochen werden. Denn auch der Einwilligende hat durchaus die Möglichkeit, das Geschehen nach der Erteilung seiner Einwilligung zu lenken. Mit dem Widerruf der Einwilligung kann er den „status quo" wiederherstellen.[546] Wenn hiergegen wiederum angeführt wird, dass der Einwilligende nach dem Widerruf seiner Einwilligung der Gefahr ausgesetzt sein könnte, dass der ursprünglich zur Schädigung Aufgerufene seine schädigende Handlung trotz des Widerrufs der Einwilligung vornehmen könne, so vermag dies ebenfalls nicht die unterschiedlichen Verantwortungsanforderungen zu rechtfertigen. Mit dem Widerruf der Einwilligung hat der Rechtsgutsträger denselben rechtlichen Zustand wiederhergestellt, der vor der Erteilung der Einwilligung bestand. Er ist somit nicht mehr oder minder gegen fremdverletzendes Verhalten geschützt, als er dies vor der Erteilung der Einwilligung war.

Der unmittelbare Rechtsgüterschutz kann nur durch die Aufstellung (strafbewehrter) Verhaltensnormen gewährleistet werden, um durch den Versuch einer positiven Verhaltensbeeinflussung potentielle Normadressaten zur Vermeidung von Schädigungsmöglichkeiten anzuhalten. Dass diese Ge- und Verbote tatsächlich auch immer befolgt werden, kann durch den Gesetzgeber jedoch nicht garantiert werden. Es verbleibt lediglich die Möglichkeit, auf ideelle Angriffe gegen die Verhaltensnormenordnung sanktionsrechtlich zu reagieren, um dem Verhalten des Normbrechers und der Desavouierung der Norm wirksam entgegenzutreten. Normverstöße gänzlich auszuschließen und somit einen absoluten Rechtsgüterschutz zu erreichen, ist hingegen unmöglich. In Folge dessen lassen sich unterschiedliche Bewertungsmaßstäbe der Verantwortlichkeit von Suizidenten und dem in eine Fremdtötung Einwilligenden auch nicht über eine angebliche größere Schutzbedürftigkeit des Einwilligenden rechtfertigen.[547] Eine vergleichbare Interessenlage ist somit durchaus zu erkennen. Die Grundvoraussetzungen einer Analogie der Einwilligungsgrundsätze zur Bestimmung der Verantwortlichkeit von Suizidenten sind folglich gegeben.

Eine Sondersituation ergibt sich freilich mit Blick auf den legitimen Anwendungsbereich des Verbots der Fremdtötung auf Verlangen (§ 216 StGB) im Vergleich mit der erlaubten Beihilfe zur Selbsttötung: Bei einer im Hinblick auf die festzustellende Freiverantwortlichkeit des Sterbewilligen identischen Situation hat der Gedanke durchaus Gewicht, dass es leichter fällt, die Tötungshandlung einem anderen zu überlassen, statt sich selbst den Tode zu geben. Insofern lässt sich das Fremdtötungsverbot im Interesse des Lebensschutzes deshalb legitimieren, weil derjenige, der „es nicht selbst tut" gewisse – allerdings nicht weiter substantiierbare – Letztzweifel weckt, ob das Verlangen, das er äußert, tatsächlich seinem wahren Willen entspricht. Indessen kann *dieser* Besonderheit ohne weiteres auch auf der Basis einer Einwilligungslösung bei der Bestimmung

---

546 Siehe auch *Amelung,* Coimbra-Symposium, S. 247 (252).

547 Dem zustimmend: *Amelung,* Coimbra-Syposium, S. 247 (252 f.); *Krack,* KJ 1995, S. 60 (66); *Göbel,* Einwilligung im Strafrecht, S. 101 f.

der Freiverantwortlichkeit Rechnung getragen werden. Es geht also bei der hier interessierenden Analogie keineswegs um die Einebnung relevanter Umstände.

(b) Das Ernstlichkeitskriterium des § 216 StGB

Sofern man neben der Analogie der Grundsätze der rechtfertigenden Einwilligung eine Analogie des Ernstlichkeitskriteriums des § 216 StGB zur Bestimmung der Verantwortlichkeit des Suizidenten fordert,[548] ergeben sich in Bezug auf die Vergleichbarkeit der Interessenlage gewisse Spannungen. Sowohl die Grundsätze der rechtfertigenden Einwilligung als auch § 216 StGB thematisieren die Preisgabe eigener Rechtsgüter durch den Rechtsgutsträger und sind somit mit der Suizidsituation, in der es wie oben dargelegt, ebenfalls um die Preisgabe eines eigenen Rechtsguts geht, in gewisser Weise vergleichbar.

Ein nicht zu übersehender Unterschied besteht allerdings weiterhin: Es ist allgemein anerkannt, dass die freiverantwortliche Selbsttötung vom deutschen Strafgesetzbuch weder tatbestandlich erfasst noch rechtlich missbilligt wird. Die Fälle der rechtfertigenden Einwilligung zeigen insofern eine Parallele auf, als ein grundsätzlich rechtlich missbilligtes Verhalten durch die wirksame Erteilung der Einwilligung zu einer rechtlichen Billigung durch den Gesetzgeber gelangt.[549] Anders verhält es sich jedoch im Falle der Tötung auf Verlangen. Ein ernstliches und ausdrückliches Tötungsverlangen im Sinne des § 216 StGB führt im Gegensatz zur rechtfertigenden Einwilligung nicht zu einer Billigung eines grundsätzlich rechtlich missbilligten Verhaltens. § 216 StGB bietet lediglich die Möglichkeit, im Falle des Vorliegens eines ernstlichen Tötungsverlangens das geminderte Unrecht strafmildernd zu berücksichtigen. Das Tötungsverhalten des Aufgeforderten bleibt jedoch trotz der Ernstlichkeit und Ausdrücklichkeit des Tötungsverlangens weiterhin rechtlich missbilligt. Im Gegensatz zur rechtfertigenden Einwilligung dient das Ernstlichkeitskriterium eben nicht der Freisprechung Dritter von jeglicher Eigenverantwortlichkeit. Sinn und Zweck der Bestimmung der Verantwortlichkeit sich selbst tötender Personen ist es aber doch gerade, Dritte aufgrund der freiverantwortlichen Entscheidung des Lebensmüden aus dem Verantwortungsbereich für den Tötungsakt auszuschließen, sei es

---

548 Ein solches Konzept findet sich bei der Mehrheit der Anhänger der „Einwilligungslösung". Vgl. nur *Brandts*, Jura 1986, S. 495 (498); *Brandts/Schlehofer*, JZ 1987, S. 442 (444); *Chatzikostas*, Disponibilität des Rechtsgutes Leben, S. 299 f.; *Geilen*, JZ 1974, S. 145 (151 f.); *Herzberg*, JuS 1974, S. 374 (379); *ders.*, JA 1985, S. 336 (340 ff.); *ders.*, JZ 1988, S. 182 (182 f.); *ders.*, Täterschaft und Teilnahme, S. 40; *Krack*, KJ 1995, S. 60 (70 f.); *Krey*, BT I, Rn. 89; *Lackner/Kühl*, Vor § 211 Rn. 13a; *Meyer*, Ausschluss der Autonomie, S. 221, 236; *Neumann*, JuS 1985, S. 677 (680); *Rengier*, BT II, § 8 Rn. 4 f.; *Scheffler*, Jahrbuch für Recht und Ethik 1999, S. 368; *Schönke/Schröder*, *Eser*, Vorbem § 211 ff. Rn. 36; *Wessels/Hettinger*, BT I, Rn. 48.

549 Zur Funktion und Bedeutung strafrechtlicher Erlaubnisnormen vgl. oben III. 1. d. cc.

in Bezug auf eine Beteiligung an der Selbsttötung, sei es bzgl. einer unterlassenen Hilfeleistung zur Rettung des Suizidenten. Diese Funktion ist vom Gesetzgeber für das Merkmal der Ernstlichkeit des Tötungsverlangens im Sinne des § 216 StGB nicht vorgesehen worden. Aus diesem Grunde ist von einer zusätzlichen analogen Anwendung des Ernstlichkeitskriteriums des § 216 StGB ungeachtet gewisser sachlicher Zusammenhänge Abstand zu nehmen.[550]

cc. Weitere Vorbehalte der Vertreter der Exkulpationslösung gegen die analoge Anwendung der Einwilligungsgrundsätze

Bei dieser Vergleichbarkeit der Falllagen stellt sich nun aber die berechtigte Frage, warum die Gegenauffassung („Exkulpationslösung") in Bezug auf die Wirksamkeit der Verfügung im Falle einer selbstschädigenden Handlung geringere Anforderungen stellen will, als sie bei einer einverständlichen Fremdschädigung gefordert werden. Daher ist nach Klärung der Analogievoraussetzungen ferner zu untersuchen, ob es gewichtige Gründe gibt, die gegen eine Analogie zu den Einwilligungsgrundsätzen bei der Bestimmung der Verantwortlichkeit von Suizidenten sprechen.

(1) Vorwurf der Rechtsunsicherheit

So wird von Teilen der Literatur gegen eine Analogie zu den Einwilligungsgrundsätzen vorgebracht, dass eine solche Analogie im Vergleich zu den klaren Richtlinien der Exkulpationsvorschriften die Bestimmung der Verantwortlichkeit des Suizidenten einer nicht mehr tolerablen Rechtsunsicherheit ausliefere.[551] *Roxin* hält die durch eine Analogie zu den Einwilligungsgrundsätzen und dem Ernstlichkeitskriterium angeblich entstehende Rechtsunsicherheit sogar für derart gravierend, dass ein Verstoß gegen das Bestimmtheitsgebot vorliege.[552] Auch *Schneider* befürchtet durch die analoge Anwendung der Einwilligungs-

550 Unter Befürwortung einer Analogie zu den Einwilligungsgrundsätzen ebenfalls gegen eine Analogie zum Ernstlichkeitskriterium: *Freund*, AT, § 5 Rn. 75; *Mitsch*, JuS 1995, S. 888 (892).

551 *Dellingshausen*, Sterbehilfe, S. 262; LK-StGB, *Roxin*, § 25 Rn. 67; MüKo, Band 3, *Schneider*, Vor § 211 ff. Rn. 55, 62; *Roxin*, FS-Dreher, S. 331 (344 ff.); *ders.*, Täterschaft und Tatherrschaft, S. 634; *ders.*, 140 Jahre GA für Strafrecht, S. 177 (179). Sinngemäß wohl auch *Derksen*, Handeln auf eigene Gefahr, S. 188.

552 *Roxin*, FS-Dreher, S. 331 (345 f.). Zustimmung findet *Roxin* mit dieser These sowohl bei *Dellingshausen*, Sterbehilfe, S. 261 f. als auch bei *Günzel*, Recht auf Selbsttötung, S. 176. Ebenso glaubt *Joecks* in der Ersetzung der präzisen Regeln des Verantwortungsprinzip durch die in seinen Augen eher zweifelhaft erscheinenden Einwilligungsgrundsätze eine Gefahr für die Rechtssicherheit zu erkennen; MüKo, Band 1, *Joecks*, § 25 Rn. 63.

grundsätze eine Steigerung der Komplexität der Suizidsituation, was zu weiteren Unsicherheiten in dem ohnehin schon komplexen Themengebiet führe.[553]

Beiden Autoren darf man hier jedoch eine gewisse Inkonsequenz entgegenhalten. Sowohl *Roxin* als auch *Schneider* befürworten zur Ermittlung der Verantwortlichkeit eines Suizidwillens unter anderem eine analoge Anwendung des § 20 StGB. Letztlich sind die Divergenzen innerhalb der Einwilligungsgrundsätze jedoch kaum bedeutender, als die Unstimmigkeiten bei der Streitfrage über die Interpretation des § 20 StGB.[554] Konsequenterweise müssten also auch diese Unstimmigkeiten in die Diskussion über die analoge Anwendung der Exkulpationsvorschriften mit eingebracht werden.

Entscheidend ist jedoch, dass es im Grunde nicht nur auf die Klarheit und der mit ihr verbundenen Sicherheit der Ergebnisse ankommt. Vielmehr kommt es primär auf die Richtigkeit der getroffenen Lösung an.[555] Schließlich ist eine konkretisierungsbedürftige Lösung immer noch besser als ein falscher Lösungsweg.

(2) Vorwurf des Widerspruchs zur gesetzlichen Wertung bzgl. der Straflosigkeit der Teilnahme am Suizid

Eine Analogie zu den Einwilligungsgrundsätzen bei der Bestimmung der Verantwortlichkeit des Suizidentschlusses widerspricht auch nicht, wie von *Günzel*[556], *Klinger*[557] und *Roxin*[558] befürchtet, dem Grundsatz der Straflosigkeit der Teilnahme am Suizid. Entscheidende Frage ist doch gerade, wann von einem freiverantwortlichen und somit die Straflosigkeit der Teilnahme auslösenden Suizid gesprochen werden kann. Wie oben bereits festgestellt zieht die „Einwilligungslösung" den Kreis freiverantwortlicher Suizide zwar enger als die „Exkulpationslösung". Man verkennt die Lage jedoch völlig, wenn man hierin einen Verstoß gegen den Grundsatz der Straflosigkeit der Teilnahme am Suizid – oder besser, am freiverantwortlichen Suizid – zu erkennen glaubt. Denn auch nach einer konsequenten analogen Anwendung der Einwilligungsgrundsätze bleibt

---

553 MüKo, Band 3, *Schneider*, Vor § 211 ff. Rn. 62.

554 *Amelung*, Coimbra-Symposium, S. 247 (253); *Frisch*, Tatbestandsmäßiges Verhalten, S. 167 Fn. 56 mit Verweis auf *Schönke/Schröder, Lenckner*, § 20 Rn. 15, 19 ff., welcher die Schwierigkeiten und Uneinheitlichkeit der Beurteilung des Vorliegens einer „tiefgreifenden Bewusstseinsstörung" aufzeigt. Auch die Feststellung einer „anderen schweren seelischen Abartigkeit" ist keineswegs unproblematisch: *„Im übrigen ist hier ... Zurückhaltung schon deshalb geboten, weil es für die quantitative Abgrenzung von Abnormitäten und fließenden Übergängen zum „Normalen" noch keine erfahrungswissenschaftlich fundierten, allgemein verbindlichen Kriterien gibt."* (Rn. 23).

555 So bereits *Frisch*, Tatbestandsmäßiges Verhalten, S. 166 f.

556 *Günzel*, Recht auf Selbsttötung, S. 170.

557 *Klinger*, Strafbarkeit, S. 91.

558 *Roxin*, FS-Dreher, S. 331 (344); *ders.*, 140 Jahre GA für Strafrecht, S. 177 (179).

die Teilnahme an einem „wirklich“ freiverantwortlichen Suizid straflos. Wer jedoch eine im Sinne der Einwilligungsgrundsätze nicht freiverantwortlich handelnde Person zu einem Selbstmord veranlasst, ist eben nicht bloß Teilnehmer des Suizids, sondern vielmehr mittelbarer Täter des Geschehens und somit auch nicht straflos.[559]

(3) Angebliche Ungereimtheiten beim Vergleich der Selbstverletzungsfälle mit Fremdverletzungen

Ferner erscheint es auch gar nicht so ungereimt, wie einige Kritiker behaupten, dass eine bestimmte Person für eine Fremdverletzung zur Verantwortung gezogen werden kann, in der gleichen Situation im Falle ihrer Selbstschädigung jedoch als unverantwortlich erscheint.[560]

Erstens kann man der „Exkulpationslösung“ ebenso vorwerfen, sie verstricke sich im Verhältnis zu der einverständlichen Fremdverletzung in Wertungswidersprüche. Denn während der Suizident im Falle seiner Selbstverletzung noch freiverantwortlich erscheint, könnte seine Einwilligung zur Fremdverletzung in der selbigen Situation als nicht freiverantwortlich angesehen werden.[561] Eine solche Ungleichbehandlung ließe sich, wie oben bereits gezeigt, auch nicht durch eine angebliche höhere Schutzbedürftigkeit des Einwilligenden im Vergleich zum sich selbst Schädigenden rechtfertigen.[562]

Zweitens wirkt sich gerade in einer solchen Konstellation die fehlende Appellwirkung des rechtlichen Verbots der Selbsttötung als hemmendes Gegenmotiv aus. Denn im Falle einer Fremdverletzung verlangt der Gesetzgeber aufgrund des bestehenden rechtlichen Gegenmotivs weitaus mehr Zurückhaltung vom Täter, als er es im Falle der Selbstschädigung fordert.[563] Aufgrund des fehlenden rechtlichen Gegenmotivs im Falle einer Selbstschädigung ist die Forderung von strengeren Anforderungen an die Verantwortlichkeit des sich selbst Schädigenden durchaus gerechtfertigt. Daher kann der Täter im Falle der Fremdverletzung auch weiterhin für sein Verhalten verantwortlich sein, obwohl er in einer vergleichbaren Situation im Falle einer Selbstschädigung bereits als unfrei angesehen wird.

---

559 *Krey*, BT I, Rn. 91.

560 *Bottke*, GA 1982, S. 346 (352); *ders.*, Suizid und Strafrecht, S. 251; *ders.*, Täterschaft und Gestaltungsherrschaft, S. 76 f.; *Günzel*, Recht auf Selbsttötung, S. 180; *Klinger*, Strafbarkeit, S. 87 f.; MüKo, Band 3, *Schneider*, Vor. §§ 211 ff. Rn. 60; *Simson*, Suizidtat, S. 80 f.

561 *Brandts*, Jura 1986, S. 495 (498); *Brandts/Schlehofer*, JZ 1987, S. 442 (443 f.); *Herzberg*, JA 1985, S. 336 (340); *Schlehofer*, Einwilligung und Einverständnis, S. 74.

562 Vgl. oben IV. 2. c. bb. (2) (a). Siehe dort auch zum nicht verallgemeinerungsfähigen Sonderfall des § 216 StGB.

563 Vgl. *Kindhäuser*, BT I, § 4 Rn. 15.

(4) Die Unterbringungsgesetze der Länder als Hinweis auf die „Exkulpationslösung"

Wenn *Bottke*[564] anführt, dass auch die Unterbringungsgesetze der Länder nicht jede suizidale Neigung für krankhaft im juristischen Sinne halten und eine Unterbringungsfähigkeit nur bei Geisteskranken, Suchtkranken oder bei Personen annehmen, die an einer Geistesschwäche leiden, so vermag dies in der eigentlichen Diskussion nicht zu helfen. Bei der konsequenten analogen Anwendung der Einwilligungsgrundsätze wird der Bereich der freiverantwortlichen Suizide zwar stark eingegrenzt. Hingegen ist aber nicht jeder Suizidentschluss als krankhaft im juristischen Sinne anzusehen – man denke nur an die Fälle der wohlüberlegten Bilanzsuizide. Zudem bedarf aber auch nicht jeder unfrei handelnde Suizident einer Unterbringung in einer geschlossenen Anstalt. Eine solche Maßnahme erscheint aufgrund des Verhältnismäßigkeitsgrundsatzes doch wohl nur in besonders gravierenden Fällen angebracht. Somit kann aus den Unterbringungsvoraussetzungen der Länder zwar sicherlich entnommen werden, dass im Falle einer Unterbringungsfähigkeit des Selbstmordgefährdeten ein „eindeutig" unfreier Suizidentschluss vorliegt. Hinweise für die Bestimmung des unteren Grenzbereichs von Freiverantwortlichkeit und Unfreiheit sind den Gesetzen jedoch nicht zu entnehmen.

Es gibt somit auch keine weiteren gewichtigen Gründe, die gegen eine Bestimmung der Verantwortlichkeit des Suizidenten durch eine Analogie zu den Einwilligungsgrundsätzen sprechen würden.

dd. Ergebnisse der Suizidforschung zur Unterstützung der „Einwilligungslösung"

Vielmehr wird der angestrebte Lösungsweg auch durch die Ergebnisse der Suizidforschung gestützt. So hat sich im Zuge umfassender Untersuchungen herausgestellt, dass eben nicht der echte Bilanzsuizid bei Selbsttötungen die Regel darstellt, sondern die Mehrzahl der Suizide von Psychopaten oder Neurotikern begangen werden bzw. auf heulendem Elend beruhen oder sich als kurzschlüssig durchgeführte Konfliktsuizide herausstellen. Sehr häufig enthält der Suizid auch einen Hilferuf an die Gesellschaft.[565] Selbstverständlich darf hieraus nicht geschlossen werden, dass es den an sich freiverantwortlichen Suizid nicht gebe und jeder Suizident einem krankhaften Entschluss folge.[566] Auch über die ge-

---

564 *Bottke*, GA 1982, S. 346 (352).

565 Vgl. nur *Geilen*, JZ 1974, S. 145 (152 f.) mit weiteren Nachweisen.

566 Im Schrifttum wird dies tatsächlich von *Bringewat*, ZStW 1987, S. 623 (632 ff.) vertreten. *Bringewat* hält den freiverantwortlichen Selbstmord für eine reine Fiktion. Einem solchen Konzept mangelt es jedoch an Realitätstreue. Denn die Fälle wohlüberlegter Bilanzsuizide mögen in der Praxis zwar selten vorkommen, ausgeschlossen sind sie jedoch, wie auch der bekannte „Fall Wittig" zeigt, grundsätzlich nicht. Einen solch lange und wohlüberlegten so-

nauen prozentualen Schätzungen krankhafter Suizide kann man sicher trefflich streiten.[567] Trotz gewisser Unstimmigkeiten in der Auslegung und Verwertung der Ergebnisse der Suizidforschung lässt sich jedoch ein wichtiges Faktum den Ergebnissen der Suizidforschung entnehmen: Der freiverantwortliche Suizid ist – selbst wenn man mit *Wagner* mit einer Häufigkeit von maximal 60% ausgehen möchte – in der Praxis weit weniger häufig anzutreffen, als uns die „Exkulpationslösung" glauben machen will. Im Regelfall wird man in der Praxis weitaus häufiger mit krankheitsbedingten Selbsttötungen bzw. Selbsttötungsversuchen konfrontiert werden, so dass es sich beim freiverantwortlichen Suizid zumindest aus psychiatrisch-medizinischer Sicht eher um einen Ausnahmefall handelt.[568] Unabhängig von der Genauigkeit der prozentualen Schätzungen – geht man nun von einem Anteil von 95%[569], 70% oder auch nur 40%[570] krankheitsbedingter Suizide aus – erscheint es daher auch unter Berücksichtigung der Ergebnisse der Suizidforschung durchaus sinnvoll, den Bereich freiverantwortlicher Suizide im strafrechtlichen Sinne enger zu ziehen, als ihn die „Exkulpationslösung" vorgegeben würde.[571]

Es gilt festzuhalten: Aufgrund der grundsätzlichen Gleichwertigkeit von einverständlicher Fremdschädigung und Selbstschädigung ist die Verantwortlichkeit des Suizidenten anhand einer entsprechenden Anwendung der Grundsätze über die rechtfertigende Einwilligung zu bestimmen. Hierbei ist zu beachten, dass das „Ernstlichkeitskriterium" des § 216 StGB zur Bestimmung der Verantwortlichkeit nicht herangezogen werden kann. Eine Analogie zu den Ex-

---

wie auch unbeeinflusst zustande gekommenen Selbsttötungsentschluss für unfrei zu erklären, hieße jedoch, das Selbstbestimmungsrecht des Suizidenten für unbeachtlich zu erklären. Eine solche Forderung wäre unhaltbar. Im Ergebnis zustimmend: LK-StGB, *Jähnke*, Vor § 211 Rn. 27 Fn. 213; *Herzberg*, Täterschaft und Teilnahme, S. 85 mit Fn. 12.

567 Vgl. nur die unterschiedlichen Erkenntnisse von *Jähnke* und *Wagner*. Ersterer hält lediglich 5% der Suizide für freiverantwortlich, während im anderen Fall von höchstens, aber immerhin doch 60% ausgegangen wird; LK-StGB, *Jähnke*, Vor § 211 Rn. 27 sowie *Wagner*, Selbstmordverhinderung, S. 122. Kritisch und auf spezielle Schwachpunkte der Erkenntnisse der Suizidforschung hinweisend: *Klinger*, Strafbarkeit, S. 84 f.

568 Im Ergebnis, dass es sich beim freiverantwortlichen Suizid nicht um den Regelfall, sondern vielmehr um eine Ausnahme handelt, zustimmend: *Herzberg*, Täterschaft und Teilnahme, S. 39; *Krey*, BT I, Rn. 86; *Meyer*, Ausschluss der Autonomie, S. 232 f. Man beachte vor allem LK-StGB, *Jähnke*, Vor § 211 Rn. 27 mit einer Vielzahl von Nachweisen.

569 Vgl. LK-StGB, *Jähnke*, Vor § 211 Rn. 27. Dieser Wert wird im Zweifel jedoch etwas zu hoch gegriffen sein.

570 Vgl. *Wagner*, Selbstmordverhinderung, S. 122; dessen Einschätzung jedoch wesentlich zu niedrig gegriffen scheint.

571 Im Ergebnis zustimmend: *Chatzikostas*, Die Disponibilität des Rechtsgutes Leben, S. 299; *Herzberg*, JuS 1974, S. 374 (379); *ders.*, Täterschaft und Teilnahme, S. 39; *Krey*, BT I, Rn. 86; *Lackner/Kühl*, Vor § 211 Rn. 13a; *Meyer*, Ausschluss der Autonomie, S. 232 f. zum Teil mit weiteren Nachweisen.

kulpationsvorschriften ist aufgrund der fehlenden vergleichbaren Interessenlage abzulehnen.

d. Stellungnahme

Nachdem nun feststeht, wie die Freiverantwortlichkeit von Suizidenten zu bestimmen ist, kann die Frage nach der Erfassung freiverantwortlicher Suizide durch das Merkmal „Unglücksfall" genauer untersucht werden. Hierbei gilt es zu klären, ob die vom BGH vorgebrachten Argumente tatsächlich eine Erfassung jedweder Suizide rechtfertigen oder ob nicht vielmehr in Übereinstimmung mit dem überwiegenden Schrifttum freiverantwortliche Suizide aus dem Erfassungsbereich des Merkmals „Unglücksfall" auszuscheiden haben.

aa. Der Wortlaut der Vorschrift

Die Vorschrift der unterlassenen Hilfeleistung enthält drei tatbestandliche Alternativen. Aufgrund des Erfordernisses der Gefährdung einer Vielzahl von Personen scheiden die „gemeine Gefahr" und die „gemeine Not" bei freiverantwortlichen Selbsttötungen, die nur eine Gefahr für das Leben des Suizidenten begründen, bereits begrifflich aus. Weitaus schwieriger gestaltet sich die sprachliche Bedeutung des „Unglücksfalls". Folgt man der ursprünglichen BGH-Ansicht[572] und ihren Befürwortern[573], so kann zumindest aus der Sicht des Lebensmüden bei einem freiverantwortlichen Suizid, dessen Verlauf auch dem Willen des Suizidenten entspricht, nach dem allgemeinen Sprachgebrauch nur schwerlich von einem „Unglücksfall" die Rede sein. Es wird wohl niemandem begreiflich zu machen sein, dass eine gewollte oder sogar sehnlichst herbeigewünschte Situation sich für den Handelnden als „Unglücksfall" darstellen soll. Dennoch wird diese (opfer-) perspektivische Betrachtungsweise der Funktion des § 323c StGB nicht gerecht. Es hat sich gezeigt, dass es für die Begründung einer Hilfspflicht auf eine individualisierende Betrachtung im Zeitpunkt ex ante ankommt („Betroffenenperspektive").[574] Nur so ist es der strafbewehrten Verhaltensnorm des § 323c StGB möglich, das Verhalten potentieller Normadressaten zu steuern. Entscheidend ist daher, ob sich die vorgefundene Situation im Zeitpunkt ex ante für das konkret unterlassende Subjekt als „Unglücksfall" darstellt bzw. darstellen muss oder nicht. Es wird wohl niemand leugnen können, dass aus dieser Betrachtungsperspektive auch der aus „Opfersicht" freiverantwortliche Suizid nach

---

572 BGHSt 2, S. 150 (151).

573 *Kohlrausch-Lange*, StGB, § 330c II; LK-StGB, *Spendel*, § 323c Rn. 50; *Schmitt*, JZ 1985, S. 365 (368); *ders.*, MDR 1986, S. 617 (619); *Schweiger*, NJW 1955, S. 816 (816 f.); *Simson*, Suizidtat, S. 66; im Ergebnis und der Argumentation wird somit der ursprünglichen Entscheidung des BGH, BGHSt 2, S. 150 (151), gefolgt.

574 Vgl. oben III. 1. d.

allgemeinem Sprachgebrauch einen „Unglücksfall“ darstellen kann. Denn der zur Hilfe Aufgerufene wird meistens nicht in der Lage sein, verbindliche Aussagen über die Verantwortlichkeit des Suizidwillens treffen zu können. Somit folgt aus dem allgemeinen Sprachgebrauch des Begriffs „Unglücksfall“ nicht zwingend eine Ausklammerung der Erfassung freiverantwortlicher Suizide.[575]

bb. Der historische Wille des Gesetzgebers

Anhaltspunkte für oder gegen eine Erfassung freiverantwortlicher Suizide durch das Merkmal „Unglücksfall“ könnten in der Historie des § 323c StGB zu finden sein. Das Argument, dass ein Rückgriff auf den historischen Willen der Gesetzgebers unzulässig sei, ist nur bedingt haltbar. Natürlich darf nicht verkannt werden, dass der Vorgängervorschrift des § 323c StGB, dem § 330c StGB a.F., eine mehr als unrühmliche Rolle zur Zeit der nationalsozialistischen Diktatur zukam.[576] Dass ein gesinnungsrechtlicher Sanktionsgrund heutzutage nicht mehr zu rechtfertigen ist, bedarf wohl keiner näheren Erklärung. Von einer solchen gesinnungsrechtlichen Begründung ist der BGH in seiner Entscheidung über die Weitergeltung des § 330c StGB ausdrücklich abgerückt.[577] Ein Rückgriff auf den historischen Willen des nationalsozialistischen Gesetzgebers ist somit zwingend untersagt.[578] Hieraus darf jedoch nicht gefolgert werden, dass der Rückgriff auf historische Wertungen grundsätzlich untersagt ist. Es stellt sich daher die Frage, ob in der Historie – die Zeit des Nationalsozialismus ist aus obigen Gründen ausgenommen – Hinweise für oder gegen eine Erfassung freiverantwortlicher Selbsttötungen zu finden sind. Der BGH bezieht sich in seiner Entscheidung vom 10.3.1954[579] auf einen Entwurf des Gesetzgebers aus dem Jahre

[575] Zustimmend: BGHSt 6, S. 147 (149); ebenso *Geilen*, Jura 1979, S. 201 (208); *Seeler*, NJW 1958, S. 1860 (1860 f.).

[576] Vgl. zur historischen Entwicklung des § 323c StGB bereits oben III. 1. f. aa. (2) (a).

[577] BGHSt 1, S. 266 (268 f.).

[578] a.A.: BGHSt 6, S. 147 (149 ff.); LK-StGB, 9. Auflage, *Mösl*, § 330c Rn. 5; abweichend auch *Dölling*, NJW 1986, S. 1011 (1013), der für die Fälle des freiverantwortlichen Suizids einen Rückgriff auf § 330c StGB a.F. ebenfalls für unschädlich hält, da § 330c StGB kein Produkt typisch nationalsozialistischen Denkens sei, sondern auf einen allgemeinen Wandel der Einstellung zur Nothilfepflicht zurückgehe. Diese Ansichten verkennen jedoch, dass die Funktion des § 330c StGB a.F., Schaden von „Volksgenossen“ abzuwenden, sich auch nur auf ebendiese „Volksgenossen“ beschränkte. Ob eine Rettungspflicht gegenüber „Nichtvolksgenossen“ wie z.B. jüdischen Mitbürgern oder anderen ausgegrenzten Minderheiten bestand, das gesunde Volksempfinden auch eine Hilfspflicht gegenüber sogenannten „Untermenschen“ verlangte, ist doch wohl eher zweifelhaft, wenn nicht gar gänzlich abwegig. Inwiefern der Ursprung der Vorschrift, der angebliche Wandel der Einstellung zur Nothilfepflicht, die augenscheinlich jedoch nicht jedem in Not geratenen Menschen zuteil werden sollte, einen Rückgriff auf § 330c StGB a.F. erlauben soll, erscheint aus diesem Grunde nicht nur schleierhaft, sondern völlig haltlos.

[579] BGHSt 6, S. 147 (151).

1919, in welchem der Gesetzgeber die Nichtverhinderung des freiverantwortlichen Suizids mit Strafe bedrohte, da er es ohne Einschränkungen ausreichen ließ, dass sich der Betroffene in einer Lebensgefahr befand. Schlussfolgernd geht er davon aus, dass die Erfassung dem historischen Willen des Gesetzgebers entsprechen würde. Ob diese Schlussfolgerung aber gezogen werden darf, ist zumindest fragwürdig, da der Gesetzgeber den Begriff der Lebensgefahr durch die Begriffe des „Unglücksfalls", der „gemeinen Gefahr" sowie der „gemeinen Not" ersetzte.[580] Ob eine einfache Lebensgefahr, gleich welchen Ursprungs, durch das Merkmal „Unglücksfall" trotz der Präzisierung noch erfasst werden sollte, wird leider nicht ersichtlich. In Folge dessen spricht der historische Wille des Gesetzgebers weder zwingend für noch gegen eine Erfassung freiverantwortlicher Suizide.[581]

cc. Das Sittenwidrigkeitsargument des BGH

Der BGH begründet die Erfassung freiverantwortlicher Suizide unter anderem mit der sittlichen Missbilligung aller Suizide durch das Sittengesetz. Diese rechtliche Missbilligung hätte zur Folge, dass der Suizidwille generell unbeachtlich sein muss, da das Recht nicht anerkennen dürfe, dass die Hilfspflicht des Dritten hinter einem sittlich missbilligten Willen zurückzustehen habe.[582] Dem kann nicht zugestimmt werden. Zuzustimmen ist dem BGH in der Hinsicht, dass sämtliche Suizide von der christlichen Lehre sittlich missbilligt werden. Jedoch darf der BGH nicht verkennen, dass in einem vor allem aufgrund Art. 4 I GG zur weltanschaulichen Neutralität verpflichtetem Staat nicht ohne weiteres auf christliche Regularien zurückgegriffen werden darf, um rechtsverbindliche Pflichten zu begründen.[583] Eine sittliche Missbilligung jedweder Suizide kann

---

580 *Simson*, Suizidtat, S. 67 f. *Simson* will in dieser Präzisierung sogar den Willen des Gesetzgebers erkennen, freiverantwortliche Suizide aus dem Anwendungsbereich auszuklammern. Dies ist jedoch ein „circulus vitiosus", da es gerade zu beweisen gilt, welche Fälle vom Merkmal „Unglücksfall" umfasst sind. Es wäre auch genauso gut denkbar, dass der Gesetzgeber lediglich die unterschiedlichen Fälle der Lebensgefahr für eine Einzelperson („Unglücksfall"), sowie die Lebensgefahr für eine Vielzahl von Personen („gemeine Gefahr und Not") begrifflich unterscheiden wollte.

581 Trotz des Rückgriffs auf § 330c StGB a.F. kommt *Dölling* letztendlich zu einem übereinstimmenden Ergebnis: *Dölling*, NJW 1986, S. 1011 (1013).

582 BGHSt 6, S. 147 (153).

583 Dies lässt sich auch durch den ehemaligen § 175 StGB verdeutlichen. Der Vollzug homosexueller Handlungen wurde lange Zeit vom StGB mit Strafe bedroht. Dies entsprach auch durchaus christlichen Moralvorstellungen. Trotz der weiterhin bestehenden christlichen Missbilligung solcher Handlungen wurde § 175 StGB durch Art. 1 Nr. 1 des 29. StÄG jedoch aufgehoben. Im Ergebnis daher zutreffend: *Bottke*, GA 1983, S. 22 (36); *Brändel*, ZRP 1985, S. 85 (89); *Dreher*, MDR 1952, S. 711 (712); *Kreuzer*, Ärztliche Hilfeleistungspflicht, S. 53 ff.; *Roxin*, Medizinstrafrecht, S. 94; *Sowada*, Jura 1985, S. 75 (86); ebenso *Blindauer*,

daher nur angenommen werden, wenn sie nicht nur religiösen Vorstellungen von Sitte und Moral entspricht, sondern ihre Begründung in den Vorstellungen der Allgemeinheit findet.[584] Davon kann in der heutigen Zeit innerhalb einer aufgeklärten Gesellschaft nicht ausgegangen werden.[585] Beispielhaft dürfte auch hier der sogenannte „Fall Wittig“[586] sein. Die Allgemeinheit würde wohl kaum in dem sehnlichsten Wunsch einer alten und schwerkranken Dame nach einem erfüllten Leben ihrem weltlichen Dasein ein Ende zu bereiten, um ihrem bereits verstorbenem Gatten wieder nahe zu sein, einen Verstoß gegen die guten Sitten erblicken. Die Konsequenz wäre nämlich eine Lebenserhaltung um jeden Preis. Zudem muss der BGH selbst zugestehen, dass in äußersten Ausnahmefällen eine sittliche Missbilligung nicht angenommen werden kann.[587] Dies führt zu einer enormen Abschwächung seiner eigenen Argumentation, die er augenscheinlich auch selbst gar nicht mehr ausdrücklich vertreten mag.[588] Eine generelle sittliche Missbilligung jedweder Suizide ist in der heutigen Zeit eine reine Fiktion und kann daher nicht zur Unbeachtlichkeit des Suizidwillens führen.

dd. Das Argument der Unpraktikabilität der Abgrenzung freiverantwortlicher und unfreier Suizide

Die Missachtung freiverantwortlicher Suizidentschlüsse kann auch nicht damit gerechtfertigt werden, dass eine Abgrenzung zwischen freiverantwortlichen und unfreien Suiziden nicht praktikabel sei.[589] Zuzugeben ist, dass in den meisten

---

Unterlassene Hilfeleistung, S. 44 f.; *Heinitz*, JR 1954, S. 403 (405) deren Begründung bzgl. der gesetzlichen Wertung der Straflosigkeit der Teilname an einer Selbsttötung, wie noch aufgezeigt werden wird, jedoch fehlerhaft ist.

584 So bereits die verbindliche Feststellung des BVerfG, BVerfGE 6, S. 389 (435); ebenso *Kreuzer*, Ärztliche Hilfeleistungspflicht, S. 55; ausführlich zur angeblichen Sittenwidrigkeit des Suizids *Simson/Geerds*, Straftaten gegen die Person, S. 63 ff. mit ablehnender Haltung.

585 Zustimmend: *Dreher*, MDR 1952, S. 711 (712); *Kreuzer*, Ärztliche Hilfeleistungspflicht, S. 57 mit weiteren Nachweisen; *Sowada*, Jura 1985, S. 75 (86) mit weiteren Nachweisen; wohl auch *Blei*, BT, § 49 II 1 a, der das Sittenwidrigkeitsargument des BGH bezweifelt. *Bringewat* hält die Argumente des BGH zumindest für angreifbar; ZStW 87, S. 623 (638).

586 BGHSt 32, S. 367 (367 ff.).

587 BGHSt 6, S. 147 (153).

588 BGHSt 32, S. 367 (375 f.).

589 So aber BGHSt 6, S. 147 (153 f.); BGHSt 32, S. 367 (376); *Dölling*, NJW 1986, S. 1011 (1015); *Geilen*, Jura 1979, S. 201 (208 f.); *ders.*, JZ 1974, S. 145 (153); *Kutzer*, MDR 1985, S. 710 (713 f.); *Laufs*, Arztrecht, Rn. 151; *Rengier*, BT II, § 8 Rn. 18; *Schmitt*, MDR 1986, S. 617 (619); *Spann/Liebhardt/Braun*, FS-Bockelmann, S. 487 (490 f.); *Weber*, NJW 1959, S. 134 (134). Ebenfalls *Bochnik*, MedR 1987, S. 216 (220), der die Frage der freien Willensbildung in der akuten Suizidsituation für nie klärbar hält. Zutreffend hingegen: *Achenbach*, Jura 2002, S. 542 (545); *Kreuzer*, Ärztliche Hilfeleistungspflicht, S. 62. Im Ergebnis ebenfalls: *Ranft*, JZ 1987, S. 908 (914); *Schweiger*, NJW 1955, S. 816 (817), die in der BGH-Ansicht eine Beweislastumkehr zuungunsten des Hilfspflichtigen erkennen. Vgl. auch *Sowa-*

Fällen eine genaue Ermittlung des Suizidwillens durch den mit dem Suizid Konfrontierten nicht möglich sein wird. Dies könnte jedoch nur zu einer generellen Erfassung sämtlicher Suizide führen, wenn in allen vorstellbaren Fällen die Verantwortlichkeit des Suizidenten nicht ermittelt werden könnte. Wie der „Fall Wittig" jedoch gezeigt hat, ist dies gerade nicht der Fall. Es ist offensichtlich, dass es sich im „Fall Wittig" um einen freiverantwortlichen Suizid gehandelt hat, der für den eintreffenden Arzt zweifellos auch als solcher zu erkennen war. Gibt es jedoch Fallkonstellationen, in denen der freiverantwortliche Wille erkennbar ist, so ist es nicht gerechtfertigt, aufgrund einer noch so hohen Zahl an Fällen, in denen die Verantwortlichkeit unerkennbar ist, freiverantwortliche Suizide generell als „Unglücksfälle" aufzufassen.[590] Dies hätte nämlich zur Folge, dass man den wenigen Fällen, in denen der freiverantwortliche Wille des Lebensmüden erkennbar gegeben ist, nicht gerecht werden und sich über den eindeutigen Wunsch des Suizidenten hinwegsetzen würde.[591] Der freiverantwortlich Handelnde darf jedoch keiner Zwangshandlung unterworfen werden.[592]

ee. Der mögliche Verstoß gegen den Grundsatz der Straflosigkeit der Teilnahme

§ 212 StGB ist in seinem Wortlaut zwar nicht eindeutig, jedoch bedroht das StGB nach fast einhelliger Auffassung[593] die eigene Selbsttötungshandlung nicht mit Strafe. Lediglich die Fremdtötung wird durch § 212 StGB erfasst. Hierbei muss es sich um die Tötung eines anderen Menschen handeln. Die Selbsttötung ist rechtlich nicht verboten und wird somit auch nicht von den Straftatbeständen des StGB erfasst.[594] Aufgrund dessen ist die Teilnahme an einer Selbsttötung nicht strafbar, da es bereits an der erforderlichen vorsätzlichen und rechtswidrigen Haupttat fehlt.[595] Die Kritiker der Erfassung des freiverantwortlichen Suizids wollen in diesem Grundsatz eine Sperrfunktion für die

---

da, Jura 1985, S. 75 (86), der auf die gleiche Problematik der Feststellung der Freiverantwortlichkeit in Bezug auf § 216 StGB verweist. Da die Feststellungsschwierigkeiten nicht zu einer Unanwendbarkeit des § 216 StGB führen würden, können sie auch kein entscheidendes Argument für die Erfassung sämtlicher Suizide sein.

590 So auch *Achenbach,* Jura 2002, S. 542 (545); *Kreuzer,* Ärztliche Hilfeleistungspflicht, S. 62; MüKo, Band 4, *Freund,* § 323c Rn. 61.

591 Ebenso MüKo, Band 4, *Freund,* § 323c Rn. 61: *„Damit schösse man über das Ziel des an sich berechtigten Anliegens hinaus."*

592 So auch *Freund,* AT, § 6 Rn. 38; MüKo, Band 4, *Freund,* § 323c Rn. 59.

593 *Lackner/Kühl,* Vor § 211 Rn. 9; *Schönke/Schröder, Eser,* Vorbem 211 ff. Rn. 33 jeweils mit weiteren Nachweisen; a.A. offensichtlich nur *Schmidhäuser,* FS-Welzel, S. 810 ff. und *Bringewat,* ZStW 87, S. 623 ff.

594 Vgl. *Schönke/Schröder, Eser,* Vorbem §§ 211 ff. Rn. 33 mit weiteren Nachweisen; zutreffend auch in Bezug auf die Ablehnung der Gegenansicht.

595 *Schönke/Schröder, Eser,* Vorbem § 211 ff. Rn. 35 mit weiteren Nachweisen.

Anwendung des § 323c StGB sehen. Eine Anwendung des § 323c StGB widerspreche dem Grundsatz der Straflosigkeit der Teilnahme an einer freiverantwortlichen Selbsttötung und laufe somit der gesetzlichen Wertung zuwider.[596]

Vorerst stellt sich allerdings die Frage, ob das StGB durch die Nichterfassung der Selbsttötung und ihrer Teilnahme überhaupt eine solche bewusste gesetzliche Wertung enthält und ob sich diese auch auf die generelle Nichtverhinderung von freiverantwortlichen Suiziden erstreckt. Insofern scheint nur festzustehen, dass es ein Verbot der eigenen Selbsttötung im deutschen Strafrecht nicht gibt. Es stellt sich nun die Frage, ob man hieraus folgern darf, dass dem Selbstmörder ein Recht auf Selbsttötung zugestanden wird. Nur ein solches hätte nämlich zur Folge, dass dem Dritten Eingriffe in die Selbstmordhandlung des Suizidenten untersagt wären und folglich die Nichtverhinderung eines freiverantwortlichen Selbstmords auch nicht von § 323c StGB mit Strafe bedroht sein könnte. Wäre dem tatsächlich so, dann könnte die Rechtsordnung dem Dritten nicht die Pflicht auferlegen, den Selbstmörder an seiner freiverantwortlichen Tat zu hindern, da der Selbstmörder sich durchaus rechtstreu verhielte.[597] Mit anderen Worten: Der Staat kann dem Bürger nicht mit der linken Hand ein Recht verwehren, das er ihm gleichzeitig mit der rechten Hand gewährt. Eine solche Rechtsnorm ließe sich nicht legitimieren.

Es wäre jedoch auch möglich, dass sich der Gesetzgeber durch die Nichtnormierung eines Selbsttötungsstrafbestandes vielmehr einer bewussten Wertung enthält. Die Selbsttötung würde sich dann lediglich als ein für den Selbstmörder „unverbotenes" Verhalten darstellen. Die strafrechtliche Nichtnormierung bestimmter Verhaltensweisen bedeutet nicht, dass dem einzelnen ein Recht zugesprochen wird, sondern lediglich, dass die Vornahme eines nichtnormierten Verhaltens nicht mit einer strafrechtlichen Sanktionierung bedroht ist. Genauso wie man aus dem Straftatbestand der Tötung auf Verlangen nicht folgern kann, dass der Gesetzgeber den Selbstmord missbillige, so wird man aus der fehlenden Normierung eines Selbsttötungstatbestandes nicht zwingend ein Recht auf

---

596 *Bade*, Arzt an den Grenzen, S. 137, 153; *Blindauer*, Unterlassene Hilfeleistung, S. 44 f.; *Bottke*, GA 1983, S. 22 (35); *ders.*, Suizid und Straftat, S. 312 ff; *Brändel*, ZRP 1985, S. 85 (86, 92); *Dreher*, JR 1967, S. 269 (271); *Eser*, MedR 1985, S. 6 (12 f.); *Friebe*, GA 1959, S. 163 (165 f.); *Grünwald*, GA 1959, S. 110 (121 f.); *Heinitz*, JR 1954, S. 403 (404 f.); *Kohlrausch-Lange*, StGB, § 330c II; LK-StGB, *Spendel*, § 323c Rn. 51; *Maurach/Schroeder/Maiwald*, BT II, § 55 Rn. 16; NK-StGB, Band 5, *Seelmann*, § 323c Rn. 26; *Pawlik*, GA 1995, S. 360 (368 f.); *Ranft*, JZ 1987, S. 908 (913); *Schmitt*, MDR 1986, S. 617 (618); *ders.*, JZ 1984, S. 866 (868); *Scholderer*, JuS 1989, S. 918 (922); *Schönke/Schröder*, *Eser*, Vorbem §§ 211 ff. Rn. 39; *Simson/Geerds*, Straftaten gegen die Person, S. 73; SK-StGB, Band II, *Rudolphi*, § 323c Rn. 8; *Sowada*, Jura 1985, S. 75 (86); *Tröndle/Fischer*, § 323c Rn. 3a; *van Els*, NJW 1972, S. 1476 (1477); *Verrel*, JZ 1996, S. 224 (230); *Wagner*, Selbstmordverhinderung, S. 54 f.

597 So bereits *Kreuzer*, Ärztliche Hilfeleistungspflicht, S. 51.

Selbsttötung begründen können.[598] Ein Recht auf die Beendigung des eigenen Lebens könnte allerdings durch das GG gewährt werden. Eine solche verfassungsrechtliche Garantie des Selbsttötungsrechts aus Art. 1 GG – der Menschenwürde – oder Art. 2 GG – dem allgemeinen Persönlichkeitsrecht – wird jedoch überwiegend abgelehnt.[599]

Ebenso wenig lässt sich durch die Grundrechte ein verfassungsrechtliches Verbot der Selbsttötung begründen, da die Grundrechte als Abwehrrechte nicht vor eigenen Eingriffen, sondern lediglich vor Eingriffen des Staates und einzelner Individuen schützen.[600] Auch aus verfassungsrechtlicher Sicht stellt das Selbsttötungsverhalten folglich nur ein erlaubtes, aber nicht rechtlich garantiertes Verhalten dar.

Ist die Selbsttötung lediglich ein unverbotenes Verhalten, so ergibt sich die Straflosigkeit der Teilnahme an einer Selbsttötung ebenfalls aus keiner bewussten gesetzlichen Bewertung der Selbsttötung, sondern vielmehr aus dem allgemeinen Grundsatz der Akzessorietät der Teilnahme. § 323c StGB ist ein eigenständiger Straftatbestand, welcher der Akzessorietät der Teilnahme nicht unterworfen ist. Von der Straflosigkeit der Haupttat kann lediglich auf die Straflosigkeit der Teilnahme an eben dieser Haupttat geschlossen werden, so dass eine Teilnahme an einer Selbsttötung eben nicht dem Fremdtötungsverbot unterfällt. § 323c enthält jedoch als Rechtsbefehl kein Fremdtötungsverbot, sondern vielmehr ein eigenständiges Gebot, welches vom Akzessorietätsgrundsatz eben nicht erfasst wird.[601] Eine Erfassung der freiverantwortlichen Selbsttötung durch das Merkmal „Unglücksfall" des § 323c StGB wäre somit weder eine unzulässige Umgehung des Grundsatzes der Straflosigkeit der Teilnahme, noch würde durch die Erfassung gegen eine bewusste Wertung des Gesetzgebers verstoßen.

ff. Der mögliche Widerspruch zum Selbstbestimmungsrecht des Patienten

Die Erfassung auch freiverantwortlicher Suizide könnte allerdings tatsächlich der ständigen Rechtsprechung zum Selbstbestimmungsrecht des Patienten widersprechen.[602] Nach dem allgemein anerkannten Grundsatz vom Selbstbe-

598 Ebenso *Gallas,* JZ 1960, S. 649 (652 f.) und auch *Kreuzer,* Ärztliche Hilfeleistungspflicht, S. 51.

599 *Tröndle/Fischer,* Vor § 211 bis 216 Rn. 10a mit weiteren Nachweisen; *Maunz/Dürig, Dürig,* GG, Band I, Art. 2 Abs. II Rn. 12; *Mangoldt/Klein/Stark, Stark,* Band I, Art. 2 Rn. 176; *Münch/Kunig, Kunig,* Band I, Art. 1 Rn. 36, Art. 2 Rn. 50 mit weiteren Nachweisen auch zur Gegenansicht.

600 *Münch/Kunig, Kunig,* Band I, Art. 2 Rn. 50.

601 Vgl. auch *Czinczoll,* Solidaritätspflichten, S. 275; *Kauczor,* NJW 1962, S. 479 (479); *Schwalm,* FS-Engisch, S. 548 (555).

602 *Bade,* Arzt an den Grenzen, S. 137; *Blindauer,* Unterlassene Hilfeleistung, S. 47 f.; *Brändel,* ZRP 1985, S. 85 (86); *Eser,* MedR 1985, S. 6 (13); *Herrmann,* MedR 1988, S. 1 (4);

stimmungsrecht des Patienten ist der Arzt bzgl. der Vornahme einer Behandlung an den Willen des Patienten gebunden.[603] Weder darf er gegen den Willen des Patienten eine Behandlung durchführen noch gegen den Wunsch des Patienten erforderliche Behandlungen unterlassen. Führt der Arzt trotz des entgegenstehenden Willens des Patienten eine Behandlung durch, so besteht die Möglichkeit, dass er sich gemäß §§ 223 ff. StGB wegen eines Körperverletzungsdelikts strafbar macht. Die Erfassung der freiverantwortlichen Selbsttötung durch das Merkmal „Unglücksfall" hätte in den Augen der Kritiker zur Folge, dass der mit dem Suizidversuch konfrontierte Arzt sowohl Gefahr liefe, sich bei einer Behandlung gegen den Willen des Suizidenten der Körperverletzung, hingegen bei einer Unterlassung der helfenden Maßnahmen einer unterlassenen Hilfeleistung gemäß § 323c StGB schuldig zu machen.[604] Diesen Widerspruch versucht man zum Teil dadurch zu entschärfen, indem man eine Einteilung in Normalpatienten und Suizidenten anstrebt.[605] Normalpatient sei derjenige, der lediglich den Geschehnissen – beispielweise einer Krankheit – ihren natürlichen Verlauf lasse. Suizident sei derjenige, der sein Leben durch absichtliches Töten beenden wolle und aktiv in sein Leben eingreift.[606] Zuzugeben ist, dass eine Trennung beider Gruppen in vielen Fällen möglich sein wird. Klar abgrenzen lässt sich z.B. der Fall des Krebspatienten, der sich medizinische Hilfe verbittet, von demjenigen, der nach einem Sprung aus der vierten Etage ärztliche Hilfe ablehnt. Fraglich bleibt jedoch, ob aufgrund dieser Fälle eine vollkommen entgegengesetzte strafrechtssystematische Zuordnung gerechtfertigt werden kann. Und wie sollen die möglichen Grenzfälle beurteilt werden? Was geschieht mit demjenigen, der aufgrund eines vorherigen Suizidversuchs, bei dem er jedoch gerettet wurde, schwere körperliche Folgeschäden davongetragen hat, z.B. ein Herzleiden, und nun eine lebensnotwendige medikamentöse Behandlung verweigert? Handelt es sich um einen Suizidenten oder um einen Normalpatienten? Soll dieser Fall wirklich anders behandelt werden, als der eines von Geburt an Herzkranken, der

---

Kreuzer, Ärztliche Hilfeleistungspflicht, S. 63 ff.; LK-StGB, *Spendel*, § 323c Rn. 52 f.; *Schmitt*, JZ 1984, S. 866 (867); *ders.*, MDR 1986, S. 617 (618); *Schreiber*, NStZ 1986, S. 337 (341); *Schweiger*, NJW 1955, S. 816 (818); *Tröndle*, ZStW 99, S. 25 (45); *ders.*, Gutachten zum 56. DJT, S. M1 (M40); *Uhlenbruck*, ZRP 1986, S. 209 (215 f.); *Verrel*, JZ 1996, S. 224 (229 f.).

603 Vgl. nur BGHSt 11, S. 111 (113) den sog. „Myom-Fall" und BVerfGE 52, S. 131 (174 ff.).

604 *Kreuzer*, Ärztliche Hilfeleistungspflicht, S. 63 ff.; LK-StGB, *Spendel*, § 323c Rn. 52 f.; *Schmitt*, JZ 1984, S. 866 (867).

605 Vgl. *Kutzer*, NStZ 1994, S. 110 (114); *ders.*, MDR 1985, S. 710 (712 f.), der auf die unterschiedlichen Ursachen der Hilfsbedürftigkeit beider Fallgruppen abstellt. Ferner auch *Erdsiek*, NJW 1959, S. 807 (809), der eine Unterscheidung zwischen Normalpatient und Suizident in dem Vertrauensverhältnis von Arzt und Normalpatient bzw. in dem Todeswillen des Suizidenten erkennen will.

606 Siehe *Kutzer*, NStZ 1994, S. 110 (114).

ebenfalls aufgrund seiner Lebensmüdigkeit eine weitere Behandlung verweigert? Niemand würde wohl bzgl. des letztgenannten Falls eine Suizidsituation annehmen wollen. Dies zeigt augenscheinlich, dass eine strikte Trennung zwischen Normalpatient und Suizident in der Realität kaum durchführbar sein wird und enthüllt die Willkürlichkeit solcher Differenzierungsversuche.[607] Es gibt somit keine schlüssigen Gründe, das Selbstbestimmungsrecht einerseits zu achten, andererseits jedoch den freien Willen des Lebensmüden zu missachten.

gg. Ergebnisse aus der Suizidforschung

Ebenso wenig vermag das Argument zu überzeugen, dass die Ergebnisse der Suizidforschung eine Unbeachtlichkeit des Suizidwillens zwingend erfordern.[608] Erstens ist es im Schrifttum mehr als umstritten, ob wirklich jeder Suizid pathologischen Ursprungs ist, so dass der Wille stets unfrei sei.[609] Zweitens sind die Ergebnisse der Suizidforschung für den Fall eines erkennbaren freiverantwortlichen Suizids völlig irrelevant.[610] Eine erfahrungsgemäß noch so hohe Prozentzahl krankhafter, unfreier Suizide kann nicht zur generellen Missachtung eines freiverantwortlichen Willens führen. Hier bedarf es keiner Pauschalierung, um der Sache gerecht zu werden, sondern vielmehr einer Einzelfallentscheidung.[611]

hh. Die Zumutbarkeitslösung des BGH im sog. „Fall Wittig"

Dies hat auch der BGH erkannt und im „Fall Wittig" zwar einen „Unglücksfall" angenommen, sein Ergebnis jedoch über einen „Kunstgriff" im Rahmen der „Zumutbarkeit" revidiert, um dennoch zu einer Straflosigkeit des Täters zu ge-

607 Zustimmend: *Eser,* MedR 1985, S. 6 (15); wohl auch *Gropp,* NStZ 1985, S. 97 (103 Fn. 65); *Kreuzer,* Ärztliche Hilfeleistungspflicht, S. 63 ff. mit weiteren fruchtlosen Beispielen von Abgrenzungsversuchen; *OLG München,* NJW 1987, S. 2940 (2944); *Schmitt,* JZ 1985, S. 365 (368); *Schreiber,* NStZ 1986, S. 337 (341); *Verrel,* JZ 1995, S. 224 (229 f.) mit weiteren Grenzfällen, deren Unterteilung kaum möglich erscheint. Selbst *Kutzer,* NStZ 1994, S. 110 (114) muss eingestehen, dass es in Grenzfällen zu Überschneidungen kommen kann.

608 Diesen Schluss ziehen vor allem: BGHSt 32, S. 367 (376); *Geilen,* JZ 1974, S. 145 (152 f.); *Spann/Liebhardt/Braun,* FS-Bockelmann, S. 487 (490 f.). *Bringewat* geht sogar davon aus, dass jeder Suizidwille pathologischen Ursprungs und ein freiverantwortlicher Suizid reine Fiktion sei; ZStW 1987, S. 623 (632 ff).

609 Vgl. nur *Otto,* Gutachten zum 56. DJT, S. D 1 (D 77 f.) mit weiteren Nachweisen. Ebenso *Sax,* JZ 1976, S. 80 (81 Fn. 64) mit zutreffender Begründung.

610 Siehe *Bade,* Arzt an den Grenzen, S. 153; *Eser,* MedR 1985, S. 6 (14); OLG München, NJW 1987, S. 2940 (2945); *Roxin,* Medizinstrafrecht, S. 94; *Tröndle,* Gutachten zum 56. DJT, S. M 29 (M 40).

611 Vgl. hierzu bereits die obigen Ausführungen IV. 2. d. dd.

langen.[612] Dieser Kunstgriff wäre aber gar nicht notwendig gewesen, wenn der BGH im Falle eines unzweifelhaft freien Selbsttötungsentschlusses bereits das Merkmal „Unglücksfall“ verneint hätte. Durch den Versuch hingegen, seiner bisherigen Rechtsprechung treu zu bleiben und den Willen des Suizidenten für unbeachtlich zu erklären, leistet der BGH der Rechtssicherheit in Selbsttötungsfällen einen wahren „Bärendienst“.[613] Das für die Beurteilung des Vorliegens eines „Unglücksfalls“ für unbeachtlich erklärte Selbstbestimmungsrecht des Patienten wird durch eine Ermessensentscheidung innerhalb der Zumutbarkeitsprüfung ersetzt. Damit wird der Selbstmörder jedoch nicht nur seines Selbstbestimmungsrechts beraubt. Es wird vielmehr in fremde Hände gelegt, indem der Arzt alleine die Entscheidung tragen soll, ob eine Rettung zumutbar ist oder nicht. Der Arzt wird somit von der Rechtsprechung als „rechtlich legitimierter Herr über Leben und Tod“ anerkannt. Der Betroffene wird hingegen förmlich entmündigt.[614] Ein solches Konzept steht allerdings in absolutem Widerspruch zur sonstigen Rechtsprechung des Arzt-Patienten-Verhältnisses.[615] Dies umso mehr, als, wie oben gerade festgestellt, eine Unterscheidung von Normal- und Suizidpatienten nicht immer möglich ist und erkennbar freiverantwortliche Suizidsituationen in der Realität durchaus existent sind.

Die Lösung des BGH über die Unzumutbarkeit der Hilfeleistung stellt nichts anderes als einen verspäteten Versuch dar, der unzweifelhaft freiverantwortlichen Entscheidung des Opfers doch noch Rechnung zu tragen, ohne die eigene Rechtsprechung zum Merkmal „Unglücksfall“ aufzugeben.[616] Diese Lösung ist in sich nicht stimmig. Wenn der BGH einen grundsätzlich die Nothilfepflicht auslösenden „Unglücksfall“ bejaht, dann können nur noch beachtliche Eigeninteressen des grundsätzlich Hilfspflichtigen die Entstehung der Hilfspflicht vereiteln.[617] Aber welche beachtlichen Eigeninteressen sollten in dem dem BGH vorliegenden Fall der Auslösung der Hilfspflicht tatsächlich entgegenstehen? Welche Gefahren hätten „Dr. Wittig“ bei Vornahme von Rettungshandlungen denn drohen können? Die Antwort fällt bei genauer Würdigung des Sachverhalts nicht allzu schwer: Es bestand kein hinderndes Eigeninteresse. Wäre der BGH seinen Grundsätzen treu geblieben, hätte er aufgrund seiner Nichtbeachtung auch freiverantwortlicher Selbsttötungsentschlüsse zu einer Bestrafung des „Dr. Wittig“ gelangen müssen. Selbst dem BGH schien ein solches Ergebnis bei der klar erkennbaren und unzweifelhaft feststehenden Freiverantwortlichkeit der

---

612 BGHSt 32, S. 367 (367 ff.).

613 Übereinstimmend *Tröndle*, Gutachten zum 56. DJT, S. M 1 (M 40).

614 *Eser*, MedR 1985, S. 6 (13); *Schmitt*, JZ 1985, S. 365 (368).

615 Ebenso *Eser*, MedR 1985, S. 6 (13 f.). Auch *Hirsch*, FS-Lackner, S. 597 (603 f. Fn. 25) hält die vom BGH gewählte „Zumutbarkeitslösung“ für unvertretbar.

616 Ebensolche Bedenken äußert auch *Freund*, Erfolgsdelikt und Unterlassen, S. 202 f. Fn. 34.

617 MüKo, Band 4, *Freund*, § 323c Rn. 59.

Suizidentin augenscheinlich nicht vertretbar, so dass er versucht, das unliebsame Ergebnis durch die Schaffung eines ärztlichen Abwägungsinteresses zu umgehen, ohne seine fehlerhafte Ansicht zur Unbeachtlichkeit auch freiverantwortlicher Selbsttötungsentschlüsse aufgeben zu müssen. Leider, denn ebendiese Aufgabe der bisherigen fehlerhaften Rechtsprechung wäre die einzig vernünftige Konsequenz gewesen, die der BGH aus dem „Fall Wittig" hätte ziehen müssen. Eine einzelfallgerechte Lösung ist nur zu erreichen, wenn nicht von vornherein jedweder Suizid, gleich ob freiverantwortlich oder nicht, zu einem „Unglücksfall" im Sinne des § 323c StGB erklärt wird.

Letztendlich fußen die Probleme des BGH, welche er in der „Wittig-Entscheidung" durch das Korrektiv der „Zumutbarkeit" zu lösen versucht, bereits auf der fehlerhaften analogen Anwendung der strafrechtlichen Exkulpationsvorschriften zur Bestimmung der Verantwortlichkeit des Suizidenten.[618] Denn durch die Analogie der §§ 19, 20, 35 StGB, 3 JGG fasst der BGH den Bereich freiverantwortlicher Suizide wesentlich weiter, als dies bei der „Einwilligungslösung" unter entsprechender Heranziehung der Einwilligungsgrundsätze der Fall wäre. Im Rahmen der § 323c StGB scheint der BGH dann jedoch nicht gewillt zu sein, sämtliche im Sinne der „Exkulpationslösung" als freiverantwortlich zu beurteilende Suizide aus dem Anwendungsbereich der unterlassenen Hilfeleistung zu streichen. Um die Folgen des von ihm selbst weit abgesteckten Bereichs freiverantwortlicher Suizide zu umgehen, erklärt er letztendlich jedweden Suizid, unabhängig von der Verantwortlichkeit des Suizidenten, für einen „Unglücksfall" im Sinne des § 323c StGB. Mit dieser Entscheidung gelingt es dem BGH zwar, das Problem seines zu weit gefassten Bereichs freiverantwortlicher Suizide und der Folge der Unanwendbarkeit des § 323c StGB zu entschärfen. Er manövriert sich durch die Erklärung der Unerheblichkeit des freiverantwortlichen Suizidentenwillens bzgl. der Annahme des Merkmals „Unglücksfalls" jedoch sofort in die oben dargestellte Folgeproblematik. Denn im Falle eines eindeutig freiverantwortlichen Suizids, wie er sich im „Fall Wittig" darstellt, hätte der BGH letztendlich, wenn er seiner Linie hätte treu bleiben wollen, zu einer Strafbarkeit gemäß § 323c StGB gelangen müssen. Da ein solches Ergebnis jedoch mehr als unbillig erscheint, bleibt dem BGH nichts anderes übrig, als in Fällen eindeutig freiverantwortlicher Suizide die von ihm grundsätzlich verlangte Hilfeleistung für unzumutbar zu erklären und so gezwungenermaßen ein Strafbarkeitskorrektiv einzuführen, dass von § 323c StGB in dieser Form eigentlich gar nicht vorgesehen ist. Denn an der „Zumutbarkeit" der Hilfeleistung, bestanden im „Fall Wittig", wie oben bereits dargelegt, keine Zweifel.[619]

Auch hier zeigt sich somit wieder die Vorzugswürdigkeit der „Einwilligungslösung". Würde sich der BGH dazu durchringen, die Verantwortlichkeit des Le-

618 Vgl. zur „richtigen" Bestimmung der Verantwortlichkeit von Suizidenten: IV. 2. c.

619 Ebenfalls kritisch zur Zumutbarkeitslösung des BGH im Fall „Wittig": MüKo, Band 4, *Freund*, § 323c Rn. 59.

bensmüden nach der den Bereich freiverantwortlich gefasster Suizide eng fassenden „Einwilligungslösung" zu bestimmen, so wäre es ihm möglich, im Falle eindeutig freiverantwortlicher Suizide die Strafbarkeit des Hilfe Unterlassenden aus Gründen abzulehnen, die auch tatsächlich vorliegen, ohne mehrfach Korrekturen vornehmen zu müssen. Denn im Falle des freiverantwortlichen Suizids fehlt es für eine Strafbarkeit gemäß § 323c StGB bereits am Merkmal „Unglücksfall" und nicht erst an der „Zumutbarkeit" der Hilfeleistung.

Es gilt somit festzuhalten, dass der freiverantwortliche Suizidwille entgegen der ständigen Rechtsprechung des BGH grundsätzlich sehr wohl beachtlich ist. Da über das Vorliegen eines „Unglücksfalls" aus der „Betroffenenperspektive" (individualisierend ex ante) zu urteilen ist, ist ein „Unglücksfall" immer dann abzulehnen, wenn für den potentiellen Normadressaten die Freiverantwortlichkeit des Suizidwillens eindeutig erkennbar ist. Bestehen aus der individualisierenden ex ante-Sicht jedoch Zweifel in Bezug auf die Freiverantwortlichkeit des Suizidwillens – dies wird überwiegend bis auf wenige Ausnahmefälle der Fall sein – so ist der mit der Suizidsituation Konfrontierte zur Hilfe aufgerufen. Dies gebietet bereits das Interesse des Lebensschutzes. Die nachträgliche Erkenntnis, dass der Wille des Suizidenten tatsächlich freiverantwortlich war, ändert an dieser Sachlage nichts. Vielmehr ist es entscheidend, ob der mit der Suizidsituation Konfrontierte von der Möglichkeit der Unfreiheit des Willens ausging bzw. ausgehen konnte und musste. Für diesen Fall gebietet ihm das strafbewehrte Hilfeleistungsgebot der unterlassenen Hilfeleistung, dem Suizidenten die erforderliche und zumutbare Hilfe zukommen zu lassen.[620] Auf diese Weise gelingt es, sowohl den Interessen des Lebensschutzes gerecht zu werden als auch den Lebensmüden in eindeutig freiverantwortlichen Suizidsituationen vor Zwangsbehandlungen zu bewahren.

Nach den Ergebnissen dieser Untersuchung führt freilich nicht jeder Verstoß gegen die strafbewehrte Hilfeleistungspflicht zur effektiven Sanktionierung nach § 323c StGB. Vielmehr muss neben dem tatbestandsspezifischen Verhaltensnormverstoß ein weiteres – spezifisches – Erfordernis der Sanktionsnorm erfüllt sein: Der möglicherweise unfreie Suizid als „Unglücksfall" darf sich nicht nur aus einer persönlichen Fehleinschätzung ergeben. Der „Unglücksfall" muss sich

620 Übereinstimmend mit MüKo, Band 4, *Freund,* § 323c Rn. 62. Interessant auch der Vergleich zu *Lisken/Denninger,* Handbuch des Polizeirechts, *Denninger,* E Rn. 22, der im Falle eines erkennbar freiverantwortlichen Suizids eine polizeiliche Schutzhandlung zur Suizidverhinderung für nicht gerechtfertigt hält: *„Allein der Wert des gefährdeten Rechtsgutes rechtfertigt das Schutzhandeln, solange nicht sicher ist, dass die Selbsttötung auf einem freien Willensentschluss beruht und Dritte nicht gefährdet."* Im Falle eines eindeutig erkennbar freiverantwortlichen Suizids entfällt daher sowohl die strafrechtliche Verpflichtung zur Hilfeleistung als auch die polizeirechtliche Eingriffsbefugnis. Ebenso verneint *Pieroth/Schlink/Kniesel,* Polizei- und Ordnungsrecht, § 8 Rn. 32 die Eingriffsbefugnis im Falle des erkennbar freiverantwortlichen Suizids.

im verhaltensrelevanten Zeitpunkt durch einen „objektiven" Urteiler, der sich in der Situation des Hilfspflichtigen befindet, bei verständiger Würdigung bestätigen lassen.

V. Fazit

Die Untersuchung gelangt in Bezug auf die Bestimmung der Funktion des Merkmals „Unglücksfall" und seines Inhalts zu folgenden Ergebnissen:

1. Funktion des Merkmals „Unglücksfall"

Das Hauptaugenmerk der vorliegenden Untersuchung war die Beantwortung der Frage, welche Funktion dem Merkmal „Unglücksfall" innerhalb der Vorschrift der unterlassenen Hilfeleistung zukommt. Die Problematik wird innerhalb des Schrifttums sowie der Rechtsprechung vorwiegend im Zuge der Frage nach der maßgeblichen Betrachtungsperspektive des Merkmals „Unglücksfall" behandelt. Hierbei divergieren die unterschiedlichen Ansichten recht stark. Dies gilt sowohl in zeitlicher als auch in „persönlicher" Hinsicht Letztlich erstreckt sich die Perspektivenfrage nicht nur auf das Merkmal „Unglücksfall", sondern vielmehr auch auf das Merkmal der „Erforderlichkeit" der Hilfeleistung.[621] Dabei ist durchaus in Erwägung zu ziehen, dass – je nach spezieller Funktion – mehrere Perspektiven für das Merkmal „Unglücksfall" von Bedeutung sind.

Bereits eine erste Auseinandersetzung mit dem Meinungsstand ergibt, dass aufgrund der in Teilbereichen übereinstimmenden inhaltlichen Anforderungen beider Merkmale zumindest die übereinstimmenden Kriterien einer einheitlichen Betrachtungsperspektive zu unterwerfen sind. Aus diesem Grunde verbietet es sich, den „Unglücksfall" ex post, die „Erforderlichkeit" der Hilfeleistung hingegen ex ante beurteilen zu wollen.[622]

Zur Bestimmung der Funktion des Gesetzesbegriffs „Unglücksfall" und zur Beantwortung der damit verbundenen Perspektivenfrage bedurfte es zu aller erst – um der Gefahr voreiliger Schlussfolgerungen zu entgehen – einer Rückbesinnung auf einige strafrechtliche Grundlagen. Die Aufgabe des Strafrechts liegt im präventiven Rechtsgüterschutz. Das Strafrecht dient mit seinen Sanktionen dem Schutz einzelner Rechtsgüter wie Leib, Leben, Freiheit, Eigentum usw. nur in einer mittelbaren Weise. Um das Konzept richtig zu erfassen, muss im Strafrecht zwischen zwei unterschiedlichen Arten von Normen unterschieden werden: Es gibt einerseits Verhaltensnormen und andererseits Sanktionsnormen. Die Straftatbestände des StGB sind einerseits die Rechtsquelle der Sanktionsnormen. Sie enthalten die Anordnung der strafrechtlichen Reaktion auf bestimmte Verhaltensnormverstöße (regelmäßig bei Erfüllung gewisser zusätzlicher Sanktionsvoraussetzungen). Durch die Festlegung der deliktsspezifischen Verhaltensnormen sind die Sanktionsnormen aber auch Rechtsquelle der *strafbewehrten* Verhaltensnormen. Verhaltensnormen dienen unmittelbar dem Schutz der einzelnen Rechtsgüter wie Leben, Leib, Freiheit, Eigentum usw.

---

621 Umfassend zum Stand der Diskussion III. 1. a.

622 III. 1. b.

Durch das Institut der Verhaltensnormen werden dem Normunterworfenen Verhaltensrichtlinien in Form von Ver- und Geboten an die Hand gegeben, durch welche dieser schadensträchtige Verläufe vermeiden bzw. abwenden kann und soll. Um die Geltungskraft der strafrechtlichen Verhaltensnormen zu bewahren und deren allgemeine Anerkennungen zu gewährleisten, versehen die Sanktionsnormen Verhaltensnormverstöße mit einer Strafbewehrung. Die Sanktionsnormen dienen somit zur Sicherung der strafrechtlichen Verhaltensnormen vor möglichen Normgeltungsschäden. Rechtsgüterschutz im eigentlichen Sinne kann durch die Sanktionsnormen daher nur mittelbar geleistet werden, indem die unmittelbar dem Rechtsgüterschutz dienenden Verhaltensnormen vor einem Geltungsschaden bewahrt werden. Aus diesem Grunde setzt eine strafrechtliche Sanktionierung durchweg den Verstoß gegen eine rechtlich legitimierte Verhaltensnorm voraus. Neben dem Verhaltensnormverstoß kann die Sanktionsnorm die Sanktionierung noch an weitere Voraussetzungen wie beispielsweise an eine spezifische Fehlverhaltensfolge knüpfen.[623]

§ 323c StGB enthält insofern ein strafbewehrtes Hilfeleistungsgebot, welches zu seiner Legitimation nur des Rechtsgüterschutzaspekts bedarf. Erste funktionale Bedeutung erlangt das Merkmal „Unglücksfall" daher bereits bei der Beurteilung der Normwidrigkeit eines bestimmten Verhaltens. Die strafbewehrten Verhaltensnormen enthalten entgegen einer weit verbreiteten Ansicht keine Erfolgsverursachungsverbote oder Erfolgsverhinderungsgebote. Vielmehr sind sie als Ver- bzw. Gebote zur Vermeidung von Schädigungsmöglichkeiten zu verstehen. Für die Beurteilung, ob ein bestimmtes Verhalten gegen eine bestimmte deliktsspezifische Verhaltensnorm verstößt und somit als ideeller Angriff auf die Verhaltensordnung zu werten ist, ist eine Betrachtung aus der Perspektive ex ante entscheidend. Nachträgliche Ereignisse, wie z.B. der Eintritt eines bestimmten tatbestandlichen Erfolgs (Fehlverhaltensfolge) sind für die Bestimmung der Normwidrigkeit eines bestimmten Verhaltens ohne Relevanz und spielen gegebenenfalls nur in Form weiterer Sanktionsvoraussetzungen eine Rolle. Dies ergibt sich unter anderem zwingend aus der verhaltensorientierenden Funktion der (strafrechtlichen) Verhaltensnormen.[624] Die Betrachtungsperspektive bedarf jedoch neben der Feststellung der Maßgeblichkeit eines ex ante-Zeitpunkts einer weiteren Konkretisierung. Entscheidend für die Abschichtung des normgemäßen vom normwidrigen Verhalten ist nicht, wie sich ein objektiver Beobachter verhalten hätte oder ob ein solcher „homunculus" die Schadensmöglichkeit erkannt hätte. Die Beurteilung hat somit nicht aus einer generalisierenden Perspektive im Zeitpunkt ex ante zu erfolgen. Vielmehr bedarf es grundsätzlich einer individualisierenden Betrachtung aus der „Betroffenenperspektive". Zur Bestimmung eines normwidrigen Verhaltens kommt es entschei-

---

623 Zum Ganzen: III. 1. c.

624 Zum Ganzen vgl. III. 1. d. aa.

dend darauf an, ob das konkret handelnde oder unterlassende Subjekt – der Betroffene – die Schadensträchtigkeit seines Verhaltens erkannt hat oder im Rahmen seiner Möglichkeiten unter verständiger Würdigung hätte erkennen können. Ist dies der Fall und konnte und musste der Betroffene die Schädigungsmöglichkeit auch vermeiden, so ist sein Verhalten grundsätzlich rechtlich zu missbilligen und er hat sich normwidrig verhalten. Hierbei ist es auch völlig unerheblich, wenn sich aus einer wie auch immer anders gearteten Perspektive ergeben sollte, dass eine Schädigungsmöglichkeit auszuschließen ist. Geht die konkret handelnde oder unterlassende Person im Handlungszeitpunkt von einer Schädigungsmöglichkeit ihres Verhaltens aus, so hat sie diese – wenn auch evtl. nur irrig vorgestellte – Schädigungsmöglichkeit zu vermeiden. Dies ist die Perspektive, aus der über die Normwidrigkeit zu urteilen ist.[625] Diese Perspektive gilt zudem nicht nur für die strafbewehrten Ver- und Gebote zur Vermeidung von Schädigungsmöglichkeiten. Sie ist auch für die Frage, ob ein grundsätzlich missbilligtes Verhalten ausnahmsweise aufgrund einer Erlaubnisnorm von des Rechtsordnung gebilligt wird maßgebend.[626]

Da diese Perspektive neben den prognostischen Merkmalen auch für „hic et nunc" gegebene Umstände gelten muss, verdient das in Bezug auf die Perspektivenfrage innerhalb des Merkmals „Unglücksfall" differenzierenden Konzept[627] keine Zustimmung.[628]

Damit dient das Merkmal „Unglücksfall" zu aller erst, neben den weiteren tatbestandlichen Alternativen der „gemeinen Gefahr" und der „gemeinen Not" sowie den Merkmalen der „Erforderlichkeit" und der „Zumutbarkeit" zur Bestimmung des Verstoßes gegen das strafbewehrte Hilfeleistungsgebot des § 323c StGB. Sind die einzelnen Merkmale aus der „Betroffenenperspektive" zu bejahen, so ist der Betroffene zur Hilfeleistung verpflichtet. Ausreichend für die Auslösung der unter Strafdrohung stehenden Hilfeleistungspflicht ist dabei sogar die vermeidbar fehlerhafte Situationseinschätzung des Betroffenen. Das Merkmal „Unglücksfall" fungiert insofern als „Teildefiniens" des tatbestandsmäßigen Verhaltens.

Das Merkmal „Unglücksfall" dient ferner in sanktionsnormspezifischer Hinsicht zur Bestimmung der Reichweite der Sanktionsnorm des § 323c StGB und ist somit auch als „Teildefiniens" des Erfolgssachverhalts zu verstehen. Die Sanktionsnorm des § 323c StGB setzt neben dem Verstoß gegen das strafbewehrte Hilfeleistungsgebot ein „fehlverhaltensfolgengleiches" Sanktionserfordernis voraus: Im Gegensatz zur Bestimmung des Verhaltensnormverstoßes reicht eine vermeidbar irrige Fehlvorstellung für eine tatsächliche Sanktionierung nicht aus. Dies ergibt sich aus dem Wortlaut der Vorschrift („bei Unglücks-

---

625 III. 1. d. bb.
626 III. 1. d. cc.
627 III. 1. a. cc.
628 Siehe III. 1. e.

fällen“). Die Präposition „bei“, welche im Sinne von „anlässlich“ – als eine Art „Wenn-Dann-Bestimmung“ – zu verstehen ist, führt letztlich zu einer notwendigen Restriktion der Reichweite der Sanktionsnorm. Zwar erfasst die Sanktionsnorm unter ihrer formellen Vollendung auch Fälle materieller Versuche. Allerdings muss auch von einem „objektiven“ Urteiler in der Situation des Hilfspflichtigen bei verständiger Würdigung der Sachlage, die sich dem zur Hilfe Aufgerufenen ex ante darbietet, vom Vorliegen eines „Unglücksfalls“ auszugehen sein. Ist dies hingegen nicht der Fall, war der Irrtum also bei verständiger Würdigung ex ante erkennbar und daher zu vermeiden, so reicht die vermeidbare irrige Vorstellung des konkret unterlassenden Subjekts für eine Sanktionierung nicht aus. Damit ist auch die Perspektivenfrage endgültig beantwortet: Für das Merkmal „Unglücksfall“ ist in verhaltensnormspezifischer sowie in sanktionsnormspezifischer Sicht eine individualisierende ex ante-Perspektive maßgeblich. Allerdings mit dem Unterschied, dass für die Auslösung der strafbewehrten Hilfspflicht bereits die vermeidbare irrige Vorstellung des konkret unterlassenden Subjekts ausreicht, wohingegen für die Sanktionierung ein „Unglücksfall“ durch einen „objektiven“ Urteiler in der Situation des Hilfspflichtigen bei verständiger Würdigung der sich dem konkret unterlassenden Subjekt darbietenden Sachlage bestätigt werden muss. Das formell vollendete Delikt der unterlassenen Hilfeleistung erfasst somit auch materielle Versuchsfälle, jedoch mit der Einschränkung, dass als solche erkennbare untaugliche Versuche ausscheiden.[629]

2. Inhalt des Merkmals „Unglücksfall“

a. Bloße Sachgefahren als „Unglücksfälle“

Neben Gefährdungen für Leib, Leben und Freiheit können auch bloße Sachgefährdungen vom Merkmal „Unglücksfall“ umfasst sein. Zwar gibt der Wortlaut der Vorschrift keinen direkten Hinweis auf die Erfassung auch bloßer Sachgefahren. Eine Erfassung widerspricht jedoch auch nicht zwingend dem eigentlichen Wortsinn des Merkmals „Unglücksfall“. Allerdings gilt es zu beachten, dass die Erfassung von Sachgefahren, wie auch die Erfassung von Gefahren für die körperliche Unversehrtheit, vom „Bagatellgrundsatz“ beschränkt wird. Dies ergibt sich einerseits bereits daraus, dass ein mit der Hilfsverpflichtung verbundener Eingriff in die allgemeine Handlungsfreiheit des zur Hilfe Aufgerufenen bei Bagatellgefahren nicht zu rechtfertigen wäre. Andererseits muss aber auch der eigentliche Wortsinn des Merkmals „Unglücksfall“ Beachtung finden. Der Sachgefahr muss daher eine gewisse Erheblichkeit zukommen, um von einem „Unglücksfall“ im Sinne des § 323c StGB sprechen zu können. Deshalb schei-

629 Vgl. III. 1. f.

den lediglich lapidare Sachgefährdungen aus dem Anwendungsbereich des Merkmals „Unglücksfall" aus. Sie sind mit dem Wortsinn nicht in Einklang zu bringen. An diesem differenzierenden Ergebnis vermögen auch die kritischen Argumente der Gegenansicht, welche sich gegen die Erfassung von Sachgefahren ausspricht, nichts zu ändern. Weder entfaltet § 138 StGB gegenüber § 323c StGB eine Sperrwirkung noch führt der Hinweis auf die Möglichkeit der versicherungstechnischen Eigensicherung zu einem zwingenden Ausschluss jeglicher Sachgefährdungen. Ebenso ist nicht einzusehen, warum nur Gefährdungen für Sachgüter der Allgemeinheit eine Hilfspflicht im Sinne des § 323c StGB begründen können sollen. Das Merkmal „Unglücksfall" umfasst daher auch erhebliche Sachgefährdungen.[630]

b. Freiverantwortliche Suizidversuche als „Unglücksfälle"

Grundsätzlich können auch aus Opfersicht freiverantwortliche Suizidversuche einen „Unglücksfall" im Sinne des § 323c StGB darstellen. Ob im Fall eines freiverantwortlichen Suizids die strafbewehrte Hilfspflicht des § 323c StGB ausgelöst wird oder nicht, hängt entscheidend von der sich dem mit der Suizidsituation Konfrontierten darstellenden Situation ab. Über das Vorliegen eines Unglücksfalls ist, wie auch sonst, aus individualisierender ex ante-Sicht (Betroffenenperspektive) zu urteilen. Bestehen aus Sicht des konkret handelnden Subjekts im Rahmen seiner Erkenntnismöglichkeiten bei verständiger Würdigung der Gesamtsituation Zweifel an der Freiverantwortlichkeit des Suizidentschlusses – dies wird bis auf wenige Ausnahmesituationen aufgrund der menschlichen Erkenntnisbeschränkungen grundsätzlich der Fall sein – so ist er gegenüber dem Suizidenten zur Hilfe aufgerufen. Unterlässt er die erforderliche und ihm auch zumutbare Hilfe, so verstößt er bei entsprechendem Vorsatz gegen die strafbewehrte Hilfspflicht.[631] Dies ergibt sich bereits aus dem Interesse des Lebensschutzes. Er macht sich gemäß § 323c StGB strafbar, sofern sich die Annahme des möglicherweise unfreien Suizids durch einen „objektiven" Urteiler in der Situation des Hilfspflichtigen bestätigen lässt. Die nachträgliche Feststellung, dass der Suizident tatsächlich einen freiverantwortlichen Selbsttötungsversuch unternommen hat, ist hingegen unerheblich. Lediglich für den Fall, dass der mit der Suizidsituation Konfrontierte von der Freiverantwortlichkeit wusste und bei verständiger Würdigung auch von dieser ausgehen durfte, fehlt es bereits an einem die Hilfspflicht des § 323c StGB auslösenden „Unglücksfall". Denn der Suizident darf in einem solchen Fall keinen Zwangsbehandlungen unterzogen werden. Gestützt wird dieses Ergebnis durch einen Vergleich mit der Situation

---

630 Vgl. zum Ganzen: IV. 1.

631 Dies natürlich nur unter den weiteren Voraussetzungen, dass er sowohl rechtswidrig als auch schuldhaft gehandelt hat.

des freiverantwortlichen Behandlungsverzichts des Patienten.[632] Die Ansicht der Rechtsprechung, dass jeder Suizid unabhängig von der Freiverantwortlichkeit des Suizidentschlusses einen „Unglücksfall" im Sinne des § 323c StGB begründet und die Freiverantwortlichkeit des Suizidenten erst im Zuge der „Zumutbarkeit" der Hilfeleistung Berücksichtigung findet, vermag hingegen nicht zu überzeugen. Weder vermag die „angebliche" Sittenwidrigkeit jedweder Suizide ein solches Ergebnis zu stützen[633] noch zwingen die Abgrenzungsschwierigkeiten freiverantwortlicher und unfreier Suizide zu einer solchen Pauschalierung.[634] [635]

Ob der Suizident freiverantwortlich handelt oder nicht, richtet sich entgegen einer weit verbreiteten Ansicht nicht nach einer Analogie zu den für die Bestimmung der Verantwortlichkeit im Falle von Fremdschädigungen zuständigen Exkulpationsvorschriften, sondern ist durch eine Analogie zu den rechtfertigenden Einwilligungsgrundsätzen zu bestimmen. Denn sowohl im Falle einer Suizidsituation als auch im Falle der Einwilligung geht es thematisch um ein und dieselbe Sache: die Preisgabe eigener Rechtsgüter. Die Frage, ob jemand für eine Fremdschädigung zur Verantwortung gezogen werden kann, geht hingegen aufgrund der nicht vergleichbaren Situation an der Sache vorbei.[636] Ferner gilt es zu beachten, dass auch die Heranziehung des Ernstlichkeitskriteriums des § 216 StGB auszuscheiden hat.[637] Dieser Lösungsansatz widerspricht weder den Grundsätzen zur Straflosigkeit der Teilnahme am Suizid[638] noch führt er zu einer im Vergleich zum Gegenkonzept erhöhten Rechtsunsicherheit.[639] Eine Stütze findet die hier befürwortete „Einwilligungslösung" zusätzlich in den Ergebnissen der Suizidforschung.[640] [641]

632 Vgl. IV. 2. d. ff.
633 Vgl. IV. 2. d. cc.
634 Siehe oben IV. 2. d. dd.
635 Zum Ganzen vgl. oben IV. 2.
636 Zur nicht vergleichbaren Interessenlage siehe IV. 2. c. aa. (2).
637 IV. 2. c. bb. (2) (b).
638 IV. 2. c. cc. (2).
639 IV. 2. c. cc. (1).
640 IV. 2. c. dd.
641 Vgl. zur Gesamtproblematik der Bestimmung der Freiverantwortlichkeit IV. 2. c.

Literaturverzeichnis

Achenbach, Hans Beteiligung am Suizid und Sterbehilfe – Strukturen eines unübersichtlichen Problemfeldes, Jura 2002, S. 542 ff. (zit.: *Achenbach,* Jura 2002).

Amelung, Knut Zum Verantwortungsmaßstab bei der mittelbaren Täterschaft durch Beherrschung eines nicht verantwortlichen Selbstschädigers, Bausteine des europäischen Strafrechts, Coimbra-Symposium für Claus Roxin, Köln u.a. 1995, S. 247 ff. (zit.: *Amelung,* Coimbra-Symposium).

Appel, Ivo Verfassung und Strafe – Zu den verfassungsrechtlichen Grenzen staatlichen Strafens, Berlin 1998, zugl.: Universität Freiburg (Breisgau) Dissertation 1996/97 (zit.: *Appel,* Verfassung und Strafe).

Arzt, Gunther; Weber, Ulrich Strafrecht Besonderer Teil, Bielefeld 2000 (zit.: *Arzt/Weber,* BT).

Bade, Ulf Der Arzt an den Grenzen von Leben und Recht – Über die Erlaubtheit ärztlicher Sterbehilfe unter besonderer Berücksichtigung des § 216 StGB, Lübeck 1988, zugl.: Universität Würzburg Dissertation 1986 (zit.: *Bade,* Arzt an den Grenzen).

Badura, Peter Staatsrecht – Systematische Erläuterung des Grundgesetzes für die Bundesrepublik Deutschland, München 2003, 3. Auflage (zit.: *Badura,* Staatsrecht).

Barth, Heinrich Die Nothilfe im neuen deutschen Strafrecht, JW 1935, S. 2320 ff. (zit.: *Barth,* JW 1935).

Baumann, Jürgen / Weber, Ulrich / Mitsch, Wolfgang Strafrecht Allgemeiner Teil, Bielefeld 2003, 11. Auflage (zit.: *Baumann/Weber/Mitsch,* AT).

Berz, Ulrich Die entsprechende Anwendung von Vorschriften über die tätige Reue am Beispiel der Unternehmensdelikte, Festschrift für Walter Stree und Johannes Wessels zum 70. Geburtstag, Heidelberg 1993, S. 331 ff. (zit.: *Berz,* FS-Stree und Wessels).

Binding, Karl Handbuch des Strafrechts, 1. (einziger) Band, Leipzig 1885, Neudruck Aalen 1991 (zit.: *Binding,* Handbuch).

Binding, Karl Die Normen und ihre Übertretung – Eine Untersuchung über die rechtmäßige Handlung und die Arten des Delikts, Erster Band, Leipzig 1916, 3. Auflage (zit.: *Binding,* Normen I).

Blei, Hermann Strafrecht, II. Besonderer Teil, München 1983, 12. Auflage (zit.: *Blei*, BT).

Blindauer, Arnold Die folgenschwere unterlassene Hilfeleistung (§ 330c StGB), Saarbrücken 1961, zugl.: Universität Saarbrücken Dissertation 1961 (zit.: *Blindauer*, Unterlassene Hilfeleistung).

Bochnik, Hans Joachim Verzweiflung und freie Willensbestimmung bei Suizidversuchen – Sondervotum zu einem Alternativ-Entwurf eines Gesetzes über die Sterbehilfe, MedR 1987, S. 216 ff. (zit.: *Bochnik*, MedR 1987).

Bottke, Wilfried Strafrechtswissenschaftliche Methodik und Systematik bei der Lehre vom strafbefreienden und strafmildernden Täterverhalten, Ebelsbach 1979, zugl.: Universität München Dissertation 1977/78 (zit.: *Bottke*, Methodik und Systematik).

Bottke, Wilfried Suizid und Strafrecht, Berlin 1982, zugl.: Habilitationsschrift Universität München 1982 (zit.: *Bottke*, Suizid und Strafrecht).

Bottke, Wilfried Das Recht auf Suizid und Suizidverhütung, GA 1982, S. 346 ff. (zit.: *Bottke*, GA 1982).

Bottke, Wilfried Probleme der Suizidbeteiligung, GA 1983, S. 22 ff. (zit.: *Bottke*, GA 1983).

Bottke, Wilfried Täterschaft und Gestaltungsherrschaft – Zur Struktur von Täterschaft bei aktiver Begehung und Unterlassung als Baustein eines gemeineuropäischen Strafrechtssystems, Heidelberg 1992 (zit.: *Bottke*, Täterschaft und Gestaltungsherrschaft).

Brändel, Oliver C. Über das Recht, den Zeitpunkt des eigenen Todes selbst zu bestimmen, ZRP 1985, S. 85 ff. (zit.: *Brändel*, ZRP 1985).

Brandts, Ricarda Selbstmord und Fremdtötung – provoziert durch Täuschung, Jura 1986, S. 495 ff. (zit.: *Brandts*, Jura 1986).

Brandts, Ricarda; Schlehofer, Horst Die täuschungsbedingte Selbsttötung im Lichte der Einwilligungslehre, JZ 1987, S. 442 ff. (zit.: *Brandts/Schlehofer*, JZ 1987).

Bringewat, Peter Die Strafbarkeit der Beteiligung an fremder Selbsttötung als Grenzproblem der Strafrechtsdogmatik, ZStW 87 (1975), S. 623 ff. (zit.: *Bringewat*, ZStW 87).

Bringewat, Peter „Tötung auf Verlangen" und der sog. „erweiterte Selbstmord" – OLG Düsseldorf, NJW 1973, 2215, JuS 1975, S. 155 ff. (zit.: *Bringewat*, JuS 1975).

Burkhardt, Björn Das Unternehmensdelikt und seine Grenzen, JZ 1971, S. 352 ff. (zit.: *Burkhardt*, JZ 1971).

Castaldo, Andrea R. Offene und verschleierte Individualisierung im Rahmen des Fahrlässigkeitsdelikts, GA 1993, S. 495 ff. (zit.: *Castaldo,* GA 1993).

Charalambakis, Aristotelis Selbsttötung aufgrund Irrtums und mittelbarer Täterschaft, GA 1986, S. 485 ff. (zit.: *Charalambakis,* GA 1986).

Chatzikostas, Konstantinos Die Disponibilität des Rechtsgutes Leben in ihrer Bedeutung für die Probleme von Suizid und Euthanasie, Frankfurt am Main 2001, zugl.: Universität Frankfurt (Main) Dissertation 2000 (zit.: *Chatzikostas,* Disponibilität des Rechtsgutes Leben).

Czinczoll, Rupert Solidaritätspflichten bei der Selbsttötung, Universität Bonn Dissertation 1984 (zit.: *Czinczoll,* Solidaritätspflichten).

Dahm Anmerkung zum Urteil des RGH vom 20.5.1940, DR 1940, S. 1421 ff. (zit.: *Dahm,* DR 1940).

Danwitz, Klaus-Stephan von Die justizielle Verarbeitung von Verstößen gegen § 323c StGB – Befunde und Folgerungen einer empirischen Untersuchung im Kontext des (non-helping) bystander Phänomens, Münster u.a. 2002 (zit.: *Danwitz,* Justizielle Verarbeitung).

Dellingshausen, Ulrike Baronin von Sterbehilfe und Grenzen der Lebenserhaltungspflicht des Arztes, Düsseldorf 1981 (zit.: *Dellingshausen,* Sterbehilfe).

Derksen, Roland Handeln auf eigene Gefahr, Berlin 1992, zugl.: Universität Bonn Dissertation 1991 (zit.: *Derksen,* Handeln auf eigene Gefahr).

Dölling, Dieter Fahrlässige Tötung bei Selbstgefährdung des Opfers, GA 1984, S. 71 ff. (zit.: *Dölling,* GA 1984).

Dölling, Dieter Suizid und unterlassene Hilfeleistung, NJW 1986, S. 1011 ff. (zit.: *Dölling,* NJW 1986).

Dölling, Dieter Zulässigkeit und Grenzen der Sterbehilfe, MedR 1987, S. 6 ff. (zit.: *Dölling,* MedR 1987).

Dreher, Eduard Kann ein Ehegatte, der den Selbstmord des anderen zulässt, ein Tötungsdelikt begehen?, MDR 1952, S. 711 ff. (zit.: *Dreher,* MDR 1952).

Dreher, Eduard Anmerkung zum Urteil des Schwurgerichts Berlin vom 9.6.1966, JR 1967, S. 269 ff. (zit.: *Dreher,* JR 1967).

Duden Das große Wörterbuch der deutschen Sprache, Band 2: Bedr-Eink, Mannheim u.a. 1999, 3. Auflage (zit.: *Duden,* Band 2).

Duden Das große Wörterbuch der deutschen Sprache, Band 3: Einl-Geld, Mannheim u.a. 1999, 3. Auflage (zit.: *Duden*, Band 3).

Duden Das große Wörterbuch der deutschen Sprache, Band 6: Lein-Peko, Mannheim u.a. 1999, 3. Auflage (zit.: *Duden*, Band 6).

Duden Das große Wörterbuch der deutschen Sprache, Band 7: Pekt-Schi, Mannheim u.a. 1999, 3. Auflage (zit.: *Duden*, Band 7).

Erdsiek Umwelt und Recht, NJW 1959, S. 807 ff. (zit.: *Erdsiek*, NJW 1959).

Eser, Albin Sterbewille und ärztliche Verantwortung, MedR 1985, S. 6 ff. (zit.: *Eser*, MedR 1985).

Felix, Dagmar Einheit der Rechtsordnung – Zur verfassungsrechtlichen Relevanz einer juristischen Argumentationsfigur, Tübingen 1998, zugl.: Habilitationsschrift Universität Passau 1997 (zit.: *Felix*, Einheit der Rechtsordnung).

Fincke, Martin Das Verhältnis des Allgemeinen zum Besonderen Teil des Strafrechts, Berlin 1975 (zit.: *Fincke*, Verhältnis).

Finger, August Lehrbuch des Deutschen Strafrechts, Erster Band, Berlin 1904 (zit.: *Finger*, Lehrbuch).

Freisler, Roland Schutz des Volkes oder des Rechtsbrechers? Fesselung des Verbrechers oder des Richters? Einiges über das zweckmäßige Maß der Bindung des Richters an gesetzliche Straftatbestände, DStR 1935, S. 1 ff. (zit.: *Freisler*, DStR 1935).

Frellesen, Peter Die Zumutbarkeit der Hilfeleistung, Frankfurt am Main 1980, zugl.: Universität Frankfurt (Main) Dissertation 1979 (zit.: *Frellesen*, Zumutbarkeit der Hilfeleistung).

Frellesen, Peter Anmerkungen zum Urteil des BGH v. 3.4.1985, StV 1987, S. 22 f. (zit.: *Frellesen*, StV 1987).

Freund, Georg Funktion und Inhalt des Begriffs des Unfalls bei der Verkehrsunfallflucht, GA 1987, S. 536 ff. (zit.: *Freund*, GA 1987).

Freund, Georg Richtiges Entscheiden – am Beispiel der Verhaltensbewertung aus der Perspektive des Betroffenen, insbesondere im Strafrecht, GA 1991, S. 387 ff. (zit.: *Freund*, GA 1991).

Freund, Georg Erfolgsdelikt und Unterlassen – Zu den Legitimationsbedingungen von Schuldspruch und Strafe, Köln u.a. 1992, zugl.: Universität Mannheim Habilitationsschrift 1990 (zit.: *Freund,* Erfolgsdelikt und Unterlassen).

Freund, Georg Der Zweckgedanke im Strafrecht, GA 1995, S. 4 ff. (zit.: *Freund,* GA 1995).

Freund, Georg Strafrecht Allgemeiner Teil, Personale Straftatlehre, Berlin u.a. 1998 (zit.: *Freund,* AT).

Freund, Georg Straftatbestand und Rechtsfolgebestimmung – Zur Bedeutung der gesetzlichen Regelungstechnik und der „harmonisierten" Strafrahmen für die Strafzumessung, GA 1999, S. 509 ff. (zit.: *Freund,* GA 1999).

Freund, Georg Äußerlich verkehrsgerechtes Verhalten als Straftat? – BGH, NJW 1999, 3132, JuS 2000, S. 754 ff. (zit.: *Freund,* JuS 2000).

Freund, Georg Die Tatfrage als Rechtsfrage – „Persönliche Gewissheit", „objektive Schuldwahrscheinlichkeit" und rechtsgenügender Beweis, Festschrift für Lutz Meyer-Goßner zum 65. Geburtstag, München 2001, S. 409 ff. (zit.: *Freund,* FS-Meyer-Goßner).

Freund, Georg Erlöschen strafrechtlicher Garantenpflichten bei Ehegatten, NJW 2003, S. 3384 ff. (zit.: *Freund,* NJW 2003).

Freund, Georg Materiellrechtliche und prozessuale Facetten des gesamten Strafrechtssystems – Gedanken aus Anlass des „Marburger Strafrechtsgesprächs 2004", GA 2005, S. 321 ff. (zit.: *Freund,* GA 2005).

Friebe Soll im kommenden Strafgesetzbuch Unterstützung des Selbstmords unter Strafe gestellt werden?, GA 1959, S. 163 ff. (zit.: *Friebe,* GA 1959).

Frisch, Wolfgang Vorsatz und Risiko, Grundfragen des tatbestandsmäßigen Verhaltens und des Vorsatzes – Zugleich ein Beitrag zur Behandlung außertatbestandlicher Möglichkeitsvorstellungen, Köln u.a. 1983 (zit.: *Frisch,* Vorsatz und Risiko).

Frisch, Wolfgang Tatbestandsmäßiges Verhalten und Zurechnung des Erfolgs, Heidelberg 1988 (zit.: *Frisch,* Tatbestandsmäßiges Verhalten).

Frisch, Wolfgang An den Grenzen des Strafrechts, Festschrift für Walter Stree und Johannes Wessels zum 70. Geburtstag, Heidelberg 1993, S. 69 ff. (zit.: *Frisch,* FS-Stree und Wessels).

Frisch, Wolfgang Verwaltungsakzessorietät und Tatbestandsverständnis im Umweltstrafrecht – Zum Verhältnis von Umweltverwaltungsrecht und Strafrecht und zur strafrechtlichen Relevanz behördlicher Genehmigungen, Heidelberg 1993 (zit.: *Frisch,* Verwaltungsakzessorietät).

Frisch, Wolfgang Straftat und Straftatsystem, in: Straftat, Strafzumessung und Strafprozess im gesamten Strafrechtssystem, herausgegeben von Jürgen Wolter und Georg Freund, Heidelberg 1996, S. 135 ff. (zit.: *Frisch,* Wolter/Freund (Hrsg.), Straftat).

Frisch, Wolfgang Schwächen und berechtigte Aspekte der Theorie der positiven Generalprävention – Zur Schwierigkeit des „Abschieds von Kant und Hegel", in: Positive Generalprävention, herausgegeben von Bernd Schünemann, Andrew von Hirsch und Nils Jareborg, Heidelberg 1998, S. 125 ff. (zit.: *Frisch,* Schünemann (Hrsg.), Generalprävention).

Frisch, Wolfgang; Murmann, Uwe Der praktische Fall – Strafrecht: Ein folgenschwerer Denkzettel, JuS 1999, S. 1196 ff. (zit.: *Frisch/Murmann,* JuS 1999).

Gallas, Wilhelm Anmerkung zum Urteil des BGH vom 12.2.1952, JZ 1952, S. 371 ff. (zit.: *Gallas,* JZ 1952).

Gallas, Wilhelm Strafbares Unterlassen im Fall einer Selbsttötung, JZ 1960, S. 649 ff, 686 ff. (zit.: *Gallas,* JZ 1960).

Gallas, Wilhelm Beiträge zur Verbrechenslehre, Berlin 1968 (zit.: *Gallas,* Beiträge zur Verbrechenslehre).

Gallas, Wilhelm Zur Struktur des strafrechtlichen Unrechtsbegriffs, Festschrift für Paul Bockelmann zum 70. Geburtstag, München 1979, S. 155 ff. (zit.: *Gallas,* FS-Bockelmann).

Geilen, Gerd Suizid und Mitverantwortung, JZ 1974, S. 146 ff. (zit.: *Geilen,* JZ 1974).

Geilen, Gerd Examensklausur Strafrecht, Jura 1979, S. 201 ff. (zit.: *Geilen,* Jura 1979).

Geilen, Gerd Probleme des § 323c StGB, Jura 1983, S. 78 ff. (zit.: *Geilen,* Jura 1983).

Göbel, Alfred Die Einwilligung im Strafrecht als Ausprägung des Selbstbestimmungsrechts, Frankfurt am Main 1992, zugl.: Universität Bonn Dissertation 1990 (zit.: *Göbel,* Einwilligung im Strafrecht).

Gössel, Karl Heinz Norm und fahrlässiges Verhalten, Festschrift für Hans-Jürgen Bruns zum 70. Geburtstag, Köln u.a. 1978, S. 43 ff. (zit.: *Gössel,* FS-Bruns).

Gössel, Karl Heinz Alte und neue Wege der Fahrlässigkeitslehre, Festschrift für Karl Bengl, München 1984, S. 23 ff. (zit.: *Gössel,* FS-Bengl).

Gropp, Walter Strafrecht, Allgemeiner Teil, Berlin u.a. 2001, 2. Auflage (zit.: *Gropp,* AT).

Grünwald, Gerald Die Beteiligung durch Unterlassen, GA 1959, S. 110 ff. (zit.: *Grünwald,* GA 1959).

Guhra, Emanuel Das vorsätzlich-tatbestandsmäßige Verhalten beim beendeten Versuch – Ein Beitrag zur personalen Unrechtslehre, Berlin 2002, zugl.: Universität Marburg Dissertation 2002 (zit.: *Guhra,* Versuch).

Günther, Hans-Ludwig Die Genese eines Straftatbestandes – Eine Einführung in Fragen der Strafgesetzgebungslehre, JuS 1978, S. 8 ff. (zit.: *Günther,* JuS 1978).

Günther, Hans-Ludwig Strafrechtswidrigkeit und Strafunrechtsausschluss – Studien zur Rechtswidrigkeit als Straftatmerkmal und zur Funktion der Rechtfertigungsgründe im Strafrecht, Köln u.a. 1983, zugl.: Universität Trier Habilitationsschrift 1983 (zit.: *Günther,* Strafrechtswidrigkeit).

Günzel, Florian Das Recht auf Selbsttötung, seine Schranken und die strafrechtlichen Konsequenzen, Frankfurt am Main 2000, zugl.: Universität Augsburg Dissertation 1999 (zit.: *Günzel,* Recht auf Selbsttötung).

Haffke, Bernhard Die Bedeutung der Differenz von Verhaltens- und Sanktionsnorm für die strafrechtliche Zurechnung, Coimbra-Symposium für Claus Roxin, Köln u.a. 1995, S. 89 ff. (zit.: *Haffke,* Coimbra-Symposium).

Harzer, Regina Die tatbestandsmäßige Situation der unterlassenen Hilfeleistung gemäss § 323c StGB – Ein Beitrag zu einer Theorie des Besonderen Teils des Strafrechts, Frankfurt am Main 1999, zugl.: Universität Frankfurt (Main) Habilitationsschrift 1997/98 (zit.: *Harzer,* Tatbestandsmäßige Situation der unterlassenen Hilfeleistung).

Haubrich, Edgar Die unterlassene Hilfeleistung – Zur Verfassungsmäßigkeit des § 323c StGB und zur Notwendigkeit seiner verfassungskonformen Auslegung, Frankfurt am Main u.a. 2001, zugl.: Universität Trier Dissertation 2000 (zit.: *Haubrich,* Unterlassene Hilfeleistung).

Heghmanns, Michael Grundzüge einer Dogmatik der Straftatbestände zum Schutz von Verwaltungsrecht oder Verwaltungshandeln, Berlin 2000, zugl.: Universität Hannover Habilitationsschrift 1998 (zit.: *Heghmanns,* Dogmatik der Straftatbestände).

Heil, Juliane Die Folgen der unterlassenen Hilfeleistung gemäß § 323c StGB, Frankfurt am Main 2001, zugl.: Universität Marburg Dissertation 2001 (zit.: *Heil,* Folgen der unterlassenen Hilfeleistung).

Heinitz, Ernst Teilnahme und unterlassene Hilfeleistung beim Selbstmord, JR 1954, S. 403 ff. (zit.: *Heinitz,* JR 1954).

Herrmann, Joachim Soll ein Krebspatient über seine Diagnose aufgeklärt werden?, MedR 1988, S. 1 ff. (zit.: *Herrmann,* MedR 1988).

Herzberg, Rolf Dietrich Grundfälle zur Lehre von Täterschaft und Teilnahme, JuS 1974, S. 374 ff. (zit.: *Herzberg,* JuS 1974).

Herzberg, Rolf Dietrich Täterschaft und Teilnahme – Eine systematische Darstellung anhand von Grundfällen, München 1977 (zit.: *Herzberg,* Täterschaft und Teilnahme).

Herzberg, Rolf Dietrich Beteiligung an einer Selbsttötung oder tödlichen Selbstgefährdung als Tötungsdelikt (Teil 4), JA 1985, S. 336 ff. (zit.: *Herzberg,* JA 1985).

Herzberg, Rolf Dietrich Straffreie Beteiligung am Suizid und gerechtfertigte Tötung auf Verlangen, JZ 1988, S. 182 ff. (zit.: *Herzberg,* JZ 1988).

Hiersche, Hans-Dieter Das Recht des Menschen auf seinen würdigen Tod, MedR 1987, S. 83 ff. (zit.: *Hiersche,* MedR 1987).

Hillenkamp, Thomas Möglichkeiten der Erweiterung des Instituts der Tätigen Reue, in: Wiedergutmachung und Strafrecht – Symposium aus Anlass des 80. Geburtstages von Friedrich Schaffstein, herausgegeben von Heinz Schöch, München 1987, S. 81 ff. (zit.: *Hillenkamp,* Schöch (Hrsg.), Wiedergutmachung und Strafrecht).

Hippel, Robert von Deutsches Strafrecht, 2. Band, Das Verbrechen, Allgemeine Lehren, Berlin 1930 (zit.: *Hippel,* Strafrecht, Band II).

Hirsch, Hans Joachim Anmerkung zum Urteil des BGH vom 18.7.1978, JR 1979, S. 429 ff. (zit.: *Hirsch,* JR 1979).

Hirsch, Hans Joachim Der Streit um Handlungs- und Unrechtslehre, insbesondere im Spiegel der Zeitschrift für die gesamte Strafrechtswissenschaft (Teil II), ZStW 94 (1982), S. 239 ff. (zit.: *Hirsch,* ZStW 94).

Hirsch, Hans Joachim Behandlungsabbruch und Sterbehilfe, Festschrift für Karl Lackner zum 70. Geburtstag, Berlin u.a. 1987, S. 597 ff. (zit.: *Hirsch,* FS-Lackner).

Hirsch, Hans Joachim Die Entwicklung der Strafrechtsdogmatik nach Welzel, Festschrift der Rechtswissenschaftlichen Fakultät zur 600-Jahr-Feier der Universität zu Köln, Köln u.a. 1988, S. 399 ff. (zit.: *Hirsch,* FS-Köln).

Hirsch, Hans Joachim Untauglicher Versuch und Tatstrafrecht, Festschrift für Claus Roxin zum 70. Geburtstag, Berlin u.a. 2001, S. 711 ff. (zit.: *Hirsch,* FS-Roxin).

Jakobs, Günther Kriminalisierung im Vorfeld einer Rechtsgutsverletzung, ZStW 97 (1985), S. 751 ff. (zit.: *Jakobs,* ZStW 97)

Jakobs, Günther Strafrecht Allgemeiner Teil – Die Grundlagen und die Zurechnungslehre, Berlin u.a. 1991, 2. Auflage (zit.: *Jakobs,* AT).

Jakobs, Günther Norm, Person, Gesellschaft – Vorüberlegungen zu einer Rechtsphilosophie, Berlin 1997 (zit.: *Jakobs,* Norm, Person, Gesellschaft).

Jescheck, Hans-Heinrich; Weigend, Thomas Lehrbuch des Strafrechts, Allgemeiner Teil, Berlin 1996, 5. Auflage (zit.: *Jescheck/Weigend,* AT).

Joecks, Wolfgang Strafgesetzbuch – Studienkommentar –, München 2004, 5. Auflage (zit.: *Joecks,* StGB).

Kahlo, Michael Die Handlungsform der Unterlassung als Kriminaldelikt – Eine strafrechtlich-rechtsphilosophische Untersuchung zur Theorie des personalen Handelns, Frankfurt 2001, zugl.: Habilitationsschrift Universität Frankfurt (zit.: *Kahlo,* Handlungsform).

Kaminski, Ralf Der objektive Maßstab im Tatbestand des Fahrlässigkeitsdelikts – Struktur und Inhalt, Berlin 1992, zugl.: Universität Köln Dissertation 1990 (zit.: *Kaminski,* Objektiver Maßstab).

Kauczor, Herbert Ist das Nichteingreifen bei fremdem Selbstmord gemäß § 330c StGB strafbar?, NJW 1962, S. 479 f. (zit.: *Kauczor,* NJW 1962).

Kaufmann, Armin Die Dogmatik der Unterlassungsdelikte, Göttingen 1959, zugl.: Universität Bonn Habilitationsschrift (zit.: *Kaufmann,* Dogmatik).

Kaufmann, Armin Zum Stande der Lehre vom personalen Unrecht, Festschrift für Hans Welzel zum 70. Geburtstag, Berlin 1974, S. 393 ff. (zit.: *Kaufmann,* FS-Welzel).

Kaufmann, Arthur Die eigenmächtige Heilbehandlung, ZStW 73 (1961), S. 341 ff. (zit.: *Kaufmann,* ZStW 73).

Kindhäuser, Urs Gefährdung als Straftat – Rechtstheoretische Untersuchungen zur Dogmatik der abstrakten und konkreten Gefährdungsdelikte, Frankfurt am Main 1989, zugl.: Universität Freiburg Habilitationsschrift 1987 (zit.: *Kindhäuser,* Gefährdung als Straftat).

Kindhäuser, Urs Personalität, Schuld und Vergeltung – Zur rechtsethischen Legitimation und Begrenzung der Kriminalstrafe, GA 1989, S. 493 ff. (zit.: *Kindhäuser,* GA 1989).

Kindhäuser, Urs Lehrbuch des Strafrechts Besonderer Teil I – Straftaten gegen Persönlichkeitsrechte, Staat und Gesellschaft, Baden-Baden 2003, 1. Auflage (zit.: *Kindhäuser,* BT I).

Kindhäuser, Urs Strafgesetzbuch, Lehr- und Praxiskommentar, Baden-Baden 2005, 2. Auflage (zit.: *Kindhäuser,* LPK-StGB).

Klinger, Alfred N. Die Strafbarkeit der Beteiligung an einer durch Täuschung herbeigeführten Selbsttötung, Bielefeld 1992, zugl.: Universität Bielefeld Dissertation 1992 (zit.: *Klinger,* Strafbarkeit).

Kölbel, Ralf Über die Wirkung außerstrafrechtlicher Normen auf die Strafrechtsauslegung, GA 2002, S. 403 ff. (zit.: *Kölbel,* GA 2002).

Köhler, Michael Strafrecht Allgemeiner Teil, Berlin u.a. 1997 (zit.: *Köhler,* AT).

Kohlrausch, Eduard; Lange, Richard Strafgesetzbuch mit Erläuterungen und Nebengesetzen, Berlin 1961, 43. Auflage (zit.: *Kohlrausch-Lange,* StGB).

Krack, Ralf Teilnahme am Suizid und Tötung auf Verlangen – Ein Appell an den Gesetzgeber, KJ 1995, S. 60 ff. (zit.: *Krack,* KJ 1995).

Krack, Ralf Die Tätige Reue im Wirtschafsstrafrecht, NStZ 2001, S. 505 ff. (zit.: *Krack,* NStZ 2001).

Kremer-Bax, Alexandra Das personale Verhaltensunrecht der Fahrlässigkeitstat – Zur Individualisierung des Bewertungsgegenstands, Frankfurt am Main 1999, zugl.: Universität Marburg Dissertation 1998 (zit.: *Kremer-Bax,* Fahrlässigkeitstat).

Kreuzer, Arthur Ärztliche Hilfeleistungspflicht bei Unglücksfällen im Rahmen des § 330c StGB, Hamburg 1965, zugl.: Universität Hamburg Dissertation 1964 (zit.: *Kreuzer,* Ärztliche Hilfeleistungspflicht).

Kreuzer, Arthur Die unterlassene ärztliche Hilfeleistung in der Rechtsprechung, NJW 1967, S. 278 ff. (zit.: *Kreuzer,* NJW 1967).

Krey, Volker Strafrecht Besonderer Teil, Band 1, Stuttgart 2002, 12. Auflage (zit.: *Krey,* BT I).

Kuhlen, Lothar Besprechung der Habilitationsschrift Gefährdung als Straftat von Urs Kindhäuser, GA 1990, S. 477 ff. (zit.: *Kuhlen,* GA 1990).

Kühne, Hans-Heiner Strafrechtliche Aspekte der Suicid-Abwendung in Strafanstalten, NJW 1975, S. 671 ff. (zit.: *Kühne,* NJW 1975).

Küper, Wilfried Strafrecht Besonderer Teil – Definitionen mit Erläuterungen, Heidelberg 2002, 5. Auflage (zit.: *Küper,* BT).

Küpper, Georg Strafrecht Besonderer Teil 1 – Delikte gegen Rechtsgüter der Person und Gemeinschaft, Berlin u.a. 2001, 2. Auflage (zit.: *Küpper*, BT I).

Kutzer, Klaus Strafrechtliche Überlegungen zum Selbstbestimmungsrecht des Patienten und zur Zulässigkeit der Sterbehilfe, MDR 1985, S. 710 ff. (zit.: *Kutzer*, MDR 1985).

Kutzer, Klaus Strafrechtliche Grenzen der Sterbehilfe, NStZ 1994, S. 110 ff. (zit.: *Kutzer*, NStZ 1994).

Lackner, Karl; Kühl, Kristian Strafgesetzbuch mit Erläuterungen, München 2004, 25. Auflage (zit.: *Lackner/Kühl*).

Laufs, Adolf Arztrecht, München 1993, 5. Auflage (zit.: *Laufs*, Arztrecht).

Lenckner, Theodor Technische Normen und Fahrlässigkeit, Festschrift für Karl Engisch zum 70. Geburtstag, Frankfurt am Main 1969, S. 490 ff. (zit.: *Lenckner*, FS-Engisch).

Leipziger Kommentar Strafgesetzbuch, §§ 263-370, Berlin u.a. 1977, 9. Auflage (zit.: LK-StGB, Bearbeiter, 9. Auflage).

Leipziger Kommentar Strafgesetzbuch, §§ 1-31, Berlin 2003, 11. Auflage (zit.: LK-StGB, Bearbeiter).

Leipziger Kommentar Strafgesetzbuch, §§ 32-60, Berlin 2003, 11. Auflage (zit.: LK-StGB, Bearbeiter).

Leipziger Kommentar Strafgesetzbuch, §§ 211-219b, Berlin 2002, 11. Auflage (zit.: LK-StGB, Bearbeiter).

Leipziger Kommentar Strafgesetzbuch, §§ 220a-222; 234-238, Berlin 1999, 11. Auflage (zit.: LK-StGB, Bearbeiter).

Leipziger Kommentar Strafgesetzbuch, §§ 288-302, Berlin 2002, 11. Auflage (zit.: LK-StGB, Bearbeiter).

Leipziger Kommentar Strafgesetzbuch, §§ 317-323c, Berlin 1996, 11. Auflage (zit.: LK-StGB, Bearbeiter).

Lesch, Heiko Hartmut Der Verbrechensbegriff – Grundlinien einer funktionalen Revision, Köln u.a. 1999, zugl.: Universität Bonn Habilitationsschrift 1997/98 (zit.: *Lesch*, Verbrechensbegriff).

Lisken, Hans; Denninger, Erhard Handbuch des Polizeirechts, München 2001, 3. Auflage (zit.: *Lisken/Denninger*, Handbuch des Polizeirechts, Bearbeiter).

Maiwald, Manfred Zum fragmentarischen Charakter des Strafrechts, Festschrift für Reinhart Maurach zum 70. Geburtstag, Karlsruhe 1972, S. 9 ff. (zit.: *Maiwald*, FS-Maurach).

Mangoldt, Hermann von; Klein, Friedrich; Stark, Christian Das Bonner Grundgesetz, Band 1, München 1999, 4. Auflage (zit.: *Mangoldt/Klein/Stark*, Bearbeiter, Band I).

Maunz, Theodor; Dürig, Günter Grundgesetz, Band I, München 2001, 38. Ergänzungslieferung zur 1. Auflage (zit.: *Maunz/Dürig*, Bearbeiter, GG, Band I).

Maurach, Reinhart Anmerkung zum Urteil des BGH 5. Strafsenat vom 8.5.56, JR 1956, S. 348 ff. (zit.: *Maurach*, JR 1956).

Maurach, Reinhart; Gössel, Karl Heinz; Zipf, Heinz Strafrecht Allgemeiner Teil, Teilband 2, Erscheinungsformen des Verbrechens und Rechtsfolgen der Tat, Heidelberg 1984, 6. Auflage (zit.: *Maurach/Gössel/Zipf*, AT II).

Maurach, Reinhart; Schroeder, Friedrich-Christian; Maiwald, Manfred Strafrecht Besonderer Teil, Teilband 1, Straftaten gegen Persönlichkeits- und Vermögenswerte, Heidelberg u.a. 2003, 9. Auflage (zit.: *Maurach/Schroeder/Maiwald*, BT I).

Maurach, Reinhart; Schroeder, Friedrich-Christian; Maiwald, Manfred Strafrecht Besonderer Teil, Teilband 2, Straftaten gegen Gemeinschaftswerte, Heidelberg 1999, 8. Auflage (zit.: *Maurach/Schroeder/Maiwald*, BT II).

Maurer, Hartmut Staatsrecht I – Grundlagen, Verfassungsorgane, Staatsfunktionen, München 2003, 3. Auflage (zit.: *Maurer*, Staatsrecht I).

Meister, Hans-Georg Die verzögerte Hilfeleistungspflicht nach § 330c StGB, MDR 1954, S. 598 (zit.: *Meister*, MDR 1954).

Meyer, Maria-Katharina Ausschluss der Autonomie durch Irrtum – Ein Beitrag zu mittelbaren Täterschaft und Einwilligung, Köln u.a. 1984, zugl.: Universität Hamburg Habilitationsschrift 1982 (zit.: *Meyer*, Ausschluss der Autonomie).

Mir Puig, Santiago Die Funktion der Strafe und die Verbrechenslehre im sozialen und demokratischen Rechtsstaat, ZStW 95 (1983), S. 413 ff. (zit.: *Mir Puig*, ZStW 95).

Mir Puig, Santiago Die „ex ante"–Betrachtung im Strafrecht, Festschrift für Hans-Heinrich Jescheck zum 70. Geburtstag, Berlin 1985, S. 337 ff. (zit.: *Mir Puig*, FS-Jescheck).

Mir Puig, Santiago Über das Objektive und das Subjektive im Unrechtstatbestand, Gedächtnisschrift für Armin Kaufmann, Köln u.a. 1989, S. 253 ff. (zit.: *Mir Puig*, GS-Kaufmann).

Mir Puig, Santiago Objektive Rechtswidrigkeit und Normwidrigkeit im Strafrecht, ZStW 108 (1996), S. 759 ff. (zit.: *Mir Puig,* ZStW 108).

Mitsch, Wolfgang Rechtfertigung einer Ohrfeige – BayObLG, NJW 1991, 2031, JuS 1992, S. 289 ff. (zit.: *Mitsch,* JuS 1992).

Mitsch, Wolfgang Grundfälle zu den Tötungsdelikten, JuS 1995, S. 888 ff. (zit.: *Mitsch,* JuS 1995).

Mitsch, Wolfgang, Besprechung der Dissertation von Ralf Kaminski – Der objektive Maßstab im Tatbestand des Fahrlässigkeitsdelikts, GA 1995, S. 288 f. (zit.: *Mitsch,* GA 1995).

Moos, Reinhard Positive Generalprävention und Vergeltung, Festschrift für Franz Pallin zum 80. Geburtstag, Wien 1989, S. 283 ff. (zit.: *Moos,* FS-Pallin).

Münch, Ingo von Staatsrecht, Band 1, Einführung; Deutschland: Teilung und Vereinigung; Staatsform; Staatsorgane; Deutschland in der Europäischen Gemeinschaft, Stuttgart u.a. 2000, 6. Auflage (zit.: *Münch,* Staatsrecht I).

Münch, Ingo von; Kunig, Philip Grundgesetz-Kommentar, Band 1 (Präambel bis Art. 20), München 2000, 5. Auflage (zit.: *Münch/Kunig,* Bearbeiter, Band I).

Münchener Kommentar zum Strafgesetzbuch, Band 1, §§ 1-51, München 2003 (zit.: MüKo, Band 1, Bearbeiter).

Münchener Kommentar zum Strafgesetzbuch, Band 3, §§ 185-262, München 2003 (zit.: MüKo, Band 3, Bearbeiter).

Münchener Kommentar zum Strafgesetzbuch, Band 4, §§ 263-358, München (zit.: MüKo, Band 4, Bearbeiter).

Münzberg, Wolfgang Verhalten und Erfolg als Grundlagen der Rechtswidrigkeit und Haftung, Frankfurt am Main 1966, zugl.: Universität Frankfurt am Main Habilitationsschrift (zit.: *Münzberg,* Verhalten und Erfolg).

Neumann, Ulfrid Abgrenzung von Teilnahme am Selbstmord und Tötung in mittelbarer Täterschaft – BGHSt 32, 38, JuS 1985, S. 677 ff. (zit.: *Neumann,* JuS 1985).

Neumann, Ulfrid Die Strafbarkeit der Suizidbeteiligung als Problem der Eigenverantwortlichkeit des „Opfers“, JA 1987, S. 244 ff. (zit.: *Neumann,* JA 1987).

Nomos Kommentar zum Strafgesetzbuch, Band 1, Baden-Baden 1995, 1. Auflage (zit.: NK-StGB, Band 1, Bearbeiter).

Nomos Kommentar zum Strafgesetzbuch, Band 4, Baden-Baden 1995, 1. Auflage (zit.: NK-StGB, Band 4, Bearbeiter).

Nomos Kommentar zum Strafgesetzbuch, Band 5, Baden-Baden 2003, 1. Auflage (zit.: NK-StGB, Band 5, Bearbeiter).

Ostendorf, Heribert Grundzüge des konkreten Gefährdungsdelikts, JuS 1982, S. 426 ff. (zit.: *Ostendorf,* JuS 1982).

Ostendorf, Heribert Das Recht zum Hungerstreik, GA 1984, S. 308 ff. (zit.: *Ostendorf,* GA 1984).

Otto, Harro Straftaten gegen das Leben, ZStW 83 (1971), S. 39 ff. (zit.: *Otto,* ZStW 83).

Otto, Harro Recht auf den eigenen Tod? Strafrecht im Spannungsverhältnis zwischen Lebenserhaltungspflicht und Selbstbestimmung, 56. DJT, Gutachten D, München 1986 (zit.: *Otto,* Gutachten zum 56. DJT).

Otto, Harro Täterschaft, Mittäterschaft, mittelbare Täterschaft, Jura 1987, S. 246 ff. (zit.: *Otto,* Jura 1987).

Otto, Harro Besprechung der Habilitationsschrift von *Regina Harzer:* Die tatbestandsmäßige Situation der unterlassenen Hilfeleistung gemäss § 323c StGB, JZ 1999, S. 668 (zit.: *Otto,* JZ 1999).

Otto, Harro Grundkurs Strafrecht – Die einzelnen Delikte, Berlin u.a. 2002, 6. Auflage (zit.: *Otto,* Grundkurs II).

Otto, Harro Grundkurs Strafrecht – Allgemeine Strafrechtslehre, Berlin 2004, 7. Auflage (zit.: *Otto,* Grundkurs I).

Pawlik, Michael Unterlassene Hilfeleistung: Zuständigkeitsbegründung und systematische Struktur, GA 1995, S. 360 ff. (zit.: *Pawlik,* GA 1995).

Pieroth, Bodo; Schlink, Bernhard; Kniesel, Michael Polizei- und Ordnungsrecht, München 2004, 2. Auflage (zit.: *Pieroth/Schlink/Kniesel,* Polizei- und Ordnungsrecht).

Ranft, Otfried Rechtsprechungsübersicht zu den Unterlassungsdelikten – Teil 2, JZ 1987, S. 908 ff. (zit.: *Ranft,* JZ 1987).

Rengier, Rudolf Strafrecht Besonderer Teil I – Vermögensdelikte, München 2003, 6. Auflage (zit.: *Rengier,* BT I).

Rengier, Rudolf Strafrecht Besonderer Teil II – Delikte gegen die Person und die Allgemeinheit, München 2003, 5. Auflage (zit.: *Rengier,* BT II).

Renzikowski, Joachim Restriktiver Täterbegriff und fahrlässige Beteiligung, Tübingen 1997, zugl.: Habilitationsschrift Universität Tübingen 1996/97 (zit.: *Renzikowski,* Restriktiver Täterbegriff).

Renzikowski, Joachim Juristische Grundlagenforschung, ARSP-Beiheft 104, hrsg. v. Robert Alexy, 2005, S. 115 (zit.: *Renzikowski,* Juristische Grundlagenforschung).

Roxin, Claus Gedanken zur Problematik der Zurechnung, Festschrift für Richard M. Honig zum 80. Geburtstag, Göttingen 1970, S. 133 ff. (zit.: *Roxin,* FS-Honig).

Roxin, Claus Zum Schutzzweck der Norm bei fahrlässigen Delikten, Festschrift für Wilhelm Gallas zum 70. Geburtstag, Berlin u.a. 1973, S. 241 ff. (zit.: *Roxin,* FS-Gallas).

Roxin, Claus Die Mitwirkung beim Suizid – ein Tötungsdelikt?, Festschrift für Eduard Dreher zum 70. Geburtstag, Berlin u.a. 1977, S. 331 ff. (zit.: *Roxin,* FS-Dreher).

Roxin, Claus Anmerkung zum Urteil des BGH v. 5.7.1983, NStZ 1984, S. 71 ff. (zit.: *Roxin,* NStZ 1984).

Roxin, Claus Die Sterbehilfe im Spannungsfeld von Suizidteilnahme, erlaubtem Behandlungsabbruch und Tötung auf Verlangen, NStZ 1987, S. 345 ff. (zit.: *Roxin,* NStZ 1987).

Roxin, Claus Täterschaft und Tatherrschaft, Berlin u.a. 1990, 5. Auflage (zit.: *Roxin,* Täterschaft und Tatherrschaft).

Roxin, Claus Die Abgrenzung von strafloser Suizidteilnahme, strafbarem Tötungsdelikt und gerechtfertigter Euthanasie, 140 Jahre Goltdammer's Archiv für Strafrecht, Eine Würdigung zum 70. Geburtstag von Paul-Günther Pötz, Heidelberg 1993, S. 177 ff. (zit.: *Roxin,* 140 Jahre GA für Strafrecht).

Roxin, Claus Strafrecht Allgemeiner Teil Band I, Grundlagen – Der Aufbau der Verbrechenslehre, München 1997, 3. Auflage (zit.: *Roxin,* AT I).

Roxin, Claus Medizinstrafrecht – Zur strafrechtlichen Beurteilung der Sterbehilfe, S. 87 ff, Stuttgart u.a. 2001, 2. Auflage (zit.: *Roxin,* Medizinstrafrecht).

Rudolphi, Hans-Joachim, Die pflichtgemäße Prüfung als Erfordernis der Rechtfertigung, Gedächtnisschrift für Horst Schröder, München 1978, S. 73 ff. (zit.: *Rudolphi,* GS-Schröder).

Rudolphi, Hans-Joachim Der Zweck staatlichen Strafrechts und die strafrechtlichen Zurechnungsformen, in Grundfragen des modernen Strafrechtssystems, herausgegeben von Bernd Schünemann, Berlin 1984, S. 69 ff. (zit.: *Rudolphi,* Schünemann (Hrsg.), Grundfragen).

Rudolphi, Hans-Joachim, Strafrechtliche Verantwortlichkeit der Bediensteten von Betrieben für Gewässerverunreinigungen und ihre Begrenzung durch den Einleitungsbescheid, Festschrift für Karl Lackner zum 70. Geburtstag, Berlin u.a. 1987, S. 863 ff. (zit.: *Rudolphi,* FS-Lackner).

Rudolphi, Hans-Joachim Rechtfertigungsgründe im Strafrecht – Ein Beitrag zur Funktion, Struktur und den Prinzipien der Rechtfertigung, Gedächtnisschrift für Armin Kaufmann, Köln u.a. 1989, S. 371 ff. (zit.: *Rudolphi,* GS-Kaufmann).

Rudolphi, Hans-Joachim Anmerkung zum Beschluss des AG Tiergarten v. 2.3.1990, NStZ 1991, S. 237 ff. (zit.: *Rudolphi,* NStZ 1991).

Sax, Walter Tatbestand und Rechtsgutsverletzung (I), JZ 1976, S. 80 ff. (zit.: *Sax,* JZ 1976).

Schäfer, Ernst Die leitenden Gedanken der beiden Gesetze zur Änderung des Strafgesetzbuches sowie zur Änderung des Strafverfahrens und des Gerichtsverfassungsgesetzes vom 28. Juni 1935, DJ 1935, S. 991 ff. (zit.: *Schäfer, E.,* DJ 1935).

Schäfer, Karl Das Gesetz zur Änderung des Strafgesetzbuchs vom 28. Juni 1935, JW 1935, S. 2323 ff. (zit.: *Schäfer, K.,* JW 1935).

Schäfer, Leopold Die Einzelheiten der Strafrechtsnovelle vom 28. Juni 1935, DJ 1935, S. 994 ff. (zit.: *Schäfer, L.,* DJ 1935).

Schaffstein, Friedrich Die Vollendung der Unterlassung, Festschrift für Eduard Dreher zum 70. Geburtstag, Berlin u.a. 1977, S. 147 ff. (zit.: *Schaffstein,* FS-Dreher).

Schaffstein, Friedrich Der Maßstab für das Gefahrurteil beim rechtfertigenden Notstand, Festschrift für Hans-Jürgen Bruns zum 70. Geburtstag, Köln u.a. 1978, S. 89 ff. (zit.: *Schaffstein,* FS-Bruns).

Scheffler, Uwe Die Rechtsprechung des Bundesgerichtshofes zur Strafbarkeit der Mitwirkung am Suizid – besser als ihr Ruf?, Jahrbuch für Recht und

Ethik, Band 7, Berlin 1999 (zit.: *Scheffler,* Jahrbuch für Recht und Ethik 1999).

Schenke, Wolf-Rüdiger Polizei- und Ordnungsrecht, Heidelberg 2004, 3. Auflage (zit.: *Schenke,* Polizei- und Ordnungsrecht).

Schlehofer, Horst Einwilligung und Einverständnis – Dargestellt an der Abgrenzung zwischen Raub und räuberischer Erpressung, Köln u.a. 1985 (zit.: *Schlehofer,* Einwilligung und Einverständnis).

Schmid Das strafbare Unterlassen in heutiger Rechtsgeltung, DStR 1936, S. 424 ff. (zit.: *Schmid,* DStR 1936).

Schmidhäuser, Eberhard Selbstmord und Beteiligung am Selbstmord aus strafrechtlicher Sicht, Festschrift für Hans Welzel zum 70. Geburtstag, Berlin u.a. 1974, S. 801 ff. (zit.: *Schmidhäuser,* FS-Welzel).

Schmidhäuser, Eberhard Strafrecht Allgemeiner Teil, Tübingen 1975, 2. Auflage (zit.: *Schmidhäuser,* AT).

Schmidhäuser, Eberhard Strafrecht Besonderer Teil, Tübingen1983, 2. Auflage (zit.: *Schmidhäuser,* BT).

Schmidt-Hieber, Werner Ausgleich statt Geldstrafe, NJW 1992, S. 2001 ff. (zit.: *Schmidt-Hieber,* NJW 1992).

Schmitt, Rudolf Der Arzt und sein lebensmüder Patient, JZ 1984, S. 866 ff. (zit.: *Schmitt,* JZ 1984).

Schmitt, Rudolf Der Anwendungsbereich von § 1 Strafgesetzbuch (Art. 103 Abs. 2 Grundgesetz), Festschrift für Hans-Heinrich Jescheck zum 70. Geburtstag, 1985, Erster Halbband, S. 223 ff. (zit.: *Schmitt,* FS-Jescheck).

Schmitt, Rudolf Ärztliche Entscheidung zwischen Leben und Tod in strafrechtlicher Sicht, JZ 1985, S. 365 ff. (zit.: *Schmitt,* JZ 1985).

Schmitt, Rudolf Das Recht auf den eigenen Tod, MDR 1986, S. 617 ff. (zit.: *Schmitt,* MDR 1986).

Scholderer, Frank Strafrecht: Der lebensmüde Motorradfahrer, JuS 1989, S. 918 ff. (zit.: *Scholderer,* JuS 1989).

Schöne, Wolfgang Unterlassene Erfolgsabwendungen und Strafgesetz – Zur gesetzlichen Regelung „unechter“ Unterlassungsdelikte, Köln u.a. 1974 (zit.: *Schöne,* Erfolgsabwendungen).

Schönke, Adolf; Schröder, Horst Strafgesetzbuch, München 1997, 25. Auflage (zit.: *Schönke/Schröder,* Bearbeiter, 25. Auflage).

Schönke, Adolf; Schröder, Horst Strafgesetzbuch, München 2001, 26. Auflage (zit.: *Schönke/Schröder,* Bearbeiter).

Schreiber, Hans-Ludwig Das Recht auf den eigenen Tod – zur gesetzlichen Neuregelung der Sterbehilfe, NStZ 1986, S. 337 ff. (zit.: *Schreiber,* NStZ 1986).

Schroeder, Friedrich-Christian Die Fahrlässigkeitsdelikte, Vorbeugung und Behandlung der Täter, ZStW 91(1979), S. 257 ff. (zit.: *Schroeder,* ZStW 91).

Schröder, Christian Angriff, Scheinangriff und die Erforderlichkeit der Abwehr vermeintlich gefährlicher Angriffe, JuS 2000, S. 235 ff. (zit.: *Schröder,* JuS 2000).

Schröder, Horst Die Unternehmensdelikte, Tübinger Festschrift für Eduard Kern, Tübingen 1968, S. 457 ff. (zit.: Schröder, FS-Kern).

Schünemann, Bernd Grund und Grenzen der unechten Unterlassungsdelikte – Zugleich ein Beitrag zur strafrechtlichen Methodenlehre, Göttingen 1971 (zit.: *Schünemann,* Grund und Grenzen).

Schünemann, Bernd Moderne Tendenzen in der Dogmatik der Fahrlässigkeits- und Gefährdungsdelikte, JA 1975, S. 435 ff., 511 ff. (zit.: *Schünemann,* JA 1975).

Schünemann, Bernd Neue Horizonte der Fahrlässigkeitsdogmatik – Zur Stellung der individuellen Sorgfaltswidrigkeit und des Handlungserfolges im Verbrechensaufbau, Festschrift für Friedrich Schaffstein zum 70. Geburtstag, Göttingen 1975, S. 159 ff. (zit.: *Schünemann,* FS-Schaffstein).

Schünemann, Bernd Fahrlässige Tötung durch Abgabe von Rauschmitteln? – Besprechung des Urteils BGH, NStZ 1981, 350 –, NStZ 1982, S. 60 ff. (zit.: *Schünemann,* NStZ 1982).

Schwalm, Georg Zu einigen ungelösten Strafrechtsproblemen (Heilbehandlung, Täterschaft, Mitwirkung bei fremder Selbsttötung), Festschrift für *Karl Engisch* zum 70. Geburtstag, Frankfurt am Main 1969, S. 548 ff. (zit.: *Schwalm,* FS-Engisch).

Schweiger, Karl Selbstmord und Hilfeleistungspflicht, NJW 1955, S. 816 ff. (zit.: *Schweiger,* NJW 1955).

Seeler, H. J. Beihilfe zum Selbstmord – unterlassene Hilfeleistung?, NJW 1958, S. 1860 f. (zit.: *Seeler,* NJW 1958).

Seelmann, Kurt „Unterlassene Hilfeleistung“ oder: Was darf das Strafrecht?, JuS 1995, S. 281 ff. (zit.: *Seelmann,* JuS 1995).

Simson, Gerhard Die Suizidtat – Eine vergleichende Betrachtung, München 1976 (zit.: *Simson,* Suizidtat).

Simson, Gerhard; Geerds, Friedrich Straftaten gegen die Person und Sittlichkeitsdelikte in rechtsvergleichender Sicht, München 1969 (zit.: *Simson/Geerds,* Straftaten gegen die Person).

Sowada, Christoph Strafbares Unterlassen des behandelnden Arztes, der seinen Patienten nach einem Selbstmordversuch bewusstlos auffindet, Jura 1985, S. 75 ff. (zit.: *Sowada,* Jura 1985).

Sowada, Christoph Das „unechte Unternehmensdelikt" – eine überflüssige Rechtsfigur, GA 1988, S. 195 ff. (zit.: *Sowada,* GA 1988).

Spann, Wolfgang; Liebhardt Erich; Braun, Werner Ärztliche Hilfeleistungspflicht und Willensfreiheit des Patienten, Festschrift für *Paul Bockelmann* zum 70. Geburtstag, München 1979, S. 487 ff. (zit.: *Spann/Liebhardt/Braun,* FS-Bockelmann).

Stein, Ulrich Die strafrechtliche Beteiligungsformenlehre, Berlin 1988, zugl.: Universität Bonn Dissertation 1986 (zit.: *Stein,* Beteiligungsformenlehre).

Stratenwerth, Günter Zur Individualisierung des Sorgfaltsmaßstabes beim Fahrlässigkeitsdelikt, Festschrift für Hans-Heinrich Jescheck zum 70. Geburtstag, Berlin 1985, S. 285 ff. (zit.: *Stratenwerth,* FS-Jescheck).

Stratenwerth, Günter; Kuhlen, Lothar Strafrecht Allgemeiner Teil I – Die Straftat, Köln u.a. 2004, 5. Auflage (zit.: *Stratenwerth/Kuhlen,* Straftat).

Stree, Walter Beteiligung an vorsätzlicher Selbstgefährdung – BGHSt 32, 262 und BGH, NStZ 1984, 452, JuS 1985, S. 179 ff. (zit.: *Stree,* JuS 1985).

Systematischer Kommentar zum Strafgesetzbuch, Band I, Allgemeiner Teil §§ 1-79b, 12. Ergänzungslieferung, München 1999 (zit.: SK-StGB, Band I, 12. Lfg., Bearbeiter).

Systematischer Kommentar zum Strafgesetzbuch, Band I, Allgemeiner Teil §§ 1-79b, 39. Ergänzungslieferung, München 2004 (zit.: SK-StGB, Band I, Bearbeiter).

Systematischer Kommentar zum Strafgesetzbuch, Band II, Besonderer Teil §§ 201-266b, 60. Ergänzungslieferung, München 2004 (zit.: SK-StGB, Band II, Bearbeiter).

Systematischer Kommentar zum Strafgesetzbuch, Band II, Besonderer Teil §§ 267-358, 60. Ergänzungslieferung, München 2004(zit.: SK-StGB, Band II, Bearbeiter).

Tenckhoff, Jörg Zur Anwendbarkeit des § 13 StGB auf schlichte Tätigkeitsdelikte, Festschrift für Günter Spendel zum 70. Geburtstag, Berlin u.a. 1992, S. 347 ff. (zit.: *Tenckhoff*, FS-Spendel).

Tiedemann, Klaus Zum Verhältnis von allgemeinem und besonderem Teil des Strafrechts, Festschrift für Jürgen Baumann zum 70. Geburtstag, Bielefeld 1992, S. 7 ff. (zit.: *Tiedemann*, FS-Baumann).

Tröndle, Herbert Recht auf den eigenen Tod? Strafrecht im Spannungsverhältnis zwischen Lebenserhaltungspflicht und Selbstbestimmung, 56. DJT, Gutachten M, München 1986 (zit.: *Tröndle*, Gutachten zum 56. DJT).

Tröndle, Herbert Warum ist die Sterbehilfe ein rechtliches Problem?, ZStW 99 (1987), S. 25 ff. (zit.: *Tröndle*, ZStW 99).

Tröndle, Herbert; Fischer, Thomas Strafgesetzbuch mit Nebengesetzen, München 2004, 52. Auflage (zit.: *Tröndle/Fischer*).

Uhlenbruck, Wilhelm Recht auf den eigenen Tod?, ZRP 1986, S. 209 ff. (zit.: *Uhlenbruck*, ZRP 1986).

Ulsenheimer, Klaus Anmerkungen zum Urteil des BGH vom 10.7.1985, StV 1986, S. 201 ff. (zit.: *Ulsenheimer*, StV 1986).

van Els, Hans Anmerkung zum Urteil des 5. Strafsenats des BGH vom 16.5.1972, NJW 1972, S. 1476 f. (zit.: *van Els*, NJW 1972).

Vermander, Eduard Unfallsituation und Hilfspflicht im Rahmen des § 330c StGB, Tübingen 1969, zugl.: Universität Tübingen Dissertation 1966/67 (zit.: *Vermander*, Unfallsituation).

Verrel, Thorsten Selbstbestimmungsrecht contra Lebensschutz, JZ 1996, S. 224 ff. (zit.: *Verrel*, JZ 1996).

Vogel, Joachim Norm und Pflicht bei den unechten Unterlassungsdelikten, Berlin 1993, zugl.: Universität Freiburg Dissertation 1992 (zit.: *Vogel*, Norm und Pflicht).

Wagner, Joachim Selbstmord und Selbstmordverhinderung – Zugleich ein Beitrag zur Verfassungsmäßigkeit der Zwangsernährung, Karlsruhe 1975 (zit.: *Wagner*, Selbstmordverhinderung).

Wagner, Joachim Die Neuregelung der Zwangsernährung, ZRP 1976, S. 1 ff. (zit.: *Wagner,* ZRP 1976).

Walter, Stefan Die Pflichten des Geschäftsherrn im Strafrecht, Frankfurt am Main 2000, zugl.: Universität Freiburg (Breisgau) Dissertation 2000 (zit.: *Walter,* Pflichten des Geschäftsherrn).

Weber, Gunter Die Grenzen der Anwendbarkeit des § 330c StGB auf die Beihilfe zum Selbstmord, NJW 1959, S. 134 f. (zit.: *Weber,* NJW 1959).

Weber, Ulrich Die Vorverlegung des Strafrechtsschutzes durch Gefährdungs- und Unternehmensdelikte, in: Die Vorverlegung des Strafrechtsschutzes durch Gefährdungs- und Unternehmensdelikte – Referate und Diskussionsbericht der Arbeitssitzung der Fachgruppe für Strafrechtsvergleichung anlässlich der Tagung der Gesellschaft für Rechtsvergleichung am 20. September 1985 in Göttingen, herausgegeben von Hans-Heinrich Jescheck, Berlin u.a. 1987 (zit.: *Weber,* Jescheck (Hrsg.), Vorverlegung des Strafrechtsschutzes).

Weigend, Thomas Zum Verhaltensunrecht der fahrlässigen Straftat, Festschrift für Karl Heinz Gössel zum 70. Geburtstag, Heidelberg 2002, S. 129 ff. (zit.: *Weigend,* FS-Gössel).

Welzel, Hans Zur Dogmatik der echten Unterlassungsdelikte, insbesondere des § 330c StGB, NJW 1953, S. 327 ff. (zit.: *Welzel,* NJW 1953).

Welzel, Hans Das Deutsche Strafrecht, Berlin 1969, 11. Auflage (zit.: *Welzel,* Strafrecht).

Wessels, Johannes; Beulke, Werner Strafrecht Allgemeiner Teil – Die Straftat und ihr Aufbau, Heidelberg 2003, 33. Auflage (zit.: *Wessels/Beulke,* AT).

Wessels, Johannes; Hettinger, Michael Strafrecht Besonderer Teil / 1 – Straftaten gegen Persönlichkeits- und Gemeinschaftswerte, Heidelberg 2003, 27. Auflage (zit.: *Wessels/Hettinger,* BT I).

Wolf, Erik Fehlende Strafbestimmungen, JW 1933, S. 2096 ff. (zit.: *Wolf,* JW 1933).

Wolter, Jürgen Adäquanz- und Relevanztheorie – Zugleich ein Beitrag zur objektiven Erkennbarkeit beim Fahrlässigkeitsdelikt, GA 1977, S. 257 ff. (zit.: *Wolter,* GA 1977).

Wolter, Jürgen Objektive und personale Zurechnung von Verhalten, Gefahr und Verletzung in einem funktionalen Straftatsystem, Berlin 1981, zugl.: Habilitationsschrift Universität Bonn (zit.: *Wolter,* Zurechnung).

Wolters, Gereon Das Unternehmensdelikt, Baden-Baden 2001, zugl.: Habilitationsschrift Universität Kiel (zit.: *Wolters,* Unternehmensdelikt).

Wolters, Gereon Die Milderung des Strafrahmens wegen versuchter Tat beim unechten Unternehmensdelikt, Festschrift für Hans-Joachim Rudolphi zum 70. Geburtstag, Neuwied 2004, S. 347 ff. (zit.: *Wolters,* FS-Rudolphi).

Zieschang, Frank Die Gefährdungsdelikte, Berlin 1998, zugl.: Habilitationsschrift Universität Köln 1997/98 (zit.: *Zieschang,* Gefährdungsdelikte).

Zipf, Heinz Die Verteidigung der Rechtsordnung, Festschrift für Hans-Jürgen Bruns zum 70. Geburtstag, Köln u.a. 1978, S. 205 ff. (zit.: *Zipf,* FS-Bruns).

Zippelius, Reinhold Das Unrecht bei der versuchten und der vollendeten Tat, NJW 1954, S. 1837 (zit.: *Zippelius,* NJW 1954).

Zippelius, Reinhold Erfolgsunrecht oder Handlungsunrecht, NJW 1957, S. 1707 f. (zit.: *Zippelius,* NJW 1957).

Zippelius, Reinhold Die Rechtswidrigkeit von Handlung und Erfolg, AcP 157 (1958/59), S. 390 ff. (zit.: *Zippelius,* AcP 157).

Zippelius, Reinhold Juristische Methodenlehre, München 2003, 8. Auflage (zit.: *Zippelius,* Methodenlehre).

Zippelius, Reinhold Rechtsphilosophie, München 2003, 4. Auflage (zit.: *Zippelius,* Rechtsphilosophie).

FSC
www.fsc.org
MIX
Papier | Fördert gute Waldnutzung
FSC® C083411

Kolibri 360 GmbH
Ferdinand-Jühlke-Straße 7
99095 Erfurt, Deutschland
produktsicherheit@kolibri360.de

Druck:
CPI Druckdienstleistungen GmbH
im Auftrag der
Kolibri 360 GmbH
Ferdinand-Jühlke-Str. 7
99095 Erfurt